"211工程"三期建设项目"新资料整理与中国古代文明进程研究"成果
武汉大学基础学科振兴行动计划资助出版

宋辽金史论稿

杨果 著

商务印书馆
2010年·北京

图书在版编目(CIP)数据

宋辽金史论稿/杨果著.—北京：商务印书馆，2010
（珞珈史学文库）
ISBN 978-7-100-07004-1

Ⅰ.宋… Ⅱ.杨… Ⅲ.中国－古代史－研究－辽宋金史时代 Ⅳ.K24

中国版本图书馆CIP数据核字(2010)第034003号

所有权利保留。

未经许可，不得以任何方式使用。

宋辽金史论稿
杨果 著

商务印书馆出版
（北京王府井大街36号 邮政编码 100710）
商务印书馆发行
三河市尚艺印装有限公司印刷
ISBN 978-7-100-07004-1

2010年8月第1版　　　开本 787×960　1/16
2010年8月北京第1次印刷　印张 28 1/4
定价：48.00元

总 序

"珞珈史学文库"是武汉大学历史学院教师学术研究成果的结集。第一批推出的是二十多位教授的文集。以后将根据情况，陆续推出新的集子。

武汉大学历史学科具有悠久而辉煌的历史。早在1913年，武汉大学的前身国立武昌高等师范学校就设置历史地理部。1930年武汉大学组建史学系，1953年改名历史学系，2003年组建历史学院。一批又一批著名学者，如李汉俊、李剑农、雷海宗、罗家伦、钱穆、吴其昌、徐中舒、陈祖源、周谱冲、郭斌佳、杨人楩、梁园东、方壮猷、谭戒甫、唐长孺、吴于廑、吴廷璆、姚薇元、彭雨新、石泉等，曾在这里辛勤耕耘，教书育人，著书立说，在推动武汉大学历史学科和中国现代史学的发展、繁荣的同时，在武汉大学和中国史学史上也留下了嘉名。其中，唐长孺、吴于廑两位大师贡献最为卓殊。

改革开放30年间，武汉大学历史学科建设成效显著。1981年，中国古代史和世界史获得全国首批博士学位授予权。1987年，历史地理学获得博士学位授予权。1988年，中国古代史被列为国家重点学科。1995年，历史系被批准为国家文科基础学科人才培养和科学研究基地。1997年，获得历史学一级学科博士学位授予权。1999年，建立历史学博士后流动站。2001年，中国古代史再次被列为国家重点学科。2007年，中国古代史第三次被评为国家重点学科，世界史新增为国家重点学科。2008年，历史学一级学科入选湖北省重点学科。2001年，以中国古代史为核心的国家"211工程"二期建设项目"中国文明进程与世界历史整体发展"启动。2008年，分别以中国古代史与世界史为中心的"211工程"三期建设项目"新资料整理与中国古代文明进程研究"与"世界历史整体发展中的社会转型与文化变迁研究"启动。目前，历史学院设有历史学、世界历史、考古学三个本科专业；史学理论及史学史、考古学及博物馆学、历史地理学、历史文献学、专门史、中国古代史、中国近现代史、世界史、中国文化史、中国经济史、国际关系与中外关系史和地区国别史等12个二级学科。在研究机构方面，设有中国3至9世纪研究所、世界史研究所、历史地理研究所、中国文化研究所、中国经济与社会史研究所、15至18世纪世界史研究所、第二次世界大战与战后世界研究所，以及简帛研究中心、科技考古研究中心。在前一辈学者奠定的基础上，经过后继者的持续努力，逐步形成了严谨的学风和优良的教风，确立了理论探讨与实证研究相结合，断代史与专门史、地区史与国别史相结合，传世文献与出土资料并重的学术特色，成为武汉大学在海内外学界具有重要影响的学科之一。

历史学院的老师，在辛勤教书育人的同时，也为科学研究倾注了大量心血，在各自从事的方向或领域，推陈出新，开拓前行，撰写了一大批有价值的专著和论文。学院决定编撰教师个人的学术文集，是希望各位老师把自己散见于海内外各种出版物上的代表性论文加以整合。这样，通过一种文集，可以约略体现教师本人的研究历程和领域；而于整体方面，也可在一定程度上展示武汉大学历史学的学科格局和学术风格。

每本文集的选篇和修订，由作者各自负责。学院教授委员会对入选文集进行遴选，并提出一些指导性的建议。

"珞珈史学文库"的出版，得到了国家"211工程"三期建设项目的支持，得到了武汉大学"基础学科振兴行动计划"的支持，得到了商务印书馆各位领导和相关编辑先生的支持。在此致以诚挚的谢意。

2010年2月

目录 Contents

前　言 1

宋辽金官制与政治研究

论北宋的冗官与积弱积贫的关系 5

简论唐代的翰林学士 19

宋翰林学士人员结构考述 27

翰林学士与宋代政治初探 36

两宋外制官考述 64

宋代中枢秘书制度研究述评 81

金代翰林与政治 93

辽代的翰林院与翰林学士 105

辽金俸禄制度研究 117

宋代地理与长江流域开发研究

唐五代至北宋江陵长江堤防考 155

宋代荆江堤防的历史考察 170

宋代江汉平原城镇的发展及其地理初探 188

宋代的鄂州南草市
——江汉平原市镇的个案分析 197

宋元时期江汉—洞庭平原聚落的变迁及其环境因素 209

宋代鄂州城市布局初探 222

北宋主户与客户的地理分布
——以今湖北地区为例 243

南宋江汉平原"百里荒"考辨 254

宋诗所见江汉平原农村日常生活 262

宋金女性史研究

宋代后妃参政述评 287

宋人墓志中的女性形象解读 300

墓志所见金代士族女性形象
——以《遗山集》墓志为重点 328

从唐宋性越轨法律看女性人身权益的演变 342

女性、身体、权利
——基于《名公书判清明集》的考察 362

宋代人物研究

作为教育家的范仲淹 379

从战将到庸夫的符彦卿 397

附录

史林耆英、师道楷模
——李涵先生的治学和育人 413

在哈佛读书 430

作者主要著述列表 433

后　记 438

前　言

　　本论稿共收录25篇文章，按研究主题分为四组，第一组是"宋辽金官制与政治研究"，由9篇文章组成，集中探讨从唐宋到辽金的翰林制度，兼及宋辽金中央官制、俸禄制度等；第二组为"宋代地理与长江流域开发研究"，也是9篇文章，侧重从堤防建设、城镇兴衰、资源利用诸方面探讨宋代江汉平原经济开发与环境变迁的历史；第三组系"宋金女性史研究"，共有5篇文章，尝试从妇女的角度切入历史，从性别视角来分析宋金时代的政治、法律与社会生活；第四组"宋代人物研究"则以北宋两位迥然相异的人物——范仲淹与符彦卿为例，展现北宋文臣武将的生存状态，透视宋朝的时代精神。正文之后是附录，另收录了两篇文章，分别是对著名宋辽金元史专家李涵教授学问人生的介绍，以及笔者在美国哈佛大学访学时的随笔。

　　本论稿虽以"宋辽金史"为题，内容实则偏重于宋代，这是作者研究领域所致，敬希读者见察。

宋辽金官制与政治研究

论北宋的冗官与积弱积贫的关系

北宋是中国历代封建王朝中"积弱积贫"最为突出的一个王朝，造成这一局面的原因是多方面的，而北宋官僚制度方面的种种弊端，无疑是其重要原因。"冗官"是北宋官制的一个突出问题，本文试就北宋"冗官"与积弱积贫的关系作一点初步探讨，以就正于方家。

一

"冗官"的形成，是北宋统治者空前强化专制主义中央集权制度的产物。

公元960年，赵匡胤导演"陈桥兵变，黄袍加身"一幕闹剧，成了赵宋王朝的开国皇帝。为了防止唐末五代以来割据局面的重演，他和他的继承人不断强化中央集权，把中国专制主义中央集权制度推向一个新的阶段。

北宋统治者加强集权的重要措施之一是改革官制。它包括两方面的主要内容：一是"分化事权"，二是"官与职分"。"分化事权"，即极力割裂官僚机构，广泛增设文官武将，以此缩小各官职的权限范围，削弱各官员的权力。其结果势必造成官僚机构空前膨胀，冗官滥员充斥朝堂。举例来说，北宋以前，宰相掌有"事无不统"的大权，赵宋统治者患相权太重，大加削弱。军政权交枢密使、知院事支配，财政权由三司使掌握，宰相只剩下一般的行政权。又设置参知政事、枢密副使、同知院事、三司副使等，作为宰相、枢密使、知院事、三司使的"副贰"。掌握相权的人员比以前明显增加了。铨叙官吏，向为尚书省吏部所掌。然而，"宋朝典选之职，自分为四。文选二，曰审官东院，曰流内铨；武选二，曰审官西院，曰三班院"①。人事权被分散到四个机构。司理刑狱，素归刑部、大理寺主持。淳化二年（991）置审刑院，大中祥符二年（1009）"置纠察在京刑狱司"②，司法权被分割为四部分。礼部，"凡礼仪之事悉归于太常礼院，而贡举之政领于知贡举官"，③礼部之权分属三家。工部"凡城池土木工役程式，皆隶三司修造案，本曹无所掌"，④徒拥虚名而已。又于秘书省之外增建秘阁，掌国家经籍图书，秘书省只管国家常祭；于殿中省之内分立医官院、尚衣库、麟骥院、辇院等等，管理宫廷内务。并广置学士之官，起草诏书，以备顾问；增设"祠禄之官，以佚老优贤"⑤，安置退闲大臣。

在地方，增设了"路"一级单位。初，路有转运使，监督一路财赋并转运，兼管监察、司法及军事。后，陆续增设提点刑狱公事、提举常平司，分转运使权，合称为"三司"，即"漕司"（转运使司）、"宪司"（提点刑狱司）和"仓司"（提举常平司）。边境诸路还设有安抚使，简称"帅司"。每个机构下又设有许多幕职官。州、

---

① （元）马端临：《文献通考》卷五二《职官考六》，中华书局影印本1986年版。
② 《宋史》卷七《真宗二》，中华书局校点本1985年版，第141页。
③ 《文献通考》卷五二《职官考六》。
④ （宋）潘自牧：《记纂渊海》卷二八《职官部》，台湾商务印书馆影印文渊阁四库全书本。
⑤ 《宋史》卷一七〇《职官十》，第4080页。

县也普遍增设官员。州有"文臣知州","复设'通判'以贰之"①；又派有"监当使臣",监督税收。县有"知县"或"县令",又设"县尉"、"主簿"等。

随着中央集权的加强,赵宋王朝设官分职越来越多,以至"官无定制,有使则置副,有知院则置同知院",②加以长期保留了唐五代以来的许多旧官职,中央有三省六部二十四司,地方有节度使、防御使、团练使、州刺使,等等,使得官僚机构不断扩大,冗官局面形成。

"官与职分",即本官不治本司之事,别遣他官主判。这是唐以来使职差遣制发展的结果。赵宋统治者以此作为削弱官僚机构权力的另一重要手段。

北宋授官,分有"官"、"职"、"差遣"三种。所谓"官",不过是"请俸之具","称呼之号",③"以寓禄秩、叙位著"而已。④"职"用来"待文学之选",只有"差遣"才"治内外之事",⑤拥有实权。从中央到地方,各级官僚机构均以"差遣"行事。三省长官"不与朝政",司谏、正言"不任谏诤",至于仆射、尚书、丞郎、郎中、员外等,则"居其官不知其职者,十常八九"。⑥由此造成北宋政府两套系统并存的状况,其官员芜杂,可想而知。这种状况,到神宗元丰改制时才有所改变。

在增设官职的同时,赵宋王朝还广辟途径,大力吸收地主阶级人物参政。其中,科举是最主要的途径。北宋科举制度在隋唐的基

---

① 《宋史》卷一六一《职官一》,第3768页。
② 《宋史》卷一六二《职官二》,第3800页。
③ (宋)夏竦：《文庄集》卷一三《议职官》,台湾商务印书馆影印文渊阁四库全书本。
④ 《文献通考》卷四七《职官考一》。
⑤ 同上。
⑥ 《宋史》卷一六一《职官一》,第3768页。

础上进一步扩大,科目不断增多,录取名额也一再放宽,成为冗官的一个重要来源。宋太祖时,取士较严。"建隆元年,进士十九人";"二年,进士十一人"。太宗时,逐渐增多,"太平兴国二年,进士一百九人","诸科二百七人",又赐十五举以上未及第者本科出身一百八十四人,"凡五百余人"。真宗时更多,"咸平三年进士四百九人","诸科一千一百二十九人"。① 而到了徽宗宣和六年（1124）,光进士一次就录取了805人之多。② 地主阶级士人无不应试争官,最多的一年,竟然有1.7万人应试。真是"上设官不已,下求仕不止"! 仅仁宗一朝就取进士4000多人,诸科5000多人。③中举者都陆续加入各级官员的行列。

科举之外,更有"恩荫"。在历代封建王朝中,恩荫制一直是盛而不衰的,但未有如宋代之滥者。有所谓"文臣荫补"、"武臣荫补"、"臣僚大礼荫补"、"致仕荫补"、"遗表荫补"等等,④ 名目繁多,花样翻新。小官可荫子、孙,大官荫及本宗、异姓,甚至门客、医生,皇亲国戚一家荫官多至数十人。仁宗庆历七年（1047）,单是属籍皇族授官的就有1000多人。大臣子弟"尚嬉竹马,已获荷囊,未应娶妇,已得任子"。⑤ 更有甚者,"恩荫"及于前代,及于故臣。

此外,还有多种授官法。如遇到灾荒,地主开仓,按出粮多少授官;修筑工事,地主雇佣,按出工多少授官。朝廷甚至公然卖官,朱弁《曲洧旧闻》说,徽宗时王黼为相,"公然受贿赂,卖官鬻爵,至有

---

① 《文献通考》卷三二《选举考五》。
② 参见《文献通考》卷三二《选举考五》。
③ 参见《文献通考》卷三一《选举考四》、卷三二《选举考五》。
④ 参见《宋史》卷一五九《选举五》；（清）赵翼撰、王树民校证：《廿二史劄记》卷二五"宋恩荫之滥"条,中华书局1984年版。
⑤ 《文献通考》卷三四《选举考七》。

定价",民间流传着"三千索,直秘阁,五百贯,擢通判"的歌谣。①

终宋一代,"荐辟之广,恩荫之滥,杂流之猥,祠禄之多,日增月益,遂至不可纪极"。②官僚队伍变得空前庞大,真宗时,宗室吏员受禄者9785人;仁宗时,增至15443人。③另外,还有大量不受禄的吏员。真宗咸平四年(1001),一次就裁减天下冗吏19.5万余人,没有裁减的当然更多。④而且,以后又在不断增加。哲宗元祐年间(1086—1094),苏辙列举宗室繁衍、吏员岁增的情况说:

> 宗室之众,皇祐节度使三人,今为九人矣;两使留后一人,今为八人矣。观察使一人,今为十五人矣;防御使四人,今为四十二人矣。百官之富,景德大夫三十九人,今为二百三十人矣;朝奉郎以上一百六十五人,今为六百九十五人矣,承议郎一百二十七人,今为三百六十九人矣;奉议郎二百四十人,今为四百三十一人矣;诸司使二十七人,今为二百六十八人矣;副使六十三人,今为一千一百一十一人;供奉官一百九十三人,今为一千三百二十二人矣……三省之吏六十人,今为一百七十二人矣。其余可以类推。⑤

莘莘众官,"不知职业之所守,多由恩泽而序迁",⑥大多无事可干,只是白白食禄而已。

---

① (宋)朱弁撰、孔凡礼点校:《曲洧旧闻》卷一〇,中华书局2002年版,第225页。
② 《廿二史劄记》卷二五"宋冗官冗费"条,第538页。
③ 参见《宋史》卷一七九《食货下一》。
④ 参见《廿二史劄记》卷二五"宋冗官冗费"条,第538页。
⑤ (宋)苏辙撰、陆费达点校:《栾城集》后集卷一五《收支叙》,中华书局1936年版,第6页。
⑥ 《宋史》卷一六八《职官八》,第4004页。

二

"冗官"的存在,是造成北宋国贫民困的一个重要原因。庞大的冗官集团,是当时社会上最大的消费集团。

赵宋王朝给官员以优厚的俸禄,以致形成财政上的重荷。各级官僚还通过各种途径侵吞财富,为数比官俸还要大得多。其结果不仅使广大劳动人民生活日益贫困,阻碍了社会经济的发展,激化了阶级矛盾,而且减少了朝廷的赋税收入,加深了国家的财政危机。

赵宋王朝规定了苛细的赋税制度,向广大劳动人民进行敲骨吸髓的剥削,以养活大量冗官。赋税种类繁多,有每年夏、秋各征收一次的田税,有20至60岁的男子人人都要缴纳的身丁钱米,有重复取赋的官庄租赋,有巧立名目的"杂变"等等。"峨冠蠹黔首,旅进长素餐",① 从劳动人民身上剥夺来的财富的相当一部分,被无功食禄的冗官以受禄形式消耗。

据载,北宋官员的俸禄相当丰厚。除钱、绫、绢、帛、禄米等正俸外,京朝官有职钱,外任官有公用钱。另有杂役之费,各级官员或有"随身",或有"傔人",皆衣食仰给朝廷。此外,"又有茶酒厨料之给,薪蒿炭盐诸物之给,饲马刍粟之给,米面羊口之给"等等。② 官员既众,俸给又丰,其伤生费国,自不待言。

元丰改制,官职合一,撤销了只领空名的虚职,但没有剥夺其俸禄,而且,还增加了吏禄,"京师岁增四十一万三千四百余缗,监

---

① (宋)王禹偁:《小畜集》卷三《感流亡》,商务印书馆排印本1937年版,第29页。
② 参见《宋史》卷一七一《职官十一》;《廿二史劄记》卷二五"宋制禄之厚"条,第534页。

司诸州六十八万九千八百余缗"①。崇宁年间（1102—1106），蔡京当国，贪鄙之徒如吴居厚、张康国辈，"于寄禄官俸钱、职事官俸钱外，复增供给食料等钱。如（蔡）京仆射俸外，又请司空俸"②。造成"三省密院，吏员猥杂，有官至中大夫，一身而兼十余俸者"③，吏禄极滥。当时，卢策上疏总结道：仁宗时，岁入3900万，官俸支出占1/3；英宗时，岁入4400万，官俸支出占1/5；而到了神宗时，岁入5060余万，全作为官俸尚不能维持，④官俸支出是开国时的数十倍。

北宋王朝竭力以养冗官，国焉得不贫！

冗官的存在，不仅使养官冗费不断增加，而且使国家财源日益困顿，田赋、商税收入减少。真宗时，恢复了职田制度，各级官员的职田悉免租税。两京、大藩府职田各达40顷，最少的下县也有7顷。⑤据载，全国18路共有职田234万多亩。宋官吏还有随意"择便好田宅市之"的特权，⑥官吏肆意兼并土地，达到惊人程度。乾兴元年（1022），官吏占田达"天下田畴之半"⑦，开封府附近千里都已成为大臣们的田产。官吏占田"或千顷而不知止"⑧，不负担或很少负担赋税。而且，他们还与地主上下其手，隐田漏税，或把赋税转嫁到农民身上。广大贫苦农民"谷未离场，帛未下机，已非己

---

① 《文献通考》卷二四《国用考二》。
② 《文献通考》卷六五《职官考十九》。
③ 《文献通考》卷二四《国用考二》。
④ 参见《文献通考》卷二四《国用考二》。
⑤ 参见《宋史》卷一七二《职官十二》。
⑥ （宋）李焘撰，上海师大古籍所、华东师大古籍所点校：《续资治通鉴长编》（以下简称《长编》）卷二，建隆二年七月戊辰条附，中华书局2004年版，第50页。
⑦ （清）徐松辑：《宋会要辑稿》食货一之二〇，中华书局影印本1957年版。
⑧ （宋）陈舜俞：《都官集》卷二《厚生一》，台湾商务印书馆影印文渊阁四库全书本。

有"①,被迫逃亡他乡,往往是"十有七八死,当路横其尸"②,朝廷的赋税收入也因此更得不到保证。据《续资治通鉴长编》所载,仁宗皇祐元年(1049)的租赋田数比真宗天禧五年(1021)减少了6/10。《宋史·食货志》说,天下垦田"赋租所不加者十居其七"③。许多官员还"不耻贾贩"④,经商牟利,并代表大商人的利益要求朝廷放宽对茶、盐、矾等的专卖。仁宗天圣八年(1030)起,解盐禁实行通商,第二年朝廷收入就减少了9万贯,以后每年损耗230多万贯。

赵宋王朝的财政捉襟见肘,这一方面导致了对农民苛敛的升级,另一方面也加剧了朝廷与大地主、大商人之间分取赃物的争夺。在这种争夺中,绝大多数以升官发财为己任的官僚总是站在后者一边,从而导致了这种争夺总是以后者的胜利而告终。这种状况,正如鲁迅先生在揭露旧中国官僚时所说的那样:"其所以要升官,只因为要发财,升官不过是一种发财的门径。所以官僚虽然依靠朝廷,却并不忠于朝廷;吏役虽然依靠衙署,却并不爱护衙署,头领下一个清廉的命令,小喽罗是决不听的。"鲁迅先生把这样的大小官吏比作"自私自利的沙","可以肥己处就肥己","可以称尊就称尊"。⑤北宋的这样一些"自私自利的沙",违背了最高统治者的初衷,不但没有构成巩固北宋中央集权的有力支柱,反而转化成削弱这种统治的对立物。以贪得无厌的冗官集团作为自己统治基础的北宋王朝,被沉重的财政负担压得喘不过气来,深陷在"自私自利的沙"中,面临着没顶之灾。

---

① 《宋史》卷一七三《食货上一》,第4168页。
② (宋)苏舜钦:《苏学士集》卷二《城南感怀呈永叔》,台湾商务印书馆影印文渊阁四库全书本。
③ 《宋史》卷一七三《食货上一》,第4166页。
④ 《长编》卷一四三,庆历三年九月丁卯,第3438页。
⑤ 鲁迅:《南腔北调集·沙》,人民文学出版社1957年版,第418页。

三

"冗官"的存在,是造成北宋王朝国力衰颓的一个重要原因。

历代有作为的封建帝王,都比较重视择官用人,强调"官在得人,不在员多"①。赵宋统治者设官,偏偏在员多,而不在得人。以"员多"来尽量容纳地主阶级人物,使之互相维制,不致擅权凌上;以"不得人"来压制人才,打击有志之士,使之无所作为,不致功高欺主。因此,北宋"立国百余年,君臣上下,惴惴然唯以屈抑英杰为苞桑之上术"②。内外官员,大多是平庸无能之辈。庞大而又无能的官僚队伍,严重地阻碍了国家机器的运转,使之无法有效地发挥抵御外族入侵的职能。

这种阻碍作用突出地表现在以下几个方面:

官僚机构重床叠架,官僚队伍臃肿庞大,必然降低政府管理效能,造成机构间权限不明,人浮于事,互相推诿,内外观望,上下相欺,办事拖拉,毫无效率。即使是很简单的一件事,也经久难决,坐失机会。真宗时,王禹偁上疏说,维扬号称"重镇",但所藏铠甲"十损四五",当地官员也"不敢擅有修治"。③ 上下因循,到了如此地步!平时,官府"文牒有经五七岁不为裁决者"④。战时,"动相牵制,不许便宜……是以动而奔北"⑤。臣僚既然"只能奉行,不许言议"⑥,推诿也就有了理由,形成"百年之忧,一朝之

---

① 唐太宗语。《资治通鉴》卷一九二,贞观元年十二月,中华书局校点本,第6043页。
② (清)王夫之著、舒士彦点校:《宋论》卷八《徽宗》,中华书局校点本1964年版,第151页。
③ 《宋史》卷二九三《王禹偁传》,第9798页。
④ 《长编》卷四八,咸平四年五月戊子,第1061页。
⑤ 《长编》卷四四,咸平二年闰三月癸亥,第937页。
⑥ 鲁迅:《且介亭杂文·隔膜》,人民文学出版社1987年版,第44页。

患,皆上所独当,而群臣不与"的局面,①政治上萎靡不振,遇到敌国外患,便只能束手待毙。

官员猥滥,鱼龙混杂,个别勇于"兴利除害,而有为者",便被"指为生事,必嫉之沮之,非之笑之;稍有差失,随而挤陷"②,久而久之,也只好随波逐流,"虽有能者在职,亦无以异于庸人"③。官僚队伍的质量越来越低,庸人们则更是"文官爱钱又惜死,武官惜死又爱钱",只热衷于结党营私,弄权枉法,残民以逞,刻剥不暇。参与大政决策的枢机之臣,袭故守常,反对革新;由科举而步青云的芸芸士子,留恋诗酒,不理国政。掌握财权的库臣,是盗窃的里手、理财的拙夫,"惟知谨肩钥、涂牕牖以为固密尔,又安能钩考其出入多少与夫所蓄之数哉!"④统领军队的将帅,"酣觞大嚼乃事业,何尝识会兵之机"⑤,徒然自夸雄豪,玩寇养尊。

在官吏考绩上,宋代规定了较前代更为严格的考核制度,有所谓"四善"、"四最"、"八事"之法。但实际情况与此大相径庭,考核制度只是一纸空文,被论资排辈、任人唯亲所代替。这固然是封建等级特权、宗法制度在官制上的必然反映,但与冗官冗员极多、无法进行认真考核也不无关系。"用人既广,推择难精"⑥,以年资论升迁就成了北宋王朝主要的用人行政标准。真宗时规定京朝官四年一迁,仁宗天圣年间改为三年,明道年间(1032—1033)又规定

---

① (清)顾炎武著,黄汝成集释、吕宗力点校:《日知录》卷八《法制》,上海古籍出版社2006年版,第491页。
② (宋)范仲淹著、薛正兴点校:《范文正公全集》之《政府奏议》卷上《答手诏条陈十事》,凤凰出版社2004年版,第474页。
③ (宋)王安石著、中华书局上海编辑所编:《临川先生文集》卷四一《本朝百年无事劄子》,中华书局1959年版,第446页。
④ 《宋史》卷一七九《食货下一》,第4372页。
⑤ 《苏学士集》卷一《庆州败》。
⑥ 《长编》卷四二,至道三年九月壬午,第882页。

外任官也三年一迁。文官武职只要任期内不出差错，"至日限满，即与转官"①。因此，他们不求有功，但求无过，饱食终日，无所用心，只知道例行公事，"年年依样画葫芦"而已。②"国家的任务成了例行公事，或者例行公事成了国家的任务"，官僚的存在，"只是办公桌上的存在"。③小官坐待升迁，大官则偷安自便。李沆做相，很少开口，人称"无口匏"。④王珪是有名的"三旨宰相"，⑤只知"取旨、领旨、得旨"。自号"浪子"的李邦彦，更是除了力主投降乞和之外，专好作秽亵词曲，以"赏尽天下花，踢尽天下毬，做尽天下官"自鸣得意，被人称为"浪子宰相"。⑥大小官僚不过是"无毁无誉，旅进旅退，窃位而苟禄，备员而全身"之辈，⑦于国事有何益！

由于冗官滥员太多，审官院常患无阙可补，不少人守选候阙达数年之久。这些人没有俸禄收入，贪污便被视为"合法"。其他官员也乘机大发横财。真宗、仁宗以后，贪污成风，贿赂公行，大批官员明目张胆地倚权受贿，"凡贿赂先至者，朝请而夕得，徒手而来者，终年而不获……举天下一毫之事，非金钱无以行之"⑧。赵宋王朝对此一味姑息，从不重罚。仁宗时，监察御史包拯上疏说："天下郡县至广，官吏至众，而赃污摘发，无日无之。洎具案来上，或横贷以全其生，或推恩以除其衅，虽有重律，仅同空文，贪猥之徒，

---

① （宋）李攸：《宋朝事实》卷九《官职》，中华书局影印本1955年版，第143页。
② （宋）魏泰撰、李裕民点校：《东轩笔录》卷一，中华书局1983年版，第5页。
③ 《马克思恩格斯全集》卷一《黑格尔法哲学批判》，人民出版社1956年版，第302页。
④ 《宋史》卷二八二《李沆传》，第9540页。
⑤ 《长编》卷三五六，元丰八年五月庚戌，第8517页。
⑥ （宋）徐梦莘：《三朝北盟会编》卷二八，靖康中帙，靖康元年六月，上海古籍出版社影印本2008年版。
⑦ 《小畜集》卷一六《待漏院记》，第225页。
⑧ （宋）苏轼著、孔凡礼点校：《苏轼文集》卷八，《策别·课百官三》，中华书局1986年版，第246页。

殊无畏惮"①，要求对一切臣僚犯法贪污者都从严治罪。然而朝廷毫不理会，反以庇奸养贪为善政，连把最严重的贪污犯流放到边远地方的处罚都取消了。贪官污吏更有恃无恐，终日图谋的只是如何设法生财，哪里谈得上励精图治！

赵宋王朝豢养的这支庞大的官僚队伍越来越腐化，政事不举，无陋不为。这成了赵宋王朝积弱的一个原因，使之无力对付外来的敌人。从太宗太平兴国四年（979）对辽的高梁河之役开始，直到北宋王朝的覆灭，在对辽、西夏和女真的历次战役中，绝大多数都是以北宋的丧师失地结束的。北宋王朝比之于我国历史上其他统一王朝显得特别积弱不振。

四

马克思在《路易·波拿巴的雾月十八日》中谈到法国的封建国家机器时写道："这个行政权力有庞大的官僚机构和军事机构，有复杂而巧妙的国家机器，有五十万人的官吏队伍和五十万人的军队——这个俨如密网一般缠住法国社会全身并阻塞其一切毛孔的可怕的寄生机体，是在君主专制时代，在封建制度崩溃时期产生的，同时，这个寄生机体又加速了封建制度的崩溃。"② 北宋的冗官正是这样的"可怕的寄生机体"，它和当时的冗兵一起，紧紧缠绕住北宋社会的全身，牢牢堵塞了其生命的毛孔，导致了北宋的积弱积贫，使之走向崩溃。

对于这种"可怕的寄生机体"的严重危害，北宋的一些有识之

---

① （宋）包拯：《孝肃包公奏议》卷三《乞不用赃吏》，中华书局排印本1985年版，第39页。
② 《马克思恩格斯选集》卷一，人民出版社1956年版，第691页。

士多少有所觉察。为了挽救统治危机，他们或上疏言事，痛陈冗官之弊，恳请裁减滥员；或出谋献策，力图整顿官僚机构，精简吏政。像王安石这样的地主阶级有作为的政治家，则进一步提出了变法革新的主张。

真宗即位初，王禹偁应诏上疏，建言五事，其主旨就是要求减少冗兵冗员。仁宗时，宋祁上疏，指出天下有定官无限员，"州县不广于前，而官五倍于旧"，请求"立限员以为定法"。① 庆历年间（1041—1048），范仲淹奉诏条上十事，重点放在整顿、改革官僚机构，提出"明黜陟"、"抑侥幸"、"精贡举"、"择长官"、"均公田"等主张，② 并力图实现之。庆历新政期间，他"以天下为己任，裁削幸滥，考核官吏，日夜谋虑，兴致太平"③。他曾把不称职的监司的姓名从班簿上一笔勾去，富弼说：你这样一笔勾，可知道会害得人一家哭呢。范仲淹回答道：一家人哭哪里比得上一路人哭？④ 嘉祐三年（1058），王安石向仁宗上长达万言的奏疏，提出自己的改革主张，并大声疾呼："方今之急，在于人才而已。"⑤ 仁宗末年，苏轼向朝廷上刺策，提出厉法禁、抑侥幸、决雍弊、教战守等主张，要求"励精庶政，督察百官，果断而力行"⑥。他们的这些主张，是有进步意义的。但是，他们没有也不可能认识到"冗官"是封建专制制度日益腐败的必然产物，在封建制度内部是不可能根除的。而且，当时的赵宋王朝已积重难返，绝非几篇疏奏能解决问题。赵宋统治者本身也没有真正革故鼎新的决心和力量，神宗算是较有作为

---

① 《宋史》卷二八四《宋祁传》，第 9594 页。
② 参见《宋史》卷三一四《范仲淹传》。
③ 《宋史》卷三一四《范仲淹传》，第 10275 页。
④ 参见（宋）陈均：《九朝编年备要》卷一二，台湾商务印书馆影印文渊阁四库全书本。
⑤ 《临川文集》卷三九《上仁宗皇帝言事书》，第 411 页。
⑥ 《苏轼文集》卷二七《辩试馆职策问札子二首》，第 790 页。

的一个，但他也并不打算改变得太多。当时，有人提出要罢枢密，改变枢密与中书对掌文武、互相牵制难于行事的体制，神宗却不同意，理由是"祖宗不以兵柄归有司，故专命官统之，互相维制，何可废也！"① 终宋一代，几乎任何企图挽救危机的改革都难以实现，每每由于大官僚、大地主、大商人集团的阻挠、破坏而失败。庆历新政，一年而废，范仲淹受贬出朝廷；元丰变法，昙花一现，王安石抱恨终江宁。"民不加赋而国用饶"的"新法"，② 变成了掠夺广大人民的工具。庞大、无能、腐败的北宋官僚队伍一天天烂下去，北宋王朝贫弱相继愈演愈烈，内忧外患接踵而至。结果是"靖康之变"，北宋灭亡，女真贵族入主中原，南宋小朝廷偏安江左，中国历史上出现了"南共北，正分裂"的局面。③

(原载《学习与研究》1982 年第 4 期)

---

① 《长编》卷三二〇，元丰四年十一月甲辰，第 7725 页。
② 《宋史》卷一八六《食货十八》，第 4560 页。
③ （宋）辛弃疾撰、邓广铭点校：《稼轩词》卷一《贺新郎·细把君诗》，上海古籍出版社 1978 年版，第 248 页。

简论唐代的翰林学士

翰林学士是中国封建社会后期中央政府中一种重要的官职，它滥觞于两汉，勃兴于唐朝，至宋代而制度化，元、明、清时稍有损益，但一直因置不废。唐代，是翰林学士官职产生、形成和发展的重要时期，本文试对唐代的翰林学士作一初步探讨，以就正于史学界。

一

"翰林"和"学士"之称，早在汉代就已分别出现，而把它们合起来作为一种官职，则是唐中叶的事。

据《说文解字·羽部》载："翰，天鸡也。"翰又指鸟羽，古人以羽作笔，所以"翰"可代指笔，故汉代人有"投翰长叹息"的句子。[①] 投翰就是投笔，后引申为文词，如"书翰"、"文翰"。"翰林"一词最早见于西汉扬雄《长扬赋》，其中云："聊因笔墨之成文章，故藉翰林以为主人。"唐人李善作注说："翰林，文翰之多若林

---

① （魏）刘桢：《公宴诗》，引自（梁）萧统编、（唐）李善注：《文选》卷二〇，中华书局影印本1977年版。

也。"①可见,"翰林"本指文学之林,是文翰荟萃之所在。"古未有以此为官名者,其设为官署,则自唐始。"②不过,"唐时翰林本内廷供奉之名,非必皆文学也"③。翰林院只是"待诏之所","其待诏者,有词学、经术、合炼、僧道、卜祝、术艺、书弈,各别院以廪之,日晚而退"④。

"学士"一名,最初指有文学之士,并非官号。《史记》卷一二一《儒林列传》序云:"公孙弘以《春秋》白衣为天子三公,封以平津侯,天下之学士靡然乡风矣。"《三国志》卷三八《秦宓传》称宓为"益州学士"。至南北朝时,"学士"遂成为官名。南朝宋有总明观学士,齐有东观学士,梁有文德省学士,陈有西省学士。六朝还先后设置过文林馆学士、寿光殿学士、士林馆学士、德教殿学士、麟趾殿学士等等,"或省或观或殿或馆,随所用各置学士"⑤,任用文学之士校书籍、主编纂,"唐宋之翰林学士,其权舆盖本于此"⑥。

文学之士除充任馆阁学士掌管著作图籍以外,另一个重要用途就是充当皇帝的侍从,随侍左右。其事肇于秦代,盛于汉时。汉武帝好尚文学,便从文臣中选出一些人陪自己聊天、赋诗,偶尔代为起草诏令。这些人每日在皇宫金马门等待召见,称"金马门待诏",其身份相当于皇帝的清客,地位不高。

发展到唐代,文学侍从的地位发生了很大的变化。唐太宗时,

---

① 《文选》卷九。
② (清)赵翼:《陔余丛考》卷二六,中华书局排印本1963年版,第521页。
③ 《陔余丛考》卷二六,第521页。
④ (宋)李上交撰,虞云国、吴爱芬整理:《近事会元》卷二"翰林院承旨"条,大象出版社2003年版。
⑤ 《陔余丛考》卷二六,第522页。
⑥ (清)永瑢等著:《历代职官表》卷二三,商务印书馆排印本1936年版,第622页。

房玄龄、杜如晦、虞世南等18人，"或秦府故僚，或当时才彦，皆以弘文馆学士会于禁中。内参谋猷，延引讲习，出侍舆辇，入陪宴私。十数年间，多至公辅，当时号为'十八学士'"①。至武后当政时，文学侍从的地位更加重要了。武则天"广召文词之士，入禁中修撰……朝廷疑议及百司奏疏，皆密令……参决，以分宰相之权"②。由于这些人"常于北门候进止"，所以被称为"北门学士"。③玄宗即位后，"北门学士"改称"翰林待诏"，"选朝官有词艺学识者入居翰林，供奉敕旨"④。不久，"翰林待诏"改称"翰林供奉"，其重甚于"北门学士"。

但是，直到这时为止，翰林院文学之士"虽有密近之殊，亦未定名。制诏书敕，犹或分在集贤（院）"⑤。而且，如前所述，翰林院还包括各种技艺之人，文学之士只是其一。随着社会形势的发展变化，这种状况自然不能长久维持下去了。有权参议表章、撰拟诏令的文学侍从不愿意继续混同于"杂流"，而迫切要求独立出来，以获取更多的权力，皇帝也对这批人另眼相看。于是，"开元二十六年，始以翰林供奉改称学士，别建学士院于翰林院之南，俾专内命"⑥。自此，学士院与翰林院分而为二，文学侍从开始有了正式机构。为了与弘文馆学士、丽正殿学士、集贤院学士等其他馆阁殿院学士相区别，学士院学士仍冠以"翰林"旧名，称为"翰林

---

① （宋）王溥：《唐会要》卷五七《翰林院》，商务印书馆排印本1954年版，第977页。
② 《旧唐书》卷一九〇中《元万顷传》，中华书局校点本1975年版，第5011页。
③ （宋）孙逢吉：《职官分纪》卷一五《翰林学士院》，四部备要本。
④ 《唐会要》卷五七《翰林院》，第977页。
⑤ 同上，第979页。
⑥ （宋）章如愚：《群书考索》后集卷七《官制门》翰苑类，书目文献出版社影印本1992年版。

学士"。"其后遂以名官,讫不可改"①,直至清末,才最终退出历史舞台。

二

唐代翰林学士最重要的职掌,莫过于"专内命"。"内命"或称作"内制",即直接由天子面授的各种文书诏令。君主的诏令正式分为内、外两制,是在五代后晋时期,但在唐代已见端倪。当时,朝廷重要的诏令都由天子授命,交翰林学士起草,一般的诏令则经中书下达,由中书舍人执笔,于是演变成"内制"、"外制"之分。两制分别用白麻纸和黄麻纸书写,所以"内制"又称"白麻","外制"又称"黄麻"。"凡白麻制诰,皆在廷代言,命辅臣、除节将、恤灾患、讨不庭则用之。"②代宗"每命相,密召学士草诏"③;李德裕为翰林学士时,"禁中书诏,(穆宗)大手笔多令德裕草之"④;僖宗时,"关东用兵,书诏重委,翰林学士杜让能草制迅速,笔无点窜,动中事机"⑤……可见,朝廷各种重要诏令制诰,无一不由翰林学士起草。

充任翰林学士的大多是鸿儒硕彦,因此所草诏令往往文情并茂,影响较大。唐人韦执谊说:翰林学士"发挥大猷,藻绘上命,

---

① (宋)叶林得著、宇文绍奕考异、侯忠义点校:《石林燕语》卷七,中华书局校点本1984年版,第96页。
② 《唐会要》卷五七《翰林院》,第980页。
③ (唐)苏鹗撰、阳羡生校点:《杜阳杂编》卷上,上海古籍出版社2000年版,第1380页。
④ 《唐会要》卷五七《翰林院》,第981页。
⑤ 同上,第983页。

只简片削，可以动乎人神，风行四方，万里始觇，非制诰之谓欤！"①仅以陆贽为例，即可说明这一点。建中四年（783）藩镇兵乱，泾原叛军5000余人攻入京城，德宗仓皇出走奉天，翰林学士陆贽随行。时"诏书旁午，公（陆贽）洒翰即成，不复起草。初若不经思虑，及成而奏，无不曲尽事情，中于机会，仓卒填委，同职者无不拱手叹服"。②陆贽草诏不仅迅速、准确，而且文辞恳切，很能动乎人心。据载，"行在制诏始下，闻者虽武夫悍卒无不挥涕感激"，时人认为"德宗之克平寇难，不惟神武成功、爪牙宣力，盖亦文德广被，腹心有助焉"。③这段话虽不乏夸饰之词，但足以说明翰林学士草诏的作用不可低估。

由于草制之权极重，因此翰林学士的规制甚密。学士院门户森严，"非本院人，虽有公事不敢遽入"④，遇有文书下达，必须先由内臣在学士院门外拉铃，院内小判官出门领受，回院交给院使，然后由院使交给学士起草。⑤学士之间不许聚会，甚至同时草制也互不相知。元和初，李吉甫、裴垍同在学士院，吉甫迁任宰相前夕，正巧与裴垍同直。"垍草吉甫制，吉甫草武元衡制，垂帘挥翰，两不相知。至暮，吉甫有叹惋之声，垍终不言。书麻尾之后，乃相庆贺。"⑥

除掌内制外，翰林学士的另一重要职责是备顾问。"无日不在君

---

① （唐）韦执谊：《翰林院故事》，丛书集成初编本。
② （唐）权德舆：《〈陆宣公翰苑集〉序》，引自陆贽：《陆宣公翰苑集》，台湾商务印书馆排印本1969年版。
③ 《唐会要》卷五七《翰林院》，第978页。
④ （明）杨慎：《升庵集》卷五〇"铃索"条，台湾商务印书馆影印文渊阁四库全书本。
⑤ 参见（唐）韩偓：《雨后月中玉堂闲坐诗》注。（清）彭定求等编、中华书局编辑部点校：《全唐诗》卷六八〇，中华书局1999年版。
⑥ （唐）李肇：《翰林志》，引自洪遵辑：《翰苑群书》，知不足斋丛书本。

侧，无事不参大议"①，以致有"内相"之称。陆贽在翰苑时，"虽有宰臣，而谋猷参决，多出于贽，故当时目为'内相'"②。《旧唐书》卷一五八《韦绶传》则说："贞元之政，多参决于内署。"因此，《十七史商榷》卷七四论翰林学士道："进退人才，机务枢密，人主皆必与议，中书门下之权，为其所夺，当时谓之内相。"岑仲勉先生更进一步认为：翰林学士"视谏官……为效迥异"；"宰相视之，犹有逊色"。③

翰林学士号称"天子私人"，④极得皇帝信任，与皇帝关系十分密切。如陆贽"初入翰林，特承德宗异顾，歌诗戏狎，朝夕陪游"。⑤出亡奉天时，德宗行止必与陆贽一道，一次陆贽掉队，德宗夜召不见，便"泫然号于禁旅曰：'得贽者赏千金。'"⑥其他如张涉"署于翰林为学士，亲重无比"⑦；文宗也常召学士于内庭，"令宫女侍茶汤饮馔"⑧；令狐绹"大中初在内庭，恩泽无二。常便殿召对，夜艾方罢，宣赐金莲花送归院"⑨，一时间传为佳话。唐代大诗人贾岛《赠翰林》诗写道："清重无过知内制，从前礼绝外庭人。看花在处多随驾，召宴无时不及身……"⑩钦羡之情跃然纸上。

---

① （清）王夫之：《读通鉴论》卷二四，中华书局校点本1975年版，第865页。
② 《旧唐书》卷一三九《陆贽传》，第3817页。
③ 岑仲勉：《翰林学士笔记注补》，载《"中央研究院"历史语言研究所集刊》第15本，1948年。
④ 《翰林志》。
⑤ 《旧唐书》卷一三九《陆贽传》，第3817页。
⑥ 《〈陆宣公翰苑集〉序》。
⑦ 《资治通鉴》卷二二五，代宗大历十四年，中华书局校点本1956年版，第7265—7266页。
⑧ 《杜阳杂编》卷中。
⑨ （五代）王定保：《唐摭言》卷一五《杂记》，古典文学出版社排印本1957年版，第161页。
⑩ 转引自《翰苑新书》卷一〇《翰苑门》，台湾商务印书馆影印文渊阁四库全书本。

三

作为差遣官，唐代的翰林学士在员额、出秩、俸禄、考绩等方面虽没有严格规定，但各项制度已在逐渐形成。如：

员额 "学士无定员"①，"大抵召入者一二人或三四人或五六人"②，但大多时候是仿中书舍人例，设置六员。白居易有"元和六学士"的诗句，③宋人钱惟演也认为唐学士有六员。④

朝服班序 德宗兴元元年（784），"诏翰林学士朝服班序，宜同诸司官知制诰例"⑤。平日"班次各以其官，内宴则居宰相之下，一品之上"⑥。

俸禄赏赐 宪宗元和十五年（820），准许学士"每日各给杂买钱一百文，以户部见钱充；每月共米四石，面五石，令司农供"⑦。文宗大和元年（827）增杂买钱，"每人每日于户部更加一百文"。宣宗大中六年（852），"敕翰林学士：自今以后，官至郎中、令知制诰，其余并依本官月限，及准外制例处分"。杂买钱、本官月限之外，还有种种赏赐，春给衣，夏赏帛，每逢寒食节、清明节、端午节、重阳节等，必赐钱物，有布料、酒食、银器、珍玩等，"直日就颁授，下直就第赐之"⑧，待遇十分优渥。

入直下直 规定"凡当直之次，自给舍丞郎入者，三直无儤；自起居御史郎官入，五直一儤；其余杂入者，十直三儤。新迁官，

---

① 《翰林志》。
② 《唐会要》卷五七《翰林院》。
③ （宋）洪迈撰、孔凡礼点校：《容斋随笔》续笔卷二"元和六学士"条，中华书局2005年版，第241页。
④ 参见（宋）钱惟演：《金坡遗事》，引自周必大：《玉堂杂记》卷上，台湾商务印书馆影印本1979年版。
⑤ 《旧唐书》卷一二《德宗纪上》，第347页。
⑥ 《新唐书》卷四六《百官志》，中华书局校点本1975年版，第1184页。
⑦ 《唐会要》卷五七《翰林院》，第980页。
⑧ 《翰林志》。

一直报儤,名于次之中减半。著为别条,例题于北壁之西阁"。"凡交直,候内朝之退,不过辰已。人者先之,出者后之。"①

入院考试 学士入院,曾实行考试制度。"试制、书、答共三道,诗一首"②,后加试赋一首。韩偓入院时,"试文五篇"③,包括两首赋、一道制书和两道批答。其后,"虽有召试之名,而无考校之实"④,入院与否完全依皇帝的个人意志而定,考试不过是官样文章罢了。

翰林学士一职发展到宪宗时,又增添了新的内容,学士之上设置了"学士承旨",从诸学士中"择年深德重者一人"充任。⑤"凡大诰令、大废置、丞相之密画、内外之密奏、上之所甚注意者,莫不专受专对,他人无得而参。"⑥担任学士承旨者,大多官至宰相。据岑仲勉先生统计,宪宗时,承旨后任宰相者占70%;穆宗、敬宗时,竟高达100%;文宗时最少,也有38%。⑦

翰林学士一职的出现,不仅在主观上有利于加强君主专制中央集权,而且在客观上适应了中唐以来封建生产关系的局部调整,所以,翰林学士制度在唐中叶勃兴并不断发展,实为一种客观的、必然的趋势。因此,虽偶有主张废除者,如贞元年间(785—805)陆贽曾上疏请求停罢"学士"之名,⑧但未能如愿;五代后晋时亦曾一度取消翰林学士之职,但不出四五年又重加恢复。⑨

(原载《争鸣》1985年第2期)

---

① 《翰林志》。
② 同上。
③ (唐)韩偓:《金銮密记》,引自(明)陶宗仪等编:《说郛三种》卷四九,上海古籍出版社影印本1988年版。
④ (宋)苏易简:《续翰林志》卷上,引自《翰苑群书》卷八。
⑤ 《近事会元》卷二"翰林院承旨"条。
⑥ (唐)元稹:《承旨学士院记》,引自《翰苑群书》卷二。
⑦ 转引自岑仲勉:《补唐代翰林两记》,载《"中央研究院"历史语言研究所集刊》第11本,1943年。
⑧ 《旧唐书》卷一九〇《吴通玄传》,第5057页。
⑨ 参见(宋)王溥:《五代会要》卷一三,上海古籍出版社校点本1978年版。

宋翰林学士人员结构考述

翰林学士是中国封建社会后期中央政府中一种重要的职官。它始建于唐朝，至宋代而制度化，元、明、清时虽稍有厘革，但一直沿置不废。在前后长达1000余年的历程中，翰林学士作为以知识分子充当、替皇帝起草诏命、为君主出谋划策的秘书和"智囊"，产生了深刻的政治影响。宋代是翰林学士制度发展的重要时期，有许多课题值得研究，首当其冲的是翰林学士的人员结构问题。研究这一问题，不仅有助于我们加深对宋代官制的理解和认识，而且可以对我们今天正确选用知识分子或业务类公务员有某些历史的启迪。

一、出身与出路

作为君主的"机要秘书"，宋翰林学士在人选上最重要的要求就是"非文章不可"。① 而当时文章之士入仕的门径主要就是科举，所谓"朝廷用人，别无他路，只有科举"②。因此，翰林学士便与科

---

① 钱惟演语。引自（宋）欧阳修撰、李逸安点校：《欧阳修全集》居士集卷二《内制集序》，中华书局2001年版，第597页。
② （宋）张端义：《贵耳集》卷下，丛书集成初编本。

举，尤其是与进士科，形成了一种密切联系，非由科举出身不得入学士院几乎成为一种制度，原无出身者，也往往先赐同出身，而后始官翰林。关于宋翰林学士的出身，笔者根据《宋史》、《东都事略》、《隆平集》、《学士年表》、《中兴学士院题名》等，作过一个统计，得知两宋翰林学士可考者397人，其中350人是进士出身，占总数的88.2%；由其他科名（如举贤良方正、博学宏词、明经、说书等科）而入的16人，占4%；荫补者仅6人，占1.5%；其余25人记载不详。即使这25人皆非科举出身，他们与荫补者的总和也不过占总数的7.8%，只是极少数。而且，据史书记载，这少数人中的大部分也是"博学能文辞"之辈，①只是由于其他原因而未获得功名。如王益柔，"少力学，通群书，为文日数千言"②，因不喜诗赋取士而不就科考，后以策论除馆职，神宗时入学士院。韩维，曾以进士奏名礼部，值其父韩亿执政，维避嫌不就廷试，后用荫得官，神宗时迁翰林学士，《宋史》本传称其"好古嗜学"。钱勰，13岁便"制举之业成"，熙宁间曾应试入选，"会王安石恶孔文仲策，迁怒罢其科，遂不得第"。③

有无科考功名，是赵宋君主选用翰林学士最主要的依据。徽宗崇宁五年（1106）还曾明文规定："翰林学士、两省官及馆阁，今后并除进士出身。"④有宋一代，这条规定是基本执行了的。科举制度是封建选官制度，其核心在于唐太宗所言：网罗"天下英雄尽入吾彀中"，政治上的局限性是显而易见的。但是，它毕竟使用人行政有了一定的标准。具有较高封建文化修养的士人经科举选拔入居翰

---

① 《宋史》卷三一七《钱惟演传》，中华书局校点本1977年版，第10341页。
② 《宋史》卷二八六《王益柔传》，第9634页。
③ 《宋史》卷三一七《钱勰传》，第10349页。
④ （清）徐松辑：《宋会要辑稿》职官三之一〇，中华书局影印本1957年版。

林，从而在人选上保证了翰林学士职能的较好发挥。一般来说，宋翰林学士草词效果很好，虽有像"彭乘为翰林学士，文章诰命尤为可笑"的①，但多数是诏令文书行下，"激励奋发，足以感泣三军；勤拳谆复，足以警惕百揆"②。至于咨询顾问的影响，更是不可低估，"经营庶务，进退大臣，未尝不预咨询"③。翰林学士充分运用自己的才智谋略，当好皇帝的智囊，在研究、提供决策方针和评价、选择决策方案这两方面发挥积极作用，从而对宋代政治产生重要的影响。

在"崇儒右文"的宋代，君主既公开声称"宰相须用读书人"，④民间更普遍流行着"万般皆下品，唯有读书高"的观念。因此，既有科举出身，又随侍君主左右、为其赏识的翰林学士，便成为宰相执政当仁不让的候选人。充任宰执，成为翰林学士的一条主要出路。不由翰林学士不除中书、枢密院二府，成了一种惯例。景祐年间（1034—1038），仁宗欲以知制诰宋庠为同知枢密院事，就曾遭到当朝宰相反对，"以故事未有知制诰除二府者，乃改翰林学士。明年，遂除参知政事"⑤。

由学士升为宰执有多种情形：有的是改转他官后再迁任为宰执，有的则直接登入"二府"，有的甚至在大除拜草词之际被同时任命，人称"润笔执政"。徐度《却扫编》卷上："韩康公、王荆公之

---

① （宋）魏泰撰、李裕民点校：《东轩笔录》卷九，中华书局校点本 1983 年版，第 101 页。
② 郑真赞王应麟制草语。引自（宋）王应麟：《四明文献集》卷四，台湾商务印书馆影印文渊阁四库全书本。
③ （宋）曾巩：《元丰类稿》卷二〇《中书舍人除翰林学士制》，商务印书馆排印本 1937 年版，第 233 页。
④ （宋）李焘撰，上海师大古籍所、华东师大古籍所点校：《续资治通鉴长编》卷七，乾德四年五月，中华书局 2004 年版，第 171 页。
⑤ （宋）叶梦得撰，宇文绍奕考异、侯忠义点校：《石林燕语》卷三，中华书局 1984 年版，第 40 页。

拜相也，王歧公为翰林学士，被召命词。既接旨，神宗因出手札示之曰：'已除卿参知政事矣。'国朝以来，因命相而遂用草制学士补其处，如此者甚多，近岁亦时有之。世谓之'润笔执政'。"

根据笔者的统计，两宋时期翰林学士位至宰执的共计193人，约占总人数的1/2，数量是可观的。宋人有关"满朝朱紫贵，尽是读书人"的诗句，① 正是这种局面的真实写照。

由进士而入翰林，经翰林而拜宰执，由此构成了宋代文人趋之若鹜的仕进"三部曲"。宋代的许多名臣，如吕蒙正、晏殊、富弼、毕士安、欧阳修、王安石、司马光、曾布、章惇、真德秀等人，都是经历这样的"三部曲"而后闻达于世的。这种状况的出现，进一步促成了宋代文人政治的完备，从而使中国封建社会后期的政治显现出与前期世族门阀把持政权的门第政治迥然不同的面貌。

二、家庭背景

两宋翰林学士397人，其中在《宋史》上有传的264人，而载明了家世的不过101人，不到1/2。并且，这百余人中有"世为农家"的王禹偁，② "微时苦贫"，赖朋友"捐数百千"方得娶妻的王陶，③ "家贫无膏油，每拾薪苏以继晷"的汪应辰，④ 以及幼孤"家贫，至以荻画地学书"的欧阳修，⑤ 等等。其他如张守、张方平、王曾、李迪、柳植、吴奎、李至、梁颢、蔡齐、马廷鸾等人也都

---

① 《贵耳集》卷下。
② 《宋史》卷二九三《王禹偁传》，第9793页。
③ 《宋史》卷三二九《王陶传》，第10611—10612页。
④ 《宋史》卷三八七《汪应辰传》，第11876页。
⑤ 《宋史》卷三一九《欧阳修传》，第10375页。

出身贫寒。①称得上名门望族的只是个别人,如陶穀;官宦子弟为数也不多。

至于本传不言其家世的大部分人,除了少数是由于情况不明无法记载外,其余多数大约还是因为父祖平平,门楣无光,没有什么值得一书的。

庶民布衣、贫寒子弟何以入居君主的辅弼?靠的还是科举。②如前所述,科举考试使用人行政有了一定的标准,不仅如此,更为重要的是它打破门第的观念,为庶民提供了一条仕进大道,它被视为公平原则,在人们心里引起了强烈的震动。科举成为社会心理的鹄的,无论将相之子或苦寒之士,人人冀求一第而后天下知,飞黄腾达,安富尊荣。即使是封建时代,文化知识从本质上说仍是全人类的精神财富,不可能被某一个人、某一个家族垄断,于是宋代的寒门布衣可以借助于当时相对安定的社会环境、相对开放的政治局面以及空前发达的文教事业,面壁苦读,应举中第。赵宋政权通过科举考试将一些原属被统治阶级中的优秀分子吸收进来,出发点是为了让社会各阶层的人都保持对政府的向心力,并使自己的统治"越巩固,越险恶"③。但科举取士客观上有利于政治的清明,同时促进了教育的兴盛,刺激了读书风气更加浓厚。

虽然文化知识不具有世袭性,不能靠遗传方式来获得,但经济条件优越、文化积累丰富的家庭,其子弟读书应举要比一般庶民便利得多。因此,宋翰林学士中有18%的人是父子相承(如李昉与李

---

① 参见《宋史》各本传。
② 文中提到的这些人没有一个不是由科举入仕的,而且除张方平中举、吴奎举五经外,其余全部是进士出身。梁颢、王曾、李迪、蔡齐、汪应辰和欧阳修、王禹偁、马廷鸾等人还分别中过状元或省元。参见《宋史》各本传、(元)马端临《文献通考·选举五》等。
③ 马克思:《资本论》卷三,人民出版社1975年版,第679页。

宗谔、晁迥与晁宗悫）、兄弟接踵（如窦仪与窦俨，韩绛与韩维）、祖孙叔侄先后入院（祖孙如张洎与张璪，叔侄如高定子与高斯得），甚至一家数代连登禁林的（如范镇与其从子百禄、从孙祖禹、曾孙冲）。其详情参见《宋史》列传。

需要特别指出的是，属于上述情况的72人中，仅钱惟演、钱勰、韩维和邓洵仁4人没有科名，除了邓洵仁一人情况不详外，其余3人都是本文第一部分所提及的富有文才而因其他缘故而未应举及第之辈。换言之，上述70余人得以步入翰苑，靠的仍是科举，是个人的才学而非门第，这与以往的门阀政治有天壤之别。

三、地域分布

根据《宋史》、《东都事略》、《隆平集》、《名臣碑传琬琰集》和部分宋人文集，宋翰林学士籍贯可考者352人，约占总数的89%。

就地理位置来看，翰林学士中比例最大的，无论北宋或南宋，都是两浙路人（北宋时占总数的14%，南宋时达34%），其次属福建路人（北宋时占10%，南宋时占14%），再次成都府路人（北宋时占10%，南宋时占8%）及江南东、西路人（北宋时江南西路人占6%，居诸路第四；南宋时江南东路人占13%，仅次于两浙、福建）。而秦凤、夔州、广南西三路，了无一人。广南东路，仅有仁宗时的冯元一人，而且实际上自太祖平广南后，冯元的父亲冯邴便"入朝为保章正"，冯元本人则"幼从崔颐正、孙奭为《五经》大义"[①]，以后登第做官，始终在京都一带生活，严格地说，算不上

[①] 《宋史》卷二九四《冯元传》，第9821页。

是广东人。

分时期而言，北宋以仁宗朝为界，前后两个时期的面貌显著不同。仁宗之前的太祖、太宗、真宗三朝，翰林学士中的北方人占绝对优势，分别为当时总数的89%、78%、70%。特别是太祖时期，先后任用的9个翰林学士，除欧阳迥一人是留用后蜀旧官外，其余8人都是生于斯长于斯的北方人。仁宗朝情况大变，南方人大幅度增长，其百分比从前代的最高不超过30%猛增到近60%。以后的各朝保持了这一趋向，南方人始终远远多于北方人。南宋偏安江左，因而除了最初的高、孝两朝尚有少数南迁的北方人入居翰苑外，以后便绝了踪迹。

从上述地域分布情况，人们可以得到哪些启示呢？至少有以下两点：

其一，文教水准的高低，与当地经济发展水平密切相关。从某种意义上来说，选自进士高科的宋翰林学士，是封建文化的代表人物。如前所述，这些人集中于以太湖流域为中心的两浙路，以及东南沿海和四川盆地，而这些地区正是宋代经济最为发达的地区。特别是两浙路，农业上的精耕细作、集约经营，使之成为宋代著名粮产区，北宋时被称为"国之仓庾"，①南宋时更有"苏湖熟，天下足"之美名。②号称"天府之国"的四川盆地和福建濒海地区，其精耕细作、稳产高产也可与两浙比美。经济的繁荣，促进了这些"俗本好文"地区文教事业的发达。富民既有财力兴办教育，官府也大力扶植州县之学。于是，官私学校林立，读书应举蔚然成风。出于

---

① （宋）范仲淹撰，李勇先、王蓉贵点校：《范仲淹全集》之《政府奏议》卷上《答手诏条陈十事》，四川大学出版社2002年版，第597页。
② （宋）高斯得：《耻堂存稿》卷六《宁国府劝农文》，台湾商务印书馆影印文渊阁四库全书本。

同一道理，在地旷人稀、自然条件较差、仍盛行"刀耕火种"的夔峡之地，广南东西路大部分地区，文化教育也不发达，虽然南宋以后不少偏远州县都纷纷建立了学校，无奈人才的培养并非朝夕所能奏效的，而是需要较长时间的积累，但南宋很快就国将不国，这里的读书人也就根本没有机会一试身手了。

其二，在封建专制制度下，仕途中人的升降动向往往系于最高统治者的用人政策，甚至取决于君主的个人好恶。这本是封建政治的"人治"原则的结果，而翰林学士的"天子私人"性质更使之成为必然。两宋时期，翰林学士的除授完全由皇帝亲自掌握。《宋史·苏轼传》有一段记载，可以说是概括翰林学士得官途径的最好资料：

（苏）轼尝锁宿禁中，召入对便殿，宣仁后问曰："今为何官？"曰："臣今待罪翰林学士。"曰："何以遽至此？"曰："遭遇太皇太后、皇帝陛下。"曰："非也。"曰："岂大臣论荐乎？"曰："亦非也。"轼惊曰："臣虽无状，不敢自他途以进。"曰："此先帝意也……"

这段记载告诉我们：翰林学士入院途径有两条：一是皇帝擢拔，二是大臣荐举，此外"自他途以进"的，为士人所不取。当时情况的确如此。不过，严格地说，作为"天子私人"的翰林学士完全是由皇帝控制的，两条途径归根结底是一条——皇帝擢拔。大臣论荐实际上是皇帝擢拔的预备阶段，大臣向皇帝提供候选人，然后由皇帝加以裁决。大臣的推荐采用与否，最终还是皇帝做主。惟其如此，所以北宋初年的翰林要员十之七八是北方人，起家于宋州（治今河南商丘）之地的君主自然而然地把风俗习惯、语言心理等都与自己接近的今河南、河北、陕西、山东人安置在身边，充当辅弼。直到真宗在位，不仅随侍左右的翰林学士，就是朝廷重臣——宰辅，也仍是以北方人为主，以致江西人晏殊廷试突出，陕西人宰相寇准却以"殊，江外人"为理由反对赐之为进士。①由此可知，太祖、太宗、真宗三朝，能跻身翰苑的江南士人寥若晨星，是毫不奇怪的。难怪宋人说："天圣以前，选用人才多取北人……故南方士大夫沉抑者多。"只是到了仁宗时期，"仁宗皇帝照知其弊，公听并视，兼收博采，无南北之异"，南方士人才各得其所。而到了"绍圣、崇宁间，取南人更多"，反过来成了"北方士大夫复有沉抑之叹"了。②封建时代统治者的用人政策对人才盛衰的影响之大，无论怎么估计都是不会过分的。

总的来看，赵宋政权以科举简选"道德文学之流"进入翰林，并擢拔其中的一些人入居宰辅，这样做的结果，对统治者而言，不仅可以从人选上保证翰林学士职掌的较好执行，而且能够网罗社会各个阶层的优秀分子，从而有利于政权的稳固。对芸芸士人来说，无论将相后代或布衣之子，功名利禄可望可及，于是人人寒窗苦读，以求列位公卿。伴随着社会向上倾向迅猛扩展的，既是社会阶层加速的流动，同时又是文教事业空前的发达和民众文化素养大幅度的提高。如果说文教事业受统治政策的影响，那么人才消长则为统治政策所左右，南方士人在北宋初年郁郁不得志，最直接的原因就在于此。然而，人才消长的终极前提仍是经济发展的水平，因此，在经济增长的江南地区，文教事业兴旺，人才大量涌现。宋翰林学士多以南方人充任，最根本的原因就在于此。

（原载《武汉大学学报》[社科版] 1988 年第 6 期）

---

① 《宋史》卷三一一《晏殊传》，第 10195 页。
② （宋）陆游：《渭南文集》卷三《论选用西北士大夫札子》，四部丛刊本。

翰林学士与宋代政治初探

一、宋代翰林学士概说

翰林学士是唐玄宗开元二十六年（738）正式出现的。唐翰林学士位高权重，但还不是正式职官。它既无品秩，又无俸禄，升迁降黜也没有一定之规，其权力大小、地位高低亦可因人、随时而异。唐翰林学士只是当时盛行的使职差遣制中众多的差遣之一，是君主用以强化集权的一个工具。①

赵宋王朝建立后，随着专制主义中央集权的进一步强化，作为君主机要秘书的翰林学士最终摆脱了差遣身份，成为中枢机构的重要职事官，与之相关的各项制度也在日益完善。

（一）

宋翰林学士之官有四："曰权直院，曰直院，曰翰林学士，曰承旨。"② 承旨是众学士之长，"以学士久次者为之"③，俗称"翰长"、"院长"；翰林学士是学士院正官，又多作"内翰"、"内相"

---

① 有关唐代的翰林学士，可参拙文《简论唐代的翰林学士》，《争鸣》1985 年第 2 期。
② （宋）周必大：《玉堂类稿·序》，清道光二十八年（1848）庐陵欧阳棨刻本。
③ （元）马端临：《文献通考》卷五四《职官考八》，中华书局影印本 1986 年版。

或"翰学";直院乃"他官入院未除学士"者;权直则是"学士俱阙,他官暂行文书"者。① 此外,另有权翰林学士、翰林权直、学士院权直等,虽不常除,但均可视为翰林学士之官。

宋翰林学士的入选资格主要有两项:一是科举出身,二是曾任外官。

翰林学士须由科举出身,其直接原因在于翰林学士职掌的要求;从根本上说,则是社会阶级关系变化的产物。

翰林学士的职掌主要是起草诏命和参与谋议。草诏需要才思敏捷、表达准确,谋议应当通经晓史、察古知今,所谓"学士职清地近,极天下文章之选,非深厚尔雅不足以代王言,非直谅多闻不足以备顾问"②。这就决定了君主必须依靠由科举入仕的文人,尤其是倚重登进士第者。

宋代社会阶级关系的变化始于唐代。唐中叶以来,随着生产关系的局部调整,地主阶级内部,世族门阀衰亡了,"自五季以来,取士不问家世,婚姻不问阀阅"③,取而代之的是封建租佃制的代表——庶族地主。随着经济地位的上升,庶族地主的入仕要求日益迫切,而且渴求跻身最高统治集团。为了满足他们的需要,宋代的科举制度不断扩大。科举,尤其是进士科成为庶族地主入仕的主要途径;与此同时,宰相、执政的出身,也以进士为最多,所谓"满朝朱紫贵,尽是读书人"。④ 在从进士上升为宰执的过程中,翰林学士是联结两端的桥梁,一旦涉足翰苑,位极人臣的前景就大有希望了。正是从这个意义上,我们说翰林学士由进士而入,在根本上是社会阶级关系变化的产物,它既是庶族地主参与最高政权的阶梯,又是庶

---

① 《文献通考》卷五四《职官考八》。
② (宋)綦崇礼:《北海集》附录卷上《给事中可除翰林学士制》,台湾商务印书馆影印文渊阁四库全书本。
③ (宋)郑樵:《通志》卷二五《氏族略》,浙江古籍出版社影印本 1988 年版。
④ (宋)张端义:《贵耳集》卷下,丛书集成初编本。

族地主地位变化在官制上的反映。

惟其如此，翰林学士便与科举，尤其是与进士科，形成了一种密切的联系，非由科举出身不得入学士院成为一种惯例，原无出身者，也往往先赐同出身，而后始官翰林。关于宋翰林学士的出身，可参见表1。

表1　宋翰林学士出身统计表

帝号	学士人数	进士人数	%	诸科人数	%	荫补人数	%	不详人数	%
太祖	9	7	78	—	—	—	—	2	22
太宗	18	16	89	—	—	—	—	2	11
真宗	23	22	96	—	—	1	4	—	—
仁宗	58	52	89	5	9	1	2	—	—
英宗	11	10	91	1	9	—	—	—	—
神宗	32	30	94	—	—	2	6	—	—
哲宗	21	18	86	—	—	1	5	2	9
徽宗	40	34	85	1	3	—	—	5	12
钦宗	9	6	67	—	—	—	—	3	33
高宗	69	57	83	3	4	—	—	9	13
孝宗	33	28	85	3	9	—	—	2	6
光宗	4	4	100	—	—	—	—	—	—
宁宗	32	28	88	2	6	—	—	2	6
理宗	29	29	100	—	—	—	—	—	—
度宗	5	5	100	—	—	—	—	—	—
恭宗	2	2	100	—	—	—	—	—	—
端宗	1	1	100	—	—	—	—	—	—
帝昺	1	1	100	—	—	—	—	—	—
总计	397	350	88	16	4	6	2	25	6

资料来源：《宋史》、《学士年表》、《中兴学士院题名》、《东都事略》、《南宋馆阁录》、《馆阁续录》、《隆平集》及部分宋人文集。

说明：1.有两项以上科名者，只计其主要一项。2.诸科包括举贤良方正、茂才异等、博学宏词、明经、说书、五经等科。

据表1可知，两宋时期充任翰林学士者绝大部分都是进士出身，约占总数的88％，有其他科名的约占4％，不由科第或记载不详的仅近8％，只是极少数。

有无科考功名，是赵宋君主选用翰林学士最主要的依据。徽宗崇宁五年（1106）还曾明文规定："翰林学士、两省官及馆阁，今后并除进士出身人。"① 有宋一代，这条规定是基本执行了的。

但是，仅有科名，哪怕是进士高科，也不能直接进入翰林，而需先任州县级外官。朝廷这样做的意图，借明人王鏊的一句话足以说明："宋朝两制，皆文学名天下者，始应其选，虽一甲三人，亦出知外任，然后召试，欲其知民事也。"② 据《宋史》列传，可知两宋数百翰林学士多数都曾在地方任职，其详见表2。翰林学士经州县之任后入官，较能体察民情，知晓民间利病，这对于他们起草诏令、谋划政策显然是有积极意义的。

官僚士夫一旦具备了上述两项资格，便可以参加朝廷为择优选拔词臣而举行的专门考试。"凡掌外制，必试而后命，非有盛名如杨文公、欧阳文忠、苏端明，未尝辄免。"③ 考试内容主要是制敕诏命的起草，必须在规定的时间内按一定的体裁、字数完成，合格者授以知制诰、直舍人院或中书舍人，入朝起草外制。这些人中的相当一部分后来迁改为翰林学士，在君主身边执掌更为重要的内制。④ 这种情况北宋时比较常见，南宋时虽有变化，但也有部分翰林学士入院前曾官中书舍人。（其详见表3）

---

① 《宋会要辑稿》职官三之一〇，中华书局影印本1957年版。
② （明）王鏊：《震泽长语》卷上《官制》，商务印书馆影印本1937年版。
③ （宋）徐度撰、尚成点校：《却扫编》卷中，上海古籍出版社2007年版，第493页。
④ "内制"与"外制"的区分及其相互关系，详见下文。

表2 宋翰林学士曾任州县官员统计表

帝号	学士人数	曾官州县人数	%	不详人数	%
太祖	9	8	89	1	11
太宗	18	17	94	1	6
真宗	23	20	87	3	13
仁宗	58	51	88	7	12
英宗	11	10	91	1	9
神宗	32	31	97	1	3
哲宗	21	18	86	3	14
徽宗	40	26	65	14	35
钦宗	9	4	44	5	56
高宗	69	32	46	37	54
孝宗	33	22	67	11	33
光宗	4	4	100	—	—
宁宗	32	15	47	17	53
理宗	29	20	69	9	31
度宗	5	3	60	2	40
恭宗	2	2	100	—	—
端宗	1	1	100	—	—
帝昺	1	—	—	1	100
总计	397	284	72	113	28

资料来源：《宋史》、《隆平集》、《名臣碑传琬琰集》等。

表3 宋翰林学士经由外制统计表

帝号	学士人数	曾任知制诰	曾任中书舍人	%
太祖	9	2	—	22
太宗	18	10	—	56
真宗	23	20	—	87
仁宗	58	50	—	86
英宗	11	10	—	91
神宗	32	30	—	94
哲宗	21	6	8	67
徽宗	40	—	20	50
钦宗	9	—	4	44

（续表）

帝号	学士人数	曾任知制诰	曾任中书舍人	%
高宗	69	—	16	23
孝宗	33	—	6	18
光宗	4	—	—	—
宁宗	32	—	1	3
理宗	29	—	3	10
度宗	5	—	1	2
恭宗	2	—	—	—
端宗	1	—	—	—
帝昺	1	—	—	—
总计	397	128	59	47

资料来源：《宋史》、《隆平集》、《名臣碑传琬琰集》等。
说明：神宗以前直舍人院者计入知制诰栏内。

科举制度为赵宋政权吸收了来自社会不同阶层的文人，基层仕宦生涯使这些士大夫积累了统治经验，专门知识与技能的考试进一步把他们中的一些人擢拔到起草诏命文辞的职位——不难想象，以如此精选而来的相对优秀的分子入居翰林，充任君主的辅弼，从人选上保证了翰林学士职掌的较好执行，而且在一定程度上促进了封建国家机器的有效运转。

宋翰林学士初无定员，少则一两人，甚至暂缺，多则六七人。元丰改制后定员2人，但实行并不严格。① 据《中兴学士院题名》，从

---

① 关于宋翰林学士的员额，自宋时就众说纷纭。有定员6人说，如章如愚《群书考索》后集卷四《总论国初元丰官制》："翰林学士袭唐制，以六员为额。"有定员2人说，如《宋会要辑稿·职官》六之五四引绍兴六年孙近语："见行官制，学士二人，祖宗以来建为定额。"有不定员说，如《文献通考》卷五四《职官考八》："宋翰林学士无定员。"诸书记载颇有出入，使后世研究者莫衷一是，各持己见。清人钱大昕认为"宋初学士亦六员"，南渡以后"在院不过二员，或三员，其员额不审何时裁审"。（《潜研堂文集》卷二八"跋中兴学士院题名"）日本学者山本隆义则认为：宋初至神宗时不定员，国势较安定时采用6员之制，只是仁宗时和南渡以后，正除者愈来愈少（参见《唐宋时代における翰林学士について》，载《东方学》1952年第4期）。诸家说法，孰是孰非，

建炎初到嘉定中的 61 年里①，学士 2 员的不过 21 年，只占总时间的 34%，其余更多的时候是缺编或超员。

为了便于皇帝随时宣召，顾问草词，宋翰林学士"分日递直，夜入宿"，实行宿直制度。宿直时间上的规定，先后有变化。太宗时，学士"每双日夜直，单日下直"。②真宗大中祥符五年（1012）改为"常留一员在院当直，如有假故，亦须候次学士到院，方得出宿"③。仁宗天圣元年（1023）恢复太宗时制度，"诏学士今后每遇日至晚出宿"。天圣五年又改行真宗时旧规，使学士院无日不有宿直人员。④学士员额是不固定的，有时仅一人，在这种情况下，连日宿直就未免太辛苦了，难以坚持下去。所以，神宗元丰五年（1082）"诏翰林学士独员，三直免一宿"⑤。哲宗元祐元年（1086）又改为两日免一宿，"候有双员，即依故事"⑥。南宋初年，各项制度草创，学士宿直没有一定之规。至孝宗隆兴元年（1163），重新订立宿直制度，诏令翰林学士与经筵讲读官每天轮流宿直于学士院，"稍复祖宗故事"⑦。宿直员额没有统一规定，一般

（接上页注）笔者以为皆失之于片面。宋初至元丰改制前，翰林学士是不定员的。理由至少有二：其一，这一时期朝廷对学士员额未作条文限制；其二，在实际除授中，员额多少并无一定之规，少则 1 人，甚至暂缺，多则 7 人，其详可参见《学士年表》（洪遵辑：《翰苑群书》，知不足斋丛书本）。元丰改制时，翰林学士正式定员为 2 人，《宋会要辑稿》职官六之五一引《神宗正史·职官志》说得很清楚："学士院……旧无常员，及元丰中始裁定……学士二人。"南宋沿用二员之制，所以孙近说"见行官制，学士 2 人"。不过，实施情况与制度相差甚远，其详可参见《中兴学士院题名》（《翰苑群书》）。

① 建炎元年（1127）至嘉定五年（1212）应为 86 年，《中兴学士院题名》颇有疏漏，仅收录其间 61 年的情况。资料虽不全备，但已反映出大致趋势，足以说明问题，故从之。
② （宋）苏易简：《续翰林志》卷上，（宋）洪遵辑：《翰苑群书》，知不足斋丛书本。
③ 《宋会要辑稿》职官六之四八。
④ 《宋会要辑稿》职官六之四九。
⑤ 《宋会要辑稿》职官六之五二。
⑥ 同上。
⑦ 《宋会要辑稿》职官六之五五。

是独直或双直，所以王应麟"三入北门，咸淳、德祐初多独直"①。逢严寒、酷暑、疾病或某些节假日，经皇帝允许，可以暂免宿直。遇有特殊情况，翰林学士还可在私宅供职，不必入直学士院。绍兴元年（1131）五月修建隆裕皇太后攒宫门，堵塞了出入学士院的道路，翰林学士汪藻上言说"入院不便，乞权在家供职"，就得到了高宗的许可。②

根据性质的不同，宿直可分为锁院和不锁院两种。"锁院"从字面上说就是锁闭院门，以防泄密。《朝野类要》卷一："凡言锁院者，机密之谓也"③，用于考试士宦和撰写麻制。此所谓锁院，即指后者。其具体做法分三步：宣召学士锁院；连夜起草制书；次日宣麻后开锁，学士出院。锁院又包括两种：一种称"锁小殿子"，用于废立后妃太子，进退宰执大臣，由皇帝在内东门小殿亲自召见翰林学士，面授旨意，"对讫，学士归院，内侍锁院门，禁止出入，夜漏尽，写制进入"④。另一种是普通的锁院，用于"其余除授"及赦书、德音，不由皇帝面谕，"天子不御小殿，不宣学士，但用御宝封中书熟状，遣内侍送学士院，锁院门已"，或由"中书遣吏持送本院，而内侍锁院如除授焉"。⑤

宋翰林学士正式俸禄不高。只不过有月钱120千，绫5匹，绢17匹，罗1匹，绵50两；不及宰相、枢使月钱300千、绫40匹、绢30匹、绵100两的1/2；而且没有禄粟，没有元随傔人衣粮、傔

---

① 《四明文献集》卷四。
② 《宋会要辑稿》职官六之五三。
③ （宋）赵升编、王瑞来点校：《朝野类要》卷一《故事》"锁院"条，中华书局2007年版，第29页。
④ 《宋会要辑稿》职官六之四六。
⑤ 同上。

人餐钱,没有薪、蒿、炭、盐诸物之给。①所以杨億"久为学士,家贫,请外,表辞千余言,其间两联曰'虚忝甘泉之从臣,终作莫敖之馁鬼';从者之病莫兴,方朔之饥欲死'",②抱怨俸禄太薄。不过,学士俸禄给现钱,而不像有些职官那样"一分见钱,二分他物"或"一半见钱",以示优异。③元丰改制后,虽普遍增俸,但翰苑之俸仍不充裕。

俸禄之外,翰林学士更重要的收入来自"润笔"。

自西汉"陈皇后失宠于武帝,以黄金百斤奉司马相如作《长门赋》以悟主"始,④草文润笔之风日渐盛行。至宋代,不仅成为一种惯例,而且发展成定制,甚至由朝廷派人催送。《梦溪笔谈》卷二:"内外制凡草制除官,自给谏、待制以上,皆有润笔物。太宗时立润笔钱数,降诏刻石于舍人院。每除官,则移文督之。"除草制外,作碑铭、序跋等也都有润笔,翰林学士因此得有丰厚的收入。如杨億草寇准拜相麻,"其间四句曰:'能断大事,不拘小节。有干将之器,不露锋芒,怀照物之明,而能包纳。'寇得之甚喜,曰:'正得我胸中事。'例外别赠白金百两"⑤。百金既是"例外",常例必定尚有所赠。又如徽宗时翰林学士孙觌,"每为人作墓碑,得润笔甚富,所以家益丰"⑥。南宋时册立皇后,"先一日,宣押翰林学士锁院,草册后制词,赐学士润笔金二百两"⑦。

---

① 参见《宋史》卷一七一《职官十一》。
② (宋)沈括撰、刘尚荣点校:《梦溪笔谈》卷一,辽宁教育出版社1991年版,第5页。
③ 参见《宋史》卷一七一《职官十一》。
④ (清)汪汲:《事物原会》卷二〇"润笔"条,江苏广陵古籍刻印社影印本1989年版。
⑤ 《梦溪笔谈》续,第95页。
⑥ (宋)王明清撰、穆公点校:《挥麈后录》卷一一,上海古籍出版社2007年版,第3746页。
⑦ (宋)周密:《武林旧事》卷八《册皇后仪》,知不足斋丛书本。

(二)

作为皇帝的机要秘书，宋翰林学士最主要的职掌是在内廷起草诏命。

《宋会要辑稿》职官六之五〇曰："学士院，掌制、诰、赦、敕、国书，及宫禁所用之文词。"各类文辞名目繁杂，多达20余种，杨億《杨文公谈苑》"学士草文"条称："拜免公王将相妃主曰制，赐恩宥曰赦书、曰德音，处分公事曰敕榜，大号令曰御札，赐五品官已上曰诏，六品以下曰敕书，批敕群臣表奏曰批答，赐外国曰蕃书，道醮曰青词，释门曰斋文，教坊宴会曰白语，土木兴建曰上梁文，宣劳锡赐曰口宣。此外更有祝文、祭文、诸王布政榜、榜号簿队名赞、佛文疏语，复有别受诏旨作铭碑、墓志、乐章、奏议之属。此外，章表歌颂应制之作。"大致来说，翰林学士负责撰述的文辞可分为两类：一类是君主的诏命，如制、敕、诏、赦、批答、德音、口宣、国书等；一类是受君主之命起草的其他文字，如青词、斋文、上梁文、祝文、祭文、碑铭、墓志、乐章，以及致语、口号等等。前一类显然比后一类重要。学士还常于禁中侍宴赋诗，扈从唱和，即使在入直学士院时，也要应和君主的词章。苏易简《续翰林志》卷下说："或禁直垂帘人静之际，则有中使忽降御诗，宣令属和。"

总的来看，宋翰林学士起草文辞的内容十分庞杂，上自任免宰执、立嗣建储，下至赏赐宫观、教坊宴会，甚至连宫女分娩，也由"学士院撰述净胎发祝寿文"[①]。正如明人邱浚所说："所掌者，大封拜、大诏令、大制作之外，下至于青词、斋文、口宣、致语之类，无大关系者，皆俾为之，殆无虚日。"[②]

---

① 《武林旧事》卷八《宫中诞育仪例略》。
② 转引自（明）黄佐：《翰林记》卷一九，丛书集成初编本。

作为出入禁中、随侍左右的皇帝的近臣，翰林学士另一重要职掌是参议咨询，即所谓："乘舆行幸，则侍从以备顾问；有所献纳，则请对或奏对。"①实际上，不仅是"乘舆行幸"时，而是无论升朝或者平居，国家凡有大事，君主凡有疑问，均随时向学士咨访。内容所及，包罗万象，"或问经史，或谈时事，或访人才，或及宰执所奏，凡所蕴蓄，靡不倾尽"②。这类事例在宋代史书、政典及翰林学士文集中俯拾皆是，仅略举数例如下：

问经史 真宗即位之初，"暇日召翰林学士王禹偁与之论文"③。王拱辰为学士承旨，"（仁宗）帝于迩英阁置《太玄经》、蓍草，顾曰：'朕每阅此。卿亦知其说乎？'拱辰具以对"④。

谈时事 李迪"在翰林时，仍岁旱蝗，国用不给……传诏对内东门，上（真宗）出三司所上岁入财用数，问何以济"⑤。淳熙末年，"孝宗独召学士洪迈入对，谓曰：'朕将行内禅，且欲如唐贞观故事，令皇太子参决，如何？'迈言：'天禧资善之诏可举行也。'越七日，又对以典故，具呈"⑥。

访人才 太祖患赵普专政，"欲闻其过"，曾先后召翰林学士窦仪、卢多逊上对。"仪盛言普开国勋臣，公忠亮直，社稷之镇。帝不悦。……多逊尝有憾于普，又喜其进用，因攻普。罢之，出镇河阳。"⑦真宗"召翰林学士梁颢夜对，询及当世台阁人物"⑧。

---

① 《宋会要辑稿》职官六之五一。
② （宋）吴泳：《鹤林集》卷一，台湾商务印书馆影印文渊阁四库全书本。
③ （宋）王君玉：《国老谈苑》卷一，中国书店影印本1980年版。
④ 《宋史》卷三一八《王拱辰传》，第10360页。
⑤ （宋）朱熹：《五朝名臣言行录》卷五之二"丞相李文定公迪"，四部丛刊本。
⑥ （宋）佚名编、汝企和点校：《续编两朝纲目备要》卷一，中华书局1995年版，第7页。
⑦ （宋）罗从彦：《豫章集》卷一，丛书集成初编本。
⑧ （宋）李焘撰，上海师大古籍所、华东师大古籍所点校：《续资治通鉴长编》（以下简称《长编》）卷五六，景德元年七月甲申，中华书局2004年版，第1242页。

至于翰林学士以上奏札方式讨论典制朝政的，更是不胜枚举，仅以北宋苏轼、南宋汪藻为例，便可推知一般。苏轼，元祐元年九月至四年正月在学士院期间，先后上奏疏38道，其中有关典章制度的12道，包括辨试馆职、乞御试不分初复考等札子；其余的多数是论朝政得失的，如论冗官，论给田募役，论西羌、夏人事宜，等等。①汪藻，建炎三年（1129）至绍兴元年（1131）为学士院官，短短两三年间，他先后就政治、军事、经济、对外关系等问题提出许多重要意见，对高宗朝政事有较大影响。建炎四年他提出兴建屯田、保卫淮南，是南渡以后第一个主张屯田的人。绍兴元年二月，汪藻又提出了在当时很有影响的"驭将三说"。②

比之于起草诏命来说，翰林学士顾问参谋的意义更为重要。草诏是依旨撰述的，草词者虽可轻重其间，但对皇帝的成命没有决定性影响；参谋顾问则可影响皇帝的决策，皇帝常召翰林学士咨询谋议，赋予他们参与政事的权利，使之有机会提出主张、发表意见，运用自己的才智谋略，当好皇帝的智囊，在研究、提供决策方针和评价、选择决策方案这两方面发挥重要作用，从而对宋代政治、经济产生较大的影响。

翰林学士的本职是草诏与谋议，但是，为了加强集权，宋代君主还常以翰林学士兼领他司、充任差遣。特别是北宋前期，翰林学士常兼知举足轻重的考课（审官）院、审刑院、通进银台司，判尚书省、太常寺，领开封府，任三司使，等等。翰林学士充任的各种临时差遣更是形形色色，最常见的就有典掌选举、编修书籍、出使

---

① 参见（宋）苏轼：《苏东坡全集》之《奏议集》卷四至卷五，中国书店影印本1986年版。
② 参见《建炎以来系年要录》（以下简称《系年要录》）卷四〇至四二。

外方和审理大狱四类。①

此外,"国朝陪乘,皆差翰林学士"②;"皇子出阁,以翰林学士一员掌牋表"③;"正后,翰林学士读册"④;"京师春秋社祭,多差两制摄事"⑤……宋翰林学士的职掌,几乎涉及宋代政治生活的各个方面。

二、翰林学士对宋代政治的影响

作为中枢机构中重要的文翰职官,翰林学士是随着宋代政治的变迁而演变发展的;同时,它又给予宋代政治以多方面的影响。

(一)

专制主义中央集权的强化,是宋代政治生活中的首要大事。在宋代强化集权的过程中,翰林学士是理论上的谋划者和实践中分割相权的工具。

如前所述,宋翰林学士绝大多数是科举入仕的庶族地主知识分子,宋初集权的强化代表了其政治利益,兼以熟读经史,"大一统"的学说在其头脑中早已根深蒂固,这就决定了他们是赵宋统治者强化集权的当然支持者。这些封建士大夫,本着"达则兼济天下"的原则,怀着"修、齐、治、平"的政治理想,一旦登上政治舞台,特别是接近最高统治集团后,便立即把固有的主张付诸实施。

---

① 参见《宋史·选举志》、《宋会要辑稿·选举》等。
② (宋)朱熹:《三朝名臣言行录》卷八,四部丛刊本。
③ (宋)曾纡:《南游纪旧》,(明)陶宗仪编《说郛》卷五〇,宛委山堂本。
④ 《宋史》卷二八八《孙沔传》,第9689页。
⑤ (宋)魏泰撰、李裕民点校:《东轩笔录》卷六,中华书局1983年版,第68页。

太祖初年，戎马倥偬，文臣的地位远不如后来那样崇隆。太祖曾呼翰林学士窦俨为"腐儒"，①取笑陶榖草制是"依样画葫芦"，②他所倚重的多是幕府旧僚如赵普之辈。不过，实现统一、巩固集权少不了借鉴历史，在这方面，太祖又必须依靠广闻博洽的翰林学士，利用他们咨访旧规、修订典制，使之在一定范围内发挥辅佐作用。乾德二年（964）正月，原宰相范质等三人同日被罢免，新任命赵普为相、李崇矩为枢密使的制书无人签署，于是太祖令翰林学士"讲求故实"。陶榖建议说："自古辅相未尝虚位，惟唐太和中，甘露事后数日无宰相，时左仆射令狐楚等奉行制书。今尚书亦南省长官，可以署敕。"窦仪则认为"榖所陈非承平令典，不足援据。今皇弟开封尹、同平章事，即宰相之任也"。③太祖采纳了窦仪的意见，以皇弟署敕。同年四月，太祖欲添设宰相副职，但不知用什么名称合适，因而"召翰林学士承旨陶榖问曰：'下丞相一等者何官？'对曰：'唐有参知机务、参知政事。'"④遂以薛居正等以本官参知政事。类似事例，不胜枚举，正如后人所说，"太祖平海内，修举旧典，有大事多访于陶（榖）、窦（仪、俨）"。⑤

太宗继立后，翰林学士地位直线上升。礼遇学士的许多新规旧制得到实施，前者如每岁召翰林学士与宰执宴于后苑，赏花钓鱼；⑥后者如皇帝御丹凤楼肆赦，学士侍立于御榻之侧。⑦翰林学士受尊崇与重用，得以在更大程度上影响君主的决策。扈蒙为学士，"朝廷典

---

① 《五朝名臣言行录》卷一。
② 《东轩笔录》卷一，第5页。
③ 《长编》卷五，乾德二年正月庚寅、四月乙丑，第119页。
④ 同上，第125页。
⑤ 《翰苑新书》前集卷一○。
⑥ 参见《长编》卷二六，雍熙二年四月丙子。
⑦ 参见《长编》卷三四，淳化四年十一月丁卯。

故仪制皆蒙裁定"。①苏易简任承旨,"虽处内署,而两地政事多所询访"②,曾一日之中宣召三次。

北宋中叶以后,随着时势的变化,政治制度也屡有更张,几乎每次都有翰林学士参与。仁宗时"二府"的由分到合,就是采纳了翰林学士张方平、丁度等人的建议。张方平上疏乞省枢密院归于中书,③丁度极论二府分权"非国体,上然之,凡兵戎重务,始许通议"④。神宗元丰新官制,则得力于翰林学士张璪,璪"详定官制,以寄禄二十四阶易前日省、寺虚名,而职事名始正"⑤。乾道年间(1165—1173)孝宗改官制,也多次召学士讨论,环卫官的复置就是洪遵等议定的结果。⑥为了依照汉制正宰相官名,孝宗还专程"遣中使至学士院细问其事,学士周子充以其事奏"⑦。

对于选举、礼乐、仪卫、舆服等在当时与国是密切相关的其他制度,翰林学士也常参与议定。

翰林学士为君主出谋划策,提供某些可供选择的现实方案和足资参考的历史启迪,充分发挥了辅佐决策的功能。

宋代集权的强化,在官制上的重要表现之一是相权的分割。在这方面,翰林学士所起的作用与枢密使分割兵权、三司分割财权一样不可忽视。它通过起草内制,分割中书舍人的草词权,从而削弱宰相掌诏命之权;通过参与谋划、议论时政、评品宰执,从而在事

---

① (宋)王偁:《东都事略》卷三〇《扈蒙传》,北京图书馆出版社影印本2006年版。
② (宋)苏耆:《次续翰林志》,(宋)洪遵辑:《翰苑群书》,知不足斋丛书本。
③ 参见(宋)张方平:《上仁宗乞省枢密院归于中书》。(宋)赵汝愚编、北京大学中国中古史研究中心校点整理:《宋朝诸臣奏议》卷四六,上海古籍出版社1999年版,第486页。
④ (宋)杜大珪:《名臣碑传琬琰集》上,卷三《丁文简公杜崇儒之碑》,北京图书馆出版社影印本2006年版。
⑤ 《宋史》卷三二八《张璪传》,第10570页。
⑥ (宋)李心传撰、徐规点校:《建炎以来朝野杂记》甲集卷一〇《官制一》"环卫官"条,中华书局2000年版,第209—210页。
⑦ 《建炎以来朝野杂记》乙集卷一四《官制二》"乾道丞相官名本末"条,第741页。

实上并且在心理上形成对宰相的牵制。

作为起草内廷书诏的职官,翰林学士最直接的作用是分割中书舍人的草词权。

中书舍人初称"中书通事舍人",是中书省的基层人员,原掌呈奏案章,自南朝刘宋以来典掌文诰后,其地位扶摇直上。《通典·职官三》云:"宋初又置中书通事舍人四员,入直阁内,出宣诏命,凡有陈奏,皆舍人持入,参决于是,自是则中书侍郎之任轻矣。"南朝中书舍人号为恩幸,权焰熏天,至有"真天子"之称,太尉更自叹弗如。①唐朝前期,诏诰之权仍由中书舍人执掌。"舍人掌侍奉进奏,参议表章。凡诏旨敕制,及玺书册命,皆按典故起草进画。"②但是,随着三省制度的破坏,中书舍人草词权渐被分割,用以分割其权的先后有唐太宗时"未有名号"的"名儒学士",高宗、武后朝的"北门学士"和玄宗时期的翰林待诏、翰林供奉,而最主要的则是开元以后的翰林学士。随着翰林学士的出现,诏诰词命分为内、外两个部分,翰林学士掌内制,中书舍人掌外制,五代时正式定名为"两制"。③内制和外制又常称作白麻和黄麻,因分别用白、黄麻纸书写而得名。④"凡白麻制诰,皆在廷代言,命辅臣、除节将、恤灾患、讨不庭,则用之。"⑤两制的区分除内容轻重有差别外,还在于授受形式不同,内制是直接受命于君主的,外制则是由中书交办

---

① 《宋书》卷九四《戴法兴传》:"废帝未亲万机,凡诏敕施为,悉决法兴之手……道路之言,谓法兴为真天子,帝为赝天子。"中华书局校点本1974年版,第2304页。《南史》卷七七《茹法亮传》:亮为中书通事舍人,"势倾天下,太尉王俭常谓人曰:'我虽有大权,权寄岂及茹公。'"中华书局校点本1975年版,第1929页。
② 《旧唐书》卷四三《职官志二》,第1850页。
③ 参见《五代会要》卷一三。
④ (宋)程大昌:《演繁露》卷四"黄麻白麻"条:"唐世王言之别有七,其一为册书,次为制书,又次为劳慰,又次为发日敕册书。惟除拜王公将相用白麻纸书,自制书以下至发日敕,则用黄麻纸书之。"唐宋人有关黄、白麻的记载很多,此不赘举。
⑤ 《唐会要》卷五七《翰林院》,第977页。

的，前者的重要性显然超过后者。唐朝后期，随着翰林学士权位的日益加重，诏诰几乎"一出于翰林学士"，①中书舍人只能起草一些例行公文，舍人草词权基本转归翰林学士。

宋代沿用"两制"之制。"翰林学士司麻制批答等为内制，中书舍人六员分房行词为外制。"②宋初，中书舍人"为所迁官，实不任职，复置知制诰及直舍人院，主行词命，与学士对掌内外制"③。元丰改官制，废舍人院，始正除中书舍人，中书省"掌承天子之诏旨及中外取旨之事"④，恢复了中书舍人的职权。但是，翰林学士仍沿置不废，职权没有变动，与中书舍人共同起草各类诏诰。中书舍人是宰相属官，其权力大小是相权消长的一个标志。起草诏命之权从南朝时归中书舍人独掌变为唐宋后由翰林学士对分，显然意味着宰相权力的削弱，更何况内制性质远比外制重要。其实，这一点唐人早已说得很明白，武则天重用北门学士，其目的就是"以分宰相之权"。

以翰林学士分割中书舍人草词权，还为君主任免宰相提供了极大方便。君主可先召翰林学士一起议定，然后命其草制，不必担心泄露机密或是属官为上峰回护，蒙蔽视听。天禧四年（1020）六月，真宗欲罢宰相寇准，召翰林学士钱惟演。"惟演至，极论准专恣，请深责。上曰：'当与何官？'惟演请用王钦若例，授准太子太保。上曰：'与太子太傅。'又曰：'更与加优礼。'惟演请封国公，出袖中具员册以进。"⑤绍兴二年（1132）八月，秦桧因倡言对金乞

---

① （宋）叶梦得撰、宇文绍奕考异、侯忠义点校：《石林燕语》卷五，中华书局1984年版，第74页。
② （宋）赵彦卫撰、傅根清点校：《云麓漫钞》卷五，中华书局1957年版，第82页。
③ 《宋史》卷一六一《职官志一》，第3785页。
④ 《宋会要辑稿》职官三之三。
⑤ 《长编》卷九五，天禧四年六月丙申，第2197页。

和，遭到朝野上下强烈反对，高宗不得已免其相职，事前也曾召草制学士綦崇礼商议。《建炎以来系年要录》卷五七云："前一日……上乃召兵部侍郎兼直学士院綦崇礼入对，出桧所献二策，大略欲以河北人还金，中原人还刘豫，如斯而已。上谓崇礼曰：'桧言南人归南，北人归北。朕北人，将安归？又桧言臣为相数月，可使耸动天下，今无闻。'"崇礼揣摩到高宗的意图，趁势"请御笔付院"，高宗"即索纸，书付崇礼"。翰林学士不仅可以预先知道，而且可以参与议定宰臣的拜免，突出地表现了对宰臣的牵制作用。

至于翰林学士常在君主身边参议朝廷重大决策的情况，已如前述，这实质上是部分分割了宰相"总百官，平庶政，事无不统"的权力。① 对此，神宗朝参知政事唐介明确表示过不满。《宋史·唐介传》云："中书尝进除目，数日不决，帝曰：'当问王安石。'介曰：'陛下以安石可大用，即用之，岂可使中书政事决于翰林学士？臣近每闻宣谕某事问安石，可即行之，不可不行，如此则执政何所用？恐非信任大臣体也。'"唐介所云，正好说明了翰林学士权力在中枢结构中所处的微妙地位：翰林学士独立于宰执之外，直接听命于君主，有权起草内制、参与机务，但没有任何行政权力，这就使得翰林学士只能牢牢依附于君主，成为君主的腹心，成为宰相的掣肘。

翰林学士还可以为君主派遣，充当耳目，察探宰执的日常活动。真宗以李宗谔探听向敏中的言行，即是一个明证。《宋史·向敏中传》云：天禧时，向敏中"进右仆射兼门下侍郎，监修国史。是日，翰林学士李宗谔当对，帝曰：'朕自即位，未尝除仆射，今命敏中，此殊命也，敏中应甚喜。'又曰：'敏中今日贺客必多，卿往观之，勿言朕意也。'宗谔既至，敏中谢客，门阑寂然。宗谔与其亲径

---

① 《宋史》卷一六一《职官志一》，第3785页。

入,徐贺曰:'今日闻降麻,士大夫莫不欢慰相庆。'敏中但唯唯。又曰:'自上即位,未尝除端揆,非勋德隆重,眷倚殊越,何以至此。'敏中复唯唯。又历陈前世为仆射者勋德礼命之重,敏中亦唯唯,卒无一言。既退,使人问庖中,今日有亲宾饮宴否,亦无一人。明日,具以所见对。帝曰:'向敏中大耐官职。'"李宗谔再三试探,向敏中只是一味敷衍,可见宰执对翰林学士的戒心何其重也!

正是由于翰林学士是"天子内助",牵制宰相的有效工具,所以宋时有翰林学士与宰执之间的禁谒规定和避嫌之法。禁谒指朝廷为防止翰林学士与宰执私相交结而制定的禁止二者私下会见的法令。仁宗时这类法令实行较为严格。欧阳修曾于至和元年(1054)、二年两度建言:翰林学士"不许私谒执政",①"毋得诣两府之第",得到皇帝的赞许。②"时诏两制、两省官,惟公事许至中书、枢密院见执政"③,"两制不得诣宰相居第"④。避嫌指除授翰林学士需要"避宰相执政官亲"⑤,北宋时尤其如此。因此,仁宗朝李淑、宋祁、王洙分别因其父、兄、侄授参知政事而请求换官⑥;神宗朝韩维"避兄绛,出守藩郡"⑦;哲宗朝苏轼、范祖禹、曾肇则或因弟执政,或因叔父、兄长做相而"引故事避禁职"⑧。

凡此种种,足见翰林学士充当了君主分割相权的工具。

另一方面,在客观上,翰林学士又充当了君相矛盾的缓冲器,

---

① (宋)欧阳修:《欧阳文忠公集》外集卷二三《跋学士院御诗》,四部丛刊本。
② (宋)司马光撰,邓广铭、张希清点校:《涑水记闻》卷九,中华书局1989年版,第193页。
③ 《宋史》卷三〇二《贾黯传》,第10015页。
④ (宋)苏轼撰,孔凡礼点校:《苏轼文集》卷一四《墓志铭·范景仁墓志铭》,中华书局1986年版,第437页。
⑤ 《石林燕语》卷四。
⑥ 参见《宋史》各本传。
⑦ (宋)范祖禹:《范太史集》卷五《辞免翰林学士第二状》,台湾商务印书馆影印文渊阁四库全书本。
⑧ 《宋史》卷三一九《曾肇传》,第10395页;并参见《宋史》各本传。

使宋廷内部的政治大动荡不多，从另一个侧面巩固了中央集权。

这种缓冲作用突出表现为宋代宰执往往由翰林学士迁任。他们从内廷转到外朝后，地位升高了，与君主的关系有所疏远了。如苏易简"为承旨时，上待若宾友。及参大政，每见上，不复有款接之意，但严颜色责吏事而已"①。但多年来在君主身边培植起来的私人情感仍在起作用，更何况他们升任宰执多半是直接出自君主之命，由此加倍感激君主的"知遇"之恩，从而使传统的君相矛盾得以淡化。

由于常在君主身边，为人主所赏识，自然容易升任要职；又由于多是通晓治道且有仕宦经历的人充当，足以胜任要职；还由于宋代是一个文治昌盛、崇尚文士的时代——无论是所逢机遇、个人才具，还是社会的价值取向，都使得翰林学士成为宰相执政当仁不让的候选人。用宋人的话说，翰林学士"非徒翰墨之选，乃是将相之储"②，"公卿之才，并由此出"③。充任宰执，是宋翰林学士的一条主要出路。不由翰林学士不除中书、枢密院二府，几乎成了一种惯例。景祐年间（1034—1038），仁宗以知制诰宋庠为同知枢密院事，遭到当朝宰相反对，"以故事未有知制诰除二府者，乃改翰林学士。明年，遂除参知政事"④。由学士升为宰执有多种情形：有的是改转他官后再迁任为宰执，有的则直接登入"二府"，有的甚至在大除拜草词之际被同时任命，人称"润笔执政"。徐度《却扫编》卷上："韩康公、王荆公之拜相也，王岐公为翰林学士，被召命词。既授旨，神宗因出手札示之曰：'已除卿参知政事矣。'国朝以来，因命相而遂用草制学士补其处，如此者甚多，近岁亦时有之。世谓之

---

① 《长编》卷三四，淳化四年十一月丁卯，第759页。
② 《苏轼文集》卷二三《谢宣召入院状二首》，第665页。
③ （宋）何郯：《上仁宗乞许两制两省上章论事》，引自《诸臣奏议》卷四九，第527页。
④ 《石林燕语》卷三，第40页。

'润笔执政'。"

宋翰林学士出任宰执情况，参见表4。

表4　宋翰林学士担任宰执统计表

帝号	学士人数	官至宰相	%	官至执政	%	宰执共计	%
太祖	9	2	22	—	—	2	22
太宗	18	4	22	8	44	12	66
真宗	23	6	26	6	26	12	52
仁宗	58	9	16	20	34	29	50
英宗	11	4	36	3	27	7	63
神宗	32	13		7	22	20	63
哲宗	21	6	29	7	33	13	62
徽宗	40	14	35	11	28	25	63
钦宗	9	2	22	3	33	5	55
高宗	69	5	7	25	36	30	43
孝宗	33	8	24	6	18	14	42
光宗	4	—		1	25	1	25
宁宗	32	—		7	22	7	23
理宗	29	4	14	9	31	13	45
度宗	5	1	20	1	20	1	20
恭宗	2	—		1	50	1	50
端宗	1	—		1	100	—	100
帝昺	1						
总计	397	78	20	115	28	193	49

资料来源：《宋史》、《宋宰辅编年录》、《宋大臣年表》、《学士年表》、《中兴学士院题名》、《东都事略》等。

根据表4的统计，两宋时期翰林学士位至宰执者约占总数的49%，数量是可观的。

这些由翰林学士出身的宰相，无论是与所谓"英主"同心同德的"贤相"，如李昉、毕士安、吕蒙正、王旦、李迪、晏殊、富弼、曾公亮等，或者是与昏君沆瀣一气的佞臣，如蔡京、王黼、李邦彦、张邦昌之流，都各自为当时的君主效尽了犬马之劳。在相权膨胀的南宋，担任宰相的62人，①其中有16人做过翰林学士。而真正称得上"权相"的秦桧、韩侂胄、史弥远、贾似道四人，没有一个涉足过翰林，即使把考察范围扩大到台湾学者所列举的十大"奸相"，也只有汤思退一人是昔日翰林中人。②

有宋一代，君相矛盾相对来说比较缓和，最高统治集团的内乱较缓和，最高统治集团的内乱较少，其原因是多方面的，而翰林学士制度的设立正是其中之一。

翰林学士充当君主的谋臣与工具，削弱权臣势力，在一定程度上有益于政治的清明、集权的巩固，具有积极意义。但它唯君主是用，助长了君主独裁，又有其消极影响。

（二）

重文轻武作为加强集权的一种手段和后果，乃至形成一种普遍的社会心理，是两宋政治的一大特色。在促成与强化重文轻武政策方面，宋翰林学士起了推波助澜的作用。

如前所述，太祖初年因忙于统一大业，须借重于武夫，文人的地位不高。随着南方各国的逐一平定，太祖对武人的担心也日益增长，加上有感于不读书不足以治天下，遂开始推行文官政治，以文臣制武将。这一转变具有历史的必然性，翰林学士则对此产生了一定影响。下面这个众所周知的故事足以说明这一点："上初命宰相撰前世所无年号，以改今元（乾德）。既平蜀，蜀宫人有入掖廷者，上因阅其奁具，得旧鉴，鉴背有'乾德四年铸'。上大惊，出鉴以示宰

---

① 参见《宋史》卷二一〇至二一四，《宰辅表一》至《宰辅表五》。
② 参见林天蔚：《宋史试析》。他所列举的十大奸相，按执政先后依次为黄潜善、汪伯彦、秦桧、万俟卨、汤思退、韩侂胄、史弥远、史嵩之、丁大全、贾似道。台湾商务印书馆1985年版。

相曰:'安得已有四年所铸乎?'皆不能答。乃召学士陶穀、窦仪问之,仪曰:'此必蜀物,昔伪蜀王衍有此号,当是其岁所铸也。'上乃悟,因叹曰:'宰相须用读书人。'由是益重儒臣矣。"① 太宗时,赵宋政权已基本稳固,"用文德致治"成为当务之急。② 太宗大力"右文",优礼儒士,时而"夜幸"学士院,命宫嫔举烛照学士冠衣;③ 时而御书"玉堂之署"大字,亲赐学士。④ 与此同时,武臣的地位十分低下,普通士兵更不必说了。文武之间的矛盾日益突出,文人鄙视武人,武人也同样忌恨文人。真宗景德元年(1004)辽兵压境时,殿前都指挥使高琼在澶州南城下对进士出身的签书枢密院事冯拯说过这么一句话:"君以文章致位两府,今敌骑充斥如此,犹责琼无礼,君何不赋一诗咏退敌骑耶?"⑤ 短短一语,足以显示武将对文臣的不满。

仁宗时期边事频繁,武人稍受重视,立即引起了文人的不安。号称"儒生之至荣"的翰林学士当仁不让地充当了文臣在中枢机构中的代言人,利用其特殊身份对君主施加影响。皇祐五年(1053),行伍出身的狄青被擢为枢密使,执掌军机,成为武夫劲卒引以自励的榜样。对此,文人极端反感,纷纷上言反对。其中,最有影响的当数翰林学士欧阳修。至和二年(1055),欧阳修上疏仁宗,力请罢免狄青枢密之任。他表面上说得好听,是"为青计",免得将来狄青"不得已而为人所祸",实际上仍是出于对武人的轻视与猜忌。在这道不足千字的奏疏中,欧阳修四次称军士为"小人",而狄青也不过

---

① 《长编》卷七,乾德四年五月,第171页。
② 《长编》卷二三,太平兴国七年十月太宗语,第528页。
③ 参见《梦溪笔谈》卷一。
④ 《次续翰林志》。
⑤ 《长编》卷五八,景德元年十一月丙子,第1287页。

是"一常才",他的所作所为"未得古之名将一二"。欧阳修反复强调"武臣掌机密而得军情","于国家不便","于事体不便",要求罢免狄青,制祸乱于未萌。①欧阳修言辞既恳切又透彻,怎能不深深打动仁宗!不久后,狄青果然被罢免,出判陈州。在与武人的争斗中,文人再一次占了上风。

南宋初年,国家丧乱,金兵的铁骑踏碎了中原大地,进而蹂躏江南河山。文人既不能"赋一诗咏退敌骑",倚重武将则成为必然。一时之间,文武双方地位的高下发生了逆转。武人是"论其官,则膺节钺之除,兼两镇之重,视执政之班……论其家,则金帛充盈,所衣者锦衣,所食者玉食,奢豪无所不至"②。文人则是"羸躯弊舆,惴惴然于长戟犬马之中,卒伍贱人,皆得以恶声谯呵之"③,韩世忠甚至当面呼文臣为"萌儿"④。如果说,北宋时高琼之语是部分宣泄了武人对文人的不满,那么,南宋初韩世忠所为则公开表示出武人对文人的鄙夷,昔日对文人的钦羡与崇尚至今荡然无存。鲜明的对照使得文臣对武人的强烈嫉妒与愤恨油然而生,为了维护切身利益,也为了减少小朝廷内可能出现的动乱,文臣们或上疏论奏,或当面敷陈,猛烈抨击武将跋扈、士卒怯懦,极力鼓吹驭兵驭将、以文制武。把文人士子的上述主张发挥得最为淋漓尽致的,还是翰林学士。建炎四年(1130)正月,时官给事中直学士院的汪藻上奏指斥诸将无功。在他看来,当今皇帝"以万乘之尊,至于乘桴入海,伥伥然未知税驾之所。其所以至此者何哉?将帅不得其人,而陛下所以驭

---

① 参见(宋)欧阳修:《上仁宗乞罢狄青枢密之任》,引自《诸臣奏议》卷四六,第494页。
② (宋)汪藻:《浮溪集》卷一《奏论诸将无功状》,台湾商务印书馆影印文渊阁四库全书本;并参见《建炎以来系年要录》(以下简作《系年要录》)卷三一,建炎四年正月辛未条,中华书局影印本1988年版。
③ (宋)胡寅:《斐然集》卷一六《上皇帝万言书》,台湾商务印书馆影印文渊阁四库全书本。
④ (宋)庄绰撰、萧鲁阳点校:《鸡肋编》卷下,中华书局1983年版,第95页。

将帅者未得其术也"。汪藻认为,"将将者,人主之职……陛下当以将将为职"。如何"将将"呢?最重要的"莫若择有威望大臣一人,统摄诸将",并"于偏裨中择人才可用者……阴为诸将之代"。汪藻把驭兵驭将视为当务之急,"譬御饥者当用食,舍食之外皆非所急也,已疾者当用医,舍医之外皆非所急也",是生死攸关的大事。①绍兴元年(1131)二月,已迁任翰林学士的汪藻再次上奏,专论制武之术,这就是有名的"驭将三说"。在这道奏疏中,汪藻把前一年所提出的主张进一步系统化、纲领化,更全面也更尖锐地抨击武将。汪藻的驭将三说分别是"示之以法"、"运之以权"和"别之以分",前者是主张以刑威绳治将帅,次说是提醒君主要善于以智术驾驭诸将,"别之以分"则专门强调文武之别,以文制武。"别之以分"是全文的重点,此段文辞最激烈,篇幅也最长,字里行间浸透了对武人的鄙薄、厌恶乃至仇恨。在这里,汪藻借用汉高祖之语,把将帅比为走狗,只可听命于前,供"发纵指示"的谋臣役使,而不可参与谋划。在他的心目中,"庙堂者,具瞻之地,大臣为天子建立政事,以号令四方者",当然不应让武夫涉足。而"今诸将率骤谒径前便衣密坐,视大臣如僚友",这怎能不叫他愤慨!回想起北宋初三衙"见大臣必执梃趋庭,肃揖而退","以今观之,一何陵夷之甚",更令他不胜欷歔。汪藻既不满于"大臣见陛下有时,而诸将无时",更反对使诸将"从容预谋",混淆了文武的名分,因而强调对诸将"当律以朝廷之仪","毋数燕见","毋使参议论之余"。在这道奏疏中,汪藻还特别说道:"自古兵权属人,久未有不为患者,盖予之至易,收之至难,不早图之,后悔无及。"②提请高宗先发制人,防止

---

① 《浮溪集》卷一《奏论诸将无功状》。
② 《浮溪集》卷一《行在越州条具时政》。

将领兵权过重,尾大不掉。这篇"驭将三说"一问世,立即在武人中掀起了轩然大波,"诸将皆忿",以至令门人作文,论"今日误国者皆文臣",抛出"张邦昌为伪楚,刘豫为伪齐,非文臣谁敢当之"进行反驳。文臣武将相互攻讦,文武矛盾急趋白热化,"文武二途,若冰炭之不合矣"①。这一局面的出现,正是翰林学士汪藻发其端。

以文制武本是赵宋统治者的一项基本政策,南宋初年重用武将不过是权宜之计。汪藻在"驭将三说"中也讲得很明白,即"艰难之时,陛下欲得其心,姑与之无间"②;一旦时机成熟,必然要重新削弱武将。因此,汪藻的主张在当时虽未被立即采纳,却成为日后高宗收夺武将兵权的蓝本。绍兴十一年(1141),高宗、秦桧解除三大将兵权,其指导思想和具体措施,基本上都是依据这篇"驭将三说"。不仅如此,在削夺兵权的具体过程中,又是学士院官助纣为虐。当时,高宗、秦桧君臣颇为如何能制服诸将而又不被诸将觉察而犯难,是给事中直学士院范同为之解决了难题,"(范)同献计于秦桧,请皆除枢府,而罢其兵权",即明升其官,暗夺兵权。此计正中秦桧心意,"桧纳之,乃密奏于上,以柘皋之捷,召韩世忠、张俊、岳飞并赴行在,论功行赏"。③三大将抵达临安后,高宗君臣便以范同和另一直学士院官林待聘连夜"分草三制",韩世忠、张俊改官枢密使,岳飞改官枢密副使,顺顺当当夺了三大将兵权。紧接着,高宗君臣又罗织罪名,冤杀岳飞,对金全面投降。为了抑制武将,高宗君臣甚至不惜牺牲民族利益,这充分表明"重文轻武"的传统政策至此达到了登峰造极的地步。在这起事件中,翰林学士扮

---

① 《浮溪集》卷一《行在越州条具时政》,并参见《系年要录》卷四二绍兴元年二月癸巳条。
② 《浮溪集》卷一《行在越州条具时政》。
③ 《系年要录》卷一四〇,绍兴十一年四月辛卯。

演了帮凶的角色。有关这一点,汪藻的"驭将三说"又是一个很好的证据。正是在这道奏疏中,汪藻提醒高宗,现将帅虽骄,但"幸今诸将皆龌龊常才,固不足深忌,万一有如韩信者,不知陛下何以待之?"① 深深触痛了高宗的心病,为日后岳飞的被害埋下了祸根。

夺兵权、杀岳飞后,南宋小朝廷中文武的地位有所调整,虽未恢复到北宋前期水平,武将的地位毕竟有很大削弱。南宋后期,宰相多兼枢密,文臣往往统兵,从戎之人又被指为"粗人",斥为"哙伍",② 重文轻武之风盛而不衰。

宋翰林学士作为文臣的代言人,活动于外朝,作为君主的腹心,谋划于禁中,从而促使了重文轻武政策终两宋 300 年沿袭不变;北宋初年的统一能够巩固,南宋前期的社会相对安定,以及两宋的科技文教事业比较发达,与此不无关系,这是其积极的一面。但它把重文轻武推向极致,导致了宋代的"积弱不振",在外族入侵面前不堪一击,又是其消极的一面。

除此之外,对于宋代政治的其他方面,宋翰林学士也有着不可忽视的影响。如知贡举,为封建国家选拔了大批统治人才;主编修,保存和传播了封建文化;掌刑狱,维护了封建统治秩序;参与外交,或不负使命,捍卫了宋王朝的尊严,如赵安仁接伴辽使,③ 或

---

① 《浮溪集》卷一《行在越州条具时政》。
② 《宋史》卷四一六《余玠传》,第 12469 页。
③ 《宋史》卷二八七《赵安仁传》:"景德初……充翰林学士……辽使韩杞至,道命接伴,凡觐见仪制,多所裁定……杞既受袭衣之赐,且以长为解,将辞复左衽。安仁曰:'君将升殿受还书,天颜咫尺,如不衣所赐之衣,可乎?'杞乃服以入。及姚东之至,又令安仁接伴。东之谈次,颇矜兵强战胜。安仁曰:'老氏云:佳兵者不祥之器,圣人不得已而用之。胜而不美,而美之者,是乐杀人也,乐杀人者不得志于天下。'东之自是不敢复言。王继忠将兵陷没,不能死节而反事之,东之屡称其材。安仁曰:'继忠早事藩邸,闻其稍谨,不知其他。'其敏于酬对,切中事机,类如此。时论翕然,称其得体。"第 9657—9658 页。

卖身求荣，使国家民族蒙受耻辱，如吴开、莫俦出使金营。[①] 至于为祸惨烈的党争，也与翰林学士有密切关系。可以这样说，两宋政治的兴衰得失，与翰林学士息息相关。

(原载邓广铭等主编《宋史研究论文集》，
[第4辑] 河北教育出版社1989年
收入本文集时略有删节)

[①] 建炎初年，翰林学士承旨吴开、学士莫俦多次出使金营，助金人废赵宋，立伪楚，劣迹昭著。其事参见《系年要录》卷二至卷四。

两宋外制官考述

"外制"官是相对于在内廷起草天子诏命的"内制"官——翰林学士而言的。在宋代,它包括中书舍人、权中书舍人、知制诰、直舍人院和权直舍人院,作为起草诏命文诰、参议国是朝政的君主之"秘书",外制官在宋代政治生活中有着举足轻重的作用。本文试从两宋时期外制官的演变、职能及其封驳之权这三个方面对宋代外制官进行粗略的考察,以求教于诸位专家学者。

一、宋代外制官的演变

以元丰改制为界,宋代外制官的面貌前后迥异。

(一)北宋前期的外制官

"宋初,中书舍人为所迁官,实不任职,复置知制诰及直舍人院。"《文献通考》卷五一所云符合宋初事实,但并非没有例外。如赵行逢,宋初拜中书舍人,"将大有除拜,其命甚密。行逢当入直,又称疾,请于私第草制"[①]。当然,这类事例极少,宋初的外制官主

[①] (宋)李焘撰,上海师大古籍所、华东师大古籍所点校:《续资治通鉴长编》(以下简作《长编》)卷一,建隆元年九月己酉,中华书局2004年版,第24页。

要还是知制诰及直舍人院。兹分述如下：

1. 知制诰

"知制诰"官名始于唐代。《事物纪原》卷四曰："开元元年苏颋、王琚为紫微侍郎知制诰。自后，以他官为翰林学士、中书舍人，皆称制诰。"①宋初知制诰以何人充当？《宋会要辑稿》职官三之一三曰："以正言以上至给事中知制诰"，即以八品至五品官担任。②但也有少数高于五品者，如真宗时盛度任知制诰，其本官为从三品工部侍郎。③

宋代知制诰以典掌诏诰为专职，为保证诏敕诰命起草的质量，自太宗雍熙三年（986）始有知制诰召试制度。是时，李沆、宋湜和王化基各试制诰，合格后同被任命为知制诰。④召试由中书主持，内容逐渐确定为"制诰三篇，二篇各二百字，一篇百字"⑤，熙宁四年（1071）改为"三道各限一百五十字以上成"⑥。不过，召试之制并不严格，少数人不试而得为知制诰，如梁周翰、杨亿、陈尧佐、欧阳修等"夙负词名"者。⑦

宋初知制诰是否有定员？程大昌《考古编》卷九"中书舍人七员"条云："故事，外制不过六员"，称熙宁九年神宗在外制已有5员的基础上又命李大临、苏颂等二人同试是"溢数，乃特恩也"。清人钱大昕在《廿二史考异》卷七一中说得更肯定："宋初……知制诰

---

① （宋）高承：《事物纪原》卷四《制诰》，商务印书馆排印本1936年，第162页。
② 宋初官品令，参见《宋会要辑稿》仪制七之一六，中华书局影印本1957年版；《长编》卷六八，大中祥符元年三月庚辰条等。
③ 参见（宋）徐自明撰、王瑞来校补：《宋宰辅编年录校补》卷三，中华书局1986年版。
④ 《长编》卷二七，雍熙三年十月丙申，第623页。
⑤ 《宋会要辑稿》职官六之六五。
⑥ 《长编》卷二二五，熙宁四年七月丙申，第5477页。
⑦ （宋）费衮撰、金圆点校：《梁谿漫志》卷二"知制诰不试而命"，上海古籍出版社1985年版，第15页。

亦以六人为额也。"实际上，以六员为额本是唐代中书舍人之制，宋初知制诰并非中书舍人正官，而是以他官掌行词命的差遣之职，是无所谓定员的。所以，仁宗朝张方平请求补外时，理由是"外制见有五员，臣出领州，余足供职"①。

知制诰从本质上说是典掌外制的差遣官，应当是名实相符的，宋初绝大多数知制诰也的确如此。但是，自太宗时就出现了带知制诰出典藩郡之举。《续资治通鉴长编》卷二七熙宁三年六月乙巳条就提到过"屯田郎中、知制诰、知大名府赵昌言"。此后，带知制诰出外的还有真宗时刑部员外郎、知制诰、知应天府王随；仁宗时吏部郎中、知制诰、知登州张师德，右谏议大夫、知制诰、知曹州李仲容；神宗时兵部员外郎、知制诰、知滁州陈绎，起居舍人、知制诰、知潭州沈括，右正言、知制诰、知越州沈遘，大中大夫、知制诰、知应天府李定，以及知制诰、知江宁府钱公辅和知制诰、知荆南章惇等。②"知制诰"既非用以寄禄之官名，又非表示荣誉之职名，为何带此衔出外？宋人对此未作说明，推论其原因，大约在于知制诰是以有文学之人召试后而命，为朝廷典掌诏诰、迁官多可至二府的重要官职，为士人所钦羡，于是有了类似文学职名的作用。至于熙宁三年吴充以知制诰权三司使，不在舍人院供职，其所带"知制诰"，也与出典藩郡者性质相同。

"知制诰"虽非中书舍人正官，但在宋人尺牍、章奏、笔记甚至官方文书、民间俗语中，往往被称作"舍人"，如知制诰吕溱"接宾客，不过数语，时目为'七字舍人'"之类。③

---

① （宋）张方平：《乐全先生文集》卷二八《西垣陈乞外补状》，北京图书馆影印本 2003 年版。
② 参见《宋会要辑稿》职官六之六五，《长编》卷八七、卷一一二、卷二二三、卷二七九、卷二八〇、卷二九一、卷三二五，王安石《临川集》卷四九等。
③ 《宋史》卷三二〇《吕溱传》，中华书局校点本 1977 年版，第 10402 页。

2. 直舍人院

直舍人院始置于太平兴国元年（976）太宗即位之初，以汤悦、徐铉直学士院，张洎直舍人院，"直舍人院自洎始"①。据《宋会要辑稿》职官三之一三、《春明退朝录》卷上等，同时被任命为直舍人院的还有王克正。太宗除直舍人院只是偶然之举，自张洎、王克正之后不复除。

太宗时直舍人院与知制诰相比，在资质上有无深浅之分？答案是否定的。以张洎为例，本官为太子中允。宋初太子中允承袭唐制，为正五品，与中书舍人相同。②前此担任知制诰的卢多逊、王著、王祜、高锡等人本官分别为兵部员外郎（从六品）、屯田员外郎（从六品），张洎的本官不在他们之下。

那么，为何任命张洎等为直舍人院，而非知制诰？笔者认为，大约是出于当时太宗初即位，任命内、外制官皆带有很大临时性，故皆以"直院"为名。既然汤悦、徐铉为"直学士院"，张洎、王克正则相应为"直舍人院"了。当然，后来张洎直院达数年之久，早已不是临时性的了，但这未必是太宗的初衷。

熙宁三年始，直舍人院重新出现。其事始于该年五月辛卯，以"秘阁校理、同修起居注陈襄兼直舍人院"③。这是由于当时外制在起草上遇到了麻烦：王安石欲以李定为权监察御史里行，中书将词头送到舍人院，当制舍人右谏议大夫、知制诰宋敏求封还不草制；词头又先后改送知制诰苏颂、李大临，也分别遭到封还。既无知制诰草制，又不愿撤回词命，于是不得不改令他官代行文书。王安石

---

① 《长编》卷一七，开宝九年十一月乙亥，第386页。
② 宋初官品令。参见《宋会要辑稿》仪制七之一六，《长编》卷六八，大中祥符元年三月庚辰条等。
③ 《长编》卷二一一，熙宁三年五月辛卯，第5119页。

提议"祖宗故事有直舍人院"①，因而循旧例以命陈襄。据说，安石的本意是"欲令直舍人院者草李定词已，乃除知制诰"②。陈襄本与安石意见相左，自然不肯受命，神宗君臣无奈，重新改命蔡延庆、王益柔直舍人院。③

熙宁三年重设直舍人院，出发点是为了在无知制诰起草外制时有人代理，所谓"知制诰阙人，则又除直舍人院数人"④。可见，此时的直舍人院从性质上说仍与太宗时张洎等人相同，不过是临时兼职罢了。既是临时代行文书者，选拔自然不必像知制诰那么严格，无所谓召试之制，如徐度《却扫编》卷中所言："苟尝兼摄，虽仅草一制，亦复免试。"担任直舍人院者，也不必像知制诰那样，必须是富于文才之人。正因为如此，直舍人院的地位就远不能与知制诰相提并论。王益柔被任命为直舍人院后，曾自以为是地自称为知制诰，殊不知神宗认为"益柔等文词非工"，不够格称知制诰，因此下诏"直舍人院只理本资序，候知制诰不阙即罢。"⑤在迁转顺序上，知制诰也明显高于直舍人院，直院进知制诰，按规定必须经过考试。⑥

不过，熙宁时期的直舍人院与知制诰相比，在资历上仍无高下之分。虽然《梦溪笔谈》卷二说："熙宁中，复置直舍人、学士院，但以资浅者为之。"但是这里所说的"资浅者"是与中书舍人正官相比，而与知制诰无涉。事实上，熙宁年间的直舍人院，寄禄官多为

---

① 《长编》卷二一一，熙宁三年五月辛卯，第5119页。
② 《长编》卷二一一，熙宁三年五月乙未，第5120页。
③ 参见《长编》卷二一〇、卷二一一。
④ 《长编》卷二一二，熙宁三年六月辛巳条冯京语，第5155—5156页。
⑤ 《长编》卷二一一，熙宁三年五月丙午，第5130页。
⑥ 《宋史》卷三四三《许将传》："直舍人院……进知制诰，特敕不试而命之。""特敕"二字，足以说明一切。

五至七品工部郎中、太常丞、度支员外郎之类，①并不低于同一时期的知制诰。

熙宁年间（1068—1077）担任直舍人院的为数颇多，至元丰二年（1079）仍有"天章阁侍讲兼直舍人院沈季长"②。而且，直舍人院原有的暂时兼摄的色彩日渐淡化，如李定自熙宁六年五月至八年十二月连续两年七个月的时间一直担任直舍人院。③与此相联系的是，这一时期的知制诰多数是经直舍人院而迁改的，鲜有直接任命者。产生这种现象的原因何在？显然与当时的政局有关。神宗、王安石君臣为推行新法而进行人事调整，由此带来了大量的需由外制官起草的诏书诰令。原有的知制诰们并非都愿与王安石合作，前面提到的宋敏求等三人封还李定词头一事便是典型例证。这类问题的出现，给新法的实施增添了困难，神宗君臣只能用指定他人代理的办法加以变通。被指定之人匆忙就任，没有经过例行的考试，是否称职还很难说，因此不能冠以"知制诰"之名，而只能称为"直舍人院"。经过试用后，再通过例行考试，合格者方可以迁为知制诰。显而易见，熙宁年间直舍人院的重现，是变法派领袖强化君权、统一政令的一项具体措施，有着深刻的政治背景。因此，从某种意义上说，熙宁年间直舍人院与知制诰的区别，并非资历高下的不同，也不仅仅是召试与否的差异，更重要的还在于前者是后者的"预备队"，充当着变法派的工具。

（二）元丰改制后的外制官

元丰改官制，外制官变化很大，作为他官掌外制加衔的"知制

---

① 参见《长编》卷二一六至卷二七二，诸直舍人院结衔。
② 《长编》卷二九六，元丰二年正月己卯，第7195页。
③ 参见《长编》卷二四五、卷二七一。

诰"被废除，中书舍人主行词命的职能重新恢复，直舍人院改称"权中书舍人"。至南宋偏安江左，除直舍人院与权中书舍人并行不废外，其余基本沿用元丰新官制。兹分述如次。

1. 中书舍人

元丰改官制，废除了舍人院，改建中书后省，以中书舍人主管。元丰五年（1082）四月，曾巩、赵彦若、陆佃"并试中书舍人"，中书舍人"自是始正官名"。① 随着中书舍人名位权力的恢复，不再以他官典掌外制，知制诰从此退出了外制舞台，中书舍人成为名实相符的外制官。

与前期的知制诰相同，中书舍人有召试之制。这是从任命曾巩等人时就开始实行了的。尽管当时文书堆积，"旧舍人无在者"，仍然先进行考试，"已试，即入院"。② 召试仍由中书主持，仍试制诰三篇，如高宗时綦崇礼"召试政事堂，为制诰三篇……拜中书舍人"③。同样，召试之制也如前期并不严格，间或有不试而命者，如杨景略、钱勰、苏轼、刘攽、张康国、苏符等人。④ 元祐四年（1089）十月，哲宗还明确下诏："起居郎、起居舍人曾行词，如除中书舍人，免召试。"⑤

元丰改制重新调整了中书舍人的品阶、员额，由原先的正五品升为正四品，由定员六人减为四人。⑥ 不过，实际情况是往往不足四员，特别是南宋时，"常除二员"。⑦ 宋时中书舍人有宿直之制，轮

---

① 《宋会要辑稿》职官三之一五。
② （宋）朱熹：《三朝名臣言行录》卷九"中书舍人曾公巩"，四部丛刊本。
③ 《宋史》卷三七八《綦崇礼传》，第 11680 页。
④ 参见《宋会要辑稿》职官三之一六，三之一九；《宋史》卷三五一《张康国传》等。
⑤ 《宋会要辑稿》职官三之一六。
⑥ 参见《宋史》卷一六一、卷一六八。
⑦ （元）马端临：《文献通考》卷五一《职官五》，中华书局影印本 1986 年版。

流宿直省中，以备草词之需，因此，一般情况下不必同时有四人在职。但仅有二人又难免有不足以应付之虞，特别是当中书舍人受君主差遣临时外出时，或是朝廷有大事、外制增多时。于是，中书舍人正官之外又有权官。

2. 权中书舍人

权中书舍人，始于元祐元年（1086）苏轼，初名直舍人院，"有司言：'自官制行，舍人院废，今为中书后省。'于是改为权中书舍人，遂为故事"①。

权中书舍人是暂时兼摄者，性质与北宋前期的直舍人院相同，因此也不实行召试之制，只是在转为正官时需进行考试，但更多的情况下是免试而迁改。特别是南宋时期，"外制多兼摄者，及后为真，皆循例得免"②。

南宋时期，权中书舍人大量增加，不像北宋时只是偶然出现。其原因正如徐度所言："渡江后，从班多不备官，故外制多兼摄者。"③兼摄者本官高低不一，最常见的是从六品起居郎、起居舍人，其次是正从四品秘书监、将作监、权六部侍郎。个别时候，也有本官为三品者，如理宗时赵汝腾以正三品权工部尚书，王伯大以从三品吏部侍郎兼权中书舍人。④

权中书舍人由于是以他官兼摄者，因而不论本官高低如何，其作为外制官的地位总是比不上中书舍人正官的，通常需兼摄称职后才改迁中书舍人。如韩元吉，孝宗时权中书舍人，"旋以称职为

---

① 《文献通考》卷五一《职官五》。
② （宋）徐度：《却扫编》卷中，丛书集成初编本。
③ 《却扫编》卷中。
④ 参见《宋史》卷四二四《赵汝腾传》，卷四二〇《王伯大传》。

真".① 在人们心目中，权官当然也是低于正官的。所以淳熙末年七月倪思以将作监兼权中书舍人，不久后孝宗得知，颇为遗憾，"曰：'犹为权邪？'十月，除中书舍人"②。

3. 直舍人院

如前所述，舍人院已在元丰改制时废除，与此同时，直舍人院也为中书舍人所取代。清人钱大昕在《廿二史考异》卷七一中说，"自元丰官制行，舍人始复举其职，以资浅而除直院者益多矣"，不知所据为何？显然有误。

然而，南宋宁宗以后，又出现了直舍人院。"嘉泰四年，李季章（即李壁）以宗正少卿权中书舍人，而中字犯祖讳，季章辞。有旨，除公移外，权以直舍人院系衔。季章乃受命。"③李壁以直舍人院系衔本是权宜之计，但自此以后，直舍人院重又活跃于南宋的外制舞台上，而且在直院以外又有权直院，成为与中书舍人、权中书舍人并行不废的外制官。

南宋的直舍人院、权直舍人院区别何在？它们与中书舍人、权中书舍人的关系如何？《文献通考》卷五一《职官五》云："以他官兼摄者称权直，资浅者为直舍人院。"说得具体一些，即权直舍人院是以他官兼摄者，资历高下不限，性质与权中书舍人相同；直舍人院是资历不够中书舍人者，性质却相当于中书舍人正官。根据笔者目前掌握的资料，宁宗以后的直舍人院多以七品官担任，如诸司员外郎、著作郎、秘书丞之类；其次是六品官，起居郎、起居舍人、

---

① （宋）叶绍翁撰，沈锡麟、冯惠民点校：《四朝闻见录》乙集，中华书局1989年版，第83页。
② （宋）魏了翁：《鹤山先生大全文集》卷八五《显谟阁学士特赠光禄大夫倪公思墓志铭》，四部丛刊本。
③ （宋）李心传撰，徐规点校：《建炎以来朝野杂记》乙集卷一三《官制一》"直舍人院"，中华书局2000年版，第715页。

诸司郎中之类；官品最低的可至八品，最高的不超过五品。与此同时的权直舍人院多数是六品官兼任，也有或高或低于六品者。① 可见，权直与直院的区别主要不在资历高下，而在于是否兼摄。

二、外制官的职能

（一）典掌外制

既为外制官，其主要职能自然是"主行词命，与学士对掌内外制"②。

据《宋史·职官一》，外制名目有七，为册书、制书、诰命、诏书、敕书、御札、敕榜。

外制起草程序，通常是当制舍人在省中承受中书吏送达的词头，若非"事有失当及除授非其人"需要论奏封还的，便立即草词，随后交付吏人持出。遇有"大除拜，亦有宰相召舍人面授词头者"。③

外制不如内制重要，但也是为君主代言，因而起草时有各种严格要求。唐时有漏泄、稽缓、违失、妄误四禁之制，④宋时也大体如此，程度上则更为严格。为禁漏泄，元祐年间（1086—1094）甚至"于舍人厅后作露篱，禁同省往来"⑤。稽缓者，往往被罢黜。如韩

---

① 参见《宋史》列传及《南宋馆阁续录》卷七。
② 《宋史》卷一六一《职官一》，第3785页。
③ 同上。
④ 参见（唐）李林甫等撰、陈仲夫点校：《唐六典》卷九，中华书局1992年版，第276页。
⑤ （宋）苏轼撰、王松龄点校：《东坡志林》卷二《官职》"禁同省往来"，中华书局1981年版，第30页。

丕,"属思艰涩,及典书命,伤于稽缓……出知虢州"①。违失、妄误者,或罚铜或贬谪。前者如曾巩,元丰五年(1082)八月"以草韩维制辞乖戾,罚铜十斤"②;后者如张环,草故相刘沆赠官制"颇薄其为人",沆子讼冤,"环左迁知黄州"。③南宋以后,各项禁制有不同程度的废弛,据洪迈《容斋三笔》卷四"外制之难"条称:"自南渡以来,典故散失,每除书之下,先以省札授之,而续给告,以是迁延稽滞。段拂居官时,才还家即掩关谢客,畏其促词命也。先公使虏归,除徽猷阁直学士,时刘才邵当制,日于漏舍嘱之,至先公出知饶州,几将一月,犹未受告。"

(二)参决机政

外制官身当"典掌书令之任",列位侍从,是君主"左右之臣"④,因而"又职在论思"⑤,"以知识才虑参决机政"⑥。参政的途径主要有三条:一是与内制官及其他在京文班朝臣所共享的"转对"之制,每三五日以次奏对;二是平时上奏疏言事;第三条,也是最为重要的一条途径,是在当直草制之时,对所受词头加以论奏封驳。关于这一点,将在本文第三部分详述。

外制官参谋议、备顾问的范围相当广泛,上自典章制度,下至文词字句;外则民间利病,内则朝政得失。此类记载在宋代史籍及

---

① 《宋史》卷二九六《韩丕传》,第9860页。
② 《宋会要辑稿》职官三之一五。
③ (宋)司马光撰,邓广铭、张希清点校:《涑水记闻》卷一〇,中华书局1989年版,第179页。
④ (宋)曾巩:《元丰类稿》卷二三《制诰拟词》"知制诰制",商务印书馆排印本1937年版,第272页。
⑤ 《元丰类稿》卷二三《制诰拟词》"中书舍人制",第272页。
⑥ (宋)彭百川:《太平治迹统类》卷三〇引吕陶言,江苏广陵古籍刻印社影印本1981年版。

宋人文集中比比皆是：北宋时有知制诰程琳"上疏请罢诸土木营造，蠲被灾郡县逋租"①；南宋时有中书舍人季陵应诏上言，痛斥"将帅之权太盛"、"宦寺之习未革"等时弊……不胜枚举。②

作为在君主左右起草词命之人，外制官参决朝政有助于君主及时掌握政局、民情的种种信息，在一定程度上做到耳聪目明，以便制定与调整好各项决策，显然是有积极意义的。

（三）充任差遣

在君权高度集中的宋代，君主经常差遣身边近臣处理各类事务，元丰改制前尤其如此。外制官常任的临时差遣是知举、修书和出使。

据《宋会要辑稿·选举》一之一至一之一五，北宋时共举行过65次贡举省试，其中45次是由外制官担任知、权知、同知或权同知贡举，占总数的60%强。

以外制官主持或参与编修书籍之事，更是史不绝书。仅以《麟台故事》卷二所载为例，北宋前期的几部重要著作如《文苑英华》、《册府元龟》、《续通典》、《崇文总目》等，都有知制诰参加撰述。

出使性质大体包括两类：出使外邦、察访地方。据聂崇岐先生《宋辽交聘考》考证，北宋派往辽朝的生辰国信使、泛使先后163人（次），其中35人（次）是外制官，占总数的21%左右。其他如告哀使、祭奠使等，也间或以外制官充任。外制官以"钦差大臣"身份察访地方之事，以神宗朝最为频繁，仅熙宁六至八年间（1073—1075）

---

① 《长编》卷一〇五，天圣五年九月己未，第2450页。
② 《宋史》卷三七七《季陵传》，第11646页。

就有邓润甫察访京东路常平等事，吕惠卿为河北东路察访使，章惇、沈括为河北西路察访使，沈括、张谔为淮南、两浙体量安抚使。①

南宋以后，以外制官担任临时差遣不若北宋时经常，但也间或有之，如虞允文受命往采石犒师时，所任官职便是中书舍人直学士院。②

三、外制官封驳之权

臣僚封还诏书、驳正违失之举，早在汉代就已出现。《资治通鉴》卷三五汉哀帝元寿元年（公元前2年）载："封董贤二千户，赐孔乡侯、汝昌侯、阳新侯国，（丞相）王嘉封还诏书"，并奏封事上谏，论爵禄不可轻易与人。胡三省在此条记事下注曰："后世给、舍封驳本此。"在这以后，臣僚封还驳正之事时有发生，但并非某部门、某职官专职。至唐代始有明令：凡诏敕皆经门下省，事有不便，得以封还，而给事中有驳正违失之掌。③唐朝末年，韩偓又开创了翰林学士封还词头、拒不草制的先例。④比及宋代，仁宗朝知制诰富弼率先封还外戚刘从愿妻王氏封遂国夫人词头。从此，知制诰、中书舍人等外制官封驳之事屡见不鲜，并成为制度。宣和间（1119—1125）中书舍人韩驹就曾提醒徽宗道："舍人亦许缴还词头"。⑤

外制官封驳通常在当直草制、词头颁下之际进行。具体做法是将词头封还，同时附上奏状，陈述自己缴还的理由。根据词头内容

---

① 参见《长编》卷二四四、卷二四九、卷二五五、卷二六六、卷二六九。
② 参见《宋史》卷三八三《虞允文传》。
③ 参见《唐六典》卷八。
④ 参见（唐）韩偓：《金銮密记》，引自（元）陶宗仪：《说郛》卷四九，中国书店排印本1986年版。
⑤ 《宋史》卷四四五《韩驹传》，第13140页。

的不同，外制官封还论奏的内容也各异，大体分为两类："事有失当"或"除授非其人"，①涉及最多的是后者。如苏轼，在元祐元年（1086）二月至七月担任中书舍人期间，就曾先后六次缴还七名官员除授不当的词头。②又如马廷鸾，理宗朝中书舍人，当制期间对"程奎污秽诡秘，不当补将仕郎；王之渊为大全党，不当通判江州；朱熠不当知庆元府及为制置使；林奭、赵必遒、张称孙不当与郡，皆缴还词头"③。有关外制官封驳的记载，史不绝书，仅在《宋史》列传中，就达六七十处之多。

对于自己拥有的封还权力，外制官大多认真运用了。他们充分意识到"给舍封驳，是谓官守"④，把封还驳正视为自己当仁不让的职责；加上当时充斥整个士大夫阶层的强烈参政意识和天子"与士大夫共天下"的政治氛围，外制官封驳之时更是理直气壮，不仅大胆直陈己见，而且敢于和宰相抗争，甚至不怕触犯龙颜，顶撞皇帝。南宋时有关这方面的记载不少，如，孝宗朝张说除签书枢密院事，中书舍人范成大当制，"留词头七日不下，又上疏言之，说命竟寝"⑤。宁宗朝张允济以阃职为州铃，权中书舍人王介封还词头，"丞相语介曰：'此中宫意。'介曰：'宰相而逢宫禁意向，给舍而奉宰相风旨，朝廷纪纲扫地矣。'"⑥在此先后，又有中书舍人彭龟年缴奏刘庆祖词头，宁宗再次批示"可与书行"，龟年不仅不书行，反而进一步论奏："'可与书行'，近世弊令也。使其可行，臣即书矣，使不可行，岂敢因再令

---

① 《宋史》卷一六一《职官一》，第3785页。
② 参见（宋）苏轼：《苏东坡全集》之《奏议集》，中国书店影印本1986年版。
③ 《宋史》卷四一四《马廷鸾传》，第12438页。
④ （宋）陈傅良：《陈止斋集》附录，（宋）蔡幼学撰：《宋故宝谟阁待制致仕赠通议大夫陈公行状》，永嘉丛书本。
⑤ 《宋史》卷三八六《范成大传》，第11869页。
⑥ 《宋史》卷四〇〇《王介传》，第12154页。

而遂书哉？"①理宗朝直舍人院牟子才起草李伯玉降官制，理宗阅后提出："谪词皆褒语，可更之。"子才不奉诏，"丞相又道帝意"，子才甚至发出"腕可断，词不可改。丞相欲改则自改之"的绝决之语。②

诏令文书被封还驳回，对于君主来说，未必是一件愉快的事情，这至少意味着君主的权力受到一定的制约，使之多少有所顾忌，不至于过分地随心所欲。光宗针对"缴奏无所回避"的中书舍人楼钥就曾说过"楼舍人，朕亦惮之"之语。③尤其是在新君初立，威信尚未树立的时候，君主对于封驳之事更显得格外敏感。这就决定了外制官封驳常以失败告终，意见无人理睬，书命改令他官代行，本人甚至受到种种惩处，轻者受经济制裁，重者被革职贬黜。如权中书舍人沈铢，绍圣四年（1097）五月"以缴奏吴居厚不当，特罚铜三十斤"④，知制诰钱公辅，治平元年（1064）论王畴不当为枢密副使，不肯草制，英宗"以初政用大臣，而公辅格诏，谪为滁州团练使"⑤；与之同时，祖无择"以不即草贬公辅制"，罚金30斤，英宗本人欲进一步加罪，只是由于中书官员极力劝阻方才作罢。⑥至于那些因不肯曲意逢迎、得罪了宰相而遭左迁的外制官，更是大有人在，仅徽宗朝蔡京当政时便有吴伯举、曾开、叶涛等。⑦

尽管君主对臣僚封驳并不能虚怀采纳，但对封驳之制却无一例外地予以保留，有时甚至加以鼓励。连昏庸无能的徽宗都曾对中书舍人韩驹说过，"自今朝廷事有可论者，一切缴来"⑧。之所以如此，主要是由于

---

① 《宋史》卷三九三《彭龟年传》，第 11997 页。
② 《宋史》卷四一一《牟子才传》，第 12357 页。
③ 《宋史》卷三九五《楼钥传》，第 12046 页。
④ 《宋会要辑稿》职官三之一六。
⑤ 《宋史》卷三二一《钱公辅传》，第 10421 页。
⑥ 参见《宋会要辑稿》职官一四之一至一五之五。
⑦ 参见《宋史》卷三五六《蒋静传》，卷三八二《曾开传》，卷三五五《叶涛传》。
⑧ 《宋史》卷四四五《韩驹传》，第 13140 页。

君主多少懂得自己高高在上，要维护并强化君权，基本手段在于有效地驾驭庞大的官僚机器。如何保证能及时采纳正确的劝谏，调整决策，是驾驭官僚机器至为重要的问题。为此，君主们设计出种种变通方法，尽可能减轻专制政体诸如"上之所举或违于道，乃至官人之非称，法制之缪戾，壅求贤之路，失任刑之极"等等弊害。[①]封驳制度就是封建统治者调整臣僚关系、处理内部矛盾的一种变通方法，而其中的外制官封还词头，使诏令文书尚未行下便得以匡正，不致造成不利的社会影响，其意义更比事后论争重要，显然有利于统治的稳定。因此，君主虽然在感情上或许一时难以接受，但最终能够容纳封驳之制。何况，臣僚封驳多半是就事论事，很少有过于激烈、尖锐的言词。

诚然，对于外制官封驳之权不可估计过高，因为这种封驳不仅不曾触及专制政权的要害，而且往往指摘苛小，无关宏旨；更何况君主诏旨有所谓内批、御批、内降者，皆由君主从内廷直接交付有司，根本不经中书，外制官连封驳形式都无法履行。在君主专制的条件下，封驳制度对于君主权力的制约是十分有限的。但是，宋代的外制官毕竟拥有封驳的权力，毕竟实实在在地行使了封驳的权力；更为重要的是，封驳之举得到社会舆论的高度肯定。熙宁间知制诰宋敏求等三人先后封还李定迁官制书，"更奏复下，至于七八"[②]，神宗下令免除三人知制诰之职。宋敏求等人封驳之举是否在理另当别论，问题在于他们因此被誉为"熙宁三舍人"[③]，一时之间

[①] 参见（宋）王钦若等编：《册府元龟》卷四六九《台省部》"封驳"，中华书局影印本1960年版。
[②] （宋）杜大珪：《名臣碑传琬琰集》中卷三十，曾肇：《苏丞相颂墓志铭》，台湾商务印书馆影印文渊阁四库全书本。
[③] 《宋史》卷三三一《李大临传》，第10657—10658页。

"名誉赫然"①,朝野瞩目。类似事件并非少数,许多因封驳而被贬谪的官员,往往人品愈加受到敬重,声望骤然上升。封驳之举得到时论嘉许,直言极谏风气得以弘扬,这件事情对于官场风气乃至整个社会风气带来的影响,是远远超出封驳本身意义之上的。

(原载邓广铭等主编《中日宋史研讨会中方论文选编》,
河北大学出版社 1991 年)

---

① 《三朝名臣言行录》卷一一之一《范纯仁》。

宋代中枢秘书制度研究述评

一

中枢秘书是指中央起草文书诏令的官员。在宋代，中枢秘书机构不是冠以"秘书"之名的图籍、书史机构"秘书省"，而主要是翰林学士院、元丰改制前中书门下所辖的舍人院和元丰改制后的中书后省；中枢秘书官主要是翰林学士院中的翰林学士、承旨、直院、直学士和舍人院（中书后省）的中书舍人、直舍人院等，以及元丰改制前加有"知制诰"头衔的诸官，合称为"两制"，翰林学士院官起草内制，知制诰、舍人院官起草外制。中枢秘书制度则包括两制官的组织编制、选任标准、奖惩方式、俸禄规定、入值制度、草制程序、文书流程等一系列相关制度。

近百年来亦即20世纪中，国内外有关宋代中枢秘书制度的研究，不像宰相制度、枢密制度、监察制度、科举制度那样受到重视，但也取得了不少成果。

有关研究大致可分为两个时期。

第一个时期为20世纪80年代以前，研究相当落寞，仅发表过寥寥数篇文章。其中两篇为日本学者所作，即山本隆义《唐宋时期的翰林学士》①，铃木虎雄《支那的诏敕文及其起草者》②，中国学者所作仅有张陵《历史上的翰林学士》一文③。

第二个时期是 20 世纪 80 年代以后，研究突飞猛进，研究者集中在中国内地。

这一时期的研究又可分为 80 年代、90 年代两个阶段。

80 年代前半期，开始有这方面的成果发表。1984 年中国宋史研究会第三次年会在杭州召开，提交的会议论文中有两篇是关于宋代中枢秘书制度研究的，一是柯昌基的《宋代中枢的秘书制度》，二是杨果的《宋翰林学士二三题》。柯昌基的这篇文章后刊于《中国史研究》1986 年第 4 期，成为近百年来国内第一篇阐述宋代中枢秘书制度的专文。此后，有关这一主题的研究论文相继发表，除龚延明《宋代学士院名物制度志略》④、陈振《宋代的知制诰与翰林学士》⑤、杨果《宋翰林学士人员结构考述》、《翰林学士与宋代政治初探》等数篇论文以外⑥，由陈振撰写的《中国大百科全书·中国历史》"辽宋西夏金史"分册有关词条，其学术含量也相当于专题论文。一些文秘类刊物也发表了一些介绍性短文。此外，邓广铭先生的研究生李宝柱于 1985 年以"北宋的两制与台谏"为题完成了硕士学位论文。

20 世纪 90 年代以后，开始有系统的研究论著问世。著作方面，除

---

① [日] 山本隆义：《唐宋时期的翰林学士》，《东方学》第 4 期，1952 年。
② [日] 铃木虎雄：《支那的诏敕文及其起草者》，《东方学报》，1938 年。
③ 张陵：《历史上的翰林学士》，（台）《新希望》卷 47，1955 年。
④ 龚延明：《宋代学士院名物制度志略》，《西南师范大学学报》（哲社版）1988 年第 2 期。
⑤ 陈振：《宋代的知制诰与翰林学士》，邓广铭、漆侠等主编：《宋史研究论文集》（1987 年年会编刊），河北教育出版社 1989 年。
⑥ 杨果：《宋翰林学士人员结构考述》，《武汉大学学报》（社科版）1988 年第 6 期。杨果：《翰林学士与宋代政治初探》，《宋史研究论文集》（1987 年年会编刊）。

龚延明《宋代官制辞典》外①，主要有杨果《中国翰林制度研究》②；论文方面，主要有赵奇《唐宋皇家高级机要秘书：翰林学士》③，蒋淑薇《略论宋代秘书机构与秘书选拔》④，杨果《两宋外制官考述》⑤，顾宏义《北宋学士院若干制度考辨》⑥，张东光《唐宋时期的中枢秘书官》⑦，张东光、李中《唐宋中书舍人院名物制度述略》⑧，徐茂明《宋代翰林学士院诸制度述论》等⑨。

据统计，1986年至今，中国学者公开发表的、以宋代中枢秘书制度为研究对象的论文30多篇。

作为近百年来中国国内第一篇阐述宋代中枢秘书制度的专文，柯昌基的《宋代中枢的秘书制度》分两大部分对宋代的外制官和内制官进行了阐述，分别探讨了其草制程序、任用标准、职能分工、地位高低等问题。该文的主要缺憾是对某些史料的理解有欠准确，如将翰林学士知制诰李维的寄禄官由左司郎中迁为中书舍人一事，误作李维由知制诰升为中书舍人。对于文中重点探讨的知制诰的性质，作者也未能准确把握，仅视之为独立的外制官，而忽视了知制诰作为翰林学士的加衔、起草朝廷内制的功能。针对柯文的失误，陈振《宋代的知制诰与翰林学士》作了辨正，可参。柯文确实存在

---

① 龚延明：《宋代官制辞典》，中华书局1997年。
② 见拙著：《中国翰林制度研究》，武汉大学出版社1996年。
③ 赵奇：《唐宋皇家高级机要秘书：翰林学士》，《泰安师专学报》（社科版）1990年第2期。
④ 蒋淑薇：《略论宋代秘书机构与秘书选拔》，《湘潭大学学报》（社科版）1990年第4期。
⑤ 见拙著：《两宋外制官考述》，邓广铭、漆侠主编：《中日宋史研讨会中方论文选编》，河北大学出版社1991年。
⑥ 顾宏义：《北宋学士院若干制度考辨》，《华东师大学报》（哲社版）1994年第6期。
⑦ 张东光：《唐宋时期的中枢秘书官》，《历史研究》1995年第4期。
⑧ 张东光、李中：《唐宋中书舍人院名物制度述略》，《河南教育学院学报》（哲社版）1996年第4期。
⑨ 徐茂明：《宋代翰林学士院诸制度述论》，《苏州大学学报》（哲社版）1996年第3期。

着不足，但其对宋代中枢秘书制度研究的开创之功仍不可没。

杨果《翰林学士与宋代政治初探》一文，是较早亦较全面研究宋代翰林学士制度的论文，该文是在作者的硕士学位论文的基础上节选而成的，对于翰林学士的相关制度作了细致的研究，用力颇多，考订精详，因而为后来一些研究者引用。但是，文中对于翰林制度的阐述仍有缺漏，对于宋代翰林学士与政治之关系的研究则相对薄弱，未能深入开掘其实质。

龚延明先生在宋代官制研究上用力最勤，成果亦最丰，堪称20世纪80年代以来国内宋代官制研究第一人，其研究成果荟萃为"继邓广铭先生40年代《宋史职官志考正》之后又一里程碑式的作品"①——《宋代官制辞典》。该辞典与其说是一部工具书，毋宁说是一部高质量的研究巨著，有关宋代职官制度的林林总总，皆在这部辞典中得到概括精练而又缜密详尽的阐释。辞典中有关中枢秘书制度的条目近百条，上万字，其中最有特色的是有关中枢秘书官及其机构的别名、简称和术语的释义，搜罗的资料相当繁富，上自正史、政书，下至宋人尺牍、笔记，为中枢秘书制度的研究提供了极具价值的参考。若说有什么令读者意犹未尽的话，则是因辞典的体例决定了其内容精练有余，伸展不足。

张东光的《唐宋时期的中枢秘书官》是90年代相关研究论文中最为系统、深入的一篇。文章对古代秘书机构的演变作了简要回顾，重点考察了唐、宋两制的历史演变，两制的执掌，两制的地位与作用，其中有关唐代部分的研究较之于宋代部分更为精当。文中关于要准确理解两制概念必须弄清三个关系，即知制诰与两制、中书舍人与两制、翰林学士与两制之关系的表述，抓住了以往研究中

---

① 王曾瑜：《宋史研究的回顾与展望》，《历史研究》1997年第4期。

因关系混乱而概念不清、定义模糊的症结,为两制研究的顺利开展廓清了道路。该文的一个重要特点是把对两制官的考察与君权、相权的矛盾运动和相职演变的考察结合起来,把秘书制度的发展、演变与人事制度、专制制度的变迁结合起来研究,从而将研究推向新的深度。不过,文中的一些结论有失准确,值得推敲。如提出唐朝后期是两制的"定型阶段","这一阶段,两制官选授、迁转的范围和方式基本确定下来,由此决定的两制官的概念也明确下来"。实际情况恐非如此。根据笔者的研究,这种阶段始于五代,成于北宋。

徐茂明《宋代翰林学士院诸制度述论》和顾宏义《北宋学士院若干制度考辨》也是宋代内制官研究中值得注意的文章。二文皆从制度史的角度,对宋代翰林学士院作了较为全面的探讨或辨正,在一系列意见分歧的问题上提出了自己的见解。

对宋代内制官研究最为全面、系统的成果是杨果的专著《中国翰林制度研究》。该书虽以"中国"为名,实则是关于宋代研究的,全书正文7章中有4章是研究宋代翰林制度的,其余3章上溯其源自唐五代,下察其流至元明清,旁及辽金与西夏。书中指出,中国古代翰林制度先后经历了滥觞→兴起与发展→成熟→转型与渐衰四个阶段的发展。宋代为成熟期,此时期翰林的组织严整,制度规范,政治上的作用比唐时下降,但仍不失为赵宋政府的枢要部门,充当着君主的重要谋臣。该书第一次系统、全面地考察了宋代翰林制度的发展、演变过程,对于翰林职官在宋代的组织机构、职掌范围、相关制度、翰林的政治文化功能,导致翰林地位变迁的政治、社会原因,以及翰林权位的消长所反映的中国封建社会君主专制体制运作的基本规律,都进行了独立的探索,得出了有说服力的结论。全书资料翔实,考论缜密,征引史籍近300余种,制作图表近30种,有较高的学术价值。

对于外制官中书舍人、知制诰等的研究，迄今只有单篇论文，其中《两宋外制官考述》、《唐宋中书舍人院名物制度述略》二文学术质量较高，前者以元丰改制为界，分阶段对宋代外制官的演变、职能及封驳权进行了研究，考辨清晰，分析简要，能够以小见大，没有虚文。后者以唐制为主，兼及宋制，对外制官的供职机构、官称、职掌等名物制度加以考述，条分缕析，简明扼要。

另有如《宋代选拔朝廷文字秘书的制度》①、《宋代秘书制度述略》等文②，分别探讨了宋代中央和地方秘书官员的选拔、秘书工作的保密、公文规范、公文传递等具体规定，对中枢秘书也有所涉及。

总的来看，90年代以后的研究成果比之于80年代而言，不仅数量增多了，质量也提高了，探讨的问题也更广泛了。

二

近百年来有关宋代中枢秘书制度研究的内容，可简要归纳为四大方面：中枢秘书制度的演变历程，中枢秘书官（机构）的职能，中枢秘书的选拔、任免、奖惩、宿直、俸禄等各项相关制度，中枢秘书在宋代中枢政治及社会文化中的地位与作用。

在有关演变历程、职能诸方面，学者们达到了相当高的共识；对于中枢秘书制度的地位与作用，也持基本相同的观点；存在分歧较多的，是对于具体制度的理解。

---

① 杨剑宇：《宋代选拔朝廷文字秘书的制度》，《秘书之友》1987年第4期。
② 杨旭辉：《宋代秘书制度述略》，《铁道师院学报》第15卷第2期，1998年4月。

关于两制的演变历程，学者们一致认为，元丰改制之前及其后，宋代中枢秘书制度与其他职官制度一样，面貌迥异，尤其是外制官，元丰改制前以他官知制诰充任，中书舍人偶有草词者，但主要用作他官草词者寄禄，皇帝借此控制出令权，加强君主专制；元丰改制后，中书舍人官、职合一，恢复了起草诏令文书的职能，与翰林学士分掌外制与内制，发挥中枢秘书的作用。有的文章把唐、宋结合起来考察，认为唐宋时期两制官的发展演变过程大致可分5个阶段：1.唐初到玄宗开元二十六年（738）的萌芽阶段；2.开元二十六年到宪宗元和元年（806）的草创阶段；3.元和元年到唐末的定型阶段；4.北宋元丰改官制的鼎盛阶段；5.元丰改制后到南宋的嬗变阶段，其中有关宋代部分，仍以元丰改制（1080—1082）为界，分为前后两期。

关于两制的职能，大体概括为三类：草词、谋议和临时差遣。两制的职能并不仅限于草拟诏命、处理文书，而是扩大到参与内廷决策，并受命充任各种临时差遣，在两宋政治舞台上扮演着举足轻重的角色。

关于两制在宋代中枢政治及社会文化中的地位与作用，大致有三方面的共识：（一）两制作为皇帝的政治秘书和代言人，享有草制权和一定程度的决策权、执行权，职掌重要，地位尊崇，不仅被时人视为难得的荣耀，而且常常成为宰执的候选人。（二）两制基于君权与相权的矛盾而产生，反过来又为协调这一矛盾发挥了作用。诏令文书区分为两制，使以争夺中枢出令权为核心内容的君权与相权的矛盾得以缓和，两制充当了君相矛盾的调节器，在一段时间内保持了君权与相权的相对和谐。（三）两制官多以知识精英充任，多能正面辅佐人主，并善于运用封驳之权，从而在促进政治清明与文化昌盛诸方面，发挥了积极的作用。

两制的各项制度涉及的问题较多，从机构名称、组织编制、选拔标准和方式、任免奖惩办法,到草制程序、入值规定、俸赐标准,以及相关的保密措施、文书制度等等,研究者的看法并不一致,其中争议较多的是机构名称、组织编制、知制诰的性质和两制的相互关系。由于内制官翰林学士是从唐代的使职差遣发展而来的,在唐时属于"天子私人"性质,并未纳入中央行政体系,与之相关的政治、经济各类待遇没有一定之规;入宋以后,情况发生根本变化,翰林学士成为中枢机构正式官员,与之相关的各项制度渐次完备,但是,直至元丰改制前,仍处在不断摸索、调整的过程。由此使得史籍中记载互歧处颇多,导致当今学者对于两制各项制度的看法分歧,集中在内制官上。例如,内制机构的正式名称是什么,翰林学士院或学士院?或者说学士院只是正式机构的简称、略称,而在官署挂牌、公文用印、官员结衔等方面则用翰林学士院全名?再如,北宋前期的内制官是否定员?一说制度上并无明确规定,实施中随意性很强,从同时一二员到六七员,多种情况杂陈;一说仿中书舍人例定员六人,实际则常不满员;还有一说强调"以六员为限",而不在意具体规定究竟如何。关于北宋前期知制诰的性质,多数认为一是外制差遣名,二是内制加衔,但也有学者认为知制诰是掌外制的职事官,并固定用作翰林学士的加衔,而不论其是否实际草词。对于知制诰与中书舍人的关系,理解也不一致,或以为二者的区别在于资历深浅的不同,中书舍人为年高资深者,知制诰反之;或以为二者之间并无资历的不同,区别仅在于北宋前期常以他官草拟外制,不论其本官大小,一律称为知制诰,知制诰与中书舍人之间不存在谁迁谁的问题,也不能较其地位高下。至于两制的相互关系,或强调分工明确,互相牵制,或强调互兼互领,趋于合流。其他有关两制的迁转、班序、俸赐等等,也存在不同看法。

有关具体规制方面的种种分歧,看似琐细繁杂,实则关系到对两制性质、地位的准确把握以及对制度变迁所反映的君臣关系尤其是君相矛盾变化的正确理解，因而有必要进一步探讨、澄清。

三

有关宋代中枢秘书制度的研究，存在的主要问题可概括为两个方面。

（一）涵盖不够全面，质量高下有差

首先，宋代的中枢秘书制度上承唐五代，下启元明清，对与之同时的辽、西夏、金的中枢体制也产生过重要影响。对这种横向影响的研究，有助于掌握辽夏金等少数民族为统治主体的政权如何建构其国家机器从而实现政治整合，也有助于加深对宋制的理解，是十分有意义的课题。可惜，这方面的研究还很不够，对西夏的研究基本还是空白。

其次，宋代两制既以进士高科之人充任，在职期间又执掌文事，出路则往往是迁为宰执，这种状况势必对两制官个人的文学创作产生重要影响，并由此对整个时代的文学发展、文化面貌产生影响。两制与文学的关系是一个很值得研究的课题，但迄今未受到应有的重视。

再次，两制与皇权的关系，是一个仍需继续深入的研究领域。已往的研究已注意到把两制的地位与作用放在皇权与相权关系中加以考察，取得了较大突破。但是，研究者过多地强调皇权与相权的对立，而忽视两者间的相互依存关系。如何在君权与相权相互依存的框架中评价两制的作用，是本研究中有待进一步深入的课题。

另外，由于宋代官制十分复杂，不仅因时而异，甚至因人而异。尤其是北宋前期，翰林学士有带知制诰与不带知制诰之分，中

书舍人有职事官与寄禄官之别，知制诰有单独使用和用作加衔的不同；即使是在同一时期、任同一官职，也有实际草制和实际不草制的差异。因此，有关中枢秘书制度的研究不时会出现一些理解上的"硬伤"，使文章的质量大受影响。即使是一些总体质量较高的论著，也因对史料的解读不够精心，而造成不应有的失误，仅举一例为证：《唐宋时期的中枢秘书官》一文称中枢秘书官"以'代王言视'为职任"。"代王言视"令人费解，其意思是讲不通的。类似失误，先已在《宋代中枢的秘书制度》一文中出现，所不同者是"宋代"一文注明了四字出处，"唐宋"一文则有引号而无出处，很可能是"宋代"一文的以讹传讹。根据"宋代"一文的资料出处注，"代王言视"四字引自《梁谿漫志》卷二，查对原书，可知原文作"学士实代王言，视外制为重"，引文断句有误。

至于一些文秘类刊物发表的相关文章，大多简要明晰，但因篇幅限制，未能展开讨论，仅属一般性知识介绍，学术创见较少。

还有个别文章缺乏起码的学术道德，或截取他人的学术会议论文内容，抢先公开发表，或抄袭他人的研究心得而不注出处；更常见的则是对他人论著中引用的原始资料径直转抄，不加核对，造成频频错漏。此类现象虽为数不多，但足以引起研究者重视。

（二）周延、绵密有余，灵活、提升不足

既有的中枢秘书制度研究，或者说既有的职官制度研究，表现出一个较为普遍的倾向——周延、绵密有余，灵活、提升不足。我们不赞成在把制度本身疏理清晰之前便急于总结，轻言"规律"，那样做的结果只能使研究流于空疏。但是，目前的问题主要表现为动态把握、整体理解不够，对于静态环境中"死"的制度的研究，成绩显著，比较缜密、细致，而对于动态条件下制度的"活"的运用较为忽视，对于其中"人"的因素则更少关注；在研究方法上，比

较传统、单一，重视文本规定而忽视政治运作，重视现象归纳而忽视理论分析，从而使得整个研究显得活力不足，深度不够。

其实，中枢秘书制度的研究是可以做得新鲜活泼、充满生机的。因为制度虽是"死"的，运用却是活生生的，即使是在各种条文制度齐整、明确、严格的元丰改制以后，实际运作中仍有很大的灵活性，在某些时候、某些场合甚至可以随心所欲，纸上的制度与实际的操作之间存在着很大差距。在以人治为主要特征的封建时代，这一点是不难想象的。如果只见"死"的条文而不见"活"的应用，是不能把握制度史的真相的。更何况，宋代中枢秘书尤其是有"天子私人"之称的内制官，入可参与决策，出可裁定政务，其权力范围在很大程度上取决于人主的好恶，并无明确限定，加上其地位特殊，与人主的关系虽不像唐朝后期那样亲密无间，乃至朝夕相处，行止相随，号称"内相"；但也是随侍左右，十分密切，他们对人主的影响可想而知。外制官与宰相的关系也大体如是。惟其如此，对"人"的研究，对两制与中枢权力机构中其他系统间互动关系的研究，就应当成为中枢秘书制度研究的一个重要视点。可以把两制官作为一个政治集团，对这个集团的人员结构、思想理念及其活动进行研究，在"人"的场景中加深对中枢秘书制度内涵的理解。同时，应当注意从具体政治过程来把握两制在中枢权力体系中——主要是在君相二权既对立又依存的关系中——所起的作用，诸如内制从"天子私人"转变为宰相执政，其中的契机何在？他们如何完成这种角色转变？两制对自身身份的认同是什么？实现这种认同的依据有哪些？等等问题，都是发人深思而又令人饶有兴味的。

相形之下，朱瑞熙先生等所著《中国政治制度通史》(宋代卷)[①]，重实际运作、重结构分析、重整体研究，在既有史料支

---

① 朱瑞熙、张其凡：《中国政治制度通史》第六卷《宋代》，人民出版社1996年版。

撑，又有理论驾驭方面作了成功的尝试，宋史学界期待着更多的这类成果问世。

从有关中枢秘书制度的研究中，笔者另有如下两点感受：

1. 中枢秘书不仅草拟朝廷诏命，而且参与高层决策，对决策者影响甚大，因此，秘书的人选是决策者必须高度重视的问题，它关系到决策的品质优劣，也关系到士风的好坏、政治的清浊。合格的中枢秘书，不仅要多谋善虑、才思敏捷、文笔优长，还应具备既忠于职守而又敢直言极谏的个人品质。在文治昌盛、人才辈出的宋代，中枢秘书从总体上说是知识精英的代表，成功地辅佐着最高统治集团，但其中低能弱智者有之，曲学阿世者亦不乏其人。人格委琐的秘书常与昏君庸主相伴，正可谓"不知其主，观其仆"。

2. 作为辅助机构，中枢秘书的权限界定应当分明，秘书权限的放大从总体上看是一件弊大于利的事情。以今天秘书机构的职责范围来对照，宋代中枢秘书并不是纯粹意义上的秘书，其职能不限于文书、档案等具体事务，它在草制权之外所拥有的参谋决策权，一方面使之在推进宋代的文人政治中发挥了积极作用，但另一方面，宋儒"论议多于事功"①，对细微末节也纠缠不休，造成决策效率低下、公文稽缓迟滞，所谓"宋人议论未定，（金）兵已渡河"②，这不能不说是宋代政治的一大弊端。而且，秘书权限的过度膨胀，容易导致秘书政治的出现，造成信息失真、权力失控，甚至横生枝节、欺上瞒下等一系列问题，宋代虽未演化出这种局面，但这种潜在的发展趋向是值得警惕的。

（原载包伟民主编《宋代制度史研究百年》，

商务印书馆 2004 年）

---

① 《宋史》卷一七三《食货志序》，第 4157 页。
② （清）钦定《盛京通志》卷六六《致史可法书》，台湾商务印书馆影印文渊阁四库全书本。

金代翰林与政治

一

金代官制，"大率皆循辽、宋之旧"①，中央设有翰林学士院。学士院正式设置大约在天会十三年（1135）熙宗初改官制时，②其官有翰林学士承旨、翰林学士、侍读学士、侍讲学士、直学士、翰林待制、翰林修撰和应奉翰林文字。③承旨俗称"翰长"④，为学士院长官，通常以学士资深者充任，品秩较高，初为正三品，贞祐三年（1215）后升为从二品。其余自学士至应奉文字，分别为正、从三品，迄从七品。入学士院者不分民族，一般要求进士出身。金制，汉人进士第一名，例授应奉翰林文字；⑤其他初入院者，需先考试，"试制诏诰等文字三道，取文理优者充应奉"⑥。

翰林学士院的职掌，《金史·百官志》称为"掌制诰词命"、

---

① 《金史》卷五五《百官一》，中华书局校点本1975年版，第1216页。
② 参见旧题（宋）宇文懋昭撰、崔文印校证：《大金国志校证》（以下简作《大金国志》）卷九，中华书局1986年版。据《金史》卷一二五《韩昉传》，昉在天会十二年（1134）前已官翰林待制。可见金朝的翰林因袭辽制，官职的出现早于机构的正式设置。
③ 《大金国志》卷一七、卷二四有权直学士院和直院，《金史》无，当考。
④ （金）刘祁撰、崔文印点校：《归潜志》卷九，中华书局1983年版，第105页。
⑤ 参见《金史》卷五一《选举一》。
⑥ 同上。

"掌词命文字"。金制无中书舍人，制诰词命不分"内制"、"外制"，无论诏令敕制、批答表启，或官员任免、君臣碑铭，皆由学士院掌管。院在宫禁之外，院官草词或"入直禁中"，或受命于中书、尚书省。①

金国是以女真族为统治主体的政权，立国百余年间又始终处于战争环境中，先是与辽、宋作战，后是与蒙古争夺中原，女真统治者尽管汉化程度较深，但在用人行政上仍然摆脱不了亲本族、讲武功、重吏才的倾向。因此，以汉人文士为主体的金代翰林学士院的政治功能受到限制，不可与唐、宋时相提并论。不过，女真贵族既要建立专制主义中央集权制度，推行封建化，标榜文治，就必须借重于网罗各族知识分子精英、封建文化积累丰富的翰林学士院。因此，金代的翰林学士院仍然是文人儒士在政治上发挥作用的一个重要舞台，金代翰林对当代政治有着不可忽视的影响。

二

起草诏诰制敕，是金代翰林参与政治的第一条途径。

诏诰制敕种类繁多，其中，一般诰命文字"各以职事铺叙，皆有定式"②，起草比较容易，草词者能够发挥作用的余地也很有限。诏书、敕文之类，则因时因事而颁，所涉多为朝廷大政、军国要务，草词翰林在布达君主旨意的同时，可以铺陈自己的政治主张。熙宗时翰林学士韩昉的草诏就是如此。天眷二年（1139），金廷内部

---

① 限于篇幅，有关金翰林学士院的建置、院址、入直、迁改诸制度，及其与诸司的关系，拟另文专述，此处从略。
② 参见《金史》卷五一《选举一》。

对宋关系上的和战两派斗争激烈,翰林学士韩昉站在主战派宗干等人一边,力劝熙宗以谋反的罪名处死了主和派宗磐等人,事后发布的《诛宗充诸王诏》,正是韩昉所作。诏书历数宗磐罪行:"煽为奸党,坐图问鼎,行将弄兵……擅公之财,市恩而惑众,力摈旧勋,欲孤朝廷。"①实际上就是韩昉日前主张诛宗磐的理由。同年,熙宗颁行新官制,改定官制的诏书也是韩昉撰写的。在诏书中,韩昉阐明了改制的意义,所谓"变则通","通则久";表明了熙宗的决心,"庶将一变而至道……用创新规";要求"尚书省就便从宜施行",②从而奠定了天眷新制的基础。哀宗后期,内政颓坏,民怨沸腾,外部蒙古的侵略日益加剧,正大九年(1232)正月,汴京戒严,哀宗召翰林学士赵秉文为赦文,"以布宣悔悟哀痛之意"。赵秉文在赦文中,"指事陈义,辞情俱尽"③,借哀宗之口批评朝政。

在政见不同的时候,翰林官可以拒不草词,以表明其不合作的政治态度。正大九年,枢密副使赤盏合喜自以为守京城有功,命翰林官为文入贺,"会学士赵秉文不肯撰表,议遂寝"④。天兴二年(1233),崔立兵变,"国柄入手,生杀在一言……诸在位者畏之,于是乎有立碑颂功德议"⑤。尚书省召翰林直学士王若虚起草功德碑,若虚不肯曲笔,借口"学士代王言,功德碑谓之代王言可乎"⑥? 一推了之。

至于说翰林草词,言为心声,使诏敕文书产生强烈社会反响的,也是大有人在。最有代表性的当数赵秉文。正大九年三月,秉

---

① (宋)洪皓:《松漠纪闻》卷下,辽沈书社影印本1985年版,第221页。
② 《松漠纪闻》卷下,第221页。
③ 《金史》卷一一〇《赵秉文传》,第2428页。
④ 《金史》卷一一三《赤盏合喜传》,第2497页。
⑤ 《归潜志》卷一二《录崔立碑事》,第131页。
⑥ 《金史》卷一二六《王若虚传》,第2728页。

文受命草《开兴改元诏》，诏下之日"闾巷间皆能传诵，洛阳人拜诏毕，举城痛哭"①，可见其感人至深。

顾问谋议是金代翰林参与政治的第二条途径。

女真君主简选文士入居翰林，一个重要目的就是"备咨访"，充当自己的政治顾问。

其方式主要有三种：应召问对、上疏论奏和进读文字。

1.应召问对。或入禁中，或在朝上，被召翰林得以借此出谋献策、褒贬朝政、臧否人物，对君主施加多方面的影响。

前面提到的韩昉力劝熙宗诛杀宗磐一事就是一个极好的例子。最初，熙宗是同意宗磐等人的意见的，准备把河南、陕西等地归还宋朝，让宋向金称臣。后来，正是在韩昉等人的影响下，熙宗才改变观点，决心诛叛。《金史·熙宗纪》详细记载了韩昉的劝说：熙宗与韩昉谈论唐太宗时君臣议论，可以规法，韩昉认为是因唐太宗"温颜访问"，所以房玄龄、杜如晦等敢于直言议政。熙宗问："太宗固一代贤君，明皇何如？"韩昉答曰："明皇所谓有始而无终者"，即位之初任用贤臣姚崇、宋璟，成就了开元之治；晚年"怠于万机，委政李林甫，奸谀是用"，酿成天宝之乱。熙宗又问：周成王是何样的君主？韩昉认为是"古之贤君"。熙宗认识到成王得力于周公的辅佐，后世批评周公杀其兄，但他是"为社稷大计，亦不当非也"。韩昉有关君主昏明、黜奸用贤的道理，打动了熙宗，事后不久，熙宗便下决心诛杀皇伯宗磐、皇叔宗隽等人。

君主召翰林问对，内容往往涉及军政、人事机密。正隆三年（1158）海陵欲南下侵宋，为试探大臣的态度，先召直学士萧廉等二人入熏风殿。海陵大讲所谓上天命他代取江南的"异梦"，萧廉等

---

① 《金史》卷一一〇《赵秉文传》，第2428页。

人称贺,海陵大喜,嘱咐他们"无泄于外"。① 不久后,海陵又召承旨翟永固、直学士韩汝嘉等 4 人至内殿,"问以将亲伐宋事"②,遭到翟、韩二人的反对。贞祐年间(1213—1217),平章政事术虎高琪权倾朝野,应奉翰林文字完颜素兰至便殿面奏宣宗,指斥高琪"妒贤能,树党舆,窃弄威权,自作威福",请求"陛下断然行之"。宣宗昏弱,不能决断,只是再三告诫素兰"慎无泄也"。③

特别值得注意的是,大定年间世宗求言心切,嫌宰臣"偷安苟禄","殊不用心",因而十分看重翰林的咨访作用,经常召对察问,事无巨细。如张汝弼为应奉翰林文字,世宗召至翠峦阁,问曰:"近日除授,外议何如?宜以实奏,毋少隐也,有不可用者当改之。"④ 移剌子敬为待制,"常召入讲论古今及时政利害,或至夜半"⑤。刘仲诲为待制,"上御便殿",被召"访问古今事"。⑥ 张酢、吴与权等为侍读,"入对于便殿,因言及边防事",上言军政不修,士卒不堪征战,建议世宗"与诸大臣讲明军政,以为自立之计"。⑦

正大初年,哀宗新立,逐奸臣,任将帅,颇有振兴之意。与此同时,翰林的顾问功能也发挥得相当充分。正大三年(1226)设益政院"于内廷,以学问赅博、议论宏远者数人兼之。日以二人上直,备顾问"⑧。其成员就是翰林院官,"如杨学士云翼、史修撰公奭、吕待制造数人兼之轮直。每日朝罢,侍上讲《尚书》、《贞观政

---

① (宋)李心传:《建炎以来系年要录》卷一七六,绍兴二十七年二月,中华书局排印本 1988 年版,第 2907 页。
② 《金史》卷八九《翟永固传》,第 1976 页。
③ 《金史》卷一〇六《术虎高琪传》,第 2343 页。
④ 《金史》卷八三《张汝弼传》,第 1869 页。
⑤ 《金史》卷八九《移剌子敬传》,1988 页。
⑥ 同上,第 1982 页。
⑦ 《大金国志》卷一七《世宗皇帝》中,第 240 页。
⑧ 《金史》卷五六《百官二》,第 1280 页。

要》数篇，间亦及民间事，有补益"①。史称益政院"名则经筵，实内相也"②。不过，此举仅施行一年多，不久，哀宗便"闇于用人"③，近侍局重新用事，益政院有名无实。

其他诸帝也都以翰林为谋臣，如大安初年，元兵南侵，卫王召待制赵资道等"论备边策"④。宣宗兴定年间（1217—1222）欲与宋朝媾和，召学士赵秉文等"于内殿，皆赐坐，问以讲和之策"⑤。

金代议事，除天子亲自召问外，还常由君主下诏，交尚书省主持，议于尚书省，翰林也常参与这类议事。如金国后期，力图援引汉儒"五德终始"说，将金国纳入中原"正统"王朝，为此展开了规模大、时间长、影响深远的"德运"讨论。翰林苑官当仁不让地参加了讨论，并在其中扮演了重要角色。根据《大金德运图说》的记载，参加尚书省议德运的翰林，在章宗朝有承旨党怀英、侍读张行简、学士温迪罕天兴；在宣宗朝有直学士赵秉文、待制完颜讹出、修撰石抹世彭、应奉文字黄裳和抹捻兀典等人。他们皆引经据典，慷慨陈词，是集议诸家主张的代表。又如宣宗"诏集百官议于尚书省"⑥，讨论榷油之事，侍读赵秉文等人以为不可，事遂不行。

2. 上疏论奏，更是翰林参政的常见方式。比较重要的如熙宗翰林待制程寀上疏言事，内容包括天子出入清道、追尊太祖谥号、省察风俗、审理冤狱、问民疾苦、告诫后宫戒妒、严肃宫禁之制等诸多方面，为严密礼仪制度、廓清政治法律出谋划策。⑦当此时期，翰

---

① 《归潜志》卷七，第 73 页。
② 《金史》卷五六《百官二》，第 1280 页。
③ 《归潜志》卷一二《辨亡》，第 136 页。
④ 《金史》卷一一〇《赵秉文传》，第 2426 页。
⑤ 《金史》卷一一〇《杨云翼传》，第 2422 页。
⑥ 《金史》卷一〇七《高汝砺传》，第 2360 页。
⑦ 参见《金史》卷一〇五《程寀传》。

林韩昉、宇文虚中以及胡砺、王竞等人,都在不同程度上参与了官制、礼制的改革,史称"典章法度,皆出于书生"①。其中,韩昉与宇文虚中用力尤多,以至于宋人认为:"(金)官制、禄格、封荫、讳谥,皆出宇文虚中,参用国朝及唐法制,而增损之。"②

又如正隆五年(1160),翰林学士祁宣上封事,论百姓"久苦转输,不胜疲弊",主张减免劳役,且论"不利行师",③反对伐宋。

世宗时,修撰萧贡上书论用人,主张"擢真才以振浇俗,核功能以理职业,慎名器以抑侥幸,重守令以厚邦本";又"论时政五弊,言路四难,词意切至"。④

章宗时,侍讲李晏"画十事以上"⑤;应奉文字陈载建言边民苦于寇掠、农民困于军需、审决冤滞过滥、边地恩赏太薄等四事。⑥

宣宗时,应奉文字完颜素兰"上书言事"⑦,提出远小人,节用度;待制李英献十策,主张"居中土以镇四方,委亲贤以守中都"⑧。

3. 以翰林进读陈言文字。此做法始于世宗大定年间。大定七年(1167),张景仁以直学士迁侍讲,又迁学士,"久之,上召景仁读陈言文字"⑨。章宗时,以翰林进(看)读陈言文字几乎成为惯例,侍读阎公贞、待制党怀英、修撰张行简、路伯达、路铎等皆是如

---

① 《归潜志》卷一二《辨亡》,第136页。
② (宋)洪皓:《鄱阳集》卷四《又跋金国文具录札子》,台湾商务印书馆影印文渊阁四库全书本。
③ 《大金国志》卷一四《海陵炀王》中,第198页。
④ 《金史》卷一〇五《萧贡传》,第2320页。
⑤ 《金史》卷九六《李晏传》,第2127页。
⑥ 参见《金史》卷一一《章宗纪三》。
⑦ 《金史》卷一〇九《完颜素兰传》,第2397页。
⑧ 《金史》卷一〇一《李英传》,第2235页。
⑨ 《金史》卷八四《张景仁传》,第1892页。

此。①至哀宗末年，因迫于国势而下诏求言，特在东华门接受陈言文字，"日令一侍从官居门侍"②，翰林又受命值于东华门。修撰李大节就曾"直于门"，刘祁以上书付之，"且与论时事"③。

君主以翰林进读文字，目的在于"以广视听"④，因此在进读之际，君臣间经常议政，像章宗召路铎"问赵晏所言十事，因问董师中、张万公优劣"之类。⑤

总的来说，金代翰林多是通经熟史、谙于治国安邦之策的人才，理所当然成为君主的政治顾问。他们中的一些人，如张行简、赵秉文、杨云翼之辈，历仕四朝，在翰院累计数十年，与君主关系密切，言谈议论之间对朝政的影响并非无足轻重。

金代翰林以顾问谋议的途径献纳对策，匡救时弊，在政治上发挥了一定作用。

奉命出使，是金代翰林参与政治的第三条途径。

出使属于临时差遣，其性质又可分为两类：一类是代表朝廷，出使外邦；一类是代表君主，派往地方。前者如翟永固、移剌熙载、赵可、安延珍等奉使南宋、西夏、高丽、蒙古等。⑥其间或有特殊使命，如海陵遣翟永固等赴南宋报谕登位，"且令永固伺察宋人动静"⑦，但基本上只是例行公事，作用不大。代表君主出使地方，政治上的影响则比较重要，它既反映出君主对翰林的信任程度，又为翰林直接处理军政事务提供了用武之地。

---

① 参见《金史》各本传。
② 《归潜志》卷一一《录大梁事》，第121页。
③ 同上。
④ 《金史》卷九六《李晏传》，第2127页。
⑤ 《金史》卷一〇〇《路铎传》，第2207页。
⑥ 参见《金史》各本传。
⑦ 《金史》卷八九《翟永固传》，第1795页。

世宗为推行女真封建化，于大定九年（1169）遣修撰蒲察兀虎等"分诣河北西路、大名、河南、山东等路劝猛安谋克农"①。在平定移剌窝斡之乱后，将"窝斡余党散居诸猛安谋克中"，为安定人心，"诏（待制移剌）子敬往抚之，仍宣谕猛安谋克及州县汉人，无以前时用兵相杀伤，挟怨辄害契丹人"；②又遣应奉文字讹里也"招降叛奚"③；派修撰阿不罕讹里也等"往德州鞫问"宗室胡剌谋反的案件；④差待制刘仲诲"廉问（秋猎）所过州县"⑤。再如章宗，诏应奉文字纳兰胡鲁剌括牛于临潢、上京等路；⑥宣宗以应奉文字完颜素兰赴中都议军事⑦……所涉皆是当时军政要务。

哀宗末年走归德，奉命"如邓州招武仙入援"的，是翰林修撰魏播⑧；哀宗再从归德逃往蔡地，事先派去蔡地"告蔡人以临幸之意"的，也是翰林院官直学士乌古论蒲鲜⑨。其他像以翰林权参知政事、行三司事、兼台谏官、知审官院等等，屡见不鲜，都使之有机会施展政治才能。

三

如上所述，金代翰林通过起草诏敕、谋议顾问和奉命出使三条

---

① 《金史》卷六《世宗上》，第144页。
② 《金史》卷八九《移剌子敬传》，第1982页。
③ 《金史》卷九〇《移剌道传》，第1995页。
④ 《金史》卷七四《胡剌传》，第1711页。
⑤ 《金史》卷七八《刘仲诲传》，第1773页。
⑥ 参见《金史》卷一〇三《纳兰胡鲁剌传》。
⑦ 参见《金史》卷一〇六《完颜素兰传》。
⑧ 《金史》卷一八《哀宗下》，第395页。
⑨ 《金史》卷一一九《乌古论镐传》，第2600页。

途径参与当代政治，发挥了一定的政治作用。但是，与唐、宋相比，金代翰林在政治上的作用始终是比较有限的。

翰林学士院始建于唐玄宗开元二十六年（737），自产生之日起，学士院官就兼有文学侍从与策士谋臣的双重身份，即具有文学与政治的双重功能。这双重功能孰大孰小，在不同的历史时期有不同的变化。如果说在唐代是以政治功能为主，宋时是二者并重的话，①那么金代则是文学功能超过了政治功能。

金人对于翰林学士院更多的是强调它的"清要"一面。世宗在谈到翰林直学士移剌道时就明确说过："道清廉有干局，翰林文雅之职，不足以尽其才。"②宣宗时重用近侍，擢拔胥吏，"抑士大夫之气不得伸"③，学士院被称为"冷局"④，入院被视作"投闲置散"。李献能号称"天生今世翰苑材"，其特点不过是：第一，"善谈论"；第二，"作诗有志于风雅，又刻意乐章"。⑤在政治上，女真君主主要是利用翰林，而非倚靠。这一点，从翰林的出路来看，就足以证明。据笔者初步统计，金代任翰林学士院官的共约170多人，其中升至宰执的仅仅16人，不到总数的1/10，而且，这16人中的多数还是女真族的宗室、贵族。⑥许多翰林在院长达数十年，直至老死也未被大用。上文提到的四朝翰林张行简、赵秉文和杨云翼，没有一人做到宰辅，最高官不过是六部尚书，尽管他们都是"金士巨擘，

---

① 关于唐、宋的翰林学士，拙文《简论唐代的翰林学士》（《争鸣》1985年第2期）、《翰林学士与宋代政治初探》（《宋史研究论文集》，河北教育出版社1989年版）、《宋翰林学士人员结构考述》（《武汉大学学报》[社科版] 1988年第6期）等作过探讨，此处从略。
② 《金史》卷八八《移剌道传》，第1967页。
③ 《归潜志》卷一二《辨亡》，第137页。
④ 《大金国志》卷二九《文学翰苑下》"王若虚"条，第413页。
⑤ 《金史》卷一二六《李献能传》，第2737页。
⑥ 有关金代翰林的统计，来源于《金史》、《大金国志》、《三朝北盟会编》、《归潜志》、《中州集》等。

其文墨论议以及政事皆有足传"①。再如党怀英，大定十九年（1179）任应奉翰林文字，历经待制、修撰、直学士、学士等职，承安二年（1197）出知兖州，三年再次入院，后以学士承旨致仕。②党怀英在院二十多年，年逾花甲，仍然是一介翰林。这种状况与唐宋时翰林学士"非徒翰墨之选，乃是将相之储"相比，③差距甚远。

唐宋翰林学士院号称"储才之地"，金朝君主也用它来安置各族知识分子，但只储于院中，并不重用。

金代翰林的主要用途，更多地转向文字撰述方面。除了各类诏诰文书外，翰林是修史的主要承担者。金制，多以翰林兼修国史或同修国史，或兼国史院编修官，负责撰修国史的实际工作。如世宗时翰林张景仁、高霖、移剌履、徒单子温、移剌熙载等分别兼修史、同修或编修官，其中张景仁先以翰林学士兼同修，迁为承旨后，仍兼修史。再如张行简、杨云翼、赵秉文、蒲察思忠等，都先后在章宗、宣宗朝以翰林兼修史或同修史。④国史以外的其他史书，也常以翰林著述，如郑子聃为直学士，海陵"以史事专责之"⑤；章宗时直学士陈大任"妨本职专修《辽史》"⑥。

此外，职在"掌校勘在监文籍"的秘书监校书郎，⑦常以翰林兼任；"掌修日历"的著作局著作郎、佐郎，也"以学士院兼领之"⑧。

---

① 《金史》卷一一〇《赵秉文传》，第2429页。
② 参见（金）赵秉文：《闲闲老人滏水文集》卷一一《中大夫翰林学士承旨文献党神公碑》，丛书集成初编本。
③ （宋）苏轼：《苏东坡全集》之《前集》卷二五《表状·谢宣召入院状》，中国书店影印本1986年版，第325页。
④ 参见《金史》各本传。
⑤ 《金史》卷一二五《郑子聃传》，第2726页。
⑥ 《金史》卷一一《章宗四》，第277页。
⑦ 《金史》卷五六《百官二》，第1269页。
⑧ （清）高宗敕撰：《清朝续通典》卷三〇《职官》，商务印书馆影印本1935年版。

元、明、清三代，学士院与翰林院、国史院机构合一，翰林的用途变为重文词、远政治，这种格局的奠定，正是在金代。在翰林学士院制度发展史上，金代是重要的转折时期。

（原载《北方文物》1994年第4期，
中国人民大学报刊复印资料《宋辽金元明清史》
1995年第1期转载）

辽代的翰林院与翰林学士

辽代政治制度的主要特点是"官分南北,以国制治契丹,以汉制待汉人"[①]。南面官系统的重要机构之一是仿照唐朝制度设立的翰林院,其性质亦基本同于唐翰林院,即院官分为翰林学士与翰林画官、医官等两大系统。前者"掌天子文翰之事"[②],属于秘书人员;后者各以其一技之长侍奉君主,属于技能之士,二者在政治生活中的作用迥然不同。本文所讨论的对象,主要是翰林学士系统。

一、机构与人选

由于史料的缺乏,辽翰林院设置的具体时间不详。

就目前所见有关辽代的历史记载,最早的翰林学士当数磁州人张砺。张砺原为后唐翰林学士,"会石敬瑭起兵,唐主以砺为招讨判官,从赵德钧援张敬达于河东"[③]。团柏谷(今山西太原以南)之战,后唐大败,张砺为契丹所俘,因"忠直,遇事辄言",得到辽太

[①] 《辽史》卷四五《百官一》,中华书局校点本1974年版,第685页。
[②] 《辽史》卷四七《百官三》,第781页。
[③] 《辽史》卷四六《张砺传》,第1251页。

宗赏识，"复以为翰林学士"①。团柏谷之战发生在天显十一年（936）闰十一月，张砺为辽朝翰林学士当在此后不久。

会同元年（938），辽正式得到燕云十六州。辽太宗趁此对统治机构进行了一次全面调整，"公卿百官皆效'中国'，参用'中国'人"②，张砺被擢为"翰林承旨，兼吏部尚书"③。

大同元年（947）正月，辽太宗灭晋，领兵入汴，以和凝为翰林学士，室昉为"知制诰，总礼仪事"④。

翰林承旨、翰林学士、知制诰，都是翰林院的主要官职，在太宗时期皆已具备。可见，此时的翰林院机构已初具规模了。

据《辽史·百官志三》记载，翰林院职官设有翰林都林牙、南面林牙、翰林学士承旨、翰林学士、翰林祭酒、知制诰等。

"林牙"，契丹语"文士"。辽朝北面官系统中设有"掌文翰之事"的大林牙院，其官有北面都林牙、北面林牙承旨、北面林牙、左林牙、右林牙等。⑤翰林院虽属南面官，但亦有"林牙"官名，多用以指契丹人充任的翰林。如，辽兴宗重熙年间（1032—1055）翰林都林牙耶律庶成⑥、萧韩家奴⑦，辽圣宗统和年间（983—1012）南面林牙萧恒德⑧、耶律磨鲁古等⑨，分别与北面官中的北面都林牙、北面林牙相对应。

---

① （宋）叶隆礼撰，贾敬颜、林荣贵点校：《契丹国志》卷一六《张砺》，上海古籍出版社1985年版，第162页。
② 《契丹国志》卷二《太宗嗣圣皇帝》，第20页。
③ 《辽史》卷七六《张砺传》，第1252页。
④ 《辽史》卷七九《室昉传》，第1271页。《辽史》卷四七《百官志三》："室昉，太宗入汴，诏知制诰。"第781页。
⑤ 参见《辽史》卷四五《百官一》。
⑥ 参见《辽史》卷一九《兴宗纪二》。
⑦ 参见《辽史》卷一〇三《萧韩家奴传》。
⑧ 参见《辽史》卷八八《萧恒德传》。
⑨ 参见《辽史》卷八二《耶律磨鲁古传》。

辽朝的翰林院诸官职，大体沿用唐制，仅知制诰的情形较为不同。唐时知制诰并非翰林院官名，而是翰林学士的加衔，入院一年始得加衔，不加衔者不得起草诏令；辽朝知制诰则是掌管文书的正式职官。辽知制诰的设立早于翰林院，太祖时即已出现。《辽史》卷七五《耶律突吕不传》称其"幼聪敏嗜学，事太祖见器重。及制契丹大字，突吕不赞成为多。未几，为文班林牙，领国子博士、知制诰"。制契丹大字，事在辽太祖神册五年（920），由此可见，至迟在此际辽已有知制诰职官。至翰林院设立后，知制诰成为翰林院属官，地位在翰林学士之下。入院者往往先任知制诰，然后迁为学士。①

《辽史·百官志》的记载极为疏略。实际上，除了以上所条列的几种职官外，仅《辽史》纪、志中可见的翰林院其他职官还有总知翰林院事、翰林应奉、权翰林学士等。如：

卷五○《礼志二》："天祚皇帝问礼于总知翰林院事耶律固。"

卷三○《天祚纪四》附《耶律大石》："登天庆五年进士第，擢翰林应奉，寻升承旨。"

卷二四《道宗纪四》："召权翰林学士赵孝严、知制诰王师儒等讲《五经》大义。"

总知翰林院事，其职权、地位与翰林都林牙类似，二者可能只是名称不同。翰林应奉，据《契丹国志》卷二三《试士科制》，辽制，殿试第一名"特赠一官，授奉直大夫、翰林应奉文字"，由此可知翰林应奉是翰林院常设职官。权翰林学士，是他官暂兼者。

辽翰林学士员额不详，同时在院者若干人。《辽史》卷五二《礼志五》云："册皇太后仪……翰林学士四人、大将军四人舁册。"

---

① 参见《辽史》有关各传。

从民族成分来看，入居翰林者以汉人居多。其详参见表1。

表1　辽翰林院主要职官民族成分简表

在院职务	姓名	民族	在院职务	姓名	民族
总知院事	耶律固	契丹	翰林学士	和凝	汉
都林牙	萧韩家奴	契丹		徐台符	汉
	耶律庶成	契丹		李澣	汉
南面林牙	耶律磨鲁古	契丹		耶律纯	契丹
	萧恒德	契丹		李昞	汉
	萧朴	契丹		室昉	汉
	耶律韩留	契丹		刘景	汉
	耶律涅合	契丹		张幹	汉
	耶律高家奴	契丹		石用中	汉
	耶律玦	契丹		马贻谋	汉
	耶律和尚	契丹		吴叔达	汉
	萧余里也	契丹		姚景行	汉
	耶律信先	契丹		刘六符	汉
学士承旨	萧药师奴	契丹		王纲	汉
	耶律合鲁	契丹		吴浩	汉
	张砺	汉		韩运	汉
	萧知	契丹		吴湛	汉
	马得臣	契丹		王鼎	汉
	邢抱朴	契丹		王实	汉
	刘成	汉		王观	汉
	裴玄感	契丹		陈觉	汉
	吕德懋	汉		王言敷	汉
	陈公邈	汉		苏辙	汉
	杨佶	汉		王师儒	汉
	赵徽	汉		张奉珪	汉
	耶律大石	契丹		杨勉	汉
			权翰林学士	赵孝严	汉

资料来源：《辽史》、《宋史》、《契丹国志》、《全辽文》，并参考了何天明《辽代翰林职官简表》，《内蒙古大学学报》（哲社版）1991年第2期。

说明："在院职务"仅计其最高职务。

表1并不完备，但可用于定性分析。从中可见，地位最高的总知院事以契丹人担任，旨在保证本民族的统治地位；其余院官51人，内有汉人35人，占68%。造成这种局面的原因，主要在于辽翰林院"掌天子文翰之事"，入选者必须是博学多识、工于文章的读书人，而契丹本族人文化水平不高，故不得不借助于文化发达的汉族知识分子。另外，以翰林院来安置汉族地主知识分子，也是一个重要目的。

辽朝于圣宗统和六年（988）正式下诏开科取士，设进士，分甲、乙两科，但只限汉人文士应考，契丹人不得应试。所以，耶律庶箴子蒲鲁"重熙中，举进士第。主文以国制无契丹试进士之条，闻于上，以庶箴擅令子就科目，鞭之二百"①。至辽末，情况有所变化，耶律大石即以契丹皇族"登天庆五年进士第"②。自开科举后，入居翰林院的汉人就有不少是进士出身者。如杨佶，统和二十四年状元；赵徽，重熙五年（1036）进士甲科；姚景行，重熙五年进士乙科；王观，重熙七年进士乙科；王鼎，清宁五年（1059）进士，等等。③像道宗朝翰林学士王师儒，更是以"朴学"名闻，"懿文"著称，④是辽朝儒学水平的代表。至于开科以前入居翰林的汉人，也都是学有所长的文士，如邢抱朴，"好学博古"，"以儒术显"；⑤马得臣，"好学博古，善属文，尤长于诗"⑥；刘景，"好学能文"⑦；李澣，"富于文学"，"以词章见称"⑧；等等。辽代翰林院，堪称辽朝汉族知识分子的荟萃之地。

---

① 《辽史》卷八九《耶律蒲鲁传》，第1351页。
② 《辽史》卷三〇《天祚纪四》附《耶律大石》，第355页。
③ 参见《辽史》各本传。又，王鼎为进士，《辽史》卷二二《道宗纪二》事在清宁八年。
④ 陈述辑校：《全辽文》卷一〇《王师儒墓志铭》，中华书局1982年版，第290—293页。
⑤ 《辽史》卷八〇《邢抱朴传》，第1278页。
⑥ 《辽史》卷八〇《马得臣传》，第1279页。
⑦ 《辽史》卷八六《刘景传》，第1322页。
⑧ 《辽史》卷一〇三《李澣传》，第1450—1451页。

二、职能与地位

《辽史·百官志》记述翰林院职能仅有寥寥七字:"掌天子文翰之事。"实际上,辽翰林院的职能至少包括起草文书、咨询顾问、临时差遣三大类。

起草文书 辽翰林院以起草诏令文书为本职,但由于辽朝军政实权在北面官系统,北面官中有专司文翰的文班司与大林牙院,故翰林院所掌"天子文翰之事"只是其中有关南面事务的一部分;又由于辽朝文化相对落后,故翰林院起草诏令文书的类型不像唐、宋那样复杂,不过,大体仍有诏、赦、制、诰之类。如赦书,穆宗应历年间(951—969)刘景为翰林学士,"一日,召草赦。既成,留数月不出。景奏曰:'唐制,赦书日行五百里,今稽期弗发,非也。'"[1]如改官制书,太宗命翰林学士承旨张砺起草迁赵延寿制书,"砺进拟中京留守、大丞相、录尚书事、都督中外诸军事,上涂'录尚书事、都督中外诸军事'"[2]。如外交文书,兴宗时辽朝向宋索要关南十县的文书,"皆(翰林学士刘)六符所撰"[3]。

诏制之外,其他文字亦常奉诏而作。如兴宗命翰林都林牙萧韩家奴修撰辽朝礼典,萧韩家奴乃"博考经籍,自天子达于庶人,情文制度可行于世,不缪于古者,撰成三卷,进之"[4]。又如道宗朝王鼎"累迁翰林学士,当代典章多出其手"[5]。

辽朝以国史院隶属于翰林院,使得实录、国史的修撰成为翰林官天经地义之职,所以圣宗统和间(983—1012)邢抱朴"迁翰林

---

[1] 《辽史》卷八六《刘景传》,第1322页。
[2] 《辽史》卷七六《赵延寿传》,第1248页。
[3] 《契丹国志》卷一八,第177页。
[4] 《辽史》卷一○三《萧韩家奴传》,第1550页。
[5] 《辽史》卷一○四《王鼎传》,第1453页。

学士承旨,与室昉同修《实录》"①;萧韩家奴"擢翰林都林牙,兼修国史"②。

顾问谋议 辽朝南面官的地位不如北面官,但辽朝君主仍然在一定程度上以荟萃了契丹族和汉族知识精英的翰林院作为自己的参谋机构,对院中的契丹族官员还相当倚重。萧韩家奴可算是这方面的一个代表。身为翰林都林牙的萧韩家奴"日见亲信,每入侍,赐坐。遇胜日,帝与饮酒赋诗,以相酬酢,君臣相得无比。韩家奴知无不言,虽谐谑不忘规讽"③。《辽史》本传中所载萧韩家奴论奏达数百言,分为两类,一类是上疏论"宜依唐典,追崇四祖为皇帝",倡行中原王朝封建礼法;另一类是"每见帝猎,未尝不谏",并借褒赞穆宗"省徭轻赋,人乐其生"为贤,来批评兴宗围猎秋山、伤死数十人之祸,对匡正君主缺失起了较好的作用。

对汉官虽总体上不如对契丹官员那般亲密,但也懂得发挥其作用,在特定时期内还相当信任。张砺是这方面的一个典型。砺在太宗朝为翰林学士,"临事必尽言,无所避"④。大同初年(947)砺以翰林学士承旨从太宗伐晋,"轩辂交织,多继烛接洽,无厌倦色"⑤,显然参与了许多重要事务的商定。"入汴,诸将萧翰、耶律郎五、麻答辈肆杀掠,砺奏曰:'今大辽始得中国,宜以中国人治之,不可专用国人及左右近习。苟政令乖失,则人心不服,虽得之亦将失之。'"此段上言非常深刻,虽一时未被接受,史载"上不听"。⑥但事后不久,太宗便任命李嵩等汉官来管理汉人事

---

① 《辽史》卷八〇《邢抱朴传》,第1278页。
② 《辽史》卷一〇三《萧韩家奴传》,第1449页。
③ 同上。
④ 《辽史》卷七六《张砺传》,第1252页。
⑤ 《旧五代史》卷九八《张砺传》,中华书局校点本1976年版,第1314页。
⑥ 《辽史》卷七六《张砺传》,第1252页。

务，可见还是采纳了张砺的意见。前面提到的张砺起草赵延寿迁官制书一事，张砺既拟延寿四官职，太宗涂其二，这说明事前太宗并无明确旨意便交由张砺办理。由此可见，张砺在官员升迁问题上拥有建议权。

其他如刘景，穆宗应历初为翰林学士。应历九年（959）春，后周世宗趁辽朝内乱，领兵北伐，从辽手中收复瀛、莫、易三州，及瓦桥、益津、淤口三关，继续北进。辽燕京留守萧思温急向朝廷求援，世宗欲待秋季水草丰美之日再出师，刘景遂谏曰："河北三关已陷于敌，今复侵燕，安可坐视！"①劝说世宗立即驰援。马得臣，景宗朝翰林学士，"常预朝议，以正直称"。圣宗时又以翰林学士承旨"扈从伐宋，进言降不可杀，亡不可追，二三其德者别议。诏从之"②。刘六符，兴宗朝翰林学士，在辽向宋索要周世宗收复的关南之地的事件中，刘六符起了关键作用。他不仅如前所述起草了有关文书，而且"画策扬声聚兵幽、涿，以动宋朝"③，鼓动兴宗对宋朝进行战争恫吓。王鼎，道宗朝翰林学士，"上书言治道十事，帝以鼎达政体，事多咨访"④。此种事例，不胜枚举。

除了上言进谏、出谋献策外，为皇帝讲经论史也是翰林学士发挥顾问谋议作用的一条途径。如圣宗初立，太后称制，马得臣以翰林承旨兼侍读学士，"上阅唐高祖、太宗、玄宗三纪，得臣乃录其行事可法者进之"⑤。又如道宗"召权翰林学士赵孝严、知制诰王师儒等讲《五经》大义"⑥。

---

① 《辽史》卷八六《刘景传》，第1322页。
② 《辽史》卷八〇《马得臣传》，第1279页。
③ 《契丹国志》卷一八，第177页。
④ 《辽史》卷一〇四《王鼎传》，第1453页。
⑤ 《辽史》卷八〇《马得臣传》，第1279页。
⑥ 《辽史》卷二四《道宗纪四》，第291页。

临时差遣 或典掌司法、礼仪事务，或出使、从征，辽朝与唐代相仿，翰林学士担任了多方面的临时性职务。

早在太宗入汴受册礼时，便诏命知制诰室昉总礼仪事。在朝廷重要的礼仪活动中，翰林院官往往充当较重要的角色。如册皇太后仪，翰林学士例与大将军共同抬册。《辽史》卷五四《乐志》载：圣宗统和元年（983）册立承天皇太后，便以"翰林学士、大将军舁册"。

以翰林学士参与司法事务，辽朝有明文规定。《辽史》卷六一《刑法志上》："往时大理寺狱讼，凡关覆奏者，以翰林学士、给事中、政事舍人详决。"又常遣翰林院官赴各地处理刑狱。如统和九年闰二月"遣翰林承旨邢抱朴……分决诸道滞狱"[1]；开泰六年（1017）七月，以翰林学士吴叔达、知制诰仇正己等"分路按察刑狱"[2]。

奉使出疆，与周边诸政权互通庆吊、磋商问答等，亦是辽翰林院的一项功能。交往最多的，是与南方的北宋王朝。自订立"澶渊之盟"、辽宋弭兵通好，到宋败盟与金联兵攻辽，其间120余年，辽宋双方互通使节，交聘频繁。在使臣的选择方面，辽王朝是比较慎重的，除了大使多以皇室耶律氏、后族萧氏充任外，担任副使的，通常是"选人材尤异，聪敏知文史者"[3]，其中不少是翰林院官。宋史专家聂崇岐先生对于辽、宋间的交聘情况进行过精详的研究。[4] 根据聂先生的研究，可将辽翰林官出使宋朝的情况简示如表2。

---

[1]《辽史》卷一三《圣宗纪四》，第141页。
[2]《辽史》卷一五《圣宗纪六》，第180页。
[3]（宋）路振：《乘轺录》，丛书集成本。
[4] 聂崇岐：《宋辽交聘考》，载氏著《宋史丛考》上册，中华书局1980年版。

表2 辽翰林院官出使宋朝简表

时间	使名	姓名	在院职务
圣宗开泰四年	贺宋主生辰国信使	吕德懋	翰林学士承旨
开泰六年	贺宋主生辰国信副使	仇正己	知制诰
	贺宋主正旦国信副使	杨佶	知制诰
开泰七年	贺宋主生辰国信副使	吴叔达	翰林学士、知制诰
太平二年	祭奠副使	马贻谋	翰林学士、知制诰
	贺宋主正旦国信副使	史克忠	知制诰
太平六年	贺宋主正旦国信副使	郑节	知制诰
太平七年	贺宋太后生辰国信副使	张克恭	知制诰
太平八年	贺宋太后生辰国信副使	李奎	知制诰
太平十年	贺宋太后生辰国信副使	陈邈	知制诰
	贺宋主生辰国信副使	吴克荷	知制诰
兴宗重熙二年	祭奠副使	李奎	
	贺宋主生辰国信副使	刘三嘏	知制诰
重熙九年	贺宋主生辰国信副使	张宥	知制诰
重熙十年	索关南地副使	刘六符	翰林学士、知制诰
重熙十一年	贺宋主正旦国信副使	韩迥	
重熙十六年	贺宋主生辰国信副使	陈咏	
	贺宋主生辰国信副使	吴湛	
重熙十七年	贺宋主生辰国信副使	姚景禧	知制诰
重熙十八年	告兴夏平副使	吴湛	翰林学士、知制诰
重熙廿三年	致皇帝遗留物副使	韩运	翰林学士
道宗清宁元年	贺宋主正旦国信副使	韩孚	知制诰
清宁二年	贺宋主正旦国信副使	张嗣复	知制诰
清宁三年	贺宋主生辰国信副使	刘云	知制诰
	贺宋主正旦国信副使	王观	知制诰
清宁五年	贺宋主生辰国信副使	王棠	知制诰
	贺宋主正旦国信副使	王棠	知制诰
清宁六年	祭奠副使	张嗣琼	知制诰
清宁九年	祭奠副使	陈觉	知制诰
咸雍三年	贺宋主正旦国信副使	成尧锡	知制诰
咸雍六年	贺宋主生辰国信副使	张少微	知制诰
咸雍七年	致太后遗留物副使	成尧锡	翰林学士、知制诰
大康二年	贺宋主生辰国信副使	张襄	知制诰
大康五年	贺宋主生辰国信副使	赵孝严	知制诰
大安元年	祭奠副使	王师儒	知制诰

说明：表中的"韩运"聂崇岐先生《宋辽交聘书考》中作"史运"，此依《辽史》卷二一、《宋会辑稿》蕃夷二之一八改作"韩运"。

辽与其近邻高丽交往亦密，翰林院官亦奉命出使。如圣宗遣翰林学士耶律纯奉国书使高丽，耶律纯在高丽与其国"国师"交流学问，撰成《星命总括》一书。①

翰林官中比较特殊的是林牙，常从征作战，充任武事。如萧恒德于统和元年（983）"从宣徽使耶律阿没里征高丽，还，改北面林牙"②。又如重熙十九年（1050）辽夏交兵，"夏将浬普……来攻金肃城，南面林牙耶律高家奴等破之"③。这种状况，显然与林牙一职皆由善于骑射、以武功见长的契丹族人充任有关。

总的来看，与唐、宋时翰林学士参与决策、候选宰相，具有举足轻重的政治地位相比，辽翰林院的职能与作用有很大的局限。究其原因有二：一是国俗尚武，文化不够发达；二是实权在北面，汉人地位不高。具体来说，辽朝以武立国，四时捺钵制始终不废，具有浓厚的渔猎本色。在燕云十六州一带虽然有发达的封建农耕经济与封建文化，但其地毕竟只占辽朝一隅，从整体上看，辽朝的封建文化是比较落后的。辽朝人普遍尚武，即使在一些较有见识的君臣心目中，也是文武对立、二者难以兼得的。如耶律蒲鲁，"幼聪悟好学，甫七岁，能诵契丹大字。习汉文，未十年，博通经籍"。兴宗召蒲鲁赋诗，"立成以进"。兴宗大加赞赏，但又不大以为然，"顾左右曰：'文才如此，必不能武事。'"某日，蒲鲁随兴宗出猎，"三矢中三兔，兴宗大为"奇之"。④辽朝又是以契丹为统治主体的政权，北面官既是实权所在，南面官中一些比较重要的部门也常由契丹人控制，以此确保本族的统治地位。文人的地位不高，汉人的地位不

---

① （辽）耶律纯：《星命总括自序》，《全辽文》卷五，第92—94页。
② 《辽史》卷八八《萧恒德传》，第1342页。
③ 《辽史》卷二〇《兴宗纪三》，第241页。
④ 《辽史》卷八九《耶律蒲鲁传》，第1351页。

高,这就决定了辽朝以汉人儒士为主体的翰林院的地位不可能高。不过,辽朝毕竟仿照唐制设立了翰林院,翰林院毕竟在一定程度上发挥了作用,说明契丹王朝在封建化的道路上迈进。而且,辽朝以国史院隶属于翰林院,以撰史修书作为翰林的主要职能之一,从制度上规范了翰林院作为文翰机构的性质。元明清以后,翰林院逐渐成为传承封建文化的专职机构,并对中国古代社会后期文化的保存与发展作出了重要贡献。在这一历史进程中,辽朝占有承前启后的特殊地位。

(原载《学习与探索》2000年第1期)

辽金俸禄制度研究

公元10至13世纪，在今天的中国大地上，若干个政权并立、兴替，其大端，先是契丹（辽）、女真（金）先后崛起，与北宋并立；继之，女真灭亡辽和北宋，与南宋形成对峙局面。

契丹和女真，早先都是以游牧为主要生产方式的民族，其社会状态也处在比较原始的阶段。后来随着本民族社会经济的发展，它们各自建立起政权，并与中原政权以战争或和平的方式进行交往。在这种交往中，它们逐步学习中原政权的文化，逐步改变自身的统治方式，以适应其疆域扩大后生产方式多样化、民族成分复杂化的需要。换言之，辽、金政权程度不同地在自身发展的前提下，仿照成熟的唐、宋制度，逐步建立与完善各自的政治、经济和社会制度，以适应其巩固统治的需要。在这种背景下，辽、金政权逐步建立、发展起带有本民族特色的俸禄制度。

迄今为止，学术界对于辽、金俸禄制度的研究较少，部分财政史、通史及辽、金断代史著作对此问题稍有涉及，但多限于相当简略、片断的介绍，基本上没有专著、专文对此进行较为系统的研究。本文试图在这方面做一点补缺工作，舛误之处，恳请方家教正。

一、辽朝的俸禄制度

由于资料的缺乏,辽朝俸禄制度的面貌已难明了。

辽朝俸禄制度始于何时不详。据《辽史》的记载,穆宗应历十八年(968)曾整顿官吏队伍,是年四月"己巳,诏左右从班有材器干局者,不次擢用;老耄者,增俸以休于家"①。由此可知,应历十八年以前,辽朝已有自己的俸禄制度。

辽朝的颁俸对象,官员的俸禄数额及名色,俸禄的形式与发放,亦囿于资料而难以周知。根据现存的少量资料,大体可知如下四点:

其一,辽朝高级官员享有较为优厚的俸禄。他们或"禄足养廉",如萧惠,官北府宰相,后来又做了兴宗的驸马,"兴宗使惠恣取珍物,惠曰:'臣以戚属据要地,禄足养廉,奴婢千余,不为阙乏。'"②或"月俸有余",如张俭,兴宗时"拜太师、中书令","月俸有余,赒给亲旧"。③或一人而享有两份廪从,如杨晳,"咸雍初……赐同德功臣、尚书左仆射,兼中书令,拜枢密使,改封晋,给宰相、枢密使两厅廪从"。④

政府其他官员也都享有多寡不等的俸禄。所以杨佶于兴宗重熙十五年(1046)"出为武定军节度使……漯阳水失故道,岁为民害,乃以己俸创长桥,人不病涉"⑤。

州县官员亦有俸禄。如耶律俨,道宗大安六年(1090)"改山西

---

① 《辽史》卷七《穆宗下》,中华书局校点本 1974 年版,第 85—86 页。
② 《辽史》卷九三《萧惠传》,第 1375 页。
③ 《辽史》卷八〇《张俭传》,第 1277—1278 页。
④ 《辽史》卷八九《杨晳传》,第 1351 页。
⑤ 《辽史》卷八九《杨佶传》,第 1353 页。

路都转运使。刮剔垢弊,奏定课额,益州县俸给,事皆施行"①。

致仕官亦有俸给。如杨佶,"三请致政,许之,月给钱粟傔隶"②;耶律敌烈,"大安中,改塌母城节度使。以疾致仕,加兼侍中,赐一品俸"③。

朝廷也给部族官颁发俸禄,并于俸禄外有其他赐予。《辽史》卷八五《萧观音奴传》:统和十二年(994)"迁奚六部大王。先是,俸秩外,给獐鹿百数,皆取于民,观音奴奏罢之"。

其二,军队官兵亦有俸禄,但俸额大约不高。《辽史》卷一○一《萧陶苏斡传》:乾统十年(1110)"谷价翔踊,宿卫士多不给,陶苏斡出私廪赒之。"军队中最受信任的宿卫士尚且"不给",其他士兵的情况可想而知。

其三,辽朝官员的俸禄形式,分为钱、粟、傔人,以及其他实物。如上面提到的杨晳享有"宰相、枢密使两厅傔从"④;杨佶致仕,"月给钱粟傔隶"⑤。又如《辽史》卷八一《耶律室鲁传》记载,耶律室鲁"以本部俸羊多阙,部人空乏,请以羸老之羊及皮毛,岁易南中绢,彼此利之"。

其四,官员俸禄按月颁给。前引《辽史》卷八○《张俭传》说俭"月俸有余"即可知此。同书卷一五《圣宗纪六》记载,开泰三年(1014)"二月戊午,诏增枢密使以下月俸",更明确证实这一点。

官员俸禄由谁支付?《辽史》卷一四《圣宗纪五》云:统和十六年四月"丁未,罢民输官俸,给自内帑"。可见,此前的俸禄直接

---

① 《辽史》卷九八《耶律俨传》,第1415页。
② 《辽史》卷八九《杨佶传》,第1353页。
③ 《辽史》卷九六《耶律敌烈传》,第1403页。
④ 《辽史》卷八九《杨晳传》,第1351页。
⑤ 《辽史》卷八九《杨佶传》,第1353页。

取自于民，此后则由国库开支。

月俸之外，辽朝亦有封爵、食邑、实封等。如张俭，"（统和时）直枢密院，加赐金紫、柱国，特封开国男，食赋三百室"；圣宗开泰四年"特赐翊圣佐理功臣"；兴宗重熙元年（1032），"以训导之力，进位为太师，增实赋五百室"。俭"历官三十一□，作相二十一考，功臣至□十字，食邑户至二万五千"，结衔题作"贞亮弘靖保义守节耆德功臣，洛京留守，开府仪同三司，守太师、尚父，兼政事令、上柱国、陈王，食邑二万五千户，食实封二千五百户"。为张俭撰写墓志铭的杨佶，题衔则为"宣政殿学士，崇禄大夫，行礼部尚书，兼知制诰、修国史，上柱国，弘农郡开国公，食邑三千五百户，食实封三百五十户"。① 又如王师儒，道宗大安八年（1092）"爵封开国公"，十年"特赐佐理功臣"；寿昌六年（1100）授"上柱国，食邑五百户"。其最后的结衔为"□□佐理功臣，诸行宫都部署，特进，行尚书左仆射，赠武定军节度使，同中书门下平章事，兼侍中，上柱国，太原郡开国公，食邑二千户，食实二百户"。② 这些食邑、食实封之类，未详有无实际经济利益，一般来说，当与唐、宋制相仿，主要是虚名。

辽朝宗族、贵戚、官吏最重要的实惠来自各种名目、各种途径的赏赐，诸般赏赐品种多样，数量也很可观。大体包括：

赐大臣白金、衣帛、器具、马匹等。如：太宗会同元年（938）九月，"诏群臣及高年，凡授大臣爵秩，皆赐锦袍、金带、白马、金饰鞍勒，著于令"③。穆宗应历十六年（966）"复幸殿前都点检耶律

---

① 陈述辑校：《全辽文》卷六《张俭墓志铭》，中华书局1982年版，第128—131页。
② 《全辽文》卷一〇《王师儒墓志铭》，第292页。
③ 《辽史》卷四《太宗下》，第44页。

夷腊葛第，宴饮连日。赐金盂、细锦及孕马百匹，左右授官者甚众"①。统和二年（984），以军功，圣宗给同平章事耶律普宁等"各赐金器诸物"②。统和四年又以军功，赐"涅里底等酒及银器"③。统和八年室昉"表进所撰《实录》二十卷，手诏褒之，加政事令，赐帛六百匹"④。统和十九年因耿延毅作战"身先勇士"，"赐白金螭头饮器，杂衣物，赏其功也"。⑤ "赐（韩橁）白金二百两，毳布八十段，帛百匹。"⑥兴宗重熙十二年（1043）"出飞龙厩马，分赐群臣"⑦。道宗咸雍三年（1067）夏捺钵，"驻跸纳葛泺……赐随驾官诸工人马"⑧。

赐贵族、功臣、文武官人户。如：太宗大同元年（947），"以崇德宫户分赐翼戴功臣，及北院大王洼、南院大王吼各五十，安抟、楚补各百"⑨。又如：穆宗赐耶律夷腊葛宫户⑩；圣宗赐萧德宫户⑪；道宗赐耶律玦宫户⑫。

赐宗族、大臣田宅。如：《辽史》卷七《穆宗下》穆宗应历十八年（968）"以夷腊葛兼政事令，仍以黑山东抹真之地数十里赐之"⑬。统和（983—1012）时，给耶律隆运"赐田宅及陪葬地"⑭。

---

① 《辽史》卷七《穆宗下》，第84页。
② 《辽史》卷一〇《圣宗一》，第113页。
③ 《辽史》卷一一《圣宗二》，第123页。
④ 《辽史》卷七九《室昉传》，第1272页。
⑤ 《全辽文》卷六《耿延毅墓志铭》，第119页。
⑥ 《全辽文》卷六《韩橁墓志铭》，第121页。
⑦ 《辽史》卷一九《兴宗二》，第229页。
⑧ 《辽史》卷二二《道宗二》，第226页。
⑨ 《辽史》卷一《世宗纪》，第64页。校勘记："崇德宫为景宗承天太后宫卫，不得出现于世宗朝，崇德宫应是长宁宫，即应天太后宫卫。"
⑩ 《辽史》卷七八《耶律夷腊葛传》，第1265页。
⑪ 《辽史》卷九六《萧德传》，第1400页。
⑫ 《辽史》卷九一《耶律玦传》，第1364页。
⑬ 《辽史》卷七《穆宗下》，第86页。
⑭ 《辽史》卷八二《耶律隆运传》，第1290页。

赐宗室金券。如："道宗即位，册（耶律重元）为皇太叔，免拜不名，为天下兵马大元帅，复赐金券、四顶帽、二色袍，尊宠所未有"①。天祚帝"赐（耶律淳）金券"②。

赐军队金帛等。如：圣宗开泰八年（1019）六月，"以南皮室军校等讨高丽有功，赐金帛有差"。七月，"肴里、涅哥二奚军征高丽有功，皆赐金帛"③。又如道宗咸雍三年（1067）春捺钵"如鸭子河"，"闰（三）月丁亥，扈驾军营火，赐钱、粟及马有差"。④

赐近臣金银等。穆宗应历十四年（964）"近侍乌古者进石错，赐白金二百五十两"。赐矧思"金带、金盏，银二百两"。⑤

赙赠。王师儒卒，"赙赠赐物若干，特异等辈"⑥。耿延毅卒，"赐白金二十斤，布帛三百段，钱二十万，衣三袭，充赙赗焉"⑦。马得臣卒，"赐钱十万，粟百石"⑧。

总的来说，辽王朝的各种赏赐十分冗滥，往往无章可循，带有很强的随意性。如耶律夷腊葛者，伴穆宗秋猎，因箭法准，博得穆宗高兴，遂"赐金、银各百两，名马百匹，及黑山东抹真之地"⑨。更为荒唐的是，穆宗应历十五年"俞鲁古献良马，赐银二千两"，近侍忽剌仅仅因为"比马至先以闻"，便"赐银千两"。⑩正所谓"日有宴，月有宴，赐之多者，银至二三千金，又鞍马衣匹佐之"，⑪辽

---

① 《辽史》卷一一二《耶律重元传》，第1502页。
② 《辽史》卷三〇《天祚帝四》，第352页。
③ 《辽史》卷一六《圣宗七》，第186页。
④ 《辽史》卷二二《道宗二》，第266页。
⑤ 《辽史》卷七《穆宗下》，第82页。
⑥ 《全辽文》卷一〇《王师儒墓志铭》，第292页。
⑦ 《全辽文》卷六《耿延毅墓志铭》，第119页。
⑧ 《辽史》卷一二《圣宗三》，第135页。
⑨ 《辽史》卷七八《耶律夷腊葛传》，第1625页。
⑩ 《辽史》卷七《穆宗下》，第82页。
⑪ （清）官修《续文献通考》卷三〇《国用一》，浙江古籍出版社影印本1988年版。

朝廷把从民间和宋朝那里搜括来的财富，在贵族、百官中肆意分赃。

二、金朝的俸禄制度

（一）金朝俸禄制度的建立及其演变

公元1115年金太祖完颜阿骨打在会宁府（今黑龙江省阿城南）建立"大金"国家，"始建官属"，"其官长，皆称曰勃极烈……其部长曰孛堇，统数部者曰忽鲁"。①此时期金国的政治制度主要是沿用女真旧制。金太宗时，金朝先后灭亡了辽国和北宋，统治区域扩大了，民族成分也复杂了，为适应新形势下加强统治的需要，女真统治者被迫改变统治方式。此后，金朝政治制度逐步发生变化，总的趋势是越来越多地采用汉族的统治制度，女真旧制逐渐减少或消失。

金朝对政治制度的大规模修订，主要是在熙宗（1136—1149年在位）和海陵（1149—1161年在位）时期，修订后的金朝官制，"远自开元所记，降及辽、宋之传，参用讲求"。②与此同时，俸禄制度也主要仿照唐、宋而得以建立与完善。

据《金史》卷四《熙宗纪》和卷五五《百官一》，熙宗天眷元年（1138）"八月甲寅朔，颁行官制"③，新的"官制、禄格、封荫、讳谥……参用国朝（宋）及唐法制，而增损之"④，原有的勃极烈等官"皆废"。天眷三年七月，"诏文武官五品以上致仕，给俸禄之半"⑤。

---

① 《金史》卷五五《百官一》，第1215—1216页。
② （宋）洪皓：《松漠纪闻》卷下，辽海丛书本，辽沈书社1985年版，第210页。
③ 《金史》卷四《熙宗纪》，第73页。
④ （宋）洪皓：《鄱阳集》卷四，台湾商务印书馆影印文渊阁四库全书本。
⑤ 《金史》卷四《熙宗纪》，第75—76页。

《金史》及其他资料未明确记载金朝俸禄之制具体始于何年，但根据天眷三年七月定致仕官半俸的记载，可以推知前此已定俸禄之制。

　　海陵时渐次确定后宫内职、内外吏员俸给，并对兼职官支俸和职田支俸的办法进行了修订。后宫俸给，"贞元元年，妃、嫔、婕妤、美人，及供膳女侍，并仙韶、长春院供应人等，岁给钱帛各有差"①。吏员俸给，"凡内外诸吏员之制，自正隆二年，定知事、孔目出身俸给，凡都目等皆自朝差"②。兼职官俸给，在此之前，兼职者除支取本职俸禄外，另享有所兼之职的俸给，"天德二年，以三师、宰臣以下有以一官而兼数职者，及有亲王食其禄而复领他事者，前此并给以俸，今宜从一高，其兼职之俸并不重给"③。职田俸给，金朝三品以下外官按品级并分为若干等差颁给职田，职田多实行定额租，由佃户直接交纳各官。天德二年（1150），改将职田租米输送官仓，由官府均定其数，然后与月俸一起发给官员。④

　　海陵以后，俸禄之制继续调整。支俸范围不断扩大，俸禄数额则根据财政收入的情况或增或减。

　　世宗大定年间，官吏俸禄以增为主。大定二十五年（1185）十二月，"甲戌，制增留守、统军、总管、招讨、都转运、府尹、转运、节度使月俸"⑤。翌年，给兼职俸，"诏有一官而兼数职者，其兼职得罪亦不能免，而无廪给可乎？遂以职务烦简定为分数，给兼职之俸"⑥。大定二十八年（1188）"四月癸酉，命增外任小官及繁

---

① 《金史》卷五八《百官四》，第1346页。
② 《金史》卷五三《选举三》，第1177页。
③ 《金史》卷五八《百官四》，第1340页。
④ 参见《金史》卷五八《百官四》。
⑤ 《金史》卷八《世宗下》，第190页。
⑥ 《金史》卷五八《百官四》，第1340页。

难局分承应人俸"①。同年定教授俸,"五月制,诸教授必以宿儒高才者充,给俸与丞簿等"②。

明昌元年(1190)章宗即位后,再次"增定百官俸"③。泰和二年(1202),"二月戊戌,初置内侍寄禄官"④。内侍始依其寄禄官高低领取俸禄。泰和四年(1204)六月,"罢兼官俸给"⑤,大定年间恢复的兼职官俸复省。

与世宗时期相比,章宗时官员队伍的人数大幅度增加,《金史》卷五五《百官一》云:世宗大定二十八年"在仕官一万九千七百员,四季赴选者千余,岁数监差者三千";章宗明昌四年(1193)"见在官万一千四百九十九,内女直四千六百五员,汉人六千七百九十四员";至章宗泰和七年,更是"在仕官四万七千余,四季部拟授者千七百,监官到部者九千二百九十余,则三倍世宗之时矣"。与此相应,官俸支出也大幅度增长,成为金朝财政的一项重负。

贞祐元年(1213),在蒙古大举南攻金朝、进围金中都的危急形势下,金宣宗即位,金室被迫南迁开封。南迁后的金朝,国家财政十分困难,体现在俸禄制度上便是较大范围的裁省俸额。《金史》卷五八《百官四》:"贞祐元年十二月,以粮储不足,诏随朝官、承应人俸,计口给之,余依市直折之"。贞祐三年,"诏损宫中诸位岁给有差"。又"以调度不及,罢随朝六品以下官及承应人从己人力输庸钱。减修内司所役军夫之半。经兵处,州、府、司吏减半,司、县三分减一,其余除开封府、南京转运司外,例减三分之一"。并改变

---

① 《金史》卷八《世宗下》,第200页。
② 《续文献通考》卷六三《职官十三》。
③ 同上。
④ 《金史》卷一一《章宗三》,第258页。
⑤ 《金史》卷一二《章宗四》,第269页。

口券发放办法,"有禄官吏而不出境者,并罢给券,出境者给其半"①。同时削减致仕官俸给,"诏致仕官俸给比南征时减其半"②。

贞祐之制,所增者只是部分吏员的俸禄。《金史》卷五八《百官四》:"(贞祐)二年八月,始给京府州县及转运司吏人月俸有差。旧制,惟吏案孔目官有俸,余止给食钱,故更定焉。"

宣宗兴定元年(1217),金王朝为挽救自身的危机,大举南下攻宋。翌年五月"丙申,增随朝官及诸承应人俸"③,即是此背景下的产物,可视为女真统治者笼络随朝官吏之举。此后不过十数年,金王朝便在蒙古与南宋的夹击下灭亡。

(二)宫闱、宗室俸给

金朝太后、皇后、嫔妃及宫人,均按地位、品级高低支取岁俸。

《金史》卷五八《百官四》"宫闱岁给":

> 太后、太妃宫,每岁各给钱二千万,彩二百段,绢千匹,绵五千两。诸妃,岁给钱千万,彩百段,绢三百匹,绵三千两。嫔以下,钱五百万,彩五十段,绢二百匹,绵二千两。贞元元年,妃、嫔、婕妤、美人,及供膳女侍,并仙韶、长春院供应人等,岁给钱帛各有差。凡内职,贞祐之制,正一品,岁钱八千贯,币百段,绢五百匹,绵五千两。

定制之外,太后有其他支给。如显宗孝懿皇后徒单氏,"章宗即

---

① 参见《金史》卷五八《百官四》。
② 《续文献通考》卷三〇《国用一》。
③ 《金史》卷一五《宣宗中》,第337页。

位，尊为皇太后……诏有司岁奉金千两、银五千两、重币五百端、绢二千匹、绵二万两、布五百匹、钱五万贯。他所应用，内库奉之，毋拘其数"①。

宫中有品之人，皆依品领取岁俸，其制参见表1。

表1　金朝内职岁俸定例

资品	钱（贯）	币（段）	绢（匹）	绵（两）
正一	8000	100	500	5000
正二	6000	80	300	4000
正三	5000	60	200	3000
正四	4000	40	150	2000
正五	2000	20	100	1000
	1500	19	90	900
	1000	18	80	800
正六	500	16	50	200
正七	400	14	40	150
正八	300	12	30	100
正九	250	10	26	100

资料来源：《金史》卷五八《百官四》。
说明：正五品内职俸禄分三等，依次为尚官夫人，尚官左夫人至官正夫人，宝华夫人以下至资明夫人。

宗室任官、封王者的俸禄也依品支给。

任官者，如完颜齐"大定初，迁特进，加安武军节度使，留京师奉朝请……大定三年，罢节度官，给随朝三品俸"②；完颜勖等，皇统元年（1141）"制诏左丞勖、平章政事弈，职俸外别给二品亲王俸傔"③。

宗室封王者依品支俸始于何年不详。上述皇统元年完颜勖等

---

① 《金史》卷六四《后妃下》，第1525页。
② 《金史》卷七四《完颜宗望附子齐传》，第1707页。
③ 《金史》卷六六《完颜勖传》，第1559页。

"职俸外别给二品亲王俸傔",《金史》卷六六《完颜勖传》于此下续云:"旧制,皇兄弟、皇子为亲王给二品俸,宗室封一字王者给三品俸,勖等别给亲王俸,皆异数也。"此所云"旧制",当是皇统以前的定制。根据天眷改官制,"定勋爵食邑入衔"的记载,①可知宗室封王者依品支俸始于天眷。至"皇统二年定制,皇兄弟及子封一字王者为亲王,给二品俸,余宗室封一字王者,以三品俸给之"②。亲王受任为外官者,其俸禄标准则是"禄从多,职田从职"③。

(三)京、外官俸禄名色和支付方法

金朝官吏俸禄的名色繁多,计有:钱、粟(贯石)、曲、米、麦(秤石)、绫、罗、绢、绵(匹两)、职田(顷),以及食直、傔从、驰驿及长行马(折钱给)、口券、马匹草料、津遣钱、食钱,等等,另有使役军士的形式。

1. 正俸和职田

金朝官员正俸包括钱粟、曲米麦、绫罗绢绵。

正俸皆依职品支给,在同一职品内,又依官的清要及繁剧程度,分为不同的等级;三品以下又分别内官与外官,各支取高下不等的俸禄。其详参见表2及表3。

外官俸禄与内官最大的不同,在于外官有职田,内官则无。

《续文献通考》卷六三《职官十三》:金制,"二品而上无职田,三品而下在京者亦无职田"。正三品以下外官,除俸钱、禄米和衣赐外,另颁给职田。

---

① 《金史》卷五五《百官一》,第1216页。
② 《金史》卷五八《百官四》,第1340页。
③ 同上,第1349页。

表2　金朝内官俸给定例

资品	钱粟（贯石）	曲米麦（秤石）			罗绫绢（匹）			绵（两）
正一	300	50	50	50	50	50	400	1000
	250	40	40	40	40	40	300	700
	220	35	35	35	35	35	240	600
从一	200	30	30	30	30	30	200	500
	190	28	28	28	25	25	190	450
	180	25	25	25	25	25	180	400
正二	150	22	22	22	22	22	160	350
从二	140	20	20	20	20	20	150	300
	120	18	18	18	18	18	140	250
正三	70	16	16	16	12	12	110	200
从三	60	14	14	14	10	10	100	180
正四	45	12	12	12	8	8	80	150
从四	40	10	10	10	6	6	60	130
正五	35	8	8	8	5	5	50	100
从五	30	6	6	6	5	5	40	80
正六	25			5			34	70
从六	22			5			30	60
正七	22			4			24	55
从七	17			4			20	50
正八	15			3			16	45
从八	13			3			14	40
正九	12			2			12	35
从九	10			2			10	30

资料来源：《金史》卷五八《百官四》"百官俸给"。

说明：1. 正一品三等分别为第一等三师，第二等三公，第三等亲王、尚书令。2. 从一品三等分别为第一等左右丞相、都元帅、枢密使、郡王、开府仪同，第二等平章政事，第三等大宗正。3. 从二品第二等为同判大宗正。

职田，金时多称作"公田"，由佃户耕种，实行定额租。《金史·百官四》："凡职田，亩取粟三斗、草一秤"，由佃户赴各官衙门缴纳。天德二年（1150），改输官仓，均定其数，与月俸一起发给官员。"仓场随月俸支俸，曲则随直折价。"宗室亲王和朝官兼外任者，其"职田从职"。职田分一、二两等支给，自正三品第一等30顷、第二等25顷，到正九品第一等3顷、第二等2顷。

金朝外官的俸禄及职田标准详见表3。

表3 金朝外官俸禄及职田定例

资品	等差	钱粟（贯石）	曲米麦（秤石）	绢（匹）	绵（两）	职田（顷）
正三	一	100	15 15 15	80	200	30
	二	80	13 13 13	70	160	25
	三	70	12 12 12	60	140	
从三		60	10 10 10	50	120	21
正四	一	50	8 8 8	44	80	17
	二	45	8 8 8	40	70	15
从四	一	40	7 7 7	36	60	14
	二	40	7 7 7	36	60	
	三	48				
正五		35	6 6 6	34	55	13
从正		25	4 4 4	20	40	7
正六		20	3 3 3	16	30	6
从六		20	3 3 3	16	30	6
正七	一	18	2 2 2	14	25	5
	二	18	1 1 1	12	30	
从七	一	17	4	20	50	5
	二	18	2 2 2	14	25	4
	三	17	2 2 2	14	25	
	四	15	1 1 1	12	20	
正八	一	15	1 1 1	12	20	4
	二	15	1 1 1	12	20	2
	三	13	1 1 1	12	20	
	四	13		6	10	
	五	12		6	10	
	六	10		4	8	

（续表）

资品	等差	钱粟（贯石）	曲米麦（秤石）	绢（匹）	绵（两）	职田（顷）
从八	一	13	3	14	40	3
	二	13	1 1 1	12	20	3
	三	13	2	10	15	
正九	一	12	2	12	35	3
	二	13	1 1 1	12	10	2
	三	12	1.5	10	17	
	四	12	1	6	10	
	五	11		4	8	
	六	10		4	8	
从九	一	12	1	6	10	2
	二	10	1	6	10	
	三	10		4	10	
	四	10		4	8	
	五	10		6	6	
	六	9		4	6	
	七	8		2	6	
	八	8		4		
	九	7		4		
	十	2.39	4.5	3		

资料来源：《金史》卷五八《百官四》。

从表 2、表 3 可知，同品官员中，外官的俸禄往往高于内官，如：正三品朝官的钱粟、禄米（曲、麦）、衣赐，分别为 70 贯石、48 秤石、334 匹（两），而同品外官的俸禄，则为 100 贯石、45 秤石、280 匹（两），外加职田 30 顷，由此形成金朝官俸外重内轻的局面。

从表 2、表 3 亦可知，金朝各官之间的俸禄多寡悬殊，如：钱粟，正一品第一等 300 贯石，从九品 10 贯石，相差 30 倍；曲、米、麦，正一品第一等各 50 秤石，从九品只有麦 2 秤石，相差 75 倍；罗、绫、绢，正一品第一等共 500 匹，从九品仅绢 10 匹，相差 50 倍；绵，正一品第一等 1000 两，从九品 30 两，相差 33 倍多。其原因，也与宋制相仿，无非是封建社会等级原则的体现。

不过，金制俸禄的多寡虽然主要是，但并不完全是依资品高低而定的，而是在一定程度上考虑了职务的重要性，这在基层官员中表现得较为集中。所以，在基层官员中，品级较低官的俸禄，有的高于上一品官。如：正八品节镇诸司使、中运司柴炭场使，钱粟、衣赐分别为 10 贯石、12 匹（两）；而正九品的诸警巡判官，俸禄分别为钱粟 13 贯石、衣赐 22 匹（两），另有禄米（曲、麦）3 石、职田 3 顷。

2. 加俸与补贴

指正俸以外的食直、傔从、驰驿及长行马（折钱给）、口券、马匹草料、津遣钱、食钱，等等。使役军士也是金朝官员的一种俸禄形式。皆主要依照品级和等差支给。

食直 根据各衙署、官员俸钱的多少，按一定比例支取。"诸使司都监食直，二十万贯已上六十贯，十万贯已上五十贯，五万贯已上四十贯，三万贯已上三十贯，二万贯已上二十五贯。""诸院务监官食直，五千贯已上监官二十贯，同监十五贯；二千贯已上监官十五贯，同监十贯；一千贯已上监官十五贯，一千贯已下监官十贯。"①

驰驿及长行马等于一种出差补贴，折钱支给。支给办法为："职官日给（原注：谓奉宣省院台部委差、或许差者，下文置所等官同），一品三贯文，二品二贯文，三品一贯五百文，四品一贯二百文，五品一贯文，六品八百文，七品六百文，八品九品四百文。"②

口券 在宋朝，口券是军队的一种补助凭证，持券可领取钱、粮等。金朝不同，口券不限于军队，而是文武官皆依品支给。其法："有职事官日给，外路官往回口券，依上款给（指依驰驿及长行马

---

① 《金史》卷五八《百官四》，第 1348 页。
② 同上，第 1349 页。

给),一品二贯五百文,二品一贯六百文,三品一贯二百文,四品一贯文,五品九百文,六品七百文,七品六百文,八品、九品四百文。""无职事官并验前职日给,无前职者,以应仕及待阙职事给之。四品一贯三百文,五品一贯二百文,六品九百文,七品七百文,八品九品五百文。"①宣宗贞祐三年(1215),由于财政困难,改变口券发放办法:"有禄官吏而不出境者,并罢给券,出境者给其半。"②

津遣钱 五品以下职事官的丧葬补贴。依生前官品的高下和身亡地距离家乡道里之远近分等支给。《金史》卷五八《百官四》:"诸随朝五品以下职事官身故(原注:因公差出,及以理去任、未给解由者,身故同),验品,从去乡地里支给津遣钱(并受职事给之,下条承应人准此)。若外路官员在任依理身故者,各依上官品地里减半给之。若系五百里内,不在给限。"其定例参见表4。

表4 金朝津遣钱定例

路程(里)	资品	钱(贯)
500—1000	五	100
	六、七	80
	八、九	60
1000—2000	五	120
	六、七	100
	八、九	80
2000—3000	五	170
	六、七	150
	八、九	100
3000以上	五	350
	六、七	200
	八、九	150

资料来源:《金史》卷五八《百官四》。

---

① 《金史》卷五八《百官四》,第1350页。
② 同上,第1354页。

"诸随朝承应人身故",亦给津遣钱,其例为:"护卫、奉御符宝、都省枢密院御史台令译史,同九品官;通事、宗正府六部令译史、亲军,减九品官五分之二;通事、随朝书表、吏员、译人,及诸局分承应人,减五分之三。"①

除物质形式的俸禄外,金朝官员还按级别役使军士,等于享有劳役形式的俸禄。

百官之外,某些具有特殊身份的人,如"孔圣人"后裔、做了金人俘虏的北宋亡国之君及其家眷,以及一些社会名流,也享有俸禄,其中"圣人"后裔的俸禄还有定格。《金史》卷五《海陵纪》:天德二年(1150)十二月"丙午,初定袭封衍圣公俸格"。同卷,同年二月"庚戌……给天水郡公孙女二人月俸"。前此,熙宗皇统元年(1141)十二月癸巳"天水郡公赵桓乞本品俸,诏赒济之"②。皇统三年"八月辛卯,诏给天水郡王孙及天水郡公婿俸禄"。其他如:明昌三年(1192)十月"赐河南路提刑司所举逸民游总同进士出身,以年老不乐仕进,授登仕郎,给正八品半俸终其身"③。明昌五年正月"前河北西路转运使李扬言庆阳府进士李奖纯德博学,乡曲誉之……李奖给主簿半俸终身"④。

3. 食邑封爵

金朝袭用前代故事,也有一套完备的勋爵食邑制度。

天会四年(1126),金太宗便曾以勋爵赐以降金汉官。天会十三年熙宗即位后,又以王爵赐封宗室功臣,封爵从汉官扩大到女真贵族。"至熙宗颁新官制及换官格,除拜内外官,始定勋封食邑入衔,

---

① 《金史》卷五八《百官四》,第1352—1353页。
② 《金史》卷四《熙宗纪》,第80页。
③ 《金史》卷九《章宗一》,第224页。
④ 《金史》卷一〇《章宗二》,第231页。

而后其制定。"①

勋 "金制,勋一十二阶。上柱国,正二品;柱国,从二品;上护军,正三品;护军从三品,上轻车都尉,正四品;轻车都尉,从四品;上骑都尉,正五品;骑都尉,从五品;骁骑尉,正六品;飞骑尉,从六品;云骑尉,正七品;武骑尉,从七品。"②

爵 "金制封爵,正、从一品曰郡王,曰国公;正、从二品曰郡公;正、从三品曰郡侯;正、从四品曰郡伯(旧曰县伯,章宗承安二年更);正五品曰县子,从五品曰县男。"此外,"尚有封一字王及国王者"。"凡封王,大国号二十……次国三十……小国三十……封王之郡号十。"③

食邑 "金熙宗天眷定制,凡食邑同散官入衔。"其制为:"封王者万户(实封一千户),郡王五千户(实封五百户),国公三千户(实封三百户),郡公二千户(实封二百户),郡侯一千户(实封一百户),郡伯七百户,县子五百户,县男三百户(皆无实封)。"④

不过,金朝的食邑无论是虚封或是实封,实际上都是不实惠的,徒有虚名而已。封爵中的某些高级爵位,则有一定的实际好处,如"皇兄弟及子封一字王者为亲王,给二品俸,余宗室封一字王者,以三品俸给之。"⑤

4. 支取方式

金朝俸钱的支付主要用钞。由于交钞贬值严重,人不喜用,所以有时也不得不支付部分银钱或绢帛等实物。如:明昌四年(1193),因"陕西交钞多于见钱,使民艰于流转",令本路"官兵

---

① 《金史》卷五五《百官一》,第 1216 页。
② 《续文献通考》卷六二《职官十二》。
③ 同上。
④ 《续文献通考》卷六三《职官十三》。
⑤ 《续文献通考》卷六二《职官十二》。

俸，许钱绢银钞各半之，若钱银数少，即全给交钞"。泰和八年（1208）"十二月，宰臣奏：'旧制，内外官兵俸皆给钞，其必用钱以足数者，可以十分为率，军兵给三分，官员承应人给二分，多不过十贯。'"①

俸禄的发放，或按岁，或按月，亦有按日者。

岁给者，如宫闱内职钱、绢；月给者，如百司官吏钱、粟；日给者，如诸职官驰驿及长行马、口券等。

或可提前预支。如：明昌三年六月"谕户部：'可预给百官冬季俸，令就仓以时直粜与贫民，秋成各以其赀籴之，其所得必多矣，而上下便之。其承应人不愿者，听。'"②

俸禄的支付，有折支之制。《续文献通考》卷六三《职官十三》："（泰和）六年十一月，尚书省奏减朝官及承应月俸折支钱。"

对于新任或罢职官员俸禄的支给，也有一套规定："诸职官上任，不过初二日，罢任过初五日，给当月俸。或受差及因公干未能之官者，计程外听给到任禄。若文牒未至，前官在任，及后官已到，前官差出，其禄两支，职田皆给后官。"③

（四）军队俸给

金建国初的军事编制为猛安谋克制。"猛安者，千夫长也；谋克者，百夫长也；谋克之副曰蒲里衍，士卒之副从，曰阿里喜。"④猛安谋克同时又是女真族军事和社会组织单位。作为军事编制单位，猛安谋克的人数在金立国的前一年（1114）定制为300户为1谋克，

---

① 《金史》卷四八《食货三》，第1082页。
② 《金史》卷九《章宗一》，第222页。
③ 《金史》卷五八《百官四》，第1349页。
④ 《金史》卷四四《兵志》，第1005页。

10谋克为1猛安。金建国初期，随着对外战争的不断展开，猛安谋克制被逐渐推广到收降的契丹、奚、渤海、汉等族中，在遭到各族抵抗后，又陆续设都统司、统军司等，或用汉军原来的建置来分别统领诸军。

军队建制既复杂，军俸种类也自然比较多样。

《金史》卷四四《兵志》"养兵之法"：熙宗天眷三年（1140）"正月，诏岁给辽东戍卒绅绢有差"。当为军俸之始。完颜亮正隆改官制时，增加部分军队的俸禄，正隆四年（1159），"命河南、陕西统军司并虞候司顺德军，官兵并增廪给"[①]。同年"四月辛丑，命增山东路泉水、毕括两营兵士廪给"[②]。

军俸主要包括钱、米、绢、绵和马刍粟，多寡依军种而异，其制参见表5。

表5 金朝诸军月俸定例

官兵名	军种[①]	钱（贯）	米（石）	绢（匹）	绵（两）	马刍粟（匹）
猛安	一	8	5.2	8		6
	二	4	1.2		3	
	四	8	5.2	8		6
	五	3	4	8		4
	六	15[②]		10	20	3
谋克	一	6	2.8	6		5
	二	4	1.2		3	
	三	1.5	1.5	2	3	
	四	6	2.8	6		5
	五	2.5	1	6		2
	六	6	2.8	6		2

---

① 《金史》卷四四《兵志》，第1005页。
② 《金史》卷五《海陵纪》，第110页。

(续表)

官兵名	军种	钱（贯）	米（石）	绢（匹）	绵（两）	马刍粟（匹）
蒲輋	一	4	1.7	5		4
	二	2	0.6			2
	三	1	2.7	2		2
正军	一	2	1.5	4	15	2
	二	2	1.5	4	15	2
	四	2	1.45	4	15	
	五	2	0.95	4		
	六	2.5	1.2		15	1
阿里喜	一	1.5	0.7	3	10	
	二	1	0.4			1
	四	1.5	0.7		10	
	六	2	1.2	4	15	
长行	三	1	1.8	2		1
	七	2	1.5		15	1
埽兵	八	30		5		
	九	20		2		
指挥使	七	6	2.8	6		3
	八	7		6		
	九	7③		6		
军使	七	4	1.7	5		2
	八	6		6		
	九	6		6		
军匠	十	50—40		5—4④		

资料来源：《金史》卷四四《兵志》"养兵之法"。

说明：①军种分别为：一、河南、陕西、山东路统军司镇防甲军、马军；二、诸屯田被差及边缘驻扎捉杀军；三、奚军；四、北边临潢等处永屯驻军；五、上番汉军；六、上京路永屯驻军；七、德顺军；八、黄河埽兵；九、射粮军；十、边铺军。金朝末年，又有所谓忠孝军、合里合军等，其月俸皆在诸军之上。《金史》卷四四《兵志》：正大二年（1225），"复取河朔诸路归正人，不问鞍马有无、译语能否，悉送密院，增月给三倍他军，授以官马……名曰忠孝军。""又以归正人过多，乃系于忠孝籍中别为一军，减忠孝所给之半……是所谓合里合军也。"②指"钱粟十五贯石"。③指"钱粟七贯石"。④军匠分上、中、下等，"上、中等钱五十贯、绢五匹，下等钱四十贯、绢四匹。"

此外，士兵有"补买马钱"、口券；军官有从人、给马、食钱等。

补买马钱 河南、陕西、山东路统军司镇防军"补买马钱，河南路正军五百文，阿里喜随色人三百文，陕西、山东路正军三百文，阿里喜随色人二百文"。"诸北边永驻军，月给补买马钱四百文，随色人三百文。"①

口券 "诸试护卫亲军，听自起发日为始，计程至都，比至试补，其间各日给口券，若拣退还家者，亦验回程给之。"②

从人、马及食钱 "凡给马者，从一品以上，从八人，马十匹，食钱三贯十四文。从二品以上，从五人，马七匹，食钱二贯九十八文。从三品以上，从三人，马五匹，钱一贯五百十一文。从五品以上，从二人，马四匹，钱九百六十八文。从七品以上，从一人，马三匹，钱六百十七文。从九品以上，从一人，马二匹，钱四百六十四文。无从人，减七十八文。"③

军俸中的钱、米、绢、绵和马刍粟，按月支给；口券及其他临时补贴则按日支给。如："诸签军赴镇防处，及班祗充押递横差别路勾当千里以上者，沿路各日给米一升、马一匹草料。"④

"凡镇防军……签充武卫军，挈家赴京者，人日给六口粮，马四匹刍藁"⑤；"诸屯田军人，如差防送，日给钱一百五十文"⑥。

军俸的支付，亦有折支之举。"大定二十年，诏猛安谋克俸给，令运司折支银绢。省臣议：'若估粟折支，各路运司储积多寡不均，

---

① 《金史》卷四四《兵志》第1008—1009页。
② 《金史》卷五八《百官四》，第1351页。
③ 《金史》卷五五《百官一》，第1235—1236页。
④ 《金史》卷五八《百官四》，第1351页。
⑤ 《金史》卷四四《兵志》，第1007页。
⑥ 同上，第1010页。

宜令依旧支请牛头税粟。如遇凶年尽贷与民，其俸则于钱多路府支放，钱少则支银绢，亦未晚也。'从之。"①"亲军俸，粟每石以麦六斗折之"，宣宗贞祐元年（1213）十二月，以此举所省无几，"而失众心"，遂"谕旨省臣曰：……今给本色"。②

金朝以武立国，战事频繁；兵士"一军充役，举家廪给"③，因而军队官兵俸给是朝廷一大重负。

（五）吏人俸给

《金史》卷五三《选举三》："凡内外诸吏员之制，自正隆二年，定知事、孔目出身俸给"；"余止给食钱"。④"（贞祐）二年八月，始给京府州县及转运司吏人月俸有差。"⑤

据《金史》卷五八《百官四》"百司承应俸给"的记载，中央各衙署的小吏，以及某些不入流品的首领、头目，皆有月俸。其中，俸禄最高的是"护卫长，支正六品俸"，计有："钱粟二十五贯石，麦五石，绢各十七匹，绵七十两。"最低的是驼马牛羊群子、挤酪人，仅有钱粟3贯石而已。其详参见表6。

俸给之外，中央吏员出差另有补贴。《金史》卷五八《百官四》：

> 随朝吏员及统军司按察司书吏译人、本局差委及随逐者，日给钱各一百五十文。……官中承应人因公差出，皆验见请钱粟贯石、口给食料，若系本职者，往程不在给限，其常破马草料局

---

① 《金史》卷五八《百官四》，第1341—1342页。
② 同上，第1353页。
③ 《金史》卷四四《兵志》，第1009页。
④ 《金史》卷五八《百官四》，第1353页。
⑤ 同上，第1353页。

表6 金朝中央吏员俸禄定例

吏职名	钱粟（贯石）	绢（匹）	绵（两）
省令史、译史	10	4	40
省通事，枢密令史、译史	12	3	30
枢密通事、部台令、译史	10	3	30
部通事、诰院令史、国史院书写等	8	2	20
走马郎君、一品子孙	10	2	20
内祗	8	2	20
班祗	7	2	20
护卫长	25	34	70①
长行	22	24	55②
符宝郎、奉御、东宫护卫长	17	8	40
东宫护卫长行	15	4	40
笔砚承奉、阁门祗侯、侍卫亲军百户	12	4	30
妃护卫、奉职、符宝典书、东宫入殿小底	10	3	30
尚衣、奉御、捧案、随库本把、妃奉事等	8	3	30
侍卫亲军五十户	9	3	30
未系班	?	2	20
弩伞什将	8		
伞子	5		
太医长行	8		
正奉、副奉上太医	10		
随位承应都监	6—15		
司天四科人	6—12		
司天学生	3/5③		
典客、书表	8	2	20
东宫笔砚	6		
尚厩兽医、秘书监楷书	6		
秘书琴棋等待诏	7		
驼马牛羊群子、挤酪人	3		

资料来源：《金史》卷五八《百官四》。

说明：①护卫长俸依正六品，另有麦5石。②长行俸依从六品，另有麦5石。③司天台"系籍学生七十六人，汉人五十人，女直二十六人，试补长行"（《金史》卷五六《百官二》）。俸给为钱3贯，米5斗。

如被差长行马公干本支草料，即听验日克除，若特奉宣差勾当者，依本格：十八贯石以上九百文，十七贯石八百六十文，十五贯石以上五百四十文，七贯石以上四百六十文，六贯石四百二十文，五贯石三百八十文，四贯石三百三十文，三贯石二百八十文，二贯石二百三十文。

"诸京府运司、提刑司、节镇、防刺等"，吏人俸禄另给。其制为：

汉人、女直、契丹司吏、译史、通事、孔目官，八贯。押司官，七贯。前后行，六贯。诸防刺已上女直、契丹司吏、译史、通事，不问千里内外，钱七贯，公田三顷。诸盐使司都目，十四贯。司吏，六贯。诸巡院司县司狱等司吏，有译史、通事者同，钱五贯。凡诸吏人，月支大纸五十张，小纸五百张，笔二管，墨二锭。

总的来看，金朝吏员的俸制比较规整。

（六）赏赐和优免

赏赐和优免可视为变相的俸禄。

1. 赏赐

金朝给予后妃、宗室、文武百官的赏赐种类繁多，十分优厚。

赐后妃，如：《金史》卷六三《后妃上》，海陵废后"至中都，居于海陵母大氏故宫。顷之，世宗怜其无依，诏归父母家于上京，岁赐钱二千贯，奴婢皆给官廪"。同书卷六四《后妃下》：大定四年（1164），"封后妹为邢国夫人，赐银千两、锦绮二十端、绢五百匹"。

赐宗室，如：《金史》卷六六《完颜勖传》："熙宗猎于海岛……勖献《东狩射虎赋》，上悦，赐以佩刀、玉带、良马……（皇统）八年，奏上《太祖实录》二十卷，赐黄金八十两，银百两，重彩五十端，绢百匹，通犀、玉钩带各一。"同书卷七〇《完颜思敬传》，皇统"七年，召见，赐以袭衣、厩马、钱万贯……大定二年……败伪节度特末也……献俘于京师，赐金百两、银千两、重彩四十端、玉带、厩马、名鹰。"

赐功臣，如：《金史》卷八七《仆射忠义传》："攻（宋）大名府以本部兵力战，破其军十余万，赏以奴婢、马牛、金银、重彩。""攻（宋）寿、庐等州……赏马五匹、牛一百五十头、羊五百口。"同书卷六九《完颜可喜传》：大定二年（1162），平斡论等，"赐扈从万户银百两、猛安五十两，谋克绢十匹，甲士绢五匹、钱六贯，阿里喜以下赐各有差"。

赐军队，如：《金史》卷五《海陵纪》贞元三年（1155），"军士久于屯戍不经替换者，人赐绢三匹、银三两"。同书卷四四《兵志》："凡镇防军，每年试射，射若有出众，上等赏银四两，特异众者赏十两银马盂。"

给军队的赏赐还有专门的规定，根据军种、职位、年限的不同，赐以相应的银、绢。其详参见表7。

"燕赐各部官僚以下，日给米粮"①，亦有定例。其制为：

> 无草地处内，亲王给马二十五匹草料，亲王米一石，宰执七斗，王府三斗，府尉二斗，员外郎、司马各一斗六升，监察御

---

① 《金史》卷五八《百官四》，第1350页。

表7 金军队赏赐定例

	官兵名	年限	赏银（两）	赏绢（匹）
旧军	千户	10年以上	50	30
		10年以下	40	25
	谋克	10年以上	40	25
		10年以下	30	20
	蒲辇	10年以上	30	20
		10年以下	20	15
	正军	不拘	15	10
	阿里喜、旗鼓等	不拘	8	5
三虞侯	千户	10年以上	40	25
		10年以下	30	20
	谋克	20年以上	50	30
		10年以上	30	20
		10年以下	10	15
	蒲辇	10年以上	20	15
		10年以下	15	10
	正军	不拘	10	7
	阿里喜、旗鼓等	不拘	5	4
北边	正千户管押万户	10年以下	60	
	正谋克管押万户	10年以下	50	
	正千户管押千户	10年以下	40	

资料来源：《金史》卷四四《兵志》。

史、尚书省都事、大理司直、六部主事各八升，检、知法七升，省令、译史六升，院台令译史、省通事各五升，院台通事、六部令译史通事、省祗侯郎君、使库都监各四升，诰院令史、枢密院移剌各三升，王府直府、王府及省知印直省、御史台通引、王府教读、王傅府尉等下司吏、外路通事、省医工调角匠、招讨司移剌各二升，写诰诸祗侯人、大程官院子酒匠柴火各一升，万户一斗六升，猛安八升，谋克四升，蒲辇二升，正军阿里喜、旗鼓吹笛司吏各一升。诸外方进贡及回赐、并人使长行马，每匹日给草一称、粟一斗。①

用于赏赐的，主要是金银和绢帛，其次为米粮、土地、马牛、及其他实物，所赐数额往往很大。如章宗即位，给徒单克宁一人的赏赐即为"金五百两、银五千两、钱千万、重彩二百端、绢二千匹"②。海陵时，一次便赐给按苔海"平州官田三百顷，屋三百间，宗州官田一百顷"③。

另一类为数可观的赏赐是给宗室、臣僚的赙赠，动辄银两上千，绢帛数百。略举几例如下：

《金史》卷六九《完颜爽传》："赙银千两、重彩四十端、绢四百匹。"

同书同卷《完颜阿琐传》："赙银千两、重彩四十端、绢四百匹。"

同书卷七〇《完颜宗宪传》："赙银一千五百两、重彩五十端、绢五百匹。"

同书卷八三《张浩传》："赙银千两、重彩五十端、绢五百匹。"

同书卷八八《完颜守道传》："赙银千两、重彩五十端、绢五百匹。"

2. 优免

品官之家可以免除杂役。《金史》卷四七《食货二》："凡叙使品官之家，并免杂役，验物力所当输者，止出雇钱。"

品级较低的官员，如"进纳补官未至荫子孙，及凡有出身者、出职带官叙当身者、杂班叙使五品以下，及正品承应已带散官未出职者"，则"皆免一身之役"。④

---

① 《金史》卷五八《百官四》，第1350页。
② 《金史》卷九二《徒单克宁传》，第2051—2052页。
③ 《金史》卷七三《按苔海传》，第1684页。
④ 《金史》卷四七《食货二》，第1056页。

（七）致仕官俸禄

金制，官员通常在 60 岁时致仕。致仕官员依其原官品领取半俸。

其制始于熙宗时。《金史》卷四《熙宗纪》：天眷三年（1140）七月"丁卯，诏文武官五品以上致仕，给俸禄之半，职三品者仍给傔人"。

皇统元年（1141）修定天眷之制，改五品为三品，"二月戊寅，诏诸致仕官职俱至三品者，俸禄人力各给其半"①。

世宗大定十一年（1171）正月，进一步更定为"职官年七十以上致仕者，不拘官品，并给俸禄之半"②。大定二十三年五月，又诏致仕官年"六十以上者进官两阶，六十以下者进官一阶，并给半俸"③。《金史》卷五八《百官四》云："六十以上及未六十而病致仕者，给其禄半。承应及军功初出职未历致仕，虽未六十者，亦给半禄。"此法当始于大定二十三年。

有时，致仕官亦可像其他品官之家一样，免除杂役，而验其物力出雇钱，称"输庸钱"。《金史》卷九《章宗一》：明昌元年（1190）三月，"有司言：'朝官……官职俱至三品、年六十以上致仕者，人力给半，乞不分内外，愿令输庸者听。'从之"。但翌年十二月又"敕三品致仕官所得傔从毋令输庸"。

（八）俸禄的扣罚停夺

金王朝对俸禄的管理比较规范，俸禄的赏罚予夺，皆有定制。

1. 克俸

对普通事务官，按照其履行职责的优劣，给予一定的俸禄增赏

---

① 《金史》卷四《熙宗》，第 76 页。
② 《金史》卷六《世宗上》，第 184 页。
③ 《金史》卷八《世宗下》，第 184 页。

或扣减。未达到标准者，按一定比例扣减俸禄。

《金史》卷五八《百官四》："旧制，凡监临使司、院务之商税，增者有赏，亏者克俸。大定九年，上以吏非禄无以养廉，于是止增亏分数为殿最，乃罢克俸、给赏之制，而监官酬赏仍旧。"大定二十年（1180），复行克俸、给赏之制："诏十万贯以上盐酒等使，若亏额五厘，克俸一分。奏随处提点院务官赏格，其省除以上提点官，并运司亲管院务，若能增者，十分为率，以六分入官，二分与提点所官、二分与监官充赏，若亏亦依此例克俸，若能足数则全给。"大定二十二年，又改变克俸办法："定每月先支其半外，如不亏则全支，亏一分则克其一分，补足贴支。""二十三年，以省除提控官、与运司置司处，亏课一分克俸一分，其罚涉重。亦命先给月俸之半，余半验所亏分数克罚补，公田则不在克限。"

2. 夺俸

夺俸亦即罚俸。对失职官吏，按其问题的轻重夺罚数量不等的俸禄，以示惩戒。如：

世宗大定十三年"十月，敕州县官不尽力催督税租，以致逋悬者，可止其俸，使之征足，然后给之"①。大定二十一年（1181）闰三月"辛卯，渔阳令夹谷移里罕、司候判官刘居渐以被命赈贷，止给富户，各削去三官，通州刺史郭邦杰总其事，夺俸三月"②。

章宗明昌三年（1192）"以所廉察则有清廉之声，而政绩则平常者，敕命不降注……凡治绩平常者，夺元举官俸一月"。③ 泰和六年（1206）"三月，右丞相内族宗浩、参知政事贾铉言：'国家经费惟赖盐课，今山东亏五十余万贯，盖以私煮盗贩者成党，盐司既不能

---

① 《金史》卷四七《食货二》，第1057页。
② 《金史》卷八《世宗下》，第180页。
③ 《金史》卷五四《选举四》，第1203页。

捕，统军司、按察司亦不为禁，若止论犯私盐者之数，罚俸降职，彼将抑而不申，愈难制矣。宜立制，以各官在职时所增亏之实，令盐司以达省部，以为升降。'遂诏诸统军、招讨司、京府州军官，所部有犯者，两次则夺半月俸，一岁五次则奏裁……"①

宣宗兴定三年（1219），"定辟举县令制。称职，则元举官减一资历。中平，约量升除。不称，罚俸一月……若被举者犯免官等罪，夺俸两月。赃污至徒以上及除名者，夺俸三月"②。

3. 停俸

官吏告假至一定期限停发俸禄。

金王朝官员给假有一套具体的规定。章宗承安四年（1199）十月，"壬午，初定百官休假"③。泰和三年二月"甲子，定诸职官省亲拜墓给假例"④。泰和五年五月定"制司属丞凡遭父母丧，止给卒哭假，为永制"⑤。

不同的假期，时间长短不同，一旦逾期，则俸禄停发。如规定："内外吏员及诸局分承应人，病告至百日则停给。"⑥官员也大体如是。亦有特别受眷顾者，如大定二十三年，完颜爽"疾久不愈，（世宗）敕有司曰：'荣王告满百日，当给以王俸。'"⑦一般"除程给假者，俸禄职田皆以半给，衣绢则全给"⑧。

还有一种情况比较特殊的停俸，即停发应当致仕而不肯致仕者的俸禄，从而迫使其离职。《金史》卷九《章宗一》：明昌三年"八

---

① 《金史》卷四九《食货四》，第1103页。
② 《金史》卷五四《选举四》，第1209页。
③ 《金史》卷一一《章宗三》，第252页。
④ 同上，第260页。
⑤ 《金史》卷一二《章宗四》，第271页。
⑥ 《金史》卷五八《百官四》，第1349页。
⑦ 《金史》卷六九《完颜爽传》，第1606页。
⑧ 《金史》卷五八《百官四》，第1349页。

月癸卯，敕诸职官老病不肯辞避，有司谕使休闲者，不在给俸之列，格前勿论"。此举亦说明金王朝对官俸的管理是比较严格的。

三、辽金俸禄制度的特点及其历史地位

(一)俸禄制的建立完善与统治民族的汉化同步

辽、金政权俸禄制度的建立和完备，从根本上说，是契丹、女真民族政治、经济、文化、社会发展到一定阶段的产物，但同时，这也是与中原王朝交往、学习中原文化的结果。

这种交往、学习往往是伴随着对中原的征服而展开的。

公元11至13世纪，契丹、女真等游牧民族在自身强大后便发起了对中原王朝的冲击，从中原王朝手中夺取土地和人口。契丹（辽）占有了以燕京为中心的"燕云十六州"，女真（金）将北宋赶出了中原。

大举冲击之后，游牧征服者们便在中原定居下来。开始的时候，由于固有的游牧生产方式的限制，他们不了解农耕的重要性，往往废农为牧。但是，"相对游牧而言，农耕这一先进经济的吸引力抗拒不了。进入农耕世界的游牧、半游牧部族，到头来很少例外，大都走上农耕的道路"。①随着农耕生产方式的逐步扩大，契丹、女真族统治者不得不越来越多地采用与这种生产方式相适应的统治方式。因此，辽太宗得到燕云十六州以后，实行官分南北，"因俗而治"，以国制待契丹，用汉制治汉人；金熙宗对北宋旧地实行直接统治后，大举改革官制，女真旧有的勃极烈会议被废除，仿照汉制建

---

① 吴于廑：《世界历史上的游牧世界与农耕世界》，《世界历史》1983年第1期。

立的尚书省成为金最高中枢机构。正是在这样的历程中，辽、金政权效法唐、宋王朝，相继建立、发展并完善了自己的俸禄制度，在各民族、各阶层的统治集团中进行经济利益的再分配，以此作为巩固政权的工具。

在俸禄制度方面，辽、金政权程度不同地依品颁俸；俸禄形式钱、粟、绢兼行；正俸以外或有职田，主要用作外任官的在职补贴；根据物价和局势的变化，幅度不同地调整俸禄；建立起较为规范的罚俸制度，把官吏是否忠于职守与其经济利益直接挂钩……凡此种种，皆是对中原政权既定制度的继承与发展。

这种继承与发展的程度，与统治民族学习汉文化热情的程度、脱离本民族旧制度的程度，是相辅相成的。相比之下，契丹统治者比女真统治者更固守于本民族原有的生产方式和生活方式，"四时捺钵制"的长期保存即是一例。因此，与金政权相比，辽王朝"汉化"的程度比较有限，典章制度的设置不十分严整，文化典籍的修撰与保存也不大受重视，其俸禄制度之所以不像金时期那样有章可循，一个重要原因就在于此。

（二）民族旧俗始终影响着俸制体系

如前所述，辽、金王朝建立后，在与中原政权的战争或和平形式的交往中，迅速走向封建化。他们的多项统治制度程度不同地吸收了汉族的封建制，但是，本民族的许多旧传统没有、也不可能完全消失，而是或多或少地被保留下来，对诸政权的政治与社会产生一定的影响。有关这一点，在俸禄制度上便有种种反映。诸如：辽、金王朝内部长期保留着分封制，对本民族相当一部分贵族的经济分配不纳入俸制体系；金王朝对部分女真族官吏的支俸采取月粮的形式，部分官员的支俸则不依品级。

契丹、女真等民族的旧俗对于俸禄制度的影响，还集中体现在各政权对宗室、后妃、贵族、官吏及军兵的赏赐上。种种赏赐十分丰厚，从总体上看，赏赐的范围和数量都超过以汉民族为统治主体的王朝。这里的一个主要原因即来自游牧国家固有的草原家产分配和贵族共权原则的影响。另一个原因，则是辽、金王朝的政治发育程度不如中原王朝成熟，有些方面无法可依，或有法不依，制置举措往往带有较强的随意性。

（三）金朝以钞制俸的官俸形式及其社会影响

中国是世界上最早采用纸币的国家。金朝继北宋以后进一步发展了纸币，并成为中国历史上最早的给官吏发放俸钞的时代。

金朝纸币称"交钞"。金交钞始于海陵贞元二年（1154）。《金史》卷四八《食货三》："贞元二年迁都之后，户部尚书蔡松年复钞引法，遂制交钞，与钱并用。"交钞发行后不久，官俸便有一部分以钞支给。至章宗明昌四年（1193），因"提刑司言：'所降陕西交钞多于见钱，使民艰于流转。'宰臣以闻，遂令本路……官兵俸，许钱绢银钞各半之，若钱银数少，即全给交钞"[1]。章宗时，钞法屡变，俸禄支给亦受其影响。泰和八年（1208）"复议更钞法"，"收毁大钞，行小钞"[2]，民间大钞可向官府换小钞及铜钱，官俸也有一部分以钱支给。《金史》卷四八《食货三》"宰臣奏：'旧制，内外官兵俸给皆给钞，其必用钱以足数者，可以十分为率，军兵给三分，官员承应人给二分，多不过十贯。'"

以纸钞支付俸禄，是俸禄制度的一个重要变化，它对官吏生

---

[1]《金史》卷四八《食货三》，第1075页。
[2] 同上，第1082页。

活、吏治清浊以及社会商品经济的发展都产生了较大的影响。

首先，俸钞的价值变动直接影响官吏的实际收入。金朝在开始发行纸钞时，比较注意保证钞本充足，印量有限，纸钞币值稳定，信誉较高，史称："大定之世，民间钱多而钞少，故贵而易行。"① 金章宗即位初还曾"敕尚书省曰：'民间流转交钞，当限其数，毋令多于见钱也。'"② 但是，随着国家经费开支的增加、财政的窘迫，金王朝大量滥发纸钞，造成严重的通货膨胀。章宗承安二年（1197），因交钞发行过多，民间拒绝使用，不得不铸造银币"承安宝货"，与交钞兼行，但终不能遏止钞法的颓坏。卫绍王统治时期，交钞几成废纸，"每贯仅直一钱，曾不及工墨之费"③，后来又相继发行"贞祐宝券"、"贞祐通宝"、"兴定宝泉"等，皆是行用不久便一文不值。

通货膨胀日益加剧，金王朝却基本没有给官员增加俸禄，官员的生活水平下降，由此而带来的吏治腐败是可想而知的。

另一方面，金王朝给官吏颁发俸钞，官吏须通过俸钞到市场上换取生活资料，这在客观上对于社会商品经济的发展起了一定的刺激作用。

（原载［台北］《大陆杂志》1997年第5期）

---

① 《金史》卷四八《食货三》，第1088—1089页。
② 同上，第1075页。
③ 同上，第1083页。

宋代地理与长江流域开发研究

唐五代至北宋江陵长江堤防考

本文所讨论的唐、五代至北宋时期的江陵，主要指今湖北江陵县和荆州市的沙市区，从行政建置来说，唐时属山南东道荆州，唐肃宗上元元年（760）置南都，改荆州为江陵府；五代时是荆南国（南平）的国都所在；北宋时改为荆湖北路江陵府，或称江陵郡、荆南府。

这一地区，处在长江江汉平原西段的北岸，是长江最为险要的荆江段流经之地。

荆江，唐宋时多称"蜀江"①，指长江中游自今湖北枝城市（原宜都县）东南之枝城街市（在焦枝铁路桥北面不远）至城陵矶（今属湖南）河段。荆江河道呈西北至东南（偏南）流向，以藕池口（位于今公安县东南，宋属石首县）为界，以上称"上荆江"，为顺直微曲性河段，水流枝分，汊河发育；以下为"下荆江"，河道蜿蜒

---

① 如，（唐）李吉甫：《元和郡县图志》卷二七《沔州汉阳县》"鲁山"条称"其山前枕蜀江，北带汉水"，中国古代地理总志丛刊本，中华书局校点本，第648页；（五代）孙光宪：《北梦琐言》云"湘江北流至岳阳，达蜀江"，贾二强点校，中华书局2002年版，第163页；乐史：《太平寰宇记》卷一四六《荆州枝江县》称"蜀江，在县南九里"，王文楚等整理，中国古代地理总志丛刊本，中华书局校点本2007年版，第2841页；《宋史》卷九七《河渠志七》引庆元三年（1197）臣僚语称"沙市镇……当蜀江下流"，中华书局校点本1985年版，第2417页；陆游：《入蜀记》第五亦称其在枝江县境，"与儿辈登堤观蜀江"，《陆游集·渭南文集》卷四七，中华书局校点本1976年版，第2450页。

曲折，素有"九曲回肠"之称，江水泛滥的问题尤为严重。荆江北岸的江陵，尤其是附近的沙市一带，地势低洼，经常受到江水泛滥的威胁，因此，当地有"借堤为防"①、"恃堤为命"的说法②。沿江地带多有天然堤，原为洪水泛滥时水中悬浮物质在河道两侧沉积而逐渐增高形成，后多经人工填土改建，成为人工堤。今荆江两岸有长达数百公里的人工堤岸，其中以位于北岸、上起江陵枣林岗、下迄监利城南，全长182.4公里的荆江大堤最为著名。据勘探，今荆江大堤上部一般都有10米左右厚的人工填土，也就是说，人类在天然河堤之上加高了10米。本文所谓江陵、沙市长江堤防即指经过人工填土改建的江堤。

一、唐至北宋时的江陵堤防

（一）唐代的江陵江堤

江陵城长江人工堤防始于何时？通常认为是东晋永和年间（345—356）桓温任荆州刺史时。《水经注》卷三四《江水篇》称："江陵城地东南倾，故缘以金堤，自灵溪始。桓温令陈遵监造。"此后，凡述及江陵堤防肇始者，大体皆引此为据。如《舆地纪胜》江陵府"金堤"条引"《水经注》云：'江陵地东南倾，故缘以金堤，自灵溪始。'"③光绪二年（1876）孙家谷序《荆州万城堤志》，称："大堤

---

① （清）陶澍：《蜀游日记》卷四，光绪七年刊本。
② （清）胡在恪：《堤防考略》，转引自（清）康熙《荆州府志》卷八《堤防》，江苏古籍出版社2001年影印康熙二十四年刻本。
③ （宋）王象之：《舆地纪胜》卷六四《荆湖北路·江陵府（上）·景物（上）》"金堤"条，江苏广陵古籍刻印社影印道光二十九年惧盈斋本。

肇始于晋，盛于宋，详于明。"①光绪五年（1879）倪文蔚撰《荆州万城堤铭》，云："维荆有堤，自桓宣武。"②今人有关荆江大堤的研究也多以桓温金堤作为江陵堤防的开端。③

关于东晋南朝的江陵江堤，史家多有记载，严耕望先生对此作过研究，并指出："江陵城东南倾，晋桓温已令筑堤以障绕之，称为金堤。南朝末年史料所见，城四周皆有堤，殆如襄阳。"④

东晋以降，经过数百年的发展至唐朝时期，江陵江堤的情况如何？根据严耕望先生的看法，"南朝……城四周皆有堤……唐世承之"⑤。只是可以用来证明这一点的，除王建《江陵即事》诗之外，严先生没有提到其他的资料。王建的《江陵即事》诗称："瘴云梅雨不成泥，十里津头压大堤；蜀女下沙迎水客，巴童傍驿卖山鸡。"⑥其诗冠以"江陵"地名，但实际所写应是江陵下属的沙市。

---

① （清）倪文蔚主编：《荆州万城堤志》，光绪二十一年本衙藏版。
② 转引自本书编写组：《江陵堤防志》，1984年11月内部发行本。
③ 参见长江流域规划办公室政治部宣传处编：《长江水利发展史》1976年3月稿本；本书编写组：《江陵堤防志》，1984年11月内部发行本；严耕望：《唐代交通图考》第四卷《山剑滇黔区》，台北"中央研究院"历史语言研究所专刊之八十三，1986年版；钟小珍：《江汉平原防洪的重要屏障——荆江大堤》，中国江河水利志研究会专刊编辑部：《水利史志专刊》1989年2期；程鹏举：《古代荆江北岸堤防考辨》，《历史地理》第8辑，上海人民出版社1990年版等。又，石泉《古代荆楚地理新探》曾提出有关六朝以前江陵城位置的新解说，认为至齐梁止，江陵城并非如流行说法所云在今湖北江陵县，而是在汉水中游以西、蛮河下游，今湖北宜城市南境。武汉大学出版社1988年版。石师的新解考订严密，涉及的问题十分广泛，因其所讨论的时限不在本文范围之内，加上篇幅的限制，本文于此从略。为了讨论的方便，本文有关六朝以前江陵之地望，仍从旧说。
④ 《唐代交通图考》第四卷《山剑滇黔区》篇二八《荆襄驿道与大堤艳曲》之四"途程地貌与大堤艳曲"，第1066—1067页。征引资料主要有《周书》卷四四《李迁哲传》、《梁书》卷二二《始兴忠武王憺传》、《艺文类聚》卷八九引盛弘之《荆州记》等。
⑤ 《唐代交通图考》第四卷《山剑滇黔区》篇二八《荆襄驿道与大堤艳曲》，第1066—1067页。
⑥ （唐）王建：《江陵即事》，引自（清）彭定求等编、中华书局编辑部点校：《全唐诗》卷三〇〇，中华书局1960年版，第3402页。

有关这一点，今人程鹏举《古代荆江北岸堤防考辨》一文已证（详下文）。而且，正如严耕望先生所指出的那样："宋世由大江正流下行经枝江、松滋先至沙头，上行经公安亦先至沙市，再陆行入江陵城也。"①换言之，宋时舟船由长江水道上下，行经江陵县一带时，通常并非在江陵县城而是在离县城不远的沙市江边停泊，唐代的情况亦当如是。从唐人大量的咏唱沙市的诗文中，可以想见这一点。例如，元稹描写沙市街景："阗咽沙头市，玲珑竹岸窗"②；刘禹锡在沙市所见："今日好南风，商旅相催发，沙头樯竿上，始见春江阔"③；王建诗称："沙头欲买红螺盏，渡口多呈白角盘。"④都反映出作为江边津渡，唐代的沙市交通便利、商贾云集、市容繁盛。据此，王建《江陵即事》诗所描绘的情景，更有可能是出现在沙市而非江陵，以这首诗来证实唐代江陵江堤的情况，恐难成立。

唐代江陵江堤的情况如何，就笔者迄今的了解，尚未见到这方面的直接记载。《新唐书·地理志》被顾炎武赞为"凡一渠之开，一堰之立，无不记之"⑤，此语虽有夸张，但反映出该书确实是收录唐代水利比较详明的一部史书，而在这部书中，对于唐代江陵的水利建设也只是记载了李皋修复汉水西岸古堤一事，没有提到长江堤防。

史籍中对于唐代的江陵江堤缺乏记载，其原因不明，一种可能是有关唐代江堤修筑的资料均已散失；另一种可能则与当时荆江洪

---

① 《唐代交通图考》第四卷《山剑滇黔区》篇二九《成都江陵间蜀江水陆道》，第1132—1133页。
② （唐）元稹：《泛江玩月十二韵》，《全唐诗》卷四〇六，第4526页。
③ （唐）刘禹锡：《荆州歌二首》，《刘禹锡集》卷二六，上海人民出版社1975年版，第235页。
④ （唐）王建：《送从侄拟江陵少尹》，《全唐诗》卷三〇〇，第3403页。
⑤ （清）顾炎武著、陈垣校注：《日知录校注》卷一二《水利》，安徽大学出版社2007年版，第702页。

水较少有关。①如果洪患问题不太明显，对人类生产、生活没有太大威胁，旧有江堤已足以防御而无须大修或新筑的话，人们就不会特别留意堤防的修建问题，对于原有堤防之日常维护一类的事情也不会专门作出记载了。

尽管史籍中没有留下明确的资料，但根据唐代江陵之人口繁盛、农业进步、城镇发达的情况来看，唐代的江陵江堤较前朝有进一步发展应是毋庸置疑的。

作为人工修建的水利设施，人工堤防的发展至少有两个基本的社会前提：一是当地聚居了较多的人口，二是当地的经济发展达到一定的水平。此种情况下，遂有需要和值得修建堤防来保护生命财产、城镇乡村，亦有足够的人力和财力来修建和维护堤防。

唐代的江陵，上述两个社会前提较以往更为充分。

以人口的发展为例。唐代江陵已人口众多，特别是中唐以后，人口增长很快，正如《旧唐书·地理志二》所说："自至德后，中原多故，襄、邓百姓，两京衣冠，尽投江、湘，故荆南井邑，十倍其初。"《资治通鉴》则称："江陵城下旧三十万户。"②众多人口聚居江陵，不再像过去那样集中于岗坡、台地或天然堤上，而是"人俗

---

① 根据研究，唐宋以前荆江呈漫流状态，统一的荆江河道还没有形成，水位比较低，洪患尚不明显；唐宋间统一河道形成以后，在气候变迁、河曲发育、人类活动加剧等多种因素的共同影响下，荆江洪灾日渐严重。参见林承坤等：《荆江河曲的成因与演变》，《南京大学学报》（自然科学版）1965年第1期；张修桂：《云梦泽的演变与下荆江河曲的形成》，《复旦大学学报》（社会科学版）1980年第2期；谭其骧：《云梦与云梦泽》，《复旦大学学报》（历史地理专辑）1980年；袁越方：《下荆江河曲的形成与演变初探》，《复旦大学学报》（历史地理专辑）1980年；周凤琴：《荆江堤防与江湖水系变迁》，《长江水利史论文集》，河海大学出版社1990年版；周凤琴：《荆江近5000年来洪水位变迁的探讨》，《历史地理》第4期，上海人民出版社1986年版。

② 《资治通鉴》卷二五三《唐纪六十九》，僖宗乾符五年（878）正月条，中华书局校点本1976年版，第8192页。

多居于江津诸洲"①，这就必然刺激沿江堤防的增长。

再以农业生产的发展为例，江陵与江汉平原其他地区一样，气候温暖湿润，"其土宜谷稻"②，稻作农业的历史开始很早，本区普遍可见的新石器时代屈家岭文化即已种植水稻。唐中叶以后，江陵进入农业迅速发展的时期，德宗贞元年间（785—805）江陵东北的水稻生产即号称"亩收一钟"③。又如，柳谋在江陵"有田五百亩"④；韦宙在"江陵府东有别业，良田美产，最号膏腴，积稻如坻，皆为滞穗"⑤。如此大面积的稻田，不可能像过去那样主要分布于零星的岗丘坡地，而势必以修筑堤堰、开垦平原为主要方式，因此，中唐以来稻作农业的扩展也就意味着堤防的扩展，反映出本区堤防的修建进入到一个更为重要的时期。

在宋人的记载中，江陵县有断堤和断堤寺。《舆地纪胜》卷六四《荆湖北路·江陵（上）·景物（下）》"断堤寺"条称："在江陵县东北，今名东能仁断堤寺，有张孝祥题诗。"张孝祥《题断堤寺》诗共3首⑥，其一有"柔桑细麦绿油油"句；其二有"堤边杨柳密藏鸦，堤上游人两鬓丫"句；其三有"古寺留春最得多……古柏阴森著薜萝"句。可见，断堤在南宋时是一处有名的景观，堤边既有绿油油的桑麦，又有细密成荫的杨柳，堤上有游人，近旁有古寺。那么，这段堤防是否与唐朝江堤有关系？据光绪《江陵县

---

① 《太平寰宇记》卷一四六《荆州》，第2833页。
② 《宋史》卷八八《地理志四·荆湖北路》"总论"，第2201页。
③ （宋）王溥：《唐会要》卷八九"疏凿利人"条，上海古籍出版社校点本2006年版，第1923页。
④ （唐）柳宗元：《柳河东集》卷二四《送从弟谋归江陵序》，原中华书局断句本，上海人民出版社1974年版，第402页。
⑤ （宋）李昉等：《太平广记》卷四九九"韦宙"条，中华书局排印本1961年版，第4095页。
⑥ （宋）张孝祥著、徐鹏点校：《于湖居士文集》卷一二《题断堤寺》，上海古籍出版社1980年版，第118—119页。

志》，江陵城东 5 里有菩提寺，"唐建，依古大堤，堤为节度使段文昌所修，又曰段堤寺"。①乾隆《荆州府志》亦称："菩提寺，在城东五里，唐建，依古大堤，为节度使段文昌所修。又名段堤寺。今废。"②

由此可见，唐朝后期段文昌为荆南节度使时曾在江陵县东修建大堤，别称段堤；堤旁有寺，名段堤寺。宋人所谓"断堤寺"有可能就是唐代的"段堤寺"，断堤有可能就是段文昌所修段堤，唐末至南宋以后"段"讹为"断"，音同而字异。据此，晚唐时江陵东有大堤，位于城东 5 里。从江陵城东南濒江的地理环境来判断，城东的大堤很有可能是为了防止江水对江陵城的侵蚀而修建的，应当属于江堤的一部分，其起止不详。

(二) 五代江陵城堤防的修筑

唐朝末年，荆襄成为唐军和农民军激烈作战的地区之一，大动乱使江陵破坏惨烈，人口损失极其严重，所谓"江陵城下旧三十万户，至是死者十三四"③。更有一种说法是"荆州经巨盗之后，居民才一十七家"④。此语有夸张，但说明所受破坏的确十分惨重。五代时，高氏以江陵为基地，采取一些招抚流亡的措施，"由是兵众渐多"⑤，恢复较快。在五代那种战乱纷争不已的环境中，像荆南这样的小国能够维持一方，与其经济的发展有密切关系。

据明、清人的记载，高氏曾大规模修筑江陵江堤，称寸金堤。

---

① （清）光绪《续修江陵县志》卷六四《寺观志》"菩提寺"条，光绪三年宾兴馆刻本。
② （清）乾隆《荆州府志》卷二二《寺观·江陵县》"菩提寺"条，乾隆二十二年刻本。
③ 《资治通鉴》卷二五三《唐纪六十九》，僖宗乾符五年正月条，第 8195 页。
④ 《旧五代史》卷一七《成汭传》，中华书局校点本 1976 年版，第 229 页。
⑤ 《旧五代史》卷一三三《高季兴传》，第 1752 页。

这类记载最早见于《大明一统志》①，是书卷六二《荆州府·山川》"寸金堤"条称："在府城龙山门外。五代梁将军倪福可所筑。激水捍蜀，谓其坚厚，寸寸如金。"此后，明、清多部志书袭用此说，只是或称"倪福可"，或称"倪可福"（据《通鉴·后梁纪》诸卷，当以"倪可福"为是）。如万历《湖广总志》卷三二《水利·荆州府·江陵县》称："堤五……寸金，在龙山门外，五代时蜀孟昶将伐高氏，欲作战舰巨筏，冲荆南城，梁将军倪福可筑是堤，激水以捍之。"②《十国春秋》卷一〇二《倪可福传》称："筑寸金堤，激水捍蜀有功"。句下注文引清顺治间孔自来等所著《江陵志余》云："寸金堤，在西门外，梁将军倪可福所筑。"《读史方舆纪要》卷七八《湖广四·荆州府·江陵县》"寸金堤"条则称："在府城龙山门外。五代时，高氏将倪可福筑，以捍蜀江激水，谓其坚厚，寸寸如金，因名。"③《嘉庆重修一统志》、雍正《湖广通志》等均亦采此说。④

笔者以为，倪可福筑寸金堤一说未必可信。主要理由有三：第一，五代及北宋的资料都没有这方面的记载。以《资治通鉴》为例，是书对于南平国主高季昌（后改名季兴）及倪可福在江陵期间的较重要战事和较大规模的土木工程，都一一备载，如记高季兴遣

---

① （明）李贤等：《大明一统志》，三秦出版社1990年影印明天顺刻本。
② （明）万历《湖广总志》，四库全书存目丛书本，齐鲁书社1996年影印福建省图书馆藏明万历刻本。
③ （清）顾祖禹撰，贺次君、施和金点校：《读史方舆纪要》（以下简作《方舆纪要》），中华书局2005年版，第3662页。
④ （清）嘉庆《重修一统志》（以下简作《嘉庆一统志》）卷三四五《荆州府（二）·堤堰》"寸金堤"条称"在江陵县西，龙山门外。高氏将倪可福筑"，中国古代地理总志丛刊本，中华书局1986年版。（清）雍正《湖广通志》卷二〇《水利志·江陵县》"寸金堤"条称："在龙山门外，五代时蜀孟昶将伐高氏，欲作战舰巨筏冲荆南城，梁将军倪福可筑是堤，激水以捍之。"雍正十一年刻本。

倪可福攻朗州，败李洪，修江陵城外郭，等等。① 如果说倪可福修筑寸金堤以阻挡蜀军进攻一事确有无误的话，对于这样一件并非微不足道的事情，《资治通鉴》是没有理由不着一字的。第二，南宋的两部著名地理志《舆地纪胜》和《方舆胜览》都记载了江陵寸金堤，但都没有提到倪可福。② 第三，从上引诸书文字的衍变来看，倪氏筑寸金堤抵御蜀兵一说也是值得怀疑的。最早记载此事的《大明一统志》卷六二《荆州府·山川》"寸金堤"条，称倪氏筑堤"激水捍蜀"，此所谓"蜀"当指五代十国之一的蜀政权；《天下郡国利病书》卷七三《荆州府·江陵县》"寸金堤"条亦以蜀为蜀国。而在前引《方舆纪要》中，"蜀"被明确说成是"蜀江"，称："倪可福筑（寸金堤），以捍蜀江激水。"上引诸书中，除了"激水捍蜀"的文字不同以外，对于倪氏修筑寸金堤时间的记载也不一样，《十国春秋》称事在倪可福率兵力拒朗州雷彦恭后不久；据《资治通鉴》卷二六六《后梁纪一》，是役发生在梁太祖开平元年（907）；而《嘉靖湖广图经志书》和《天下郡国利病书》皆将修堤事系于后蜀孟昶（938—965 年在位）之际，前后相距数十年之久。

综上所述，从对"蜀"之含义所作的不同理解，到对倪氏筑堤时间的说法各异，似都反映出倪可福修寸金堤一事并无确切依据，很可能只是传说而已，不足为信。

高氏政权的确在江陵修筑过堤防，荆南国能够富盛一方，与堤防的修筑有直接关系。这方面的举措，最有代表性的是沿汉水修筑了长达 100 多里汉水堤，人称"高氏堤"。《方舆纪要》卷七七

---

① 参见《资治通鉴》卷二六六、卷二六七、卷二六八、卷二七一。
② 参见《舆地纪胜》卷六四《荆湖北路·江陵府（上）·景物（上）》"寸金堤"条；（宋）祝穆：《方舆胜览》卷二七《荆湖北路·江陵府·山川》"寸金堤"条，上海古籍出版社影印宋本。

《湖广三·承天府·潜江县》"高氏堤"条称:"县西北五里。五代时高氏所筑。起自荆门州绿麻山,至县南沱埠渊,延亘一百三十里,以障襄、汉二水。"《利病书》卷七三《水利·潜江县》"高氏堤"条略同。但是,高氏是否修筑过长江堤防,目前还看不到这方面的直接记载。《舆地纪胜》卷六四《荆湖北路·江陵府(上)·景物(上)》"北海"条云,高季兴孙保融曾于周世宗显德二年(955)"自西山分江流,方五七里,筑堤而居,谓之北海"。"北海"之堤可视为江堤的一部分,但与倪可福没有关系。

(三)北宋时的江陵江堤

北宋时期,在十国之一荆南的基础上,江陵地区的社会经济得到进一步发展。

仍以人口为例,根据《太平寰宇记》、《元丰九域志》和《宋史·地理四》,太平兴国(976—984)、元丰(1078—1085)和崇宁(1102—1106)年间,江陵府户数分别为63447、189922和85801。[①] 诚如很多学者早已指出的那样,宋代的户口统计数字很不可靠,特别是人口的统计,平均1户仅有2口左右,显然有问题。考虑到这一点,笔者略去了各个时期人口的统计数字,而是按照当时一般的家庭规模1户5口的标准,将户数的5倍作为人口数。在这种情况下,无论是在籍户数,或是以5口计算家庭规模的人口数,都不可能是准确的,只能大体用作定性分析的基础。据此,北宋太平

---

① 参见《太平寰宇记》卷一四六《荆州》;王存:《元丰九域志》卷六《荆湖北路·江陵府》,中华书局校点本;《宋史》卷八八《地理(四)·荆湖北路·江陵府》。其中,《元丰九域志》称"户,主五万六千三百一十四,客一十三万三千六百八",总数接近19万户,与此前的太平兴国年间6万多户、此后的崇宁年间8万多户相比,数字过于悬殊,特别是元丰至崇宁不过二三十年,其间当地并未发生大的自然或社会的变乱,人口锐减10万余户不合规律,故疑"客一十三万三千六百八"之"三万"前衍"一十"二字,待考。

兴国、元丰和崇宁年间江陵的人口数分别为 316935、949610、429005，比唐代人口高出许多。即使是北宋初期的太平兴国年间，江陵的户数也在唐朝鼎盛的天宝间（742—756）荆州户 30392 之上。①

人口的增长必然带来对土地需求的增长，带来以堤防为重要内容的水利兴修的增长。

北宋时江陵堤防修筑的情况如何，迄今未见具体资料。但从南宋张孝祥的《金堤记》中，可作一些推论。兹将《金堤记》主要内容转引如下：②

> 蜀之水既出峡，奔放横溃，荆州为城，当水之冲。有堤起于万寿山之麓，环城西南，谓之金堤。岁调夫增筑，夏潦方淫，府选才吏，分护堤上。
>
> 乾道四年，自二月雨，至于五月，水溢数丈，既坏吾堤，又啮吾城……秋八月，某自长沙来，以冬十月鸠材庀工作新堤，凡役五千人，四十日而毕。已决之堤，汇为深渊，不可复筑。别起七泽门之址，度两阿之间，转而西之，接于旧堤，穹崇坚好，悉倍于旧。
>
> 既成，某进府之耆老，问堤之所以坏。曰："异时岁修堤，则太守亲临之，庳者益之，穴者塞之，岁有增而无损也，堤是以能久。今不然矣，二月，下县之夫集，则有职于是者率私其人以充它役，或取其佣而纵之；畚锸所及，并宿草与土而去之

---

① 唐代天宝户数参见冻国栋：《唐代人口问题研究》第四章第三节《唐代各地区人口分布的具体考察》之六"山南道"，武汉大学出版社 1993 年版，第 193 页。唐时荆州与北宋江陵府范围不尽相同，如枝林，唐时属荆州，宋时为荆门军（治今湖北荆门）；监利，唐时属复州（治今湖北天门），宋时归江陵府（治今湖北荆州），因此户数对比只具有相对意义，大体可用于定性分析。
② 《于湖居士文集》卷一四《金堤记》，第 141 页。

耳。视堤既平，则告毕工，于是堤日以削而卒致于溃也。"

从上引这段文字，可以得出以下几个结论：

1. 张孝祥之前，江陵已有御江护城的堤防，"起于万寿山之麓，环城西南，谓之'金堤'"。2. 张孝祥修堤并非如《宋史》等书所说是江陵金堤之始，[①]而是对旧堤的修复。只是对于旧堤中决坏"为深渊，不可复筑"的堤段，选新址另筑，与旧堤剩余部分相接。3. 旧金堤至迟在某"耋老"记事之前已有，亦即乾道四年（1168）之前六七十年即已存在，换言之，旧金堤至迟在北宋后期已有。4. 北宋后期已对这段堤防连年培修，由郡守负责其事，可见当时的江陵城与堤防的关系已十分密切，堤防的维修得到高度重视。

二、唐至北宋时的沙市江堤

沙市位于江陵城东南十余里，无论是地域或政治、经济关系上都与江陵城连为一体，故在此一并讨论。沙市在唐时全称为沙头市，常简作沙市或沙头，如元稹有"吠声沙市犬"的诗句[②]，杜甫则称"飞急到沙头"[③]。北宋在此设立税务，故又称"沙市务"[④]。沙市始于何时不详，中唐以后已从江陵城外的一个江津渡口发展成为商业交通繁盛的大型集市，并筑有相应的沿江堤防。

---

① 《宋史》卷三八九《张孝祥传》云："复待制，徙知荆南、荆湖北路安抚使。筑寸金堤，自是荆州无水患。"（第11943页）人们常据此认为张孝祥寸金堤为江陵筑堤之始。
② （唐）元稹：《酬乐天东南行诗一百韵》，《全唐诗》卷四○七，第4531页。
③ （唐）杜甫：《舍弟观赴蓝田取妻子到江陵喜寄三首》，《全唐诗》卷二三一，第2541页。
④ 参见（清）徐松辑：《宋会要辑稿》食货二二之二四"盐法"，熙宁十年（1077）江陵府解盐额，中华书局缩印本1957年版。

沙市长江堤防的起始，传统的看法是在北宋熙宁（1068—1077）间郑獬任知府时，依据是《宋史》卷九七《河渠志（七）》"荆襄诸水"条，原文作："（庆元）三年，臣僚言：'江陵府去城十余里，有沙市镇，据水陆之冲。熙宁中，郑獬作守，始筑长堤捍水……'"《方舆纪要》及今人所修《长江水利史》等均采此说。[①]

实际上，郑獬所修长堤并非"始筑"。程鹏举《古代荆江北岸堤防考辨》一文曾对此进行过考证，提出"中唐时期已有沙市堤防"。其主要论据是前引王建的《江陵即事》诗："瘴云梅雨不成泥，十里津头压大堤。蜀女下沙迎水客，巴童傍驿卖山鸡。"程文指出，中唐时的沙市是"进出三峡船只几乎必停的重要码头"，商旅在此泊船，小贩叫卖于驿馆旁，是"这一类水陆码头所在市镇的常见景象"；南宋陆游《入蜀记》中关于"沙市堤上居者，大抵皆蜀人"的记载，"恰与王诗中的'蜀女'、'巴童'相合"；同时，沙市堤防的存在，也"与当时的经济发展是相适应的"，因而"沙市堤在唐前期逐渐形成是比较自然的"，认为王建诗描述的即是沙市的情形。笔者基本同意程鹏举的说法，其考辨内容此略，详参其文。[②] 根据王建的诗，中唐时的沙市江堤已有相当的规模。

与程鹏举不同，有的学者在讨论沙市堤防时，依据刘禹锡的诗《堤上行》（三首），来说明中唐已有沙市堤防，且规模可观。[③] 其

---

① 参见《方舆纪要》卷七八《湖广四·荆州府·江陵县》"沙市城"条；前揭《长江水利发展史》。
② 程鹏举：《古代荆江北岸堤防考辨》，《历史地理》第8辑，上海人民出版社1990年。又，严耕望先生曾指出：唐时自沙头市"北行大堤15里，至荆州江陵府治所之江陵县城"，即认为唐代沙市至江陵之间已有"北行大堤"。参见前揭《唐代交通图考》第四卷篇二八。但是，严先生除引《吴船录》（卷下）中"泊沙头，道大堤入城"的记载为证以外，未列出其他资料。仅据南宋人范成大的《吴船录》，似不能证明沙市大堤自唐代已然，当另有所本，故此处暂不取严先生之说。
③ 如梅莉等：《两湖平原开发探源》第六章第二节《吴樯蜀船的沙市》，江西教育出版社1995年版，第233页。

诗之一称:"酒旗相望大堤头,堤下连樯堤上楼。日暮行人争渡急,桨声幽轧满中流。"之三曰:"长堤缭绕水徘徊,酒舍旗亭次第开。日晚上帘(一作"出帘")招估客,轲峨大艑落驱来。"① 但是,今人如卞孝萱等有关刘禹锡诗文的若干研究都认为《堤上行》写于夔州(治今四川奉节县东)。② 因此,有关唐代沙市江堤的情形,尚无多少资料说明。

五代之沙市江堤无载。

北宋时,沙市获得显著的发展,其商业贸易额甚至超过了江陵

---

① (唐)刘禹锡:《堤上行三首》,《刘禹锡集》卷二六,上海人民出版社 1975 年版,第 238 页。《全唐诗》卷五六三"李善夷"名下也有一首与刘禹锡《堤上行》之一相同的作品,题作《大堤曲》。此诗作者究竟是谁,学界看法不一。严耕望先生《唐代交通图考》将此诗系于李善夷,并引此诗说明襄阳、宜城一带江堤的发展(参是书第四卷《山剑滇黔区》篇二八《荆襄驿道与大堤艳曲》之四"途程地貌与大堤艳曲",第 1070 页);卞孝萱《刘禹锡年谱》等多种论著则以此诗作者为刘禹锡(详参下条注释),本文从后说。

② 参见卞孝萱等:《刘禹锡年谱》,中华书局 1963 年版,吴汝煜:《刘禹锡传论》,陕西人民出版社 1988 年版;高志忠:《刘禹锡诗文系年》,广西人民出版社 1988 年版等。以上论著皆将《堤上行》写作时间系于刘禹锡知夔州任上,理由是《堤上行》之二有"桃叶传情竹枝怨,水流无限月明多"之句,认为竹枝词在夔州甚为流行,刘禹锡在知夔州任上作有《竹枝词》(九首),并"由于得到民歌启发而创作"了《堤上行》(《刘禹锡年谱》,第 125 页)。笔者以为,《堤上行》所描写的不是沙市,但亦非夔州,而很可能是朗州(治今湖南常德)武陵县的沅水堤防。理由是,第一,从竹枝词的流播来看,它在唐代巴蜀甚为流行,但并不限于巴蜀一带,随着巴人的南下,竹枝词在洞庭湖区同样广为传唱,刘禹锡的《洞庭秋月行》即有"荡桨巴童歌竹枝,连樯估客吹羌笛"的诗句(《全唐诗》卷三五六)。仅据"桃叶传情竹枝怨"句来断定该诗作于夔州,恐论据不足。第二,从《堤上行》所描写的景物来看,刘禹锡曾贬朗州(治武陵县,今湖南常德市)近 10 年,任上作有若干咏武陵的诗篇,其中对于县境沅水江堤的描写与《堤上行》如出一辙。例如,前引《堤上行》可见沿江筑堤,堤下泊商船,渡口多行人;堤上建楼舍,酒家众多,酒旗招展。而在咏武陵的《采菱行》诗中,诗人写道:"蓼花缘岸扣舷归,归来共到市桥步……家家竹楼连广陌,下有连樯多估客。携觞荐芰夜经过,醉踏大堤相应歌……"(《全唐诗》卷三五六)描写的是一幅堤下商船,堤上竹楼,醉客夜归,且歌且行,与《堤上行》十分近似的画面;特别是其中"醉踏大堤相应歌"之句,与《堤上行》中"日晚上楼招估客"之句互相呼应,而"家家竹楼连广陌,下有连樯多估客"之句与《堤上行》所谓"堤下连樯堤上楼",更有着几乎完全相同的意境。另外,从山川地形和经济发展水平来看,唐代的夔州是否有必要和有能力修建如此规模的江堤,也是一个问题。以此观之,刘禹锡的《堤上行》很可能是写的武陵沅水堤防。

城,据《宋会要辑稿·食货》一六之一三"商税税额"记载,熙宁十年(1077)沙市缴的年商税额为"九千八百一贯六十五文",居江陵府属22个榷货场务之首,它标志着沙市已成为江陵府的经济中心。正是在这样的背景之下,郑獬"筑长堤捍水"。沙市江堤既号"长堤",可以想见,其规模当比唐代有进一步发展。但是,由于受当时修堤水平的限制,加上沙市"地本沙渚,当蜀江下流,每遇涨潦奔冲,沙水相荡,摧圮动辄数十丈"①,郑獬所筑江堤大约没有维持多久便遭江水毁坏,所以至南宋宁宗庆元三年(1197)又有重修之议。这似乎也意味着北宋时沙市与江陵类似,荆江水患的问题已比较显著,今日的荆江大堤以江陵、沙市为重要险段,其历史的依据至迟可以追溯到北宋时期。

总的来看,唐、五代、北宋时期江陵、沙市长江堤防的修建,既是当地人口增长、农业进步、城镇繁荣的产物,反过来又保护了社会经济开发的成果,并为开发的进一步扩展提供了条件。

(原载《中国历史地理论丛》1999年第2期)

---

① 《宋史》卷九七《河渠志(七)》"荆襄诸水"条,第2417页。

宋代荆江堤防的历史考察

长江中游自今湖北枝城市（原宜都县）东南之枝城街市（在焦枝铁路桥北面不远）东南流至城陵矶（今属湖南），通称为"荆江"河段，汊河发育，河道蜿蜒曲折，江水泛滥的问题严重，因此堤防的修筑至关重要。今荆江两岸有长达数百公里的人工堤防，其中以位于北岸，上起江陵枣林岗、下迄监利城南的荆江大堤最为著名。① 有关荆江堤防的研究已有一些成果，从清人撰修的《荆州万城堤志》，到当代人编写的《荆江大堤志》，以及今人的一些水利史、农业史和历史地理的论著，② 都程度不同地对这一问题进行过探讨。但其研究范围多集中于明清以后，且重在荆江北岸堤防，对宋代及荆江南岸堤防虽有所涉及，却相当有限。本文试图复原两宋时期的荆江堤防，并对其与区域开发、生态环境的关系加以探讨，以求更准确地把握宋代荆江地区经济社会的发展，并对今日长江防洪、环境整治和区域可持续发展，提供一些具有历史意义的借鉴。

---

① 参见本书编写组：《江陵堤防志》，1984 年 11 月内部发行本。
② 如周魁一、程鹏举：《荆江大堤的历史发展和长江防洪初探》，周凤琴：《荆江堤防与江湖水系变迁》，均载《长江水利史论文集》，河海大学出版社 1990 年版；程鹏举：《古代荆江北岸堤防考辨》，《历史地理》第 8 辑，上海人民出版社 1990 年版；本书编委会：《荆江大堤志》，河海大学出版社 1989 年版；前揭《江陵堤防志》；陈钧等主编：《湖北农业开发史》，中国文史出版社 1992 年版；梅莉、张国雄、晏昌贵等著：《两湖平原开发探源》，江西教育出版社 1995 年版等。

一、宋代荆江堤防概貌

两宋时期，荆江沿岸地区涉及二州（府）八县：北岸江陵府江陵、监利县（皆治今湖北同名县）；南岸江陵府松滋、枝江、公安、石首（皆治今湖北同名县市）、建宁县（治今湖北石首市东南）和岳州巴陵县（治今湖南岳阳市），除巴陵县属洞庭湖平原外，其余皆属江汉平原。

由于河道的变迁、河水的冲刷、泥沙的淤积等原因，加上堤防质量本来不高，元朝末年本区又发生了长期的战争，使得宋代的堤防多数在明朝即已毁损无存，至清代只剩下有限的记载，因此今人要恢复宋代荆江堤防的面貌十分困难，本文只能对此作初步探讨，有些地方不得不借助于逻辑推理。

（一）荆江北岸堤防的修建

北宋以前，江陵已有长江堤防，如唐朝后期荆南节度使段文昌曾在城东修建"段堤"①，五代高季昌时在城西筑有寸金堤②。宋代对江陵江堤进行了较大规模的修建，乾道四年（1168）江陵知府张孝祥便曾在城修堤，其《金堤记》详细记载了此举始末。从中可知，至迟北宋后期江陵已有"起于万寿山之麓，环城西南，谓之金堤"的御江堤防；官府对堤防的维修十分重视，"岁修堤"，"太守亲

---

① （清）乾隆《荆州府志》卷二二《寺观·江陵县》"菩提寺"条："在城东五里，唐建，依古大堤，为节度使段文昌所修。又名段堤寺。今废。"乾隆二十二年刻本。（清）光绪《续修江陵县志》卷六四《寺观志》"菩提寺"条略同，光绪三年宾兴馆刻本。
② （明）李贤等：《大明一统志》卷六二《荆州府·山川》"寸金堤"条称："在府城龙山门外，五代梁将军倪福可所筑。"三秦出版社1990年影印明天顺刻本。明、清人多袭此说，只是或称"倪福可"，或称"倪可福"（据《资治通鉴·后梁纪》诸卷，当以"倪可福"为是）。高氏在江陵修筑寸金堤当属实，但并非成于倪可福，笔者对此有另文专考，此略。

临之,庳者益之,穴者塞之,岁有增而无损也";南宋前期堤防溃损,张孝祥大力修复,并对其中决坏"为深渊,不可复筑"的堤段,选新址另筑,与旧堤相接。①另据楼钥《攻媿集》卷一六《朝请大夫曹君墓志铭》,约与张孝祥同时的江陵县令曹盅也曾修筑江堤,"调夫均平,躬自督课,增卑培厚,以为永利"。墓志铭还说,此前当地"岁役人夫数千"筑堤,恰可与《金堤记》所谓"岁修堤"互相印证,反映出自北宋后期江陵城与江堤的关系即已十分密切。

值得注意的是,在张孝祥的《金堤记》中,他所主持修建的江陵江堤名为"金堤",而在《舆地纪胜》、《方舆胜览》等书中,该堤又作"寸金堤"。②上引《朝请大夫曹君墓志铭》亦称曹盅所修"寸金堤,去城二里,实捍大江冲突之患"。据此可知,金堤与寸金堤应是一堤二名,经常通用。此堤与五代高氏所修寸金堤当有相承关系。

江陵城东南十余里,是唐代已很著名的沙市,又称沙头或沙头市。入唐以后,沙市即已从一个江津渡口发展为商业交通繁盛的大型集市,大约中唐时已出现长江堤防。③宋代的沙市"商贾辐凑,舟车骈集"④,相当繁荣。官府曾数度修固江堤,有明确记载的一是在北宋神宗熙宁年间(1068—1077),二是在南宋宁宗庆元三年(1197)。熙宁间郑獬修筑捍水长堤,但受当时修堤水平的限制,加

---

① (宋)张孝祥:《于湖居士文集》卷一四"金堤记",上海古籍出版社校点本1980年版,第141页。
② (宋)王象之:《舆地纪胜》卷六四《荆湖北路·江陵府·景物(下)》"寸金堤"条称:"在府城外万寿寺之西。张孝祥有《寸金堤记》。"江苏广陵古籍刻印社影印道光二十九年惧盈斋本。(宋)祝穆:《方舆胜览》卷二七《湖北路·江陵府·山川》亦有"寸金堤"条,称:"在府城外万寿寺西。张孝祥记。"上海古籍出版社影印宋本。
③ 前揭程鹏举:《古代荆江北岸堤防考辨》已证,可参。
④ 《舆地纪胜》卷六四《江陵府·景物(下)》"沙头市"条。

上沙市"地本沙渚,当蜀江下流,每遇涨潦奔冲,沙水相荡,摧圮动辄数十丈"①,所筑江堤大约没维持多久便遭江水毁坏,故庆元三年有重修之议。这种情况似乎意味着北宋时沙市与江陵类似,荆江水患的问题已开始出现,今日的荆江大堤以江陵、沙市为重要险段,其历史的依据至迟可以追溯到北宋时期。

有关南宋的沙市江堤,从宋人留下一些记载中可略知其概貌。如陆游的《入蜀记》称:"沙市堤上居者,大抵皆蜀人。不然,则与蜀人为婚姻者也";又曰:"击鼓鸣舻,舟人皆大噪,拥堤观者如堵。"②沙市堤上既有常居者,又可容纳"如堵"之"观者",可见堤防比较宽阔。再如,张孝祥词有"闻道玺书频下,看即沙堤归去"③之句,都说明南宋前期的沙市江堤已有一定规模,是民户居住之地,人马往来之途。

沙市堤段从距江陵城西约二三十里处始,向东延伸的一段区间,称黄潭堤,见于《宋史》卷九七《河渠志七》"荆襄诸水"条:"绍兴二十八年,监察御史都民望言:'荆南江陵县东三十里④,沿江北岸古堤一处,地名黄潭。建炎间,邑官开决,放入江水,设以为险阻以御盗。'"都民望称黄潭堤为"古堤",说明该堤始筑时间在南宋以前,具体时间难以确定。清人诗称:"黄潭一线势危哉,

---

① 《宋史》卷九七《河渠(七)》"荆襄诸水"条,中华书局校点本1985年版,第2417页。
② (宋)陆游:《入蜀记》第五,《陆游集·渭南文集》卷四七,中华书局校点本1976年版,第2448页。
③ 《于湖居士文集》卷三一《凯歌奉寄湖南安抚舍人刘公》,第298页。
④ 在顾炎武《天下郡国利病书》(以下简作《利病书》)卷七三《湖广二·荆州府·江陵县·堤五》"黄滩"条(道光十一年敷文阁聚珍版重刊本)和顾祖禹《读史方舆纪要》(以下简作《方舆纪要》)卷七八《湖广四·荆州府·江陵县》"金堤"条附"黄潭堤"(贺次君、施和金点校,中华书局2005年版)中,"东三十里"皆作"东南二十里"。按照江陵城的位置,长江流经其城西南至东南,"县东"的准确说法应为"县东南"。

骇浪惊涛打岸回……每念筑堤能捍水，始知高氏亦雄才。"①视黄潭堤为五代高氏所修，未详所据，存疑。

由于河流的变迁，主要是荆江主洪道的摆动，江道的南移②，宋代的江陵堤和沙市堤，都在今日的荆江大堤以内。

沙市以东的监利县，据同治《监利县志》，唐代已有永泰堤、黄歇堤等③，但诸堤是否属于荆江堤防不详。监利县江堤始于何时，由于史料的缺乏，亦难确指。据刘攽《彭城集》卷三八《著作佐郎周（喻）君墓志铭》，北宋时期监利已"濒江汉筑堤数百里，民恃堤以为业"；宋仁宗以前，为修堤"岁调夫工数十万，县不足，取之旁县。然岁常决坏，则庐舍田亩皆为鱼鳖居"。说明堤防修筑比较经常，规模亦可观，但堤防的质量不高，常常受到洪水的威胁。仁宗时期，南方经济得到较大发展，监利堤防的修建也有显著进步。县令周喻对筑堤用力尤多，"身自行视，得当水冲者十余处，益工高厚筑之。是岁遂不复决，役民大省。其后二十余年，民犹能指其处，曰是周令之力也"④。仅周喻就培修江堤"当水冲者十余处"，说明当时的监利县江堤已有一定规模。

从仁宗时江陵观察推官刘挚的诗句中，亦可见当时监利江堤的情况。是时，刘挚曾数度往返于江陵与监利之间，与监利县令王某唱和诗词，其《马上和王监利见寄》诗有"忆昨西归春未穷，重来堤竹已成丛，川塍足水稻齐插，霖雨涨江河欲通"之句；《将至监利先寄王令》诗则称："屈指中秋六晓昏，大堤丛竹见霜筠，未干醉月

---

① （清）陈诗编，姚勇、邱蕤、杨晓兰点校：《湖北旧闻录》卷一《水程一·荆州府》引汤石诗，湖北人民出版社1999年版，第466—467页。
② 有关江道的南移，参见周凤琴：《湖北沙市地区河道变迁与人类活动中心的转移》，《历史地理》第13辑，上海人民出版社1996年版。
③ 参见（清）同治《监利县志》卷三、卷一一，同治十一年刻本。
④ （宋）刘攽：《彭城集》卷三八《著作佐郎周（喻）君墓志铭》，丛书集成初编本。

题笺墨，随蹑还家走马尘。"①

可见堤边秀竹成林，堤内稻田齐整，说明大堤的质量较好，得以捍御江水，保护农稼，同时，刘挚骑马行于江堤之上，这与前述沙市江堤行人往来的情形相互印证，反映出北宋时荆北堤防开始成为与水运互补的交通线路。②

刘挚描写的是监利以西的沿江大堤，南宋以后县东亦有江堤，其中一段名为"车水堤"。嘉靖《湖广图经志书》卷六称："车水湾，在县东三十里，宋时江水泛涨，堤岸冲决，忽夜雷雨大作，明日有司往视之，得雷车毂木于堤上，水势藉卫，堤不颓坏。又名车水堤。"③

车水堤东端延伸至何处？明时期，自监利起，东北走向至汉阳县以西，有一道"长官堤"。《读史方舆纪要》卷七七《湖广三·沔阳州》"江水"条称："旧有长官堤，起监利县境，东接汉阳，长百数十里，明渐圮。"雍正《湖广通志》卷二《水利志》略同。④该堤在明世宗嘉靖元年（1522）刊刻的《湖广图经》中已有记载，尚

---

① （宋）刘挚撰，裴汝诚、陈晓平点校：《忠肃集》卷一七《马上和王监利见寄，兼简邹泽民》、《将至监利先寄王令》，中华书局2002年版，第354—385页。
② 《古代荆江北岸堤防考辨》根据刘挚诗推断说："很显然，北宋中期时，荆江北岸已经形成了基本完整、地位重要的堤防。"笔者以为，这一论断尚缺乏足够的资料支持。堤上能够骑马，可见这段江堤有一定规模。但是，第一，骑马的这段行程究竟多长并无明确记载；第二，时人往返于监利、江陵之间更常见的方式是舟行，如北宋中期欧阳修西入夷陵（治今湖北宜昌市）是溯江而上，至南宋前期，王十朋、陆游等入蜀亦皆如此，如果说北宋中期已有"基本完整"、便于骑马的江堤，人们为什么皆不取骑马陆行这种更为便捷的方式？应该说，直至北宋中期，荆北堤防有很大发展，但仍只是局部性的。
③ （明）嘉靖《湖广图经志书》（以下简作《湖广图经》）卷六《荆州府·监利·山川》"车水湾"条，书目文献出版社1990年据日本尊经阁文库藏明嘉靖元年刻本影印。又"车水堤"在（清）嘉庆《重修一统志》（以下简作《嘉庆一统志》）卷三四五《荆州府二·堤堰》中作"车木堤"，中国古代地理总志丛刊本，中华书局1986年版；（清）同治《监利县志》卷三《江防志》同。
④ 《利病书》卷七三《水利·沔阳州》亦有"长官堤"条，云："在江南，起监利至汉阳，长一百里。"但它把长官堤说成汉水堤，误。

未圮坏,是书卷一一《沔阳州·山川》"长官堤"条称:"在州南,辖(笔者注:"辖"字疑衍)大江之旁,上接监利县界,下接汉阳县界。"可见该堤始于嘉靖以前。那么,长官堤是否与南宋车水堤有关?笔者尚无资料说明,但可作一些推测。监利至汉阳之间,主要为长江支流沌水所经之地。南宋前期王十朋、陆游、范成大等曾先后舟行此地,留下有关记载。① 在他们笔下,沌水流域比较落后,甚至有人踪罕见的"百里荒"之地,但总体上"时时有人家"②,人口、经济皆有一定发展,并筑有沌水堤防。陆游的《入蜀记》卷五中便称:"过东场,并水,皆茂竹高林,堤净如扫。"东场地望已难确考,据陆游在沌中的行程推算,大约位于监利东北100公里处。

既然在相对落后的沌水流域已有洁净如扫的大堤,那么,同一时期在监利以东的荆江北岸筑有防洪堤段应是完全可能的。这些堤段,有可能即日后长官堤的前身,换言之,长官堤有可能创始于南宋,是车水堤的扩展。

(二)荆江南岸堤防的兴起

与长江下游段江南之繁荣胜过江北的情景相反,荆江南岸的发展水平逊于北岸,由于缺少北岸那样大面积的富含有机质的湖积冲积平原,南岸的人口、耕地有限,堤防建设亦较逊色。但随着经济的进步,入宋以后,荆南江堤在唐末五代的基础上得到发展,其中又以公安县最为突出。

---

① 参见(宋)王十朋:《梅溪后集》卷一一至一五,台湾商务印书馆影印文渊阁四库全书本;(宋)陆游:《入蜀记》;(宋)范成大:《吴船录》,范成大撰、孔凡礼点校:《范成大笔记六种》,中华书局2002年版等。
② 《吴船录》卷下。又,沌中西段接近监利处的河流实为夏水,宋人常统称为"沌水"。笔者对此有另文专考,此略。

公安县"濒大江,莅斯土者,堤防其首务也"①。至迟在唐末五代,当地已有长江堤防。

五代王周《藕池阻风寄同行抚牧裴驾》诗称:"船樯相望荆江中,岸芦汀树烟濛濛,路间堤缺水如箭,未知何日生南风。"②此诗当作于由公安北上江陵的途中,因遇北风不得行而滞留于藕池镇,故有盼"生南风"的句子。诗中可见,藕池以下有江堤,诗人所泊的地方则无,大约正是河口处。明清以后,这一带有规模不小的拦江大堤,《嘉庆一统志》卷三四五《荆州府二·堤堰》"大江御水堤"条称:"在公安县东,上接江陵,下抵石首,长一百里。"

王周诗中的江堤有可能即"大江御水堤"的前身。五代公安以东江堤的出现,说明荆江堤防已从上荆江向下荆江发展。

南宋时期,公安江堤进一步扩展。孝宗乾道六年(1170)陆游经过公安时,县令周谦即称当地"堤防数坏,岁岁增筑不止"③,说明修堤相当经常。至南宋后期孟珙时,开展了更大规模的筑堤活动。有关孟珙修堤的记载较多,前揭《嘉庆一统志》卷三四五《荆州府二·堤堰》"大江御水堤"条称:"县治平旷,宋端平三年,孟珙筑堤以御水。"孟珙所筑堤五:赵公堤、仓堤、横堤、斗湖堤和油河堤。《嘉庆一统志》同卷"斗湖堤"条称:"在公安县南。又西南三里有油河堤,又县北有横堤、仓堤,又东北有赵公堤。五堤俱宋孟珙所筑。"《读史方舆纪要》卷七八《湖广四·荆州府·公安县》"大江"条所记方位更为具体:"五堤在县治东三里者曰赵公堤,在县治南半里者曰斗湖堤,在县西三里者曰油河堤,在县东北二里者

---

① (清)同治《公安县志》卷三《民政志》"堤防",江苏古籍出版社2001年影印同治十三年刻本。
② (唐)王周:《藕池阻风寄同行抚牧裴驾》,(清)彭定求等编、中华书局编辑部点校:《全唐诗》卷七六五,中华书局1960年版,第8680页。
③ 《入蜀记》第五,《陆游集·渭南文集》卷四七,第2447页。

曰仓堤，在县治北者曰横堤。"五堤中直接用于防御荆江的是县治以北、以东的横堤、仓堤和赵公堤，三堤依次从县治以北往东南方向延伸。入元以后，随着荆江洪水位的大幅度上升，水患增加，公安县江堤也因之逐渐毁损。至清代，御江三堤皆不存。① 五堤中的其余二堤，斗湖堤在县城西南，号称"邑之巨障也"②，油河堤用以防止县西北三里的油河泛滥，清时亦皆废。③

公安东南的石首县，江堤亦有较大发展。北宋时今石首境分为石首、建宁二县，南宋省建宁为镇。至迟在北宋中后期建宁已有江堤，人称"建宁南堤"。熙宁至政和间人范致明的《岳阳风土记》称："华容地皆面湖，夏秋霖潦，秋水时至，建宁南堤决，即被水患。"说明当时的建宁已有御江堤防，其规模、起止暂不清楚。此外，北宋中叶石首西部有一道"谢公堤"，因县令谢麟而得名。《宋史》卷三三〇《谢麟传》称："再调石首令，县苦江水为患，堤不可御，麟叠石障之，自是人得安堵，号'谢公堤'。"谢麟修堤虽非新筑，而是在旧堤基础上垒石护岸，但仍是堤防建筑史上的重要贡献。由于此番修堤费米万石，故该堤又名"万石堤"。④ 明代是堤仍存，同治《石首县志》对其经行有具体记载，称："此堤自小南门外摇铃冈起，西接大堤，中间长街，接官亭等处，皆是。"但至清时，"因江水屡圮"，该堤"已湮废无存"。⑤

值得注意的是，地处荆江西端的松滋县，至迟在北宋后期也出现了御江之堤。据《入蜀记》卷五记载，陆游曾在桂林湾"与儿辈

---

① 《公安县志》卷三《民政志》"堤防"。
② 《方舆纪要》卷七八"湖广四·荆州府·江陵县""东湖"条，第 3666 页。
③ 《公安县志》卷三《民政志》"堤防"。
④ 《大明一统志》卷六二《荆州府·山川》"万石堤"条。
⑤ （清）同治《石首县志》卷一《方舆志》"万石堤"条，江苏古籍出版社 2001 年影印同治五年刻本。

登堤观蜀江"。桂林湾具体地望不详，据陆游的行程推算，在从沙市出发西行三日后的荆江南岸，当不出今湖北松滋老城镇东南一带。据《湖广图经》卷六《荆州府·山川·松滋》"大堤"条，明代以前松滋县有大堤"自堤尾桥直抵虎渡，延袤八十余里，洪武二十八年重修"。陆游与儿辈所登，有可能即此堤。桂林湾堤始于何时？无资料说明。可以推测的是，乾道六年（1170）陆游路过此地时感叹"西游六千里，此地最凄凉"[1]，说明当时尚未从战争的破坏中复苏，修堤不大可能，故此堤很可能是北宋天下尚太平时所筑。从唐到宋，松滋江堤之从无到有，应是当地经济、社会进步的一个标尺。

至于荆江东端的城陵矶段，亦即岳州巴陵（治今湖南岳阳市）境，虽有若干湖堤、河堤，如岳阳城西防御洞庭之水的偃虹堤，城东的白荆堤等，[2]但江堤无考。万历《湖广总志》卷三三《水利二·岳州府堤考略》称，明代中后期"巴陵堤防只在江北诸里"，可以想见，宋时期这里很可能还没有江堤。

二、宋代荆江堤防与区域开发的关系

人工堤防作为人工修建的水利设施，它的出现至少有两个基本的社会前提：一是当地聚居了较多的人口，二是当地的经济发展达到一定的水平。在这种情况下，才有需要和值得修建堤防来保护生命财产、房舍家园或城镇与田地，也才有足够的人力和财力来修建

---

[1] （宋）陆游著、钱仲联校注：《剑南诗稿校注》卷二《松滋小酌》，上海古籍出版社1985年版，第158页。
[2] 参见《舆地纪胜》卷六九《荆湖北路·岳州·景物（下）》"偃虹堤"条；（宋）范致明：《岳阳风土记》，小石山房丛书本。

堤防。宋代荆江堤防的兴建与发展，即是本区人口增长、经济开发的产物。

(一) 堤防增长的首要因素是人口增长

早在旧石器时代荆江地区即有人类活动①，入唐以后由于治水能力的提高，水路交通的畅达等，使得本区人口增长较快；特别是"安史之乱"的爆发，极大地影响了本区的人口变迁：一方面战争造成原有人口的锐减，另一方面战乱又促发新的人口移入，本区接受了大量的北方移民。正如《旧唐书·地理志二》所称："自至德后，中原多故，襄、邓百姓，两京衣冠，尽投江、湘，故荆南井邑，十倍其初。""十倍其初"显然有夸张，但大规模移民的迁入使人口恢复、增长很快当是事实。随着人口的大量增加，原先集中居住的岗丘台地不能满足需要，使得"人俗多居于江津诸洲"②，由此促进沿江堤防的扩展。

中唐至南宋前期，荆江（主要是江陵）地区的人口变动出现过两次较大的反复，其一在唐朝末年，其二在北、南两宋之交，皆表现为战乱导致人口锐减，战后逐渐恢复。

唐朝末年，荆襄是唐军与农民军激烈作战的地区之一，人口损失极其严重，史称"江陵城下旧三十万户，至是死者什三四"③。五代时，高季兴以江陵为基地，采取措施招抚流亡，"由是兵众渐

---

① 参见刘德银：《我国旧石器时代考古的重大突破——湖北江陵鸡公山发现旧石器时代居址》，《中国文物报》1993 年 5 月 2 日。
② （宋）乐史撰、王文楚等整理：《太平寰宇记》卷一四六《山南东道五·荆州》"风俗"条，中国古代地理总志丛刊本，中华书局 2007 年版，第 2833 页。
③ 《资治通鉴》卷二五三《唐纪六十九》，僖宗乾符五年正月条，中华书局校点本 1976 年版，第 8192 页。

多"①。北宋时期，荆江地区的社会经济恢复较快，以江陵府人口为例，根据《太平寰宇记》、《元丰九域志》和《宋史·地理四》，太平兴国（976—984）、元丰（1078—1085）和崇宁（1102—1106）年间，当地户数分别为63447、189922和85801户，②皆在唐天宝间（742—756）荆州户30392之上。③

北宋末年，金兵南下，宋室南迁，"安史之乱"造成的人口变动情形再现，一方面，原有人口严重损失，所谓"荆南户口十万，寇乱以来几无人迹"④；另一方面，促发了又一场北方人口南迁的运动，"中原士民扶携南渡，不知其几千万人"⑤。荆江地区再次成为移民的重要迁入地之一，绍兴初年"版籍凋残，无三万户"的江陵⑥，"至乾道间，举七县之籍，主、客、佃户凡四万二千余户，计十万余丁"⑦，30年间人口增长了40%，除自然增殖外，应有相当部分是移民的迁入。⑧

人口的增长必然带来对土地需求的增长，带来以堤防为重要内

---

① 《旧五代史》卷一三三《高季兴传》，中华书局校点本1976年版，第1752页。
② 参见《太平寰宇记》卷一四六《山南东道五·荆州》；（宋）王存撰，王文楚、魏嵩山点校：《元丰九域志》卷六《荆湖北路·江陵府》，中国古代地理总志丛刊本，中华书局1984年版；《宋史》卷八八《地理四·荆湖北路·江陵府》。
③ 唐天宝户数参见冻国栋：《唐代人口问题研究》第四章第三节《唐代各地区人口分布的具体考察》之六"山南道"，武汉大学出版社1993年版，第193页。又，翁俊雄：《唐朝鼎盛时期政区与人口》统计荆州天宝户为30192，首都师范大学出版社1995年版，第143页。
④ 《宋史》卷一七四《食货（上）二》"赋税"，第4216页。
⑤ （宋）李心传：《建炎以来系年要录》卷八六，绍兴五年闰二月壬戌条，台湾商务印书馆影印文渊阁四库全书本。
⑥ 《于湖居士文集》卷二五《荆州修堤设醮》，第250页。
⑦ （宋）李心传撰，徐规点校：《建炎以来朝野杂记》甲集卷一八"荆鄂义勇民兵"条，中华书局2000年版，第410页。
⑧ 关于宋代移民问题，学术界已有不少成果，其中吴松弟著《北方移民与南宋社会变迁》与本文的关系最为直接，台北：文津出版社1993年版。有关宋代荆江地区移民的分布、迁入与迁出诸问题，在吴著中皆有涉及，故本文于此从略。

容的水利兴修的增长，同时也为农田垦辟、堤防修建提供了必需的劳力。

（二）堤防兴建的水平取决于区域开发的程度

农业生产水平是宋代本区开发程度的主要标志。荆江地区气候温暖湿润，土宜谷稻，稻作农业的历史开始很早。唐中叶以后，本区进入农业迅速发展的时期。唐末战乱及北、南两宋交替之际，荆江地区遭受严重破坏，造成大量熟荒田，农业生产急剧跌落。但随着人口的恢复，对粮食与耕地的需求增加，本区以军屯的兴起为契机，农业生产较快复苏。如绍兴元年（1131）南宋政府任命宗纲为"荆南府、归、峡州、荆门、公安军镇抚使司，措置五州营田官"，负责荆门、江陵、公安一带屯田，收到一定成效，史称"其后荆州军食仰给，省县官之半焉"①。民间垦荒也得到官府鼓励，户部"立守令垦田增减赏罚之格"，施行于湖北、淮南等地。②南宋后期，随着对蒙古战争的展开，荆江地区屯田、营田的规模更大。同治《公安县志》卷三《民政志下》"纪兵"载："理宗端平二年，孟珙制置荆襄于公安，措置屯田。"孟珙屯田，用力颇多，《宋史》卷四一二本传称"珙大兴屯田，调夫筑堰，募农给种，首秭归，尾汉口，为屯二十，为庄百七十，为顷十八万八千二百八十"，取得很大成效。"首秭归，尾汉口"，正是自西向东跨越了整个荆江地区，如此大规模的"筑堰"屯垦，意味着本区江河湖泊的堤防修建进入到一个新的时期，上述公安县孟珙五堤等即是在这一背景下出现的。

城镇的发展与交通的畅达，也是本区堤防增长的重要前提。据

---

① 《宋史》卷一七六《食货（上）四》"屯田"，第 4271 页。
② 参见（宋）熊克著、顾吉辰等点校：《中兴小纪》卷三四，绍兴十九年十一月己亥条，福建人民出版社 1985 年版，第 410 页。

不完全统计，宋代荆江地区约有州县级城镇 8 个、乡镇 19 个，其他各种乡间集市近百处。①即使在低洼多水的平原腹地，也出现了小型市镇，成为宋代本区最值得注意的地理现象之一。交通方面，本区不仅扼南北陆路之咽喉，更是东西水路之枢纽，长江横贯整个地区，从西端的松滋到东端的巴陵，远自川蜀，达于江浙，都由这条水运交通干线联为一体，形成"南郡控引江湖，商贾之渊"的局面。②

区域开发的进步，为堤防的兴建与发展提供了必要和可能；堤防的发展反过来又进一步促使了开发水平的提高，为沿江农田的垦辟创造了条件。元明以后本区以垸田为代表的水利田大量出现，农业产量大幅度提高，原先的"苏湖熟，天下足"的经济格局遂为"湖广熟，天下足"所取代，所有这些，都与宋代所提供的基础直接相关。

(三)堤防兴衰与社会治乱紧密相连

把两宋时期本区堤防兴衰的历史与当时社会治乱的进程联系起来考察，不难看到二者之间同步变化的关系。这种变化的轨迹，可以描绘成二高一低的波浪式曲线，即北宋前、中期高，北宋末、南宋初年低，南宋孝宗以后再逐渐回升。具体而言，第一个阶段时间跨度较长，从北宋统一至徽宗前期，这是荆江堤防承袭唐、五代的基础，向上发展的阶段。北宋统一南方后，本区在政治上比较安定，社会经济进入到一个较好的发展时期，人口上升，土地垦殖面积扩大，荆江南北两岸都出现了一定规模的堤防，本区的地理面貌

---

① 笔者根据《宋史·地理志》、《宋会要辑稿》、《元丰九域志》、《舆地纪胜》、《湖广图经》、《方舆纪要》、《嘉庆一统志》及部分县志，对此作了详细考订，此略。
② （宋）苏辙撰、陈宏天等点校：《苏轼集·栾城集》卷二八《王佺通判荆南》，中华书局 1990 年版，第 475 页。

有较大变化。

第二个阶段时间较短，从北宋徽宗后期到南宋高宗绍兴后期，亦即通常所说的"两宋之交"，前后大约40年，这是荆江地区开发的低谷阶段，甚至是一个逆转时期。徽宗宣和末年（1125）宋金战争爆发，金兵大举南下，以江陵为代表的荆江地区，因地处南北陆路交通大道要冲遭到战争的严重破坏，生民流离，堤防毁损。这一阶段的时间虽不长，地理面貌的变化却不小，公安县"地旷民寡"，"堤防数坏"，[①]即是一证。

第三个阶段大致从南宋孝宗时（1163—1189年在位）开始，直至南宋后期，这是荆江地区的社会经济逐步恢复并有很大发展的阶段。孝宗隆兴二年是南宋社会发展的一个重要转折点，是年宋金订立"隆兴和约"，维持高宗绍兴十一年（1141）和约双方所议定的宋金疆界，此后双方虽仍有战争，但金兵再未渡江，处在和平环境下的荆江地区进入持续上升的阶段，开始了较大规模的筑堤垦田，前述张孝祥大规模修筑江陵金堤、沌水边出现堤防等，均发生在隆兴二年之后，本区的地理面貌发生了显著变化。堤防兴衰与社会治乱相伴相随，因治而兴，因乱而衰，它所反映的正是人类社会发展的一种基本规律。

三、堤防对荆江地区生态环境的影响

如上所述，人工堤防是本区最为重要的地理现象之一，如果没有堤防的修建，那么本区农田的垦辟、粮食产量的提高，以及城镇

---

① 《入蜀记》第五，第2447页。

的兴起与发展等等都是不可能的。可以说，堤防是本区经济发展、社会进步最为重要的手段与结果之一。

然而，正如恩格斯所指出的那样："我们不要过分陶醉于我们人类对自然界的胜利。对于每一次这样的胜利，自然界都对我们进行报复。每一次胜利，起初确实取得了我们预期的结果，但是往后和再往后却发生完全不同的、出乎预料的影响，常常把最初的结果又消除了。"① 荆江堤防正是如此，它不仅仅是本区的福祉，同时也在一定程度上给本区带来了问题，它所带来的经济进步、文明扩展是以牺牲自然环境的平衡为代价的，发展到一定阶段，便会带来灾难性的后果。

有关这一点，已有学者注意并加以研究，其中历史自然地理的研究成果较多。综合有关成果，可将宋以来荆江堤防的修筑给本区环境演变所带来的负面影响集中概括为两点：一是导致了洪水位的上升，二是改变了沉积方式，其结果则是洪涝灾害日趋严重。②

关于洪水位的上升，根据研究，唐宋以前荆江呈漫流状态，统一的荆江河道还没有形成，水位还比较低，洪患尚不明显；唐宋间统一河道形成以后，在气候变迁、河曲发育、人类活动加剧等多种因素的共同影响下，荆江洪水日渐严重。③ 其中，人类活动造成的影响尤为明显。洪水位的上升与堤防修筑有密切关系，二者可谓互为因果：由于洪水危害，人们修堤防洪；而大堤的修筑，导致洪水归

---

① 《马克思恩格斯选集》第4卷，人民出版社1995年版，第383页。
② 参见周凤琴：《荆江近5000年来洪水位变迁的初步探讨》，《历史地理》第4辑，上海人民出版社1986年版；前揭《荆江堤防与江湖水系变迁》；赵艳：《江汉湖群历史环境演变》（武汉大学博士论文，1998年5月）等所作的有关研究。
③ 关于荆江河道的形成、演变问题，参见林承坤等：《荆江河曲的成因与演变》，《南京大学学报》（自然科学版）1965年第1期；袁樾方：《下荆江河曲的形成与演变初探》，《复旦学报》（历史地理专辑），1980年等。

槽，洪水位上升，反过来又迫使人们进一步加高堤防。如前所述，两宋时荆江堤防在南北两岸均有较大发展，洪水位已开始上升。① 不过，宋代堤防并不完整，荆江还有众多分流穴口，著名的"九穴十三口"便是用来调蓄洪水，所以宋代洪灾问题尚未凸显。南宋后期为抵御蒙古而大兴屯田，"筑江堤以防水，塞南北诸古穴"②，至元朝诸穴仅剩荆北郝穴和荆南虎渡口，荆江水位进一步上升，洪水灾害日渐增多。元成宗大德八年（1304）重开六口，洪患有所缓解。但至明代，诸穴又重新堵塞，嘉靖二十一年（1542）荆江大堤连成一线，穴口最终消失。自此以后，由于沿江人口、城镇已相当稠密，再也不可能像元代那样重开穴口，而只是不断加高和加固堤防，结果使得水涨堤高、堤高水涨，如此造成恶性循环。

有关沉积方式的改变，主要表现为堤防的形成、洪水的归槽，使得沉积方式由过去的泛滥式面状淤积改变为线状堆积，由此造成河床、滩面淤积抬高。荆江大堤建成后，堤内基本停止淤积，而堤外滩面泥沙堆积逐年淤高，造成现代河漫滩沉积的超厚现象。目前的荆江大堤，外、内滩高低差甚大，沙市段即达10米多。③

其必然结果之一，便是洪涝灾害的加剧。根据统计，北宋至元朝初年即10—13世纪，江汉平原共发生水灾23次，平均约17年1次；元至明中叶即14—16世纪，水灾达74次，约4年1次，其中仅16世纪便发生了32次，多达每3年1次。④ 随着时间的推移，洪患的频

---

① 周凤琴对荆江洪水位问题作过研究，认为近5000年来荆江洪水位上升量约13.6米，其中秦汉至南宋时期上升较缓，南宋以后上升强烈，高达近10米。详参前揭文《荆江近5000年来洪水位变迁的初步探讨》。
② （元）王廷端：《石首重开古穴记》，转引自《湖广图经》卷六《荆州府·文类·石首县》。
③ 参见周凤琴：《荆江近5000年来洪水位变迁的初步探讨》。
④ 参见湖北省文史研究所编：《湖北自然灾害历史资料》，1957年稿本；武汉中心气象台编：《湖北省近五百年气候历史资料》，1978年稿本。

度明显增强。

虽然造成洪涝灾害的原因是多方面的,如气候(主要是降水)的影响、下垫面因素(如湖泊、河曲等)的变化等等,但人类活动所起的作用是不容忽视的。宋代荆江堤防的修筑,在本区开发尚不充分的当时,所起的作用以防洪减灾为主;但至明清以后,随着本区的人口膨胀、开发饱和,堤防带来的江面束狭、泥沙淤积加剧、河床垫高、洪水位上升等负面影响日趋严重。

(原载《中国史研究》1999年第4期,
收入本文集时略有删节)

宋代江汉平原城镇的发展及其地理初探

关于江汉平原地域范围的确定，迄今没有统一的标准。本文所讨论的江汉平原，主要依据地貌类型，其地域范围大致以平原外围50米等高线为界，西起枝江，东至黄石，北达钟祥、安陆，南迄湘鄂边界。包括今湖北汉阳、汉川、天门、仙桃、潜江、荆州、公安、石首、监利、洪湖等10县市全部和黄石、大冶、鄂州、黄州、黄陂、新洲、武汉、松滋、云梦、孝感、应城、安陆、钟祥、荆门、枝江等15县市的平原部分。

一

江汉平原的大部分在两宋时期皆属于荆湖北路，小部分分别隶属于京西南路、淮南西路和江南西路，北宋时分为2府、4州、3军、1监[①]、22县；南宋时分为2府、4州、4军、3监、20县。

从城镇发展的角度来看，一般来说，每一州（府、军、监）

---

① 监的情况比较复杂，一般来说，监与府、州平级，但也有与县同级者；监多是经济上有独特意义的地区，如鄂州宝泉监，在州东2里，熙宁八年（1075）置，铸铜钱。参见《宋史》卷八八《地理四》，中华书局校点本1985年版。

治、县治即为一规模不等的城镇，虽然少数州如兴国军（治今湖北省阳新县）的治所不在江汉平原，还有一些州、县的治所并非固定在一地，而是曾有迁徙；但至少可以说本区州、县级城镇超过20个。其中有的府州级城镇的规模相当可观，堪称大型城市。这方面最典型的例子，莫过于南宋时期的鄂州城（治今湖北省武汉市武昌区）。①其他府州级城镇也有一定规模，即使如知军黄榦所称"斗大之郡"的汉阳军（治今武汉市汉阳区），其军城"内外户口不下三千人家，又有船居四百只"，人口也在1.5万以上。②

在宋代江汉平原城镇中特别值得注意的，是县以下镇、市的发展。

"镇"原是以军事职能为主的单位，宋惩唐末五代藩镇跋扈之弊，于建隆三年（962）诏置县尉，削夺镇将权力，所存者称为监镇，掌警盗烟火兼征收商税。镇至此摆脱军镇色彩，以商贸市镇出现于经济领域。北宋中叶的《元丰九域志》是有史以来第一部正式记载"镇"的地理志，由此可见镇的发展在此时达到了一个新的阶段。在宋人看来，镇与县的主要区别是"民聚不成县而有税课者，则为镇"③。据《元丰九域志》记载，当时全国有镇1871个，其中江汉平原有不少于30个，④此后又有所增加⑤。

---

① （宋）陆游：《入蜀记》第四称鄂州"市邑雄富，列肆繁错……虽钱塘、建康不能过，隐然一大都会也"。《陆游集·渭南文集》卷四六，中华书局校点本1976年版，第2441页。（宋）戴复古：《石屏诗集》卷一《鄂州南楼》诗云"江渚麟差十万家"，清嘉庆道光间临海宋氏刊本。叶适则说鄂州是："今之巨镇"，（宋）叶适撰、刘公纯等点校：《叶适集·水心文集》卷九《汉阳军新修学记》，中华书局1983年版，第141页。
② （宋）黄榦：《勉斋集》卷三〇《申京湖制置司辨汉阳军籴米事》，台湾商务印书馆影印文渊阁四库全书本。以3000户、1户5人计，应有1.5万人。
③ （宋）高承：《事物纪原》卷七《州郡方域部》"镇"，商务印书馆影印本1936年版。
④ 《元丰九域志》有关镇的记载并不完整，如未载吉阳镇，据《宋会要辑稿》方域六之三三，吉阳原为县，开宝二年（969）废为镇，属孝感县，中华书局影印本1957年版。
⑤ 如沙市镇，南宋建。参见（宋）周必大：《周益国文忠公集》卷六五《淮西帅高君神道碑》，道光二十八年瀛塘别墅欧阳棨刊本。

"市"是商品交易的场所。作为农村集市的草市，始见于南北朝时期，中唐以后，手工业商业的兴盛和水陆交通的发展，促使草市大量兴起。宋时，在州县治所附近、交通要道两旁、关梁津渡之处，都出现了众多的草市，它们或以"市"命名，或被称作坊、场、店、务等等，成为官府征收商税的对象。① 草市的数量无法确知，但仅据熙宁九年（1076）毕仲衍《中书备对》有关全国坊场河渡27600多处的记载②，便可知宋代草市相当发达，其中一些即属于江汉平原，如"买扑江陵府亭陂等四十五处河渡"之类③，不胜枚举。虽然很多草市聚散不定，变动较大，但其中的一些或上升为镇，或其实际规模包括人口、商税甚至在镇乃至县之上，如江陵（治今湖北荆州市）附近沙头市和鄂州城外南草市就是其中最突出的代表。沙市是"四方之商贾辐凑，舟车骈集"的商埠，年商税额超过江陵④；鄂州南草市号称"沿江数万家，廛闬甚盛，列肆如栉"⑤。因此，本文所讨论的"城镇"实际上也包括这些草市。

笔者根据《宋会要稿》、《元丰九域志》、《舆地纪胜》、《方舆胜览》及其他多部明清志书，对宋时期江汉平原乡镇以下的市镇、草市作过考订，统计出各类集市、草市百余处，其详参见下表。

---

① 参见《宋会要辑稿》食货之"商税"。
② 周宝珠先生对此作过研究，详参其文《试论草市在宋代城市经济发展中的作用》，《史学月刊》1998年第2期。
③ 《宋会要辑稿》方域一三之一四。宋朝规定，商税年额在1000贯以上的派官监临，不及1000贯的允许人户买扑。
④ （宋）王象之：《舆地纪胜》卷六四《荆湖北路·江陵府（上）·景物（下）》"沙头市"条，江苏广陵古籍刻印社影印道光二十九年惧盈斋本；《宋会要辑稿》食货一六之一三"商税税额"。
⑤ （宋）范成大：《吴船录》卷下。范成大撰、孔凡礼点校：《范成大笔记六种》，中华书局2002年版，第225—226页。

宋代江汉平原镇、市一览表

府州	县	镇	市	监	其他	县	镇	市	监	其他
江陵府	松滋	1	2		3	枝江	1			4
	江陵	4	1	1	4	公安	2	1		3
	石首	1	2		4	监利	2			4
	建宁①					潜江	2			
复州	景陵	5				玉沙	2	1		8
荆门军	长林	7	1		7					
汉阳军	汉阳	2	1	2	6	汉川	1			1
鄂州	江夏	3	1	1	5	武昌	2		2	3②
安州	安陆					云梦				
	孝感	2	1			应城				1
郢州	长寿	7			1					
黄州	黄陂	1				黄冈	1	2		2
兴国军	大冶	2		1	2					
合计		镇 44		市 17		监 8		其他 107③		

资料来源:《宋史地理志》、《元丰九域志》、《舆地纪胜》、《读史方舆纪要》、《嘉庆一统志》等,详参上节有关注。

说明:①建宁县南渡后并入石首。另,江陵府还有沙冈务、山口务、白茞市及"买扑陂亭河渡等"45处,地望暂无考。②鄂州另有白湖铺、涢口铺、猛桥市等地望不详。③含江陵、鄂州境内地望不详的沙冈等市、务50处。

表中可见,宋时期江汉平原共有州县级城镇不少于20个,乡镇44个,监9个,其他各类草市121个。本表并不完备,例如,安陆县镇市数为零,这显然是不可能的;另外,其中一些镇市(特别是市)处在比较经常的变动之中,表中的数据并不能准确说明情况。不过,本表大体可以反映镇市的整体面貌、分布大势,可以作为分析的基础。

二

江汉平原是长江、汉江及其支流交汇地带的冲积湖积平原,北靠大洪山，东连大别山和鄂东南丘陵，西邻鄂西山地，平原内河流沟渠纵横，湖泊堰塘密布，水资源丰富，航运条件优越，这一自然地理条件极大地影响了该区域的城镇分布。

首先，河运是宋代江汉平原城镇成长的主要因素。

本区大多数城镇都分布于江河湖泊交通线旁，具体区位可分成三类：1. 河流交汇点。数条通航河流汇合的地方往往有较大量的人流、物流在这里集散、中转，因而是城镇发育的良好区位。如汉阳军、鄂州城位于汉水与长江交汇处；黄州城（在今湖北黄州市）生长于岐亭河入长江口；涢水、漳水和富水的汇集滋养了汉川城（在今湖北汉川县）。2. 梯级中转点。长江出三峡后即进入峡州（治今湖北宜昌），滩险流急、航道狭窄的江面变得宽阔，水流平缓，出川的船只通常在此修整，中转活动促使峡州城发育。峡州以下的江陵、沙市的发展，一个重要原因也在于此。宋代川盐大量东下，沙市是重要的中转口岸。陆游在这里"迁行李过嘉州赵青船"，换乘入川的船只；距沙市三四里的新河口，"盖蜀人修船处"，[①] 都说明沙市是蜀船的终点。3. 过河点。河道较窄或水流平缓便于架桥或摆渡的地方，往往容易出现镇市，如今枝江赫家洼，地处百里洲北侧的内江，"古时本一苇可航"[②]，"有港，有桥梁津渡"[③]，是宋代规模较大的商业口岸，考古工作者曾在此发现大量宋代瓷器及瓷器残件。[④]

从本区陆路交通对城镇的影响可从另一角度反衬宋时期河运对本区之重要。

宋代以前，本区内以江陵为中心，北上襄阳（治今湖北襄樊

[①]《入蜀记》第五，《陆游集·渭南文集》卷四七，第 2449 页。
[②]（清）同治《枝江县志》卷三，江苏古籍出版社 2001 年影印同治五年刻本。
[③]（清）同治《枝江县志》卷二。
[④] 田海峰：《略谈赫家洼和梁子湖的青白瓷》，《江汉考古》1985 年第 3 期。

市)、南下鼎州（治今湖南常德）纵贯南北的陆路交通干线地位十分重要，江陵能成为一方都会与此密切相关。入宋之后，由于都城先后从唐代长安（今属陕西）东移至北宋汴京（今河南开封）、南宋临安（今浙江杭州），更加上水路运输之便利低耗，使得这条陆路干线作为全国南北交通主道的地位大大下降，沿线的一些城镇逐渐衰落，襄阳便是一个典型的例子。本区内，荆襄道上重要城镇之一荆门（治今湖北荆门市）在唐时是一派"马声得得荆门道，蛮水扬光色如草"的景象①，入宋后逐渐衰落，南宋初加上战争的破坏，更是城邑萧条，"坊郭不满五百家"②。江陵的情况则不同，由于它不仅仅是南北陆路交通线的咽喉，同时又是东西水运交通线的枢纽，所谓"凡浮江下于黔蜀，与夫陆驿自二广、湖湘以往来京师者，此为咽喉"③，所以入宋后仍能避免衰落的命运。

不过，尽管陆路交通的地位大不如前，但仍对城镇的成长发挥作用，前面提到的峡州作为水运中转点而城镇发展水平却远在江陵之下，一个重要原因就在于峡州陆路"极天下之艰险"④，基本上无路可行。

其次，区域地形条件对城镇的分布也有很大影响。

江汉平原东、西、北三面与丘陵岗地连接，中腹为河间洼地。在平原边缘向丘陵过渡或平原与丘陵交会的地带，通常具有古代城镇建设所必备的良好防卫、交通、农业基础等条件，而平原中腹虽然水资

---

① （清）《荆门州志》卷三六《文苑》，引温庭筠：《常林欢》，江苏古籍出版社 2001 年影印乾隆十九年宗陆堂刻本。
② （清）洪适：《盘洲文集》卷四九《荆门军奏便民五事状》，台湾商务印书馆影印文渊阁四库全书本。
③ （宋）刘挚撰，裴汝诚、陈晓平点校：《忠肃集》卷一〇《荆南府图序》，中华书局 2002 年版，第 212 页。
④ 《吴船录》卷下，第 221 页。

源丰富，但排灌能力较差，开发难度较大。历史上人类活动的一般规律总是先岗地后湖区，道理正在于此。两宋时期由于人类治水能力有很大的提高，平原中腹得到了前所未有的开发，城镇的数量和分布比过去扩展。唐代时，本区有20县，宋代除将唐沔阳县（今湖北仙桃市西南）废为镇外，新增设了潜江（今湖北潜江市西北）、建宁（今湖北石首市境内）、玉沙（今湖北洪湖、监利之间）3县，增加的数量不算多，但是，值得注意的是，这3个县都位于江汉平原腹心地带。不过，从总体上说，宋代江汉平原的边缘丘陵岗地尚有较大开发余地，因而人们仍然倾向于避开低洼易涝的平原湖区。于是，同在江汉平原，平原腹地与平原边缘的情况很不相同，平原边缘发育较早的城镇如江陵、鄂州等继续扩展，分别成为平原西部和东部的中心城镇；其他如黄冈（治今湖北黄州市）、黄陂、大冶、武昌（治今武汉市江夏区）、长寿（治今湖北钟祥县）、孝感、应城、江陵、松滋（治今湖北松滋县西北）等多个县级城镇也都分布在平原边缘地带。而在湖泽密布的平原中腹则城镇既稀且小，有的地区甚至还是空白，如沌水两岸的一些地段还根本没有开发，人称"百里荒"[①]，与平原边缘城镇相对较密而大的状况形成鲜明对照。

再次，城镇地理位置的特殊性，往往决定了城镇功能性质的特殊性。

靠近矿体的城镇通常以矿业生产为主，如兴国军大冶县（今属湖北）是冶铁业的中心。临近江河的城镇多半是商贸港口，如江陵"北客随南贾，吴樯间蜀船"[②]；如鄂州"盖川、广荆、襄、淮、浙

---

① 参见《吴船录》卷下。
② （宋）苏轼撰，傅成、穆俦标点：《苏轼全集·诗集》卷一《荆州十首》其一，上海古籍出版社2000年版，第13页。

贸迁之会，货物之至者无不售，且不问多少，一日可尽"①。还有些镇市规模虽小，但也因临江河交通线而便于贸易，汉阳鹦鹉洲至沌口之间的金鸡洑即是如此，"洑中有聚落，如小县。出鲟鱼，居民率以卖鲊为业"②。靠近边界且兼有平原、丘陵、河湖的城镇，往往是战守防卫的中心，如鄂州，既是商贸港口，又由于接近宋金战争的前线，地理位置特别重要，"实荆襄之肘腋，吴蜀之腰膂，淮南江西，为其腹背，四通五达"，因而不仅"商旅辐凑"，而且"兵民错居"，③具有重要的军事职能。鄂州以东30里的杨夹口，也"居民及泊舟甚多，然大抵皆军人也"④，是一个以军事为主的聚落。

另外，值得注意的是，城镇的地理位置并非一成不变的。一方面，由于气候变化、海平面变化以及新构造运动等自然因素的影响；另一方面由于入宋以后人类活动的加剧，尤其是修筑堤防、围湖垦田之类活动的频繁，使得江汉平原洪水位上升。根据研究，近5000年来荆江洪水位上升量约为13.6米，其中宋代以来大约上升了10米。⑤一些沿江城镇尤其是州、县治所在的城镇由于洪水过程显著，城址安全受到威胁而纷纷搬迁，如公安县"沙虚岸摧，渐徙而南，今江流，乃昔市邑"之类⑥。北宋时的枝江、松滋、潜江等县治均不在今址，大体来说，都是今址逐渐远离了当时的河岸。水文条件的变迁对城镇的影响由此可见一斑。

还应当看到，自然地理条件对于城镇的成长、分布有很大影

---

① 《吴船录》卷下，第226页。
② 《入蜀记》第五，第2444页。
③ （宋）罗愿：《鄂州小集》卷五《鄂州到任五事札子》，丛书集成初编本。
④ 《入蜀记》第四，第2440页。
⑤ 周凤琴：《荆江近5000年来气候变迁的初步探讨》，《历史地理》第4辑，上海人民出版社1988年。
⑥ 《入蜀记》第五，第2447页。

响,但它毕竟只是提供了一个基础或一种可能性,城镇作为人类所创造的最重要的人文地理景观,它的出现从根本上说取决于人们的物质生产方式。生产方式是从更高层次上影响甚至决定城镇形成发展的因素,如果没有唐宋以来全国经济重心的南移,没有劳动人民治水能力的提高,没有大量北方劳动人口的南迁,宋代江汉平原城镇的发展是不可以想象的。

(原载《武汉大学学报》[哲社版] 1998年第6期)

宋代的鄂州南草市
——江汉平原市镇的个案分析

宋代是江汉平原市镇发展的重要时期，这有两个主要的标志：一是小市镇的兴起与发展，笔者对此有另文探讨；第二个标志就是大型市镇的出现，鄂州南草市是其中最突出的代表，它的发展可以说是本区市镇发展的一个缩影。本文试图主要从历史地理的角度对南草市的成长作一点探讨，复原其历史面貌，并从中得出一些带有规律性的结论。

一

从空间关系和功能结构来看，宋代的鄂州城与其南门外的南草市可称为府州级城镇与卫星城结合的大城镇。虽然元明以后南草市逐渐消失，融为鄂州的一个部分，但在宋代，南草市是在鄂州附近、作为其辅助市场存在的，鄂州的区域自然与人文地理条件的变迁是南草市生成与发展的决定性要素。

(一)微观自然地理条件的变迁是促成南草市发育的直接原因

这里所考察的微观地理条件，重点为微观水文条件，主要即鄂州一带长江河道及沙滩、沙洲的变迁导致了鹦鹉洲的消长与转移,使得鄂州近郊发育出新的商业活动区,并进而促成了原有商业中心从城区内向城外转移,促成了南草市的形成。

宋代的鹦鹉洲不在今地,而在鄂州城南门外的长江中,它的形成是长期以来长江泥沙淤积的结果。根据研究,今长江武汉段在汉阳龟山和武昌蛇山之间的长江大桥断面处最窄,宽1060米,它的上游南面鲇鱼套江面为1300米,再上至白沙洲头,江面约为1700米,宽度增加了60%;下游从蛇山以下,江面又逐渐加宽,今徐家棚两岸约为1200米,下至今青山港附近,宽达3880米。上下游水面宽阔,水流平缓,泥沙容易堆积,日积月累形成沙洲,鹦鹉洲便在今武汉市武昌、汉阳之间的江中出现。[1] 鹦鹉洲何时形成,文献上缺少记载。至唐代,此洲已经有名,崔颢的《登黄鹤楼》诗就是一个很好的证明,诗中"晴川历历汉阳树,芳草萋萋鹦鹉洲"的句子早已脍炙人口。宋代的鹦鹉洲,据《舆地纪胜》卷六六《荆湖北路·鄂州(上)》"鹦鹉洲"条称:"自城南跨城西,大江中,尾直黄鹄矶。"洲形狭长,露出水面较高,据陆游所见,"洲上有茂林神祠,远望如小山"[2]。鹦鹉洲的出现,使航行于长江中的船舶得以在此抛锚停泊,躲避风浪,加之此洲距鄂州城区较近,便于货物销售,于是,从唐代起这块沙洲便成为商船停泊的港口,离沙洲最近的地方逐渐成长为集市,即后来的南草市。虽然,由于受长江主流线摆动的影响,鹦鹉洲自唐以来就开始受到侵蚀,面积日趋减小,但在宋代,影响还只限于洲的西岸,东岸尚未波及,所以南草市得以繁

---

[1] 参见武汉师范学院地理系编:《武汉地理》,1981年内部交流本。
[2] (宋)陆游:《入蜀记》第五,《陆游集·渭南文集》卷四七,中华书局校点本1976年版,第2444页。

荣。明代以后，这块沙洲最终消失，①盛极一时的南草市也随之衰落，至今踪迹杳然。

(二)区域经济的进步是南草市发展的根本前提

自然环境对城镇的兴起有很大影响，但毕竟只是提供了一个基础或一种可能性，社会生产方式才是从更高层次上影响甚至决定城市形成发展的因素。人们的物质生产方式，主要是农业、手工商业和交通运输业的发展水平及其分布特点，是影响城镇发展的决定性因素。

南草市即是唐以来鄂州地区农业进步、人口增长、市镇繁荣的产物。

仅以城镇与商业的发展为例来看。鄂州在唐代就有较好的商业经济的基础，城中商业比较繁荣，号称"居商杂徒偏富庶"②。城中人口稠密，鱼玄机诗"大江横抱武昌斜，鹦鹉洲前万户家"③；唐代宗广德元年（763）十二月，鄂州大火"烧船三千艘，延及岸上居人二千余家，死者四五千人"④，都可说明鄂州人口之盛。人口的大量增加，带来的直接结果之一便是坊市制的破坏，城区以外的草市日

---

① 鹦鹉洲消失的根本原因是长江武汉段主流线的摆动。隋唐时，当主流线由今武昌一边向汉阳一边摆动时，由于泥沙停积，鹦鹉洲就在江中出现、扩大。唐宋以后，当主流线由汉阳一边向武昌一边摆动时，泥沙受到冲洗，鹦鹉洲就缩小、消失。清朝中叶，长江主流线沿着今武昌一边经鲇鱼套、黄鹄矶至青山一线东流，在汉阳的南门外，又淤出了一个沙洲，先叫补课洲，后又改称鹦鹉洲，即新鹦鹉洲。今日，这块沙洲已被拦在江堤之外，成为冲积平原的一部分。以上内容，主要参考了武汉师范学院地理系编《武汉地理》。
② （唐）韩偓：《过汉口》，引自（清）彭定求等编、中华书局编辑部点校：《全唐诗》卷六八二，中华书局1960年版，第7818页。
③ （唐）鱼玄机：《江行诗》，引自（宋）王象之：《舆地纪胜》卷六七《荆湖北路·鄂州（下）》"鹦鹉洲诗"，江苏广陵古籍刻印社影印道光二十九年俱盈斋本。
④ 《旧唐书》卷三七《五行志》，中华书局校点本1975年版，第1367页。

渐兴盛。北宋中期苏轼在谈到宿州城（今安徽宿州市）的发展时曾指出："宿州自唐以来，罗城狭小，居民多在城外。本朝承平百余年……城小人多，散在城外，谓之草市者甚众。"①南草市的兴起亦是如此，原有的鄂州城内无法容纳大量增长的人口，其直接结果便是城外草市的兴盛。来往于鄂州的商贾行旅，在城区西南角的黄鹤楼外泊舟与交易，南草市就在这样的历史过程中逐渐形成了。

与以往许多重要市镇相比，社会经济因素而非政治军事因素是促使南草市成长的基本要素。虽然，南宋时南草市的商业发达带有较为浓厚的军事政治色彩，它与满足当时战争的需要，主要是鄂州庞大驻军的需要有很大关系，但它从根本上说仍是为适应经济上的需要而自然形成的集市。南草市拱卫着鄂州，对这个政治与军事功能并重的大城市，起着经济上的辅助作用。

（三）交通运输条件对南草市的成长具有关键性意义

南草市的形成与发展与其所拱卫的中心城市鄂州所固有的交通优势是分不开的。

鄂州地处南北向陆路交通线，又地当汉水入江之要冲，"安史之乱"后，襄汉运线日益重要，鄂州获得了发展的契机，凡汴河运输阻塞，东南贡赋便在此集中，再转汉水西运，鄂州所固有的"实荆襄之肘腋，吴蜀之腰膂，淮南江西，为其腹背，四通五达，古来用武之地"的区位重要性得以发挥②。北宋时已有人称："南郡之有武昌，山水之聚，舟车之会者也。"③至南宋时期，由于宋朝对金战争

---

① （宋）苏轼撰，傅成、穆俦校点：《苏轼全集·文集》卷三五《乞罢宿州修城状》，上海人民出版社 2000 年版，第 1317 页。
② （宋）罗愿：《鄂州小集》卷五《鄂州到任五事札子》，丛书集成初编本。
③ （宋）黄裳：《演山集》卷一四《鄂州白云阁记》，台湾商务印书馆影印文渊阁四库全书本。

的需要，地近宋金前线的鄂州驻扎了大量军队，又是荆湖北路转运使司的所在地，号称"六道财计之所总，七萃营屯之所聚"①，因而水运极其发达。叶适称："鄂州今之巨镇，王师所屯，通阛大衢，商贾之会，物货之交也"②；罗愿说："鄂州当走集之地，兵民错居，商旅辐凑"③；王炎甚至认为："湖湘唯鄂渚最为要地，盖南则潭、衡、永、邵，西则鼎、澧、江陵、安、复、襄阳，数路客旅兴贩，无不辐凑鄂渚"④。作为鄂渚最重要的商业港口之一，南宋时的南草市发展臻于鼎盛。

联系到南草市发育的自然地理条件，不难发现，不仅南草市的兴起与河流的变迁有直接关系，其发展也离不开水上交通，这表明水文条件与治水、水资源利用能力的高低，是影响江汉平原市镇水平的一个主要因素。

二

南宋时期，南草市与鄂州城一并获得了空前的发展。

南宋的鄂州号称"今之巨镇"，商业繁盛，城市发达，人口稠密。民居之众，竟至于使丧家难以找到下葬的场所。《夷坚支志》记乾道年间（1165—1174）"鄂州地狭而人众，故少葬埋之所。近城隙地，秋骸重叠，多舆棺置其上，负土他处以掩之。贫无力者，或稍

---

① 《鄂州小集》卷五《鄂州到任五事札子》。
② （宋）叶适撰、刘公纯等点校：《叶适集·水心文集》卷九《汉阳军新修学记》，中华书局1983年版，第141页。
③ 《鄂州小集》卷五《鄂州到任五事札子》。
④ （宋）王炎：《双溪类稿》卷二三《又画一札子》，台湾商务印书馆影印文渊阁四库全书本。

经时月，濒于暴露，过者悯恻焉"①。人口之稠密由此可见一斑。《文献通考》卷二九八《物异考四·火灾考》记载了南宋时鄂州的几次重大火灾，每次都造成为数众多的灾民，亦可说明当时鄂州人口之盛。②

南宋全国最大的城市是都城临安（今浙江杭州），南宋末咸淳间（1265—1274）该城的人口为18.6万多户③，而鄂州城的人口在前此数十年的嘉定（1208—1224）时已达到了10万户。姜夔诗称"武昌十万家"④，戴复古说鄂州"江渚麟差十万家"⑤，虽非确指，但与实际情况相近。宁宗时期的汉阳知军黄榦就曾说过，汉阳"军城内外户口不下三千人家，又有船居四百只"，而鄂州则是"人口繁夥，关汉阳三十余倍"⑥，即约10万家。至南宋末年，鄂州人户更多，号称"数百万口"⑦。南宋的鄂州城商贾云集，不仅出现了富商，如乾道年间（1165—1173）的"鄂州富商武邦宁，启大肆，货缯帛，交易豪盛，为一郡之甲"⑧；而且开设了热闹的夜市，入夜便

---

① （宋）洪迈撰、何卓点校：《夷坚志》支乙卷九"鄂州遗骸"条，中华书局1981年版，第864页。
② 据《文献通考》卷二九八《物异考四·火灾考》，宋孝宗淳熙四年（1177）十一月"辛酉，鄂州南市火，暴风连夕，燔民舍千余家"。淳熙十二年十月，"鄂州大火，燔民屋万余家，江风暴作，结庐于堤、泊舰于岸者，焚溺无遗"。光宗绍熙三年（1192）十二月"甲辰，鄂州火，至于乙巳，燔民居八百家"。宁宗嘉泰四年（1204）八月"壬辰，鄂州外南市火，燔民舍五百余家"。
③ （宋）潜说友：《咸淳临安志》卷五八《风土志》"户口"，宋元方志丛刊本，中华书局1990年影印。
④ （宋）姜夔：《白石道人诗集》卷上《春日书怀》，台湾商务印书馆影印文渊阁四库全书本。
⑤ （宋）戴复古：《石屏诗集》卷一《鄂州南楼》，清嘉庆道光间临海宋氏刊本。
⑥ （宋）黄榦：《勉斋集》卷三〇《申京湖制置司辨汉阳军籴米事》，台湾商务印书馆影印文渊阁四库全书本。
⑦ 据《元史》卷一二八《阿里海牙传》，元军攻克鄂州，欲屠城，阿里海牙反对，理由是"是州生齿数百万口，若悉杀之，非上谕伯颜以曹彬不杀意也"。中华书局校点本1976年版，第3127页。
⑧ 《夷坚志》支庚卷五"武女异疾"条，第1174页。

是一派"烛天灯火三更市,摇月旌旗万里舟"①,"楼阁重复,灯火歌呼,夜分乃已"的景象②,市容相当繁荣。不过,南宋鄂州城发展中最值得注意的变化还是商业区发生了空间转移,从城区以内转移到城外的南草市。

最能说明南宋南草市之繁荣的典型资料有两种:一是乾道六年(1170)陆游的《入蜀记》,二是淳熙四年(1177)范成大的《吴船录》。陆、范二人当时分别在鄂州城停留过一周左右,对南市的繁荣印象殊深,因而在各自的游记中有较详细的描述,兹转录如下。

《入蜀记》第四称:

> 至鄂州,泊税务亭。贾船客舫,不可胜计,衔尾不绝者数里。自京口以西,皆不及……市邑雄富,列肆繁错,城外南市亦数里,虽钱塘、建康不能过,隐然一大都会也。

《吴船录》卷下云:

> 至鄂渚,泊鹦鹉洲前南市堤下。南市在城外,沿江数万家,廛闬甚盛,列肆如栉,酒垆楼栏尤壮丽,外郡未见其比。盖川、广、荆、襄、淮、浙贸迁之会,货物之至者无不售,且不问多少,一日可尽。其盛壮如此……集南楼……下临南市,邑屋鳞差……

根据上引文字,可以对南宋前期的鄂州南草市作如下的复原:

---

① (宋)范成大:《范石湖集》诗集卷一九《鄂州南楼》诗,上海古籍出版社排印本1981年版,第274页。
② 《入蜀记》第四,《陆游集·渭南文集》卷四六,第2444页。

1. 南草市位于鄂州城南门外的鹦鹉洲前，上方即黄鹤楼，市街沿长江南岸堤防向西南伸展，延袤达数里之长。① 2. 南草市是重要的商贸港口，河运发达，商舶云集。3. 南草市民居稠密，人口密度很大，居民以经商贸易者为主。4. 南草市与鄂州城合起来构成一个大规模的城市，其繁荣程度甚至超过钱塘、建康。5. 南草市与鄂州城已成为南方广大地区的交通与商业中心。

在《夷坚志》中，南草市的地域范围更为具体。《志补》卷二五"李二婆"条记：淳熙十二年（1185），"市中大火，自北而南凡五里，延烧屋庐数千间，虽楼居土库亦不免"，可见该市南北向延伸至少长5里以上。

三

宋代江汉平原城镇的发展不仅表现为个体城镇的繁荣，更表现为某种程度的市镇空间网络结构开始形成。在这一网络中，鄂州南草市占据着区域性中心城市的位置，从经济上联结与辐射江汉平原的西部，构成区域性城镇群，并在此基础上结成一个稀疏的、联结更大区域的城镇网络。

具体来说，据不完全统计，宋代江汉平原共有20个州县级城镇，146个县以下市镇，② 由此构成了一个疏而不漏的市镇网。网的

---

① 梅莉、张国雄、晏昌贵：《两湖平原开发探源》作过类似的探讨，参见其书第六章第一节《九省通衢的武汉》，江西教育出版社1995年版，第222页。
② 笔者根据《宋史·地理志》、《舆地纪胜》、《方舆胜览》、《读史方舆纪要》、嘉庆《重修一统志》（以下简作《嘉庆一统志》）及其他多种方志对此作有考订和统计，此略。

周边部分，市镇相对密集，并呈现出较为有序的等级结构①：一个州县级城镇下通常有一至数个乡镇，乡镇下又有若干个集镇或村市，如鄂州有江夏县、宝泉监，江夏县下有南浦（南宋改称新开港）②、白杨夹口等草市③。网的中间部分，市镇比较稀疏，但也并非空白，即使在湖泽密布、地势低洼的平原腹地，仍然有小规模、低等级集市的分布，如沌水岸边"皆业渔钓……鱼尤不论钱"的下郡。④

按照州县级城镇所处的空间方位，江汉平原可以分为西、中、东南及东北4个亚区：西部亚区江陵、枝江、松滋、公安、荆门（以上皆治今湖北同名县市），中部亚区长寿（治今湖北钟祥）、竟陵（治今湖北天门）、玉沙（在今湖北监利境）、潜江、监利、石首（以上皆治今湖北同名县市）；东南亚区江夏（治今武汉市武昌区）、汉阳（治今武汉市汉阳区）、汉川（治今湖北汉川县），东北亚区黄陂（治今武汉市同名县）、孝感、安陆、云梦、应城（以上皆治今湖北同名县市）。鄂州是东南亚区的主要中心，与之相连的是作为卫

---

① 这里有关城镇网络的分析，主要借用了城市地理学的"中心地理论"（Central Place Theory）。参见 Written by W. Christaller, Translated by C. W. Baskin, *Central Place in Southern Germany*, *Englewood Cliffs*, N. J. and London：Prentice Hall, 1966；周一星：《城市地理学》，商务印书馆1995年版；江美球：《城市学》，科学普及出版社1988年版；于洪俊等：《城市地理概论》，安徽科学技术出版社1983年版。按照"中心地理论"的标准模型，中心地及其市场区是由一级套一级的网络相互嵌套而成的，中心地具有严格的等级体系，不同等级的中心在数量上从大到小按一定的倍数增加。由于自然与人文条件的种种差异，宋代江汉平原市镇的等级体系与克氏所提出的标准形态并不一致，但可以看到这种形态的痕迹。
② 参见（宋）乐史撰、王文楚等整理：《太平寰宇记》卷一一二《鄂州·江夏县》"南浦"条，中国古代地理总志丛刊本，中华书局2007年版；《舆地纪胜》卷六六《荆湖北路·鄂州（上）·景物（下）》"南浦"条。
③ 参见（宋）欧阳修：《于役志》；陆游：《入蜀记》第四。
④ 《入蜀记》第五，第2445页。今人常用《入蜀记》和《吴船录》中有关沌水"百里荒"的描述来概括沌水流域的面貌，其实，所谓"百里荒"只占沌水流域的1/7左右，其他6/7的地方"时时有人家"，或有如玉沙县毕家池那样"居民颇众"（《入蜀记》第五）的聚落，所以不能说沌水两岸是市镇的空白。笔者对"百里荒"问题另有专文讨论，此略。

星城的南草市；南草市的外圈分布着汉阳、汉川等县镇；诸县镇的周边又散布着大大小小的乡镇或村市，鄂州就是以这种方式将江汉平原的东南部联结成一个局域网。进而一步，鄂州南草市又辐射江汉平原东北亚区，在此基础上，形成覆盖面更大的区域城镇网络。最后，东部城镇群又通过多层次、多元化的联系通道与西部、中部城镇群发生互动，从而出现一个联结江汉平原更大区域的市镇网络。

在这个网络中，最基本也最有效的联系通道是水运交通线。本区的长江、汉江干流，以及夏水、油水、沮水、漳水、富水、涢水、环水等众多的分支河流都有航运之利，其中最重要的当然首推长江。长江由西向东横穿整个江汉平原，从平原西端的松滋到东端的鄂州，远自四川达江浙，都由这条线路连为一体，发生交互作用。①

陆路交通线也是市镇网络重要的联系通道。就江汉平原来说，南北陆路通道的开辟早于水路通道。唐人杜佑在描述盛唐玄宗开元十三年（725）全国陆路商业交通和社会安定情况时有这么一段很有概括性的话："东至宋汴，西至岐州，夹路列店肆待客，酒馔丰溢。每店皆有驴赁客乘，倏忽数十里，谓之驿驴。南至荆襄，北至太原范阳，西至蜀川凉府，皆有店肆，以供商旅。"②反映出唐时已有经陆路联结、达于国内各主要经济区的商业网，江汉平原亦在其中。入宋以后，由于都城先后从唐代西安移至北宋汴京（今河南开封）、南宋临安（今浙江杭州），加上水路运输之便利低耗，使得纵贯南北的陆路干线作为全国交通主道的地位有所下降，这一变化，对陆路交通线上已有市镇的发展和新市镇的空间布局，势必产生动态的影响。但是，由于水路多为东西向，陆路则为南北向，故陆路仍是江汉平原各市镇间联

---

① 水运交通线对于宋代江汉平原市镇的兴起与发展具有至关重要的意义，上文对此已有阐述，此略。
② （唐）杜佑：《通典》卷七《食货（七）》"历代盛衰户口"，中华书局影印本1984年版。

系的一个重要通道。《宋会要辑稿》驿传杂录、急递铺等篇中记载的本区内众多的每一日行程设置一处的驿站①，即可说明这一点。

值得注意的是，鄂州南草市与网络中其他城镇的联系，在很大程度上并非通过行政控制而是经济上的互相交往，主要就是商业贸易和中转运输来实现的。由于当时江汉平原经济结构以农业为主、茶业与渔业为辅，使得中转运输的物资以粮食为主，辅以茶叶和鱼，基本上是农产品。就鄂州的情况来看，当地出产稻米，人称"士马饱腾，稻鱼丰贱"②，但不能满足城区内外众多的居民、客商、官员和庞大军队的需要，粮食必须依靠外运。鄂州的商品粮除来自上游川蜀地区外，还有相当一部分来自洞庭湖区和附近产粮区复州（治今湖北天门）、安州（治今湖北安陆）等。其中的复州在唐代即为重要的稻米产区，诗人有"处处路旁千顷稻"的赞美③。作为鄂州的经济辐射区，复州是鄂州的一个重要稻米供应地，具体来说，复州的粮食应是通过汉水先到达汉阳军城，然后再由汉阳军城渡江运抵鄂州城。这在宋代是不难实现的。至迟从北宋前期开始，由于长江主流线的摆动并逐渐自西向东移动，泥沙渐在长江北岸淤积，元祐八年（1093）在汉阳南纪门外，涌出一个新的沙洲。《舆地纪胜》卷七九《荆湖北路·汉阳军》"刘公洲"条称："元祐八年，有沙洲涌出，知军刘谊种荻其上，因号刘公洲；后因李家请佃，改曰李家洲。"《嘉庆一统志》卷三三八《汉阳府·山川》"刘公洲"条引《府志》曰："洲自三里坡，直抵南纪门，荻苇繁茂，冬春水落，贾舟集此，民有贸易之利。明嘉靖以来渐没。"刘公洲的涌出，

---

① 参见（清）徐松辑：《宋会要辑稿》驿传杂录、急递铺等篇，中华书局影印本1957年版。
② （宋）罗愿：《鄂州小集》卷五《鄂州谢到任表》，丛书集成初编本。
③ （唐）皮日休撰、萧涤非点校：《皮子文薮》卷一〇《送从弟归复州》，上海古籍出版社1981年版，第115—116页。

使长江江面淤浅变狭，从汉阳军城过渡到对岸鄂州城变得容易，所以知汉阳军黄榦说："大江东下，虽若可恃，然东有阳逻洑，西有刘公洲，最为浅狭，顷刻可渡，乃敌人必窥之地。"[①]复州、安州等地的粮食，应当主要就是经汉水由汉阳中转至鄂州的。黄榦还说，朝廷令汉阳军将"所籴一千三百九十二石，并客米二千六十五石，发过鄂州；又以本军已籴米四万石，今后尽将客船米发过鄂州"[②]，反映出鄂州与周边地区的联系十分密切，汉阳是这种联系通道中的重要环节。至于川蜀地区和湖南地区的粮食及其他各种物资，则主要通过长江直抵鄂州，前引陆游和范成大有关鄂州"贾船客舫，不可胜计，衔尾不绝者数里"；"盖川、广、荆、襄、淮、浙贸迁之会"的记载，都反映出南宋鄂州的商业联系开始突破地区限制，影响范围东及于江浙，西达于川蜀，南至两广，北抵黄淮，开始面向全国了。

当然，应当看到上述网络结构只具有初级水平，市镇之间、市镇与区域之间的交互作用还很有限。农业经济形态下，市镇的发展在很大程度上取决于区域农业发展水平，这使得如复州竟陵（治今湖北天门）之类的中小城镇在一定区域内可以扮演中心角色，无须依靠鄂州—南草市这类大城市，也就是说与当代的中小城镇相比具有更强的独立性。而且，城镇即使是州县级城镇的职能仍比较单一，中心地对周边的经济辐射作用比较有限，镇市普遍缺乏独立的手工业基础，网络交易的货物以农产品为主……所有这些，都使得这个网络相当脆弱。因此，对于宋时期本区的市镇空间网络结构，不可以估计过高。

（原载《江汉论坛》1999年第12期）

---

① 《勉斋集》卷二八《汉阳申朝省筑城事》。
② 《勉斋集》卷三〇《申京湖制置司辨汉阳军籴米事》。

宋元时期江汉—洞庭平原聚落的变迁及其环境因素

一、研究对象的界定

"聚落"一词在中国古代文献中出现很早。《史记·五帝本纪》:"一年而所居成聚,二年成邑,三年成都。"注曰:"聚……谓村落也。"《汉书·沟洫志》:"民耕田之,或久无害,稍筑室宅,逐成聚落。"其基本含义皆指乡村居民点。近代以来,多个学科展开了有关聚落的研究,聚落的定义因此有多种表述。[①]具体到本文的研

[①] 不同学科、不同学者,甚至不同研究视角,关于聚落(settlement)都有不同表述。如英国地理学家P.哈吉特(Peter Haggett)认为,"聚落是人类占据地表的一种具体表现,因此它们是形成地形的重要组成部分"(转引自张光直:《谈聚落形态考古》,载氏著:《考古学专题六讲》,文物出版社1986年版,第78—79页)。社会学家G. R. 威利界定聚落为"人类将他们自己在他们所居住的地面上加以处理的方式。它包括房屋、房屋的安排方式,并且包括与共同体生活有关的其他建筑物的性质与处理方式"(转引自张光直:《考古学中的聚落形态》,《华夏考古》2002年第1期)。文化人类学家C. 阿伦斯伯格和S. 金布尔认为,聚落"是将文化与社会联系起来的一个主要环节,也许还是决定性环节"(转引自谢吾同:《聚落观》,《华中建筑》第14卷第3期,1996年)。考古学家张光直认为,考古学的"聚落所指的是一种处于稳定状态,据有一定地域并延续一定时间的史前文化单位"(张光直著,吴加安、唐际根译:《聚落》,《当代考古学理论与方法》,三秦出版社1991年版)。我国一些中青年学者将聚落定义为"一个由多种物质要素和自然要素构成的综合系统,它原本是指有别于都邑的农村居民点,现代含义上则是所有居民点的通称,即人类生活地域中的村寨城镇"(杨大禹:《云南少数民族住屋——形式与文化研究》,天津大学出版社1997年,第134页);或称:"聚落是一个十分复杂的文化综合体"(张弛:《长江中下游地区史前聚落研究》,文物出版社2003年版,第4页)。

究，聚落是人类所有居住地的通称，包括乡村（基层聚落）和城镇（往往表现为各级行政机构治所，州、县治所与建制镇、市）两大基本类型。影响聚落变迁的因素有多种，政治、经济、人口、民族、宗教、自然等等，本文所关注的环境，系指通常意义上的地理环境，它不是单纯的自然现象，而是包括人的叠加因素。

江汉—洞庭平原或称"两湖平原"，位于今湖北省中南部和湖南省北部的平原，是长江中游地区最大的平原。关于江汉—洞庭平原地域范围的界定，迄今没有统一的标准，本文所讨论的聚落这一地理景观，与地貌直接相关，因此本文主要依据地貌类型来确定其地理范围，大致以平原外围50米等高线为界，西起枝江，东至武汉，北达钟祥、安陆，南迄长沙，包括今湖北省的汉川、天门、仙桃、潜江、荆州、公安、石首、监利、洪湖等9县市的全部和武汉、孝感、应城、云梦、安陆、京山、钟祥、荆门、当阳、枝江、松滋等11县市的平原部分；湖南省的岳阳、华容、南县、沅江、津市、安乡、汉寿、澧县等8县市的全部和临湘、湘阴、汨罗、望城、长沙、益阳、常德、桃源、临澧等9县市的平原部分。南北介于北纬28°26′—31°25′，东西之间跨东经111°40′—114°20′，面积约6万平方公里。宋元时期，江汉—洞庭平原在行政区划上大部分属于宋之荆湖北路（鄂州、安州、复州、江陵府、荆门军、澧州、朗州），小部分属荆湖南路（潭州）、淮南西路（黄州）和京西南路（郢州）；元代，"路"降为二级行政区，一级政区设"行省"，江汉—洞庭平原分属湖广行省（先称荆南行省，治长沙，后改湖广行省，治武昌）和河南江北行省（治开封）。本文所研究的聚落即在上述地域展开。但为照顾地理或政区上的完整性，空间范围略有伸缩；本文所讨论的宋元时期，也适当上溯下延，时间断限约在公元10—14世纪。

有关传统聚落与环境的研究，学术界已有丰富成果，但集中在史前时期(如考古学、人类学的研究)或现实阶段(如建筑学、景观学的研究)①,着眼于历史时期的成果则比较有限,具体到江汉—洞庭平原的更为数不多②,而以宋元时期江汉—洞庭平原聚落与环境关系为主题的研究尚属空白。本文试图从文献与考古资料出发,宏观把握宋元江汉—洞庭平原的地理环境特点,分析聚落的基本类型、空间分布和发展趋向,探讨聚落变迁与地理环境之间的关系,在此基础上进一步明了本地区人地关系的基本特征。

二、聚落变迁的主要特征

与此前(主要是唐时期)相比较,宋元江汉—洞庭平原聚落的变迁较为复杂。一方面,原有聚落的基本格局趋向稳定;另一方面,聚落在空间分布也出现了较明显的分化、聚合与转移,其主要特征有五点:

(一)平原中腹出现较多小型聚落和散落型民居

以江汉平原中部腹地沦水两岸为例,见于南宋陆游记载的基层

---

① 近年较重要的成果如张弛:《长江中下游地区史前聚落研究》,文物出版社2003年版;钱耀鹏:《史前聚落的自然环境因素分析》,《西北大学学报》(自然科学版)2002年第4期;王红星:《长江中游地区新石器时代遗址分布规律、文化中心的转移与环境变迁的关系》,《江汉考古》1998年第1期。研究情况从略,可参陈宗兴、陈晓键:《乡村聚落地理研究的国外动态与国内趋势》,《世界地理研究》1994年第1期。

② 主要相关论著有龚胜生:《两湖平原城镇发展的空间过程》,《地理学报》第51卷第6期,1996年11月;邓先瑞、吴宜进:《长江流域住区的形成与发展》,《中国地质大学学报》(社会科学版)第3卷第6期,2003年12月;周凤琴:《湖北沙市地区河道变迁与人类活动中心的转移》,《历史地理》第13辑,上海人民出版社1996年版;庄林德:《常德市域城镇体系发展的历史基础》,《经济地理》第20卷第1期,2000年1月;等。

聚落自东向西依次有新潭、下郡、八叠洑口、归子保、纲步、毕家池、紫媚、东场、鸡鸣、湛江①。它们插花式分布在平原的中腹，规模不大，但比较稳定并逐渐发展。如下郡"有二十余家"，归子保"有十余家"，纲步最初仅是"孤灯一点"②，数年后发展为"有二十余家"③。也有个别腹地聚落的规模较大，汉阳鹦鹉洲至沌口之间的金鸡洑即"如小县"④。

（二）新增若干县级治所聚落

唐代天宝年间（742—755），江汉—洞庭平原共有28个县级治所，五代后期省并沔阳（今湖北仙桃市），共设27县。北宋时有较大变化，在五代基础上新增了1监6县：宝泉监（今湖北武汉市境内）、玉沙（今湖北洪湖、监利之间）、建宁（今湖北石首市境内）、潜江（今湖北潜江市西北）、临湘（今湖南岳阳市东北）、桃源（今湖南常德市桃源区）和善化县（今湖南长沙市境内）。它们或是由原先等级较低的聚落升格而来，或是析原有县级聚落而置。如，玉沙、建宁和潜江3县，太祖乾德三年（965）分别由原白沙院、白臼巡和白伏巡升格而成⑤；临湘县，前身为唐巴陵县属地，五代后唐清泰三年（936）置王朝场，宋太宗淳化年间（990—994）升为县⑥；

---

① 参见（宋）陆游：《入蜀记》第五，《陆游集·渭南文集》卷四七，中华书局校点本1976年版。
② （宋）王十朋：《梅溪后集》卷一一《宿纲步》，台湾商务印书馆影印文渊阁四库全书本。
③ 《入蜀记》第五，第2445页。
④ 同上，第2444页。
⑤ 参见（宋）王存撰，王文楚、魏嵩山点校：《元丰九域志》卷六，中国古代地理总志丛刊本，中华书局1984年版。
⑥ 王朝场升为县的时间，诸书记载不同，《宋史》卷八八《地理志四》在淳化元年（990），《舆地纪胜》卷六九《荆湖北路·岳州·县沿革》引《国朝会要》称"淳化四年"，江苏广陵古籍刻印社影印道光二十九年惧盈斋本，《元丰九域志》卷六和《宋会要辑稿》方域六之三四，则皆在淳化五年。

桃源县，太祖乾德二年析武陵县上、下2乡而置[①]；善化县，哲宗元符元年（1098）析长沙县5乡、湘潭县2乡而设[②]。南宋以后，建宁县省为镇，其余县（监）保持原有格局，至整个元代，除元贞元年（1295）升桃源县为州外，基本保持原有格局。其详参见《宋元江汉—洞庭平原聚落分布示意图》。

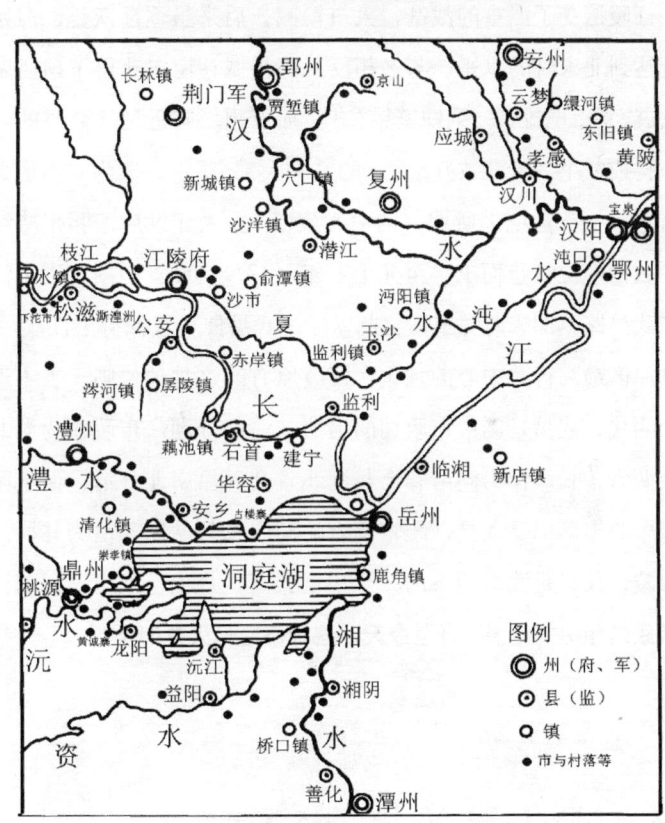

宋元江汉—洞庭平原聚落分布示意图

[①] 参见（清）徐松辑：《宋会要辑稿》方域六之三四，中华书局影印本1957年版。
[②] 参见《宋史》卷八八《地理志四》，中华书局校点本1985年版。

(三)大型聚落鄂州形成，并取代江陵，成为占据首要地位的区域性中心聚落

鄂州与江陵是江汉—洞庭平原发育较早的两个聚落，但直到隋唐，无论是政治地位或经济水平、人口规模，长期以来都是江陵在鄂州之上，江陵是整个长江中游地区的政治、经济中心。宋代以后，情况发生变化，鄂州城不断发展，江陵城则变得停滞。两宋之交，江陵遭受了严重的战乱，人口锐减，后来虽逐渐恢复，但始终未能达到北宋时的水平。与之相反，鄂州城在南宋获得了前所未有的发展，"市邑雄富，列肆繁错"①，加上州城附近延绵数里的南草市，构成一个"沿江数万家"②的"一大都会"③，成为"六道财计之所总，七萃营屯之所聚"的中心聚落④。入元以后，鄂州持续发展，政治地位日趋而上，至元十一年（1274）设置荆湖行省，治所定在武昌路，即宋时鄂州，自此以后，武昌便一直保持了江汉—洞庭平原区最高行政中心的地位，江陵原有的这种地位则一去不返。整个明代，武昌是湖广布政司的治所。清朝分湖广布政司为湖北、湖南两省，长沙作为湖南省会与湖北省会武昌南北分治，但本区的首位中心聚落仍是武昌，统辖两省的湖广总督便以武昌为驻所。至于江陵，仅只是武昌治下的一个中层聚落，规模、地位、影响皆不能与武昌相提并论。⑤直至今天，这种格局仍大体如是。

---

① 《入蜀记》第四，《陆游集·渭南文集》卷四六，第 2441 页。
② （宋）范成大撰、孔凡礼点校：《吴船录》卷下，《范成大笔记六种》，中华书局 2002 年版，第 225 页。
③ 《入蜀记》第四，第 2441 页。
④ （宋）罗愿：《鄂州小集》卷五《鄂州到任五事札子》，丛书集成初编本。
⑤ 关于武昌与江陵的地位变化问题，龚胜生作过研究，参氏著：《两湖平原城镇发展的空间过程》，《地理学报》1996 年第 6 期。

(四)活动型船居是一种较重要的居住形式

在江汉—洞庭平原广阔的水域，点缀着一种特殊形式的聚落——以船居为标志的活动型聚落[1]，居民多以水产捕捞为业，以舟船为居所，常年漂泊在江河湖面。如汉阳军"有船居四百只"[2]；华容百姓"多以舟为居处，随水上下，渔舟为业者十之四五，所至为市，谓之潭户"[3]。南宋赵蕃《渔父诗》有"泛宅浮家一叶间"的句子[4]，描写的就是这种游居式水上聚落。

河湖边还有一种居住形式值得注意：居民随水域的季节性变化或聚或散，搭建临时性住宅，开展生产、生活。这种形式，虽无固定性建筑，时间上也不连贯，但其居民构成、活动方式比较稳定，而且保持在基本固定的区域范围之内，所以也可视为聚落。岳州船场步即是其一，每逢冬春水落，人们便来到这里，"结荻屋沙上"以为市，"鱼樵毕集"，[5] 是一个季节性的集市类居民点。

(五)部分聚落迁移或消亡

原有一些聚落从旧址迁移甚至消亡，这种现象，主要出现在沿江傍湖地区。公安城，据南宋陆游所见，因"沙虚岸摧，渐徙而南，今江流，乃昔市邑"[6]。岳阳县，北宋范致虚称："父老相传，今江

---

[1] 有研究者在对当代长江流域乡村聚落进行研究时注意到这类"以舟楫为家的水上船居"，提及两湖平原河湖地区历史上"有过漂泊民的船居情况"，称之为"移动型民居"。参见邓先瑞：《长江流域乡村聚落环境及其可持续发展》，《沙洋师范高等专科学校学报》2003 年第 5 期。

[2] （宋）黄榦：《勉斋集》卷三〇《申京湖制置司辨汉阳军籴米事》，台湾商务印书馆影印文渊阁四库全书本。

[3] （宋）范致明：《岳阳风土记》，小石山房丛书本。

[4] （宋）赵蕃：《淳熙稿》卷一八《渔父诗四首》，丛书集成初编本。

[5] （明）解缙辑：《永乐大典》卷二二六一《洞庭湖》引《岳阳志》，中华书局影印本 1986 年版。

[6] 《入蜀记》第五，第 2447 页。

心，旧巇阓也，濒江沙碛地尚有税绢甚重。云：'祖来宅税，今不曾除改。'"① 岳州境内有北津、枫桥堡②、安流寨③、船场步等④，宋时见于文献记载，但其具体地望皆不可考，有的连南宋时人就已弄不清楚，有的则在南宋地志中被视为往昔的"景物"，可见这些聚落在当时兴衰不定或已湮废不存。

与宋代相比，元代的资料较少，尤其是县治以下基层聚落的资料更少。但是，元代前期，本地区长江沿线的多个分流水口被堵塞，俗称的"九穴十三口"仅剩下荆北郝穴和荆南虎渡口⑤，过去的河港湖汊被改造成农田。据此可知，元代本区聚落有较普遍的发展。

三、影响聚落变迁的环境因素

影响聚落变迁的因素是多方面的，其中环境的因素十分重要。人类对居住空间的选择首先是对环境的选择，环境中的地缘形貌、水文气候、土壤植被等等要素，在塑造聚落的地域特征和空间差异上起着重要作用。本文着重分析影响宋元时期江汉—洞庭平原聚落变迁最重要的环境因素——地缘形貌、水文条件、自然资源及其经济效应。

---

① 《岳阳风土记》。
② 同上。
③ 《元丰九域志》卷六《荆湖北路·岳州》"巴陵"条，第273页。
④ 《舆地纪胜》卷六九《荆湖北路·岳州·景物》"金鸡驿"条。
⑤ 宋代以前，长江的荆江段和汉水下游有众多分流水口，当地人称之为"穴口"。民间一直有荆江"九穴十三口"、汉江"九口"的称谓。每一个穴口，都是长江、汉水分泄洪水以削洪峰的一条汊流。万历《湖广通志》卷三三《水利志·开穴口总考略》称："穴口所以分大江之流，必下流有所注之壑，中流有所以之道，然后上流可以分江澜而杀其势……江水分流于穴口，穴口注流于湖泊……此古穴所以并开者，势也。"

（一）地形地貌

江汉—洞庭平原四面皆为山地，东面与鄂东南低山丘陵、湘东平行岭谷交界，南边与湘中丘陵连接，西部为湘鄂西山地，北部与鄂东北的大别和桐柏等山脉相邻，整个地势四面高而中间低凹，故又称江汉—洞庭盆地。总地貌是从中部平原低地，渐次向外呈梯级上升为岗地、丘陵。这种地貌形势容易造成严重的内涝外洪，开发难度较大。

宋元时期，随着人类治水能力的不断提高，人口压力的逐渐加大，于是在低湿平原，尤其是在平原中部的低洼地带开始有聚落增加，数量和分布比过去扩展，规模与等级也比过去提高。但是，限于地理环境和经济水平，中部低地的聚落相对来说仍分布较稀，规模较小，变动性也较强，且有较多散居的情况。

较大聚落多分布在平原的周缘，平原向丘陵过渡或与丘陵交会的地带。如，区域性中心聚落江陵、鄂州、潭州、鼎州（常德）分别位于江汉—洞庭平原的西缘、东缘、东南和西南缘；州县级聚落安州（治今湖北安陆）、郢州（治今湖北钟祥）、黄冈（治今湖北黄州）、荆门、枝江、松滋、云梦、孝感（皆治今湖北同名县市）、澧州（治今湖南澧县）、桃源、益阳（治今湖南益阳市）等，也都分布在平原周缘，与平原中部洼地聚落既稀且小的状况形成鲜明对照。

（二）水文条件

江汉—洞庭平原河港纵横，湖泊密布，平原内水系发育大致以长江为界，分为北、南两大部分：北部江汉平原以长江、汉水为主干，组成复杂水系，区内有较大河流十余条，与众多湖泊构成河湖交错的水网；南部的洞庭湖平原，以洞庭湖为中心，容纳湘、资、沅、澧四水，形成向心形水系，湖水与长江在岳阳附近汇合。水资源丰富，航运条件优越，但也较易受到洪涝的威胁，这种水文条件极大地影响了该地区聚落的面貌。

大多数聚落分布在江河沿岸，往往也是水运交通线旁。或是数条通航河流交汇之处，如汉阳军、鄂州城位于汉水与长江交汇处，黄州城位于岐亭河入长江口；或是河流梯级中转点，如沙市，宋代川盐大量沿长江东下，沙市是川盐出三峡后转输各地的重要口岸，中转运输与贸易繁荣，当地的居民结构也因此深受影响，"沙市堤上居者大抵皆蜀人，不然，则与蜀人为婚姻者也"①。

水文条件的变迁还在很大程度上决定聚落的迁徙乃至湮废。这在傍水聚落中表现得尤为明显。根据研究，近5000年来，荆江洪水位上升量约为13.6米，其中宋代以来上升了约10米。②前述公安、岳阳等城，宋时的江流曾是昔日的市邑，这种情况，很大程度上是因荆江洪水位上升，城址安全受到威胁而不得不搬迁的结果。岳阳城的变迁同时还受洞庭湖水文变化的影响。洞庭湖是中国"湖面盈缩最剧烈的湖泊"之一③，加上西岸围垦的影响，宋元时的洞庭湖湖水东压，东岸侵蚀后退，从而影响岳州的稳定。据范致明所见，北宋中后期岳阳附近洞庭湖岸线已有明显变化，旧岸在"郡城西数百步，屡年湖水漱啮，今去城数十步即江岸"④。

（三）自然资源状况

自然资源具有丰富的多样性，气候、水、土地、森林、草地、生物等等，无一不是人们所赖以生产、生活的资源。自然资源又具有区域性，"不同的地理环境，使得地球上各个区域资源条件不同，

---

① 《入蜀记》第五，第2448页。
② 周凤琴：《荆江近5000年来洪水位变迁的初步探讨》，《历史地理》第4辑，上海人民出版社1988年版。
③ 马正林：《中国城市历史地理》，山东教育出版社1998年版，第313页。
④ 《岳阳风土记》。

从而形成了多种多样的资源生态环境"①。本文这里所探讨的自然资源，仅限于宋元时期对江汉—洞庭平原聚落发展变迁影响最为明显的两类自然资源：水产资源和矿产资源。

水产资源。包括水面资源和水域上繁殖、生长的水生动植物资源。宋元时期江汉—洞庭平原的水面资源丰富，除为数众多的天然河流、湖泊外，还有大大小小的陂堰、沟渠等人工水利工程，其中多数有灌溉、舟楫或捕捞、养殖的功用。各类水生动植物品种多，分布广，其中以食用鱼的利用最为广泛，一些以捕鱼为主的聚落应运而生。仅以陆游的《入蜀记》为例，可以看到鄂州以东的杨罗洑，"居民稠众，鱼贱如土，百钱可饱二十口。又皆巨鱼"；汉阳西南的金鸡洑，"得缩项鳊鱼，重十斤。洑中……出鲟鱼，居民率以卖鲊为业"；沌水边的下郡，"有二十余家，皆业渔钓"。至元代，陆游笔下的这片地区属于沔阳府，仍号称"网罟之利甲天下"②。

河湖沿岸水域广泛生长的芦苇、菱、芡、荻等水生植物，对本区聚落的演变也有影响。苇子可建屋，菱、芡、荻等可食用，在饥荒之年更是人们的救命资源。③因此，除天然生长外，也有人工种植④，菱的产量较大，甚至有"乌菱不论价"之说⑤。荻根也有"克饥"的作用，在荻林生长的地方，"寻常旱歉之岁，安、复、光、黄之民皆辐凑于此，旋结茅庵，采取以食，动数千人"⑥。

矿藏资源。主要有铜矿与铁矿。宋代江汉平原有两个较为重要

---

① 孙颔等：《中国农业自然资源与区域发展》，江苏科学技术出版社 1994 年版，第 16 页。
② （元）苏天爵撰、陈高华等点校：《滋溪文稿》卷一二《元故奉元路总管致仕工部尚书韩公神道碑铭》，中华书局 1997 年版，第 183 页。
③ 《勉斋集》卷三○《申朝省乞候救荒结局别行措置筑城事》。
④ 参见（宋）洪迈撰、何卓点校：《夷坚志》支乙卷第九《鄂州总领司蛇》条，中华书局 1981 年版。
⑤ （宋）苏辙撰、陈宏天等点校：《苏辙集·栾城集》卷一○《将还江州子瞻送至刘郎洑王生家饮别》，中华书局 1990 年版，第 181 页。
⑥ 《勉斋集》卷三一《申省豁常平米》。

的专业性聚落,一是鄂州宝泉监,二是汉阳铁钱监。宝泉监在鄂州"东二里"①,"熙宁七年置,铸铜钱"②;铁钱监于绍熙二年(1191)设在汉阳县西北大别山下的静江营③,铸铁钱。二监的出现,分别依托于附近的矿藏——黄州与兴国军(治今湖北阳新县)之间的大冶铜矿④,汉阳军的金口铁矿⑤。

四、结语

本文以分解讨论的方式,对宋元时期影响江汉—洞庭平原聚落变迁的自然地理诸因素进行了探讨,指出地缘形貌、水文条件、自然资源及其经济效应影响着聚落的规模、分布和兴衰变迁。但是,必须看到:第一,作为人类所赖以生存、发展的地球表层,自然地理环境是一个多因素构成的自然综合体,各因素之间彼此联系、相互作用,在不同阶段、不同区域有着不同的影响,聚落的发展变迁是自然地理诸因素长时期、多方面共同作用的结果。

第二,影响聚落发展演变的因素是多元的,除了地缘形貌、水文气候、土壤植被等自然因素以外,其他因素如政治军事状况、生

---

① 《元丰九域志》卷六《荆湖北路·鄂州》,第268页。
② 《宋史》卷八八《地理志四》,第2191页。
③ (清)顾炎武撰,贺次君、施和金点校:《读史方舆纪要》卷七六《湖广二·汉阳府·汉阳县》"铁钱监"条,中华书局2005年版,第3550页。
④ 大冶,从古至今都是我国一个重要的矿产地,大冶铜绿山矿藏资源丰富,早在春秋战国时已建立起大规模的铜矿产地,宋代大冶"有富民钱监及铜场、磁湖铁务"(《宋史》卷八八《地理四》,第2191页),铜、铁及铸币三务并兴。我国近代第一家大型钢铁联合企业"汉冶萍公司"就是以大冶铁矿、汉阳炼铁厂以及萍乡煤矿组成的。参见许惠民:《南宋时期煤炭的开发利用——兼对两宋煤炭开采的总结》,《云南社会科学》1994年第6期。
⑤ 金口有铁,参见(五代)王周:《金口步》诗,(清)彭定求等编、中华书局编辑部点校:《全唐诗》卷七六五,中华书局1960年版,第8677页。

产力发展水平、人口、移民、家族制度、社会交往、生活习俗、宗教信仰等人文因素，无不对聚落产生深刻影响。

同时，应当看到，"自然地理环境对人类居住空间的影响是一个可变的量"①，改变其影响的强度和方向的最重要因素是人的活动。宋元时期，随着人类治水能力的提高，江汉—洞庭平原的人类居住空间也逐渐扩展，过去不能居住的水乡洼地开始成为人类的家园，由此奠定了明清以降本区聚落发展的基本格局，影响直至当今。因此，考察聚落变迁的时候，既要看到人类对环境的依赖关系，又要看到人类对环境的选择甚至改造能力，而且，生产力水平越高，人类对聚落的能动性就越大。

从聚落的发展变迁来看宋元时期江汉—洞庭平原的人地关系，其基本特征是人适应着地理环境，遵循着地理环境的内在规律，对环境因势利导；人与自然之间能够和谐相处，良性互动。但是，正像北宋中期人郑獬在谈到家乡安陆时曾感叹：“天下平治之久，生齿大繁，暴害天物亡休息。异时汉溪多鱼矣，不售则反弃诸河；今财充釜而已，是川泽不足以胜网罟。”②郑獬的话虽然有夸张，但多少反映出人类活动对环境造成不利扰动的问题已开始出现。

（原载《长江流域资源与环境》2005年
第6期，中国人民大学报刊复印资料
《地理》2006年第2期转载。收入本集时略有修改）

---

① 管彦波：《论中国民族聚落的分类》，《思想战线》2001年第2期。
② （宋）郑獬：《郧溪集》卷一七《虎说》，台湾商务印书馆影印文渊阁四库全书本。

宋代鄂州城市布局初探

自魏晋以来，鄂州城即是长江流域的重要城镇之一①，历经发展，至宋代成为长江中游的最大城市，区域性政治、经济、文化中心。本文试图从城市内部平面布局的角度探讨宋代鄂州城（在今湖北省武汉市武昌区）的发展变迁，在对鄂州城市布局进行复原的基础上，分析其所体现出的特点，考察其与地理环境、经济发展、文化心理诸因素的关系，为宋代城市史的研究提供一个实证性的个案。

一、城池规模与城门布局

从三国到宋元，鄂州城的营建经历了两个大的时期，总的趋势是城池规模逐渐增大，自西向东扩展。

第一个时期，"吴孙权赤乌二年修筑旧垒，谓之夏口城"②。夏口城，"依山傍江，开势明远，凭墉藉阻，高观枕流，对岸则入沔

---

① 宋时鄂州，明清以降皆称武昌，地当今湖北武汉市武昌区老城区一带。
② （明）薛刚纂修、吴廷举续修：《嘉靖湖广图经志书》（以下简作《湖广图经志书》）卷一《本司志·城池》，日本藏中国罕见地方志丛刊本，书目文献出版社1990年据日本尊经阁文库藏明嘉靖元年刻本影印。

津,故城以夏口为名"①。城池"周围一十二里,高二丈一尺。后又因州治后山增筑左右,为重城,设二门,东曰□州门,西曰碧澜门。宋、齐、梁、陈皆因之"②。唐宝历中,牛僧孺"检校礼部尚书、同中书门下平章事、鄂州刺史、武昌军节度、鄂岳蕲黄观察等使。江夏城风土散恶,难立垣墉,每年加板筑,赋青茆以覆之。吏缘为奸,蠹弊绵岁。僧孺至,计茆苦板筑之费,岁十余万,即赋之以砖,以当苦筑之价。凡五年,墉皆甃葺,蠹弊永除"③。牛僧孺筑城提高了城墙质量,但城池的规模没有大的变化。

第二个时期是宋朝,鄂州城得到较大规模的扩建。北宋皇祐三年(1051),知州李尧俞增修城池,此后的鄂州城是原夏口城的两倍,"周围二十四里,高二丈一尺,门有三,东曰清远,南曰望泽,西曰平湖。元因之"④。限于地形,城池扩建向东展开,孙吴时的夏口城变为城内西头的子城。

除了清远、望泽、平湖三门之外,见于宋人记载的鄂州城门还有竹簰门、武昌门、汉阳门。

竹簰门:《舆地纪胜》卷六六《鄂州·景物》"弥节亭"条:"在竹簰门外,临江。"

武昌门:《溪堂集》卷五《七言绝句》:"武昌门外柳如烟,想见潘侯枕曲眠。欲借一帆春水去,江边皆是楚州船。"《舆地纪胜》卷六六《鄂州·监司军帅沿革》:"湖广总领所……今置司在武昌门内。"

汉阳门:《入蜀记》卷三:"至鄂州……与(章)冠之出汉阳门,游仙洞……"《石屏诗集》卷一《鄂渚张唐卿周嘉仲送别》:"武昌江

---

① (清)雍正《湖广通志》卷七七《古迹志·武昌府·江夏县》,雍正十一年刻本。
② 《湖广图经志书》卷一《本司志·城池》。
③ 《旧唐书》卷一七二《牛僧孺传》,中华书局校点本1975年版,第4470页。
④ 《湖广图经志书》卷一《本司志·城池》。

头人送别，杨柳秋来不敢折。汉阳门外望南楼，昨日不知今日愁。"

以上三门，竹簰门应是西门。鄂州城西面濒临长江，竹簰门既然"临江"，则应是西门。对照明清方志，可知竹簰门确是鄂州西门。《湖广通志》卷一五《城池志·武昌府》"府城"条："明洪武四年，江夏侯周德兴增拓修筑……为门九，东曰大东，曰小东，西曰竹簰，曰汉阳，曰平湖……"

汉阳门也是西门。据陆游记载，他在鄂州与章冠之一道先"登石镜亭，访黄鹤楼故址"，然后"与冠之出汉阳门"。石镜亭在"石城山一隅，正枕大江，其西与汉阳相对，止隔一水，人物草木可数"①。前引《石屏诗》亦称"武昌江头人送别……汉阳门外望南楼"，由此可知，汉阳门在城西大江边，与西面的汉阳隔江相对，距离很近，这种地理位置只可能在鄂州城西。宋代以后，汉阳门屡见于史籍，如元朝曹伯启《曹文贞公诗集》卷九《良月既望忆仲通宰公兼寄君平察推》："闲登黄鹤旧矶头，万顷烟波起暮愁。想象故人心似我，汉阳门外望南楼。"《湖广通志》卷二五《祀典志·武昌府江夏县》："江汉神祠，在汉阳门楼，宋淳熙中通判刘靖以江汉宜为望祀，即灵竹寺西为坛祭之，后改祀今所。"《湖广通志》卷一五《城池志·武昌府》："武昌府城……明洪武四年，江夏侯周德兴增拓修筑……为门九……西曰竹簰，曰汉阳……嘉靖十四年，都御史顾璘重修，门仍九……西易竹簰曰□，曰汉阳……"直至今日，武汉市武昌区城西仍有汉阳门，是长江边的一个重要渡口。

武昌门，从地理方位上看，应该也在鄂州城西。前引《溪堂集》诗称："武昌门外柳如烟……江边皆是楚州船"，说明武昌门是

---

① （宋）陆游：《入蜀记》第五，《陆游集·渭南文集》（以下简作《渭南文集》）卷四七，中华书局校点本1976年版，第2443页。

临江的城门。明清人的诗文中有不少吟咏武昌门的句子，如明人张羽《静庵集》卷四《题画赠长兴杜典史浚》："下若溪头山似戟，武昌门外柳如烟。何如肆射平其去，束带闲畦墓下田。"董纪《西郊笑端集》卷一《次韵沙允恭感怀二首》："行乐有孤灵运屐，笑谈无复庾公楼。武昌门外多官柳，能有几株今尚留。"清人萧广昭《榴花塔》："梅山远对武昌门，霜影迷离孝妇村。"① 朱彝尊《曝书亭集》卷六《送吴二先辈还汉阳》："汉南归思绕晴川，溢浦西风送客船。莫上武昌门外望，断肠杨柳似当年。"毛奇龄《西河集》卷一三九《送友之崇阳》："武昌门外新栽柳，何处相思不断肠。"② 这些诗句，多与登船、送别相关，说明武昌门应是临江的西门。从南宋时湖广总领所的地位，也可大体推知武昌门的方位。"武昌屯兵数万，仰给六路之饷"③，湖广总领所"总领湖南北、广东西、江西、京西六路财赋，应办鄂州、江陵、襄阳、江州驻扎大军四处，及十九州县分屯兵"④，巨额的粮草经由江汉水道输入鄂州，中转各地，主管其事的总领所理应设在鄂州城西的大江边上较为方便。

如前所述，宋时鄂州城已有平湖、汉阳、竹簰三门，武昌门是否城西第四门？笔者以为否。一个基本的依据在于明代武昌府城之西门仅为平湖、汉阳、竹簰，三者的相对方位，据《湖广图经志

---

① 转引自雍正《湖广通志》卷八八《艺文志》。榴花塔、孝妇村，在明代皆是武昌城附近的地名。（明）李贤等：《大明一统志》卷五九《湖广布政司·古迹》："石榴花塔，在郡城西北。宋时有妇事姑至孝，一日杀鸡为馔，姑食鸡而死。姑女诉于官，妇坐罪，无以自明，临刑乃折石榴花一枝，插地而祝曰：妾若毒姑，花即枯悴，若属诬枉，花可复生。其后，花果生。时人谓天彰其冤，遂立塔花侧，以表其事。"三秦出版社1990年影印明天顺刻本。
② 以上数条皆转引自雍正《湖广通志》卷八九《艺文志》。
③ （宋）杨万里：《诚斋集》卷一一九《中散大夫广西转运判官赠直秘阁彭公（汉老）行状》，台湾商务印书馆影印文渊阁四库全书本。
④ （宋）王象之：《舆地纪胜》卷六六《鄂州·监司军帅沿革》，江苏广陵古籍刻印社影印道光二十九年惧盈斋本。

书》卷二《江夏县图》可见，汉阳门在正西，平湖门在汉阳门以南，竹簰门又在平湖门东南。明代城西三门是洪武四年（1371）周德兴"增拓修筑"、武昌城扩建为九门后的情形，九门的基本格局一直维持到清朝后期，其间经历了"嘉靖十四年都御史顾璘重修"，"皇清总督祖泽远增修，雍正六年重修"。①宋代鄂州城的规模不如明清时期，不可能也没有必要在城西设置四门。进而一步，将武昌门与黄鹤山、黄鹤楼的关系，对照汉阳门与同山、同楼的关系，不难看到，《舆地纪胜》中的"武昌门"与《入蜀记》中的"汉阳门"基本一致，此二门很可能是一门二名，换言之，明代初年的武昌城西门有三，很可能是沿用的宋代布局。

鄂州城依山傍江，建筑城垣，形成一个不规则的圆形。

城内有子城，由原夏口城而来。《舆地纪胜》卷六六《鄂州·景物》"夏口城"条："子城本名夏口城……张舜民《南迁录》云：鄂城子城，与润州子城、金城、覆舟山城、武昌吴王城，制作皆一体。皆依山附险，周回不过三二里。乃知古人筑城，欲牢不欲广也。"宋时期，鄂州子城的城垣已"缺坏"②，但名称一直保留下来，至明代仍有，《大明一统志》卷五九《湖广布政司·山川》："黄鹄山，在府城西南，一名黄鹤山，旧因山为城，即今万人敌及子城也。"

二、衙署与楼台亭阁

鄂州城位于长江与汉水交汇之处，"地居形要，控接湘川，边带

---

① 雍正《湖广通志》卷一五《城池志·武昌府·武昌府城》。同卷所绘乾隆五十九年（1794）《江夏县图》，九门情形清楚可见。
② 《入蜀记》第四，《陆游集·渭南文集》卷四七，第2441页。

汉沔"①,"通接雍、梁,实为津要"②,"历代常为重镇"③。入宋以后,随着统治中心的南迁东移,鄂州的地位进一步上升。南宋时期,由于宋金战争的需要,鄂州更加重要,州城不仅是鄂州与江夏县的治所,也成为路级机构所在。绍兴年间,荆湖北路转运司从北宋时的江陵移治鄂州;绍兴五年(1135),在鄂州设立都统制司;不久又增设湖广总领所。三大机构皆置司于鄂州城内。

鄂州城地形特殊:城西以长江为限,城中山丘连绵。从西面长江边向东延伸,依次有黄鹄山(今名蛇山)和今凤凰山、洪山、珞珈山、桂子山、伏虎山、南望山、磨山、喻家山等,形成一条绵延起伏的山脉。黄鹄山,"在府城西南,一名黄鹤山"④,"俗呼蛇山"⑤。两宋时期,黄鹄山"起东九里,至县西北",横贯全城,"林间甚美"⑥,山之最高处有矶,"上则回眺山川,下则激浪崎岖,是曰黄鹄矶"⑦,是一处胜景,著名的黄鹤楼就建在矶头。⑧

城中之山黄鹄山具有控扼全城的优势,各级官府衙署环布山麓,集中于山的西麓、东麓与南麓。转运使司"在州之清远门内,即旧江夏县及县丞厅也";湖广总领所"置司在武昌门内";都统制司先"置司于州治",绍兴十一年(1141)"移司于城东黄鹄山之麓,即冯文简

---

① (宋)乐史撰、王文楚等整理:《太平寰宇记》卷一一二《江南西道十·鄂州》,中国古代地理总志丛刊本,中华书局2007年版。
② 《宋书》卷六六《何尚之传》,中华书局校点本1974年版,第1737页。
③ 《舆地纪胜》卷六六《鄂州·风俗形胜》。
④ 《大明一统志》卷五九《湖广布政司·山川》。(明)杨士奇:《东里文集》卷三《武昌十景图诗序·武昌郡》"起武昌城西,临江有山屹然而高者,为黄鹤山,郡志称黄鹄山",中华书局校点本1998年版,第39页。
⑤ 雍正《湖广通志》卷七《山川志·武昌府·江夏县》。
⑥ 《舆地纪胜》卷六六《鄂州·景物》"黄鹄山"条。
⑦ 雍正《湖广通志》卷七七《古迹志·武昌府·江夏县》"夏口城"条。
⑧ (唐)李吉甫:《元和郡县图志》卷二七《江南道三·鄂州江夏》:"鄂州州城,本夏口城……西临大江,西南角因矶为楼,名黄鹤楼。"中国古代地理总志丛刊本,中华书局1983年版,第644页。

公之旧宅也"①。基本上都分布在地势高险的子城之内。

路级衙署之外，江夏县与鄂州同治，衙署坐落在州治东南子城的一座角楼——焦度楼下。②

与各级衙署错落交织的是众多的楼台亭阁。

山川形胜历来是官员士大夫、文人墨客登临吟咏的最爱，黄鹄山间建有众多的楼台亭阁，子城路府（州）衙署一带尤为集中。

最有名者为黄鹤楼。"在子城西南隅，黄鹄矶山上。"黄鹤楼"因山得名"，"自南朝已著"，最初是用作战守的碕望楼，后来引出许多相关的神话传说，成为历代文人墨客吟咏抒怀的对象。唐代是黄鹤楼的极盛时期，"观其耸构巍峨，高标巃嵸，上倚河汉，下临江流，重檐翼馆，四闼霞敞，坐窥井邑，俯拍云烟，亦荆吴形胜之最也"③。李白、王维、贾岛、白居易等名家都有佳作传世，崔颢的《黄鹤楼》诗更是千古绝唱。入宋以后，有关黄鹤楼的诗文、碑记仍然不少，并有一幅界画，至今尚存。画面可见，黄鹤楼已成建筑群体，主楼周围有小轩、曲廊、重檐华亭环绕；楼群雄峙在紧连城墙的高地上，俯瞰大江，江面波涛相逐，船桅耸立。④但南宋以后，黄鹤楼"楼已废，故址亦不复存"⑤。

宋代鄂州城为数众多的楼阁中，声名最高的是南楼。"南楼，在郡治正南黄鹄山顶，中间尝改为白云阁。元祐间知州方泽重建，复旧名。"⑥南楼"制度闳伟，登望尤胜，鄂州楼观为多，而此独得江

---

① 以上皆出自《舆地纪胜》卷六六《鄂州·监司军帅沿革》。
② 《舆地纪胜》卷六六《鄂州·县沿革》"江夏"条，同书同卷《鄂州·古迹》"焦度楼"条。
③ （唐）阎伯理：《黄鹤楼记》，引自《文苑英华》卷八一〇，中华书局影印本1966年版。
④ 参见武汉地方志编纂委员会：《武汉市志·文物志》"古建筑·亭台楼阁"，第42—43页，武汉大学出版社1990年版。
⑤ 《入蜀记》第五，第2443页。
⑥ 《舆地纪胜》卷六六《鄂州·景物》。

山之要会"①。宋代文人在鄂州的登楼咏唱之作更多的是有关南楼而不是黄鹤楼的，其中不乏名人名作，如黄庭坚诗《长句久欲寄远因循至今书呈公悦》、范成大诗《鄂州南楼》。黄庭坚诗称："江东湖北行画图，鄂州南楼天下无。高明广深势抱合，表里江山来画阁。"②将南楼的恢宏气势描写得淋漓尽致。范成大的《鄂州南楼》："谁将玉笛弄中秋，黄鹤飞来识旧游。汉树有情横北渚，蜀江无语抱南楼。烛天灯火三更市，摇月旌旗万里舟。却笑鲈乡垂钓手，武昌鱼好便淹留。"③俨然一幅江山市井风俗画。南楼在黄鹤楼之东偏南，二楼之间有涌月堂，涌月堂以北有西爽亭，"下临岩壁，有唐时及庆历间摩崖题字"④。南楼之西是仙枣亭，传说中仙人为太宗采摘大枣之处。

黄鹤楼的西边有石照亭，一名石镜亭，因"临崖有石，如镜……每为西日所照则炯然发光"而得名。⑤

楼台亭阁多在官衙附近，隶属于官府。例如：

总领所，"有清景堂⑥、正已亭、应轩、憩轩、跨碧、梅阁等处"，有楚观楼⑦、生春楼⑧、清美楼、曲水亭、乔木亭。又有北榭，"在设厅后，因山为之，与南楼对"；烟波亭"在设厅后、北榭西，外

---

① 《入蜀记》第五，《渭南文集》卷四七，第2443页。
② （宋）黄庭坚著、刘尚荣校点：《黄庭坚诗集注·山谷诗集注》（以下简作《山谷诗集注》）卷一八《古诗五十首》，中华书局2003年版，第632页。
③ （宋）范成大撰、富寿荪点校：《范石湖集·诗集》卷一九，上海古籍出版社1981年版，第274页。
④ 《舆地纪胜》卷六六《鄂州·景物》。
⑤ 同上。
⑥ 同上。清景堂又作"景清堂"，同书同卷："景清堂，在总领所。"
⑦ 《舆地纪胜》卷六六《鄂州·景物》："楚观，在总所，即奇章亭旧址。"同书同卷"奇章亭"条称："在北宋治东南一里子城上。"奇章亭在北宋时尚是一处佳景，（宋）贺铸：《庆湖遗老诗集》卷八《五言绝句》"江夏八咏"之一即咏奇章亭，诗称："亭揭奇章榜，斯民孰去思，多惭羊叔子，涕泗岘山碑。"台湾商务印书馆影印文渊阁四库全书本。南宋时亭废，《入蜀记》第四："与统、纾同游头陀寺……自方丈西北蹑支径，至绝顶，旧有奇章亭，今已废。四顾江山井邑，靡有遗者。"第2441页。
⑧ 《舆地纪胜》卷六六《鄂州·景物》："即上酒库也。"

瞰长江"。总领所东北的楚望、黄鹄山顶的楚观,"亦隶本所"[1]。

转运司"有副使,判官",设东、西二衙。东衙有一览亭、跨鹄亭、乖崖亭。[2] 转运司又称漕司,其所在也就称为漕园,据陆游所见,漕园有"依山亭馆十余",但"不甚葺"。[3] 东衙有东圃,"旁有细履亭","又有四景亭"。转运司西衙,有广永亭,"在西漕衙黄鹄山之绝顶,西近楚观,下视江汉,故取其义云";有春阴亭,"旧名绿阴";又有凝香亭和皆被称作"横舟"的西南二亭。

转运副使的衙署,有江汉亭,"因古城作亭榭,俯瞰江汉,景物最嘉"[4]。张栻曾为此亭作记。[5] 又有半山亭、静春台。

属都统制司的楼阁,有压云亭、卷雪楼、卷雨楼及会景楼、赏心楼、楚江楼、清风楼等。

楼阁以外,鄂州城内还辟有若干园林,如城北的北园,城东的东圃。北园"在总领所",东圃"在漕使东衙,旧名老圃,延袤百七十丈",是一处占地规模较大的园林。[6]

城区之外的楼阁,主要有楚楼,"在南草市";压江亭,在城西南隅的长堤之外、万金堤上。城南望泽门外有南湖,"周二十里,旧名赤栏湖,外与江通"[7],登高下瞰,湖面"荷叶弥望,中为桥,曰广平。其上皆列肆,两旁有水阁极佳,但以卖酒不可往"[8],这些水

---

[1]《舆地纪胜》卷六六《鄂州·景物》"楚望"条:"在总领所东北。又黄鹄山顶有楚观,亦隶本所。"以下有关楼阁的资料,除特别作注的以外,皆出自《舆地纪胜》卷六六《鄂州·景物》。

[2] 乖崖亭是用来纪念荆湖北路转运使张咏(自号乖崖)的。《舆地纪胜》卷六六《鄂州·古迹》"乖崖亭"条:"在漕东衙之后。李焘设张忠定公像于其上,有文记之。"

[3]《入蜀记》第四,《渭南文集》卷四六,第2441页。

[4]《舆地纪胜》卷六六《鄂州·景物》。

[5](宋)张栻:《南轩集》卷一八《江汉亭说》,台湾商务印书馆影印文渊阁四库全书本。

[6]《舆地纪胜》卷六六《鄂州·景物》。

[7] 同上。

[8]《入蜀记》第五,《渭南文集》卷四七,第2443页。

阁属于兼有游览观光与商业贩卖性质的亭阁。

城外东边另有东湖,"在城东四里,湖上有东园,为近城登览之胜"①。

三、祠庙寺观与书院、军营

祭祀的最重要内容莫过于祀天地、山川、社稷。鄂州有社稷坛,位于城东偏北处,"始在中军寨","其地褊迫洿下,燎瘗无所",淳熙九年(1182)"度地更置","得城东黄鹤山下废营地一区,东西十丈,南北倍差,按政和五礼画为四坛"。②

其他各种祠庙寺观不少。城中有开元寺,"在城南一里","本梁邵陵王纶舍宅为寺",南宋时,开元寺中有唐大历八年(773)所铸铜钟,重达1.3万斤,并有天宝三年(744)所铸铁佛。明清以后,寺名改作铁佛寺。③城南一里还有灵竹寺,是传说中孝子孟宗哭母泣竹之地,绍兴间(1131—1161)建孟孝感庙。④

多数寺庙建在城东门以外,其中最著盛名的两座,一是头陀寺,一是洪山寺。

---

① 《舆地纪胜》卷六六《鄂州·景物》。
② (宋)朱熹:《晦庵先生朱文公文集》卷七九《鄂州社稷坛记》,北京图书馆出版社2006年影印本。
③ 雍正《湖广通志》卷七八《古迹志·武昌府·江夏》"铁佛寺"条。
④ 《舆地纪胜》卷六六《鄂州·古迹》。(宋)贺铸:《庆湖遗老诗集》卷八《江夏八咏》:"灵竹寺,相传孟宗故居也。"(宋)罗愿:《鄂州小集》附曹宏斋《鄂州太守存斋罗公愿传》:"淳熙十一年……鄂人绘像灵竹寺,孟宗泣竹处。"《大明一统志》卷五九《湖广布政使司武昌府·祠庙》:"孟孝感庙,在府城东二里,祀吴孝子孟宗,宋绍兴间建,本朝迁武昌卫前。"孟孝感庙或称"孟宗庙"。《湖广图经志书》卷二《武昌府·祠庙·江夏》:"孟宗庙,在县东二里,祀□孝子孟宗也。宋绍兴间建。本朝迁武昌卫堂北。弘治初,知府冒政改建于大东门外白鹤山巅。"

头陀寺,"在清远门外黄鹄山上,宋大明五年建,自南齐王中作寺碑,遂为古今名刹"①,吸引了历代文人士子吟咏唱和。如李白《江夏赠韦南陵冰》诗称:"头陀云外多僧气"②;黄庭坚《头陀寺》诗云:"头陀全盛时,宫殿梯空级。城中望金碧,云外僧溅溅。"③南宋初年,"寺毁于兵火"④,"人亡经禅尽,屋破龙象泣"⑤。战争结束后,"汴僧舜广,住持三十年,兴葺略备"。唐开元六年(718)所建著名的南齐王简栖碑,仍置"藏殿后"⑥。头陀寺山顶有磨剑池,寺旁有读书堂。⑦

洪山寺,在城外东面的洪山南麓。"洪山,在江夏县东十里,旧名东山,唐大观中改今名。"⑧洪山寺因而又名"东山寺"。该寺由"唐宝历中善信禅师开山,宋制置使孟珙、都统张顺重修"⑨。岳飞曾长期驻兵鄂州,传说洪山寺的第一株松树便是岳飞亲手植下的,故得名"岳松"。洪山寺后来屡毁屡建,今日仍存,名"宝通禅寺"。

与洪山寺南北对峙的,有兴福寺,"隋文帝建,咸淳六年,僧人净聚重修"⑩。

崇佛、道之外,宋代鄂州民间建有不少具有地方特色的寺庙。

如,祭祀各种与民间生活相关的神灵。宁湖寺,在平湖门内,

---

① 《舆地纪胜》卷六六《鄂州·景物》。
② (清)王琦注:《李太白集注》卷一一,中华书局1977年版,第584页。
③ 《山谷诗集注》卷一八《古诗五十首》,第632页。
④ 《入蜀记》第四,《渭南文集》卷四六,第2441页。
⑤ 《山谷诗集注》卷一八《古诗五十首》,第641页。
⑥ 《入蜀记》第四,《渭南文集》卷四六,第2441页。
⑦ 《舆地纪胜》卷六六《鄂州·古迹》。
⑧ (清)嘉庆《重修一统志》卷二五八《武昌府》,中国古代地理总志丛刊本,中华书局1986年版。
⑨ 雍正《湖广通志》卷七八《古迹志·武昌府·江夏县》"宝通寺"条。
⑩ 《湖广图经志书》卷二《武昌府·寺庙·江夏》。

传说"湖有水怪,唐广德中建寺镇之"①。广惠庙,"在竹簰门外护城矶上,旧名顺济龙王庙,宋淳熙间祷雨灵应,扁今额"②。宋大宪庙,在城东七里,祀"火精"宋无忌,"以禳火灾"。唐牛僧儒立庙时"本为大夫"庙,五代"避杨行密父讳,改作大宪"。③后有毁坏,"宋绍兴中知州王信复立,俗云火星堂"④。

最常见的是祭祀水神(江神)。除常见的龙王庙以外,有横江鲁肃庙,在城西南2里,因"肃尝为横江将军,故庙以为名"⑤;三圣公庙(简称"三公庙",又名"普应庙"⑥),在城东5里,"鄂人中秋日阖郡迎神",十分虔诚,所迎三神之一即为伏波⑦;江汉神祠,始建于宋咸淳年间(1265—1274),"通判刘靖以江汉在境内,宜为望祀,乃为坎以祭之"⑧,初在灵竹寺西,后改祀汉阳门楼上⑨。

另一些祠庙奉祀与当地有关的人物。陆大宪庙,在城西南三里,祀汉陆贾⑩;武安王庙,在头陀寺,祀关羽⑪;卓刀泉关羽庙,亦祀关羽,在江夏东十里,"世传关羽尝卓刀于此",遂立庙于泉上⑫。忠

---

① 雍正《湖广通志》卷七八《古迹志·武昌府·江夏县》。
② 《湖广图经志书》卷二《武昌府·祠庙·江夏》。
③ 《舆地纪胜》卷六六《鄂州·古迹》。
④ 《大明一统志》卷五九《湖广布政使司武昌府·祠庙》。
⑤ 《舆地纪胜》卷六六《鄂州·古迹》。
⑥ 《大明一统志》卷五九《湖广布政使司武昌府·祠庙》:"普应庙,在府城东5里,旧云三公庙,自唐有之,宋始赐今额。"
⑦ 《舆地纪胜》卷六六《鄂州·古迹》:"三圣公庙,在城东五里,鄂人中秋日阖郡迎神,庄绰辨疑,则以为萧丹、赤山神、葛元也。郭祥正诗云:'三神鼎峙名何谓,子胥范蠡马伏波。'是祥正指伏波为马伏波,而庄绰谓葛仙,亦拜伏波将军故也。绰以为按唐祠记,而祥正亦必有据。当考。"
⑧ 《大明一统志》卷五九《湖广布政使司武昌府·祠庙》。《湖广图经志书》卷二《武昌府·祠庙·江夏》"江汉神祠"条略同。
⑨ 雍正《湖广通志》卷二五《祀典志·武昌府·江夏县》。
⑩ 《舆地纪胜》卷六六《鄂州·古迹》。《大明一统志》卷五九《湖广布政使司武昌府·祠庙》:"按《汉史》,贾非道死,或因楚产,郡人为立庙尔。"
⑪ 《舆地纪胜》卷六六《鄂州·古迹》。
⑫ 《舆地纪胜》卷六六《鄂州·景物》。

义祠,"在府治,北宋建炎间,金骑渡江,郡守李宜婴城固守,民赖以安。后为贼所房,遁投僧寺,僧疑而杀之,百姓伤感,为建祠祀焉。太守马去疾以闻,赐额忠义"①。鄂州城西南有鹦鹉洲,传说中黄祖在此杀害祢衡,洲上遂有祢衡墓、黄祖墓,②后来成为鹦鹉寺。鹦鹉寺南又有岩头寺,系"唐全太岁禅师驻锡处"③,陆游乘舟经行此地时,曾远望鹦鹉洲"有茂林神祠"④,很可能就是这些祠庙。另外,城东北七里有大圣奄,应该也是祭祀某类人物的。⑤

最值得重视的是南宋前期鄂州民间建造的岳飞庙。初名忠烈庙,《舆地纪胜》卷六六《鄂州·古迹》:"忠烈庙,在旌忠坊,州民乾道六年请于朝,岳飞保护上游,有功于国,请立庙,诏赐今额。"后称"忠孝祠"或"岳武穆祠",地址也从旌忠坊迁移到小东门外将台驿旧址。《湖广图经志书》卷二《武昌府·祠庙·江夏》:"岳武穆祠,在县东十里,即将台驿故址。旧名忠烈庙,在旌忠坊。宋岳飞保护上游有功,乾道中建庙于鄂,赐今额。嘉定中,又追封鄂王。"明弘治年间(1488—1505),"巡按御史王恩以岳武穆王司庙祀之扁为忠孝祠,知府陈晦立石"⑥。"正德十四年,都御史吴廷举奏迁驿于小东门外,布政周季凤、知府沈栋即驿址建为今祠。"旌忠坊的具体位置不详,明正德"武穆另祀"后,"其祠仍旧",⑦约在今湖北武汉市武昌区司门口一带,这里至今还有鄂王府的遗址可考。

明清时迁至东门外的岳王庙旁边植有松柏,称"岳柏"。出于对

---

① 《大明一统志》卷五九《湖广布政使司武昌府·祠庙》。
② 《舆地纪胜》卷六六《鄂州·古迹》。
③ 雍正《湖广通志》卷七八《古迹志·寺观·武昌府·江夏县》。
④ 《入蜀记》第五,《渭南文集》卷四七,第2444页。
⑤ 《舆地纪胜》卷六六《鄂州·景物》"八迭院"条。
⑥ 《湖广图经志书》卷二《武昌府·祠庙·江夏》。
⑦ 同上。

英雄的崇敬，民间生发出一些有关岳柏的神话。《湖广通志》卷七七《古迹志·寺观·武昌府·江夏县》："岳柏，在大东门外鄂王庙墀左，围可三尺，枝干疏老不繁，人号为独柏。每值辰戌丑未年，楚士有掇巍科者，柏预吐一奇枝。"

寺观庙宇多讲求清净、优雅，因而正是读书的好地方，有的书院和寺院其实就是一体的。如，头陀寺有读书堂。①洪山东岩寺，"唐大观中建，又额曰正心书院，鄂国公尉迟读书处"，这里环境幽静，景色宜人，"山后石刻有'几处稻粱喧鸟雀，数声钟磬起渔樵'句"。②南宋庆元年间（1195—1200），"河阳赵淳清老架阁其上，榜曰东岩书院。"③

城中的黄鹄山丘陵起伏，林深叶茂，是立书院、建学校之佳处。黄鹄山东麓有东山书院④；山中有学宫；直至南宋末年，仍有文士张君寿与诸生"植屋数间于黄鹄山中学宫之后"，聚众读书，因地当"东面日出，君寿于是榜之曰'朝阳书堂'"。⑤

鄂州州学，"在府治南半里，宋康定中知州王素徙郡城西"⑥，立于黄鹄山前。仁宗庆历年间（1041—1048），开展全国规模的兴学运动，鄂州也"大增学舍"⑦，形成一个占地"甚广"的州学，内有"聪明池"等设施⑧。由于战争的影响，鄂州州学几度兴废。两宋之交时曾被"夺为营垒"，好在为时不久，"绍兴中，都帅田师中以教

---

① 《舆地纪胜》卷六六《鄂州·古迹》。
② 雍正《湖广通志》卷七八《古迹志·武昌府·江夏县》。
③ 《湖广图经志书》卷二《武昌府·寺庙》。
④ 《湖广图经志书》卷二《武昌府·学校》"东山书院"条。
⑤ （宋）刘辰翁：《须溪集》卷二《朝阳书堂记》，台湾商务印书馆影印文渊阁四库全书本。
⑥ 《湖广图经志书》卷二《武昌府·学校》。
⑦ 同上。
⑧ 《舆地纪胜》卷六六《鄂州·景物》"聪明池"。

官朱械之请,撤营修学。即而,教授商飞卿请于州重建"①。重建后的州学比较规整,先后修建了稽古阁、四贤堂等。修建稽古阁的工程由鄂州州学教授许中应主持,许氏"既新其学之大门,而因建阁于其上,椟藏绍兴石经、两朝宸翰,以为宝镇,又取板本九经、诸史,百氏之书,列置其旁",这项工程"始于绍熙辛亥之冬,而讫于明年之夏,其费亡虑三百万",得到就学诸生与当地官员的积极支持。②四贤堂,"宋嘉定中教授石继谕建,以祀周、程、朱子"③,黄榦为之作《鄂州州学四贤堂记》④。南宋末年,鄂州州学再次遭受"兵燹",至元朝"延祐中重建"⑤。

江夏县学,宋朝初年附属于鄂州州学,但在州学中"别为一斋,名务本",南宋绍兴以后,务本斋也一并"悉附州学"。元朝沿用这种体制,至明朝洪武年间(1368—1398)独立建学。⑥

军营与州县儒学本可谓"风马牛不相及",但在边事多兴的宋朝,二者之间有着较为密切的关系。前述鄂州州学曾"夺为营垒",就是一个典型例子。

南宋时,鄂州是宋朝抗金的重镇,屯驻大批军队,营寨占地甚广,仅城东黄鹤山下一区,便达"东西十丈,南北倍差"⑦。在城东北七里,有游奕军寨。⑧北宋时,鄂州东北有一名为白杨夹口的江边港口,南宋时成为一个具有浓厚军事色彩的集镇,当地"居民及泊

---

① 《舆地纪胜》卷六六《鄂州·景物》"聪明池"。
② 《晦庵先生朱文公集》卷八〇《鄂州州学稽古阁记》。
③ 《湖广图经志书》卷二《武昌府·宫室》。
④ (宋)黄榦:《勉斋集》卷二〇,台湾商务印书馆影印文渊阁四库全书本。
⑤ 《湖广图经志书》卷二《武昌府·学校》。
⑥ 同上。
⑦ 《晦庵先生朱文公集》卷七九《鄂州社稷坛记》。
⑧ 《舆地纪胜》卷六六《鄂州·景物》"八叠院"条。

舟甚多，然大抵皆军人也"①。这种情形与鄂州城驻有大量军队正可互相印证。

四、民居、街市、港口及其他

由于地形的限制和历史上沿袭下来的格局，鄂州城的西头主要是各级官署；沿着黄鹄山自西向东展开的一线，除了官署，主要有学校、寺庙等文化、宗教类建筑；民居、街市等主要分布在城东、城北和城南的一些较为低平的地区；由于人口增长，老城区难以容纳，民居与街市向城区以外东、南两个方向扩展的态势表现得较为突出；城西的沿江一带也成为交通、贸易繁盛，船只、人口密集的地区。

有关宋代鄂州民居的资料有限，迄今可知的是城内有旌忠坊、太平坊，②具体方位不详。随着坊市制的瓦解，这些坊名只是普通的地名，明清以后，更常见的名称是"里"、"巷"。

南宋时，鄂州号称"今之巨镇"③，城内商业繁盛，出现了富商大贾。乾道年间（1165—1173）"鄂州富商武邦宁，启大肆，货缣帛，交易豪盛，为一郡之甲"④。开设了热闹的夜市，号称"烛天灯

---

① 《入蜀记》第四，《渭南文集》卷四六，第2440页。
② 旌忠坊已如前述，太平坊见（宋）郑獬：《郧溪集》卷二二《朱夫人墓志铭》："夫人朱氏……皇祐辛卯二月，以病卒于鄂州太平坊里第。"台湾商务印书馆影印文渊阁四库全书本。
③ （宋）叶适撰、刘公纯等点校：《叶适集·水心文集》卷九《汉阳军新修学记》，中华书局1961年版，第141页。
④ （宋）洪迈撰、何卓点校：《夷坚志》支庚卷五"武女异疾"条，中华书局1981年版，第1174页。

火三更市，摇月旌旗万里舟"①。四方商贾云集，市容相当繁荣，"民居市肆，数里不绝，其间复有巷陌，往来憧憧如织"②。鄂州城中人口众多，汉阳知军黄榦说："鄂州人口繁夥，为汉阳三十余倍"，即约十万家。③光宗绍熙三年（1192）"十二月甲辰，鄂州火，至于乙巳，燔民居八百家"④。人口众多，建筑密集，以至空地难寻，近城之处甚至找不到安葬死者的地方。《夷坚志》乙集卷九"鄂州遗骸"条称：乾道八年，官府收敛无处安葬的遗骸，"一切火化，投余骨于江。其数不可胜计"。

随着人口的不断增长，民居与街市不断地向城外扩展。

城南望泽门外的"长街"，成为一个重要的居民区。《舆地纪胜》卷六六《鄂州·景物》："南湖，在望泽门外，周二十里……外与江通。长堤为限，长街贯其中，四旁居民蚁附。"

长堤与长街相伴，或者长堤即是长街，这种情形，在沿江城市并不罕见。鄂州城面临大江，经常受到江水泛滥的威胁，修筑江堤是最主要的防灾措施。北宋后期，在鄂州城西的平湖门外，修筑了一道拦江长堤，明清以后的多种志书中，屡次提到过这道江堤。嘉靖《湖广图经志书》卷二《武昌府·山川·江夏》"长堤"条："在平湖门内。《旧志》云，政和年间，江水泛溢，漂损城垣，知州陈邦光、县令李基筑堤以障水患，至今赖之。"长堤又名"花堤"，今天的武汉市武昌区尚有花堤街，位于长江大桥武昌桥头南，上起紫阳路，下至彭刘杨路，街名即因地当花堤故址而得。花堤街可以说是今天的武昌现存的最古老街道之一，至今仍是店铺与

---

① 《范石湖集·诗集》卷一九《鄂州南楼》，第 274 页。
② 《入蜀记》第五，《渭南文集》卷四七，第 2444 页。
③ 《勉斋集》卷三〇《申京湖制置司辨汉阳军籴米事》。
④ （元）马端临：《文献通考》卷二九八《物异考四·火灾》，中华书局影印本 1986 年版。

民居密集的街道。

南宋时,在鄂州城西南,长堤之外加筑了一道外堤,名曰"万金堤"①。该堤在明代仍继续发挥作用,《方舆纪要》卷七六《湖广二·武昌府·江夏县》"鹦鹉洲"条称:"城西南平湖门内有长堤,外有万金堤……至今赖之。"

沿江沿湖的堤防,交通方便、地势高爽,随着堤防的增高、加宽以及质量的提高,堤防不仅成为交通要道,甚至是民居所在,沿线聚居了为数众多的普通民众。淳熙十二年(1185)十月,鄂州城火灾,加上"江风暴作",结果是"燔民居万余家",那些"结庐于堤、泊舰于岸者,焚溺无遗"②。

鄂州城外江面宽阔,港口繁忙,既供商船来往停泊,也供战船出江演练。陆游初至鄂州时,泊舟于江边税务亭,只见"贾船客舫,不可胜计,衔尾不绝者数里,自京口以西,皆不及"。数日后,他在江边"观大军教习水战,大舰七百艘,皆长二三十丈,上设城壁楼橹,旗帜精明,金鼓嶜龉,破巨浪往来,捷如飞翔,观者数万人,实天下之壮观也"③。

城南三里有南浦,"其源出京首山,西入江,春冬涸竭,秋夏泛

---

① 关于该堤的修筑时间有两种不同说法,一说在高宗绍兴年间(1131—1161),如《读史方舆纪要》卷七六《湖广二·武昌府·江夏县》"鹦鹉洲"条,引《旧志》云:"城西南平湖门内有长堤,外有万金堤,宋政和、绍兴间所筑也,至今赖之。"贺次君、施和金点校,中华书局 2005 年版。《天下郡国利病书》卷七三《水利·江夏县》称:"堤三……万金,在县西南长堤之,宋绍兴中大军筑之,建压江亭。"清道光十一年敷文阁聚珍版重刊本。一说认为是光宗绍熙年间(1190—1194)的事,如《舆地纪胜》卷六六《鄂州·景物》"万金堤"条称:"在城西南隅,长堤之外,绍熙间役大军筑之,仍建压江亭其上。"《大明一统志》卷五九《武昌府·山川》"万金堤"条亦采此说。绍兴与绍熙相隔数十年,二说哪一种较为正确?从《舆地纪胜》和《大明一统志》记载宋朝史实比《读史方舆纪要》、《天下郡国利病书》诸书较为原始,也往往较为准确来看,似应以绍熙说为是。
② 《文献通考》卷二九八《物异考四·火灾》。
③ 《入蜀记》第四,《渭南文集》卷四六,第 2441 页。

涨，商旅往来，皆于浦停泊，以其在郭之南，故曰南浦"①，南宋时"谓之新开港"②。

在城西、城南方向与外界交通频繁的地方，有迎来送往的馆舍。城西竹簰门外临江处有弥节亭，"又有皇华馆，在州治东南"；"又南津馆，在望泽门外；迎仙馆，在城南"；"匹练亭，在城东南五里何家洲"，"以上皆舍也"。③

五、南草市的繁荣

宋代鄂州城的布局上最值得注意的变化，是商业区与相应的居民区发生了空间转移，从城区以内转移到城外的南草市。

南草市在城南望泽门外，经广平桥与望泽门相连，④地当今武汉市武昌区西南鲇鱼套一带，东南通汤孙湖、清宁湖、纸房湖，水盛时，由三眼桥、孟家河、东湖坝通梁子湖，达樊口，水上交通十分方便。

南宋前中期的鄂州南草市商业兴盛，人口密集，"沿江数万家，廛闬甚盛，列肆如栉，酒垆楼栏尤壮丽，外郡未见其比"⑤。又因中转商贸繁荣，露天堆积大量竹木类货物，以至火灾频发。淳熙四年（1177）"十一月辛酉，鄂州南市火，暴风通夕，燔民舍千余家"；嘉泰四年（1204）"八月壬辰，鄂州外南市火，燔五百余家"⑥。在

---

① 《太平寰宇记》卷一一二《江南西道十·鄂州》"南浦"条。
② 《舆地纪胜》卷六六《鄂州·景物》。
③ 同上。
④ 《舆地纪胜》卷六六《鄂州·景物》"广平桥"条。
⑤ 《吴船录》卷下。
⑥ 《文献通考》卷二九八《物异考四·火灾》。

另一场大火中，南市"焚万室，客舟皆烬，溺死千计"①。南市聚居人口之多，由此亦可见一斑。而且，接连几场大火引起了官府的警惕，知鄂州赵善俊"驰往视事，辟官舍，出仓粟，以待无所于归之人，弛竹木税，开古沟，创火巷，以绝后患"②。这里的火巷由此开通并得名。

商业之外，其他各行各业、娱乐消遣以及城市病态行业也都兴盛。屠者朱四、鄂渚王媪等都在南草市经商营业，其中王氏是"三世以卖饭为业"③。鄂州都统司医官滑世昌，大约是因为医术较高，又敢于收受，因而"居于南草市，家赀积万"④。南草市建有楚楼等休闲观光的场所。⑤不仅"酒垆楼栏尤壮丽"⑥，娼妓空间也与集市为伍，占有一定的位置和分量。刘过诗称："黄鹤山前雨乍过，城南草市乐如何。千金估客倡楼醉，一笛牧童牛背歌。"⑦甚至有"赃败失官人王训"，"居于鄂州南草市，卖私酒起家，妻女婢妾皆娼妓……鄂州人呼训家为淫窟，又呼为关节塌坊"⑧。

总的来看，与中国其他城市一样，宋代鄂州城的平面布局蕴涵着自然、社会与人文等多重意义，它的形成与演变，受地理环境、政治制度、文化观念、经济发展、时局变化等因素的影响，是多种

---

① （宋）周必大：《周益国文忠公集》卷六三《中大夫秘阁修撰赐紫金鱼袋赵君善俊神道碑》，道光二十八年瀛塘别墅欧阳棨刊本。
② 同上。《宋史》卷二四七《赵善俊传》略同。
③ 《夷坚志》甲集卷八，第775页。
④ 雍正《湖广通志》卷一二〇《杂纪》。
⑤ 《舆地纪胜》卷六六《鄂州·景物》"楚楼"条。
⑥ （宋）范成大撰、孔凡礼点校：《吴船录》卷下，《范成大笔记六种》，中华书局2002年版，第226页。
⑦ （宋）刘过撰、杨明点校：《龙洲集》卷四《七言律·喜雨呈吴按察》之二，上海古籍出版社1978年版，第27页。
⑧ （宋）徐梦莘：《三朝北盟会编》卷二三六《炎兴下帙》一三六，绍兴三十一年十月二十四日，上海古籍出版社影印本2008年版。

因素综合作用的结果。其中,江汉交汇、倚山面江的独特地貌是鄂州城市布局的环境基础;以行政权力为中心,突出官衙的地位,重视秩序、形胜、阴阳等复杂的制度、思想与理念,对城市布局的形成有着决定性的影响;两宋的政治、军事局势和经济的发展,则为鄂州城市的布局打下了深刻的烙印。

(原载[韩国]《中国史研究》第40辑,2006年2月。
收入本文集时略有删节)

北宋主户与客户的地理分布
——以今湖北地区为例

自中唐实行"两税法"后,主户与客户的记载正式见诸国家户籍。这种户口分类的制度,至宋朝仍然沿用。就北宋来说,从宋太宗时的《太平寰宇记》到宋神宗时的《元丰九域志》,在政府的户口统计中,都有主户与客户的区别。其详参见表1、表2。

表1　北宋初年各道主客户分布表①

道名	主户数	客户数	主户与客户之比
河南道	662694	567445	1∶0.86
河东道	204993	56060	1∶0.27
剑南道	566739	300749	1∶0.53
淮南道	161776	216840	1∶1.34
陇右道	25204	35969	1∶1.43
关西道	212259	146636	1∶0.69
河北道	381385	205239	1∶0.54
江南道	1100115	733842	1∶0.67
山南道	173131	260580	1∶1.51
岭南道	72501	24477	1∶0.34
总计	3560797	2547838②	1∶0.72

说明:①参见梁方仲《中国历代户口、田地、田赋统计》甲表35,上海人民出版社1980年版。表中数据采自《太平寰宇记》(光绪八年金陵书局刻本),大约反映自宋太宗太平兴国五年(980)至端拱二年(989)的情况。②据梁方仲注,因部分州(如宥州、滨州、广州等)的客户数不详,故其户数未计入内。

表2 元丰初年各路主客户分布表①

路名	主户数	客户数	主户与客户之比
夔州路	76453	178908	1∶2.34
京西南路	147871	166709	1∶1.13
京西北路	253354	233031	1∶0.92
福建路	580136	463703	1∶0.80
淮南西路	419753	318746	1∶0.76
广南东路	355986	223267	1∶0.63②
淮南东路	409884	202681	1∶0.49
秦凤路	345172	164331	1∶0.47
成都府路	620523	243871	1∶0.39
河北西路	417858	146904	1∶0.35
四京	440131	154346	1∶0.35
河东路	463418	110790	1∶0.24
荆湖北路	280000	377527	1∶1.35
梓州路	245481	229690	1∶0.94
荆湖南路	475677	395537	1∶0.83
利州路	185796	144138	1∶0.78
京东东路	404092	292364	1∶0.72③
江南西路	835266	451870	1∶0.54
京东西路	385548	186328	1∶0.48
河北东路	371226	154531	1∶0.42
广南西路	175041	63245	1∶0.36
陕西路	626372	219978	1∶0.35
两浙路	1418682	349772	1∶0.25④
江南东路	926225	201086	1∶0.22
总计	10859981	5673362	1∶0.52

说明：①《元丰九域志》成书于元丰三年（1080），此表反映此时情况。②《元丰九域志》卷九：康州，"客无"。③齐州户缺。④《元丰九域志》卷五：秀州，"客无"。

综合表1、表2，北宋时主户与客户的比例分别是宋太宗太平兴国五年（980）至端拱二年（989）时的1∶0.72和神宗元丰初年（约1078—1080）时的1∶0.52，从全国范围来看，主户的比重超过客户。

但是，就今湖北来看，情况却不同。

在太宗时期的各道之中，客户数量超过主户的有3道：山南道、陇右道和淮南道，其中客户所占比例最高的是山南道，主、客户之比为1∶1.51；淮南道客户数量位居第三，主、客户比为1∶1.34，今湖北的大部分地区正是属于此2道。具体说，太宗时期今湖北为14州、4军，分属于山南、淮南、江南3道，其中有9州2军属山南道，有3州1军属淮南道（其详参表3）。

表3 北宋初年今湖北主客户分布表

道府州名		主户数	客户数	主户与客户之比
山南道	郢州	1308	2658	1∶2.03
	随州	3164	3049	1∶0.96
	襄州	11363	15529	1∶1.37
	房州	4882	690	1∶0.14
	均州	3792	3827	1∶1.01
	光化军	3685	3345	1∶0.91
	归州	1127	1435	1∶1.27
	峡州	2983	1418	1∶0.48
	荆州	36174	27273	1∶0.75
	荆门军	1734	2306	1∶1.33
	复州	3117	4311	1∶1.38
	小计	73329	65841	1∶0.90
江南道	鄂州	10470	15014	1∶1.43
	兴国军	12264	10996	1∶0.90
	施州	缺		
	小计	22734	26010	1∶1.14
淮南道	黄州	7342	3609	1∶0.50
	蕲州	14119	14817	1∶1.05
	汉阳军	1439	2280	1∶1.58
	安州	4276	8312	1∶1.94
	小计	27176	29018	1∶1.07
总计		123239	120869	1∶0.98

神宗时期，全国定为 23 路，客户数量超过主户的路也有 3 个：夔州路、荆湖北路和京西南路。其中，除夔州路客户数量最大外，荆湖北路和京西南路的主户与客户之比分别为 1∶1.35 和 1∶1.13，而这两路，也正是今湖北大部地区所在。当时，今湖北地区为 12 州 1 府 1 军，分属于荆湖北路、京西南路、淮南西路、江南西路和夔州路，其中有 9 州 1 府属荆湖北路和京西南路，其余 3 州 1 军分属淮南等 3 路（其详参表 4）。

表 4　元丰初年今湖北主客户分布表

路府州名		主户数	客户数	主户与客户之比
京西南路	郢州	6640	24935	1∶3.76
	随州	12135	25977	1∶2.14
	襄州	40772	52255	1∶1.28
	房州	14118	7113	1∶0.50
	均州	21946	5032	1∶0.23
	小计	95611	115312	1∶1.21
荆湖北路	峡州	12609	32887	1∶2.61
	江陵府	56314	133608	1∶2.37
	安州	25524	35220	1∶1.38
	鄂州	53150	72107	1∶1.36
	归州	6877	2761	1∶0.40
	小计	154474	276583	1∶1.79
淮西南路	黄州	32933	49005	1∶1.49
	蕲州	74017	38356	1∶0.52
	小计	106950	87361	1∶0.82
夔州路	施州	9323	9781	1∶1.05
江西南路	兴国军	40970	12890	1∶0.31
总　计		407328	501927	1∶1.23

资料来源：《元丰九域志》。参见梁方仲：《中国历代户口、田地、田赋统计》，甲表 35。

由此，北宋初年的太宗时期和北宋中后期的神宗时期，今湖北地区都是全国客户分布最为集中的地区之一。

这种状况是什么原因造成的？

许多学者已指出，与唐相比，宋朝划分主户与客户的标准有很大的不同。唐朝的主户与客户依据籍贯来区分，主户是土著户，客户是侨寓户。宋代主户与客户的区分则以有无"常产"即有无田地、房产等作为主要的依据，籍贯下降为次要因素。宋朝的所谓主户，是"有常产之人也，客户则无产而侨寓者也"①。在乡村中，客户基本上也就是佃户。② 用北宋石介的话来说，"乡墅有不占田之民，借人之牛，受人之土，佣而耕者，谓之客户"③。乡村中没有田地、房产，靠租种他人土地为生的佃户在当地户口中所占的比重很大，数量超过拥有"常产"的主户，这显然说明该地区经济发展水平比较低。④ 北宋今湖北的情况正是如此。这里"农作稍惰"⑤，"是东南六路当中最落后的地区"⑥。

可以提供反证的是，在经济发达的地区，如两浙路，元丰初年的客户只占当地总户数的 19.78%（见表 2）；而在同一时期的今湖北地区，客户在总户数中所占的比率则高达 55.2%（见表 4）。

可见，就全国范围来看，经济的不发达，应是造成北宋时期今湖北地区客户数量多、比重高的一个主要原因。

下面进一步以北宋时期今湖北境内的州（府、军）为单位来分

---

① （清）徐松辑：《宋会要辑稿》食货十二之十九至二十，中华书局影印本 1957 年版。
② 正如王曾瑜先生所言，宋代"乡村客户的基本成分是佃农，这是中外学者做了大量研究工作后的结论"。参见王曾瑜：《宋朝阶级结构》第二编《宋朝农民阶级》第一章《乡村客户的阶级状况》，河北教育出版社 1996 年版，第 28 页。
③ （宋）石介撰、陈植锷点校：《徂徕石先生文集》卷下《录微言者》，中华书局 1984 年版，第 87 页。
④ 漆侠先生对夔州路类似的情况所作的研究，即可说明这一点。参见漆侠：《宋代经济史》上册，上海人民出版社 1987 年版。
⑤ 《宋史》卷八八《地理四》，中华书局校点本 1985 年版，第 2201 页。
⑥ 漆侠：《宋代经济史》上册，第 128 页。

析一下当时这一地区的主户与客户的分布情况。

综合表3和表4，北宋时期今湖北境内客户比例高于主户的地区主要有7个州：郢州（治今湖北省钟祥市）、荆州（治今湖北省荆州市）、安州（治今湖北省安陆县）、随州（治今湖北省随州市）、峡州（治今湖北省宜昌市）、鄂州（治今湖北省武汉市）和襄州（治今湖北省襄樊市）；各个州主户与客户的比例分别为1∶2.90，1∶1.74，1∶1.66，1∶1.55，1∶1.55，1∶1.40和1∶1.33。主户与客户比例最低的是房州（治今湖北省房县），北宋初年仅为1∶0.14，元丰年间客户比重有所上升，但也不过1∶0.50。

上述8州，按照自然地理条件，大致可分为三个不同的区域：一是江汉平原区，即郢州、荆州、鄂州，分别位于江汉平原的北缘、西缘和东缘；二是鄂中和鄂北丘陵地区，包括安州、随州、襄州；另有峡州和房州，则属于鄂西山区。

北宋时期，这三个区域的经济发展水平很不一致。

先看江汉平原边缘区。这些地区很早就得到了开发，如郢州早在春秋战国时期即是南方大国楚国的都城所在[1]；江陵在唐代的粮食产量达到"亩得一钟"[2]；鄂州在唐人眼里是"地连大别、云梦、洞庭、穆陵，控扼胜势，号为东南巨镇"[3]；城中"货贝有山积之富"[4]。至宋代，这些地区又有不同程度的进步，如江陵在熙宁十年（1077）酒课岁额10余万贯[5]，反映当地的农业和酿造业具有相当水平，属于宋时期今湖北境内经济发展最高的地区之一。鄂州在南

---

[1] 参见石泉：《古代荆楚地理新探》，武汉大学出版社1988年版。
[2] 《旧唐书》卷一三一《李皋传》，中华书局校点本1975年版，第3640页。
[3] （唐）舒元舆：《鄂政记》，引自（清）董浩等编：《全唐文》卷七二七，中华书局1983年影印嘉庆本，第7493页。
[4] （唐）郑薰：《内侍省监楚国公仇士良神道碑》，《全唐文》卷七九〇，第8272页。
[5] 参见（元）马端临：《文献通考》卷一六九《征榷考四》。

宋时被称为"今之巨镇,王师所屯,通阛大衢,商贾之会,物货之交也"①,享有"虽钱塘、建康不能过,隐然一大都会"的盛名②。

再看鄂中和鄂北丘陵地区。在宋代以前,这里的经济发展程度甚至高于江汉平原边缘地带。如襄阳,在魏晋南北朝时即号称"土沃田良","田土肥良,桑梓野泽,处处而有"。③北宋时,襄阳旧有的荒田进一步得到垦辟,至治平(1064—1067)、熙宁(1068—1077)年间,"环数千里并为良田"④。只有鄂西山区直至宋代仍然属于全国经济最为落后的地区之一,欧阳修称峡州"地僻而远","地僻而贫",甚至感叹"闻说夷陵人为愁,共言迁客不堪游"。⑤而恰恰是在这一地区,既有客户与主户的比例从北宋初年0.48:1猛增到元丰初年2.61:1的峡州,也有客户的比重最高时也不过主户之半的房州。

由此可见,就北宋时期今湖北境内的情况来看,仅用经济的不发达不足以说明这一地区客户数量大、比重高的原因。

那么,除了经济发展的水平之外,还有哪些因素影响到客户的数量与比重呢?

考察一下上述8州的地理位置,可以看到这样一个现象:客户数量大、比重高的7个州,基本都处在重要的水运或陆路交通线上,有的是重要的交通枢纽;而客户数量小、比重低的房州,则位于交通不便、环境闭塞的地区。

---

① (宋)叶适撰、刘公纯等点校:《叶适集·水心文集》卷九《汉阳军新修学记》,中华书局1961年版,第141页。
② (宋)陆游:《入蜀记》第四,《陆游集·渭南文集》卷四六,中华书局校点本1976年版,第2441页。
③ (宋)王象之:《舆地纪胜》卷八二《京西南路·襄阳府》引庚翼疏、萧子显:《齐志雍州序》,江苏广陵古籍刻印社影印道光二十九年惧盈斋本。
④ 《宋会要辑稿》食货九之十三。
⑤ 《舆地纪胜》卷七三《荆湖北路·峡州》引欧阳修语。

今湖北地区自古号称"九省通衢",境内交通线路纵横交错,最主要的交通枢纽有三个:一是荆州,二是襄阳,三是鄂州。

荆州既是陆路入川的门户,又是长江水路的中转站,还是荆襄走廊的南端枢纽,无论是南北向或是东西向的交通干线,都贯穿此地。唐颜真卿称荆州"荆南巨镇,江汉上游。右控巴蜀,左联吴越,南通五岭,北走上都"①。北宋时仍然是"凡浮江下于黔、蜀,与夫陆驿自二广、湖、湘以往来京师者,此为咽喉"②。

襄阳位于荆襄走廊的北端,是控扼南北交通干线的咽喉,于此既可由陆路南通北达,又可沿汉水上溯下流,因而襄阳自古以来便是南北、东西交通的枢纽,唐代人称之为"天下喉襟"③,北宋时仍是"西极梁州,南包临沮,北接阴邓"的枢要之地④。

鄂州"地势要重,实荆襄之肘腋,吴蜀之腰膂,淮南江西,为其腹背,四通五达,古来用武之地"⑤,在唐代已是漕运与人口南迁干路的双重枢纽⑥,北宋时进一步成为长江中上游的交通和商业中心,至南宋初年更发展为"贾船客舫,不可胜计,衔尾不绝者数里"的重要港口⑦。

三大交通枢纽以外的其他诸州,也都不同程度地拥有地利之便:随州和安州,位于著名的随枣走廊交通线上,两端分别与襄阳、鄂州相连;郢州,汉江纵贯南北,地扼汉江中游,实为荆襄纽

---

① (唐)颜真卿:《谢荆南节度使表》,《全唐文》卷三三六,第3405页。
② (宋)刘挚撰,裴汝诚、陈晓平点校:《忠肃集》卷一〇《荆南府图序》,中华书局2002年版,第212页。
③ 《新唐书》卷二〇二《萧颖士传》,第5769页。
④ 《舆地纪胜》卷八二《襄阳府》引晏殊《类要》。
⑤ (宋)罗愿:《鄂州小集》卷五《鄂州到任五事札子》,丛书集成初编本。
⑥ 参见郑学檬:《试论唐五代长江中游经济发展的动向》,载黄惠贤、李文澜编:《古代长江中游的经济开发》,武汉出版社1988年版。
⑦ 《入蜀记》第四,《陆游集·渭南文集》卷四六,第2441页。

带；峡州，虽地处鄂西山区，但境内大江斜穿，是由水路出入四川的必经之地。

交通的状况，对人口的流动与布局有着直接的影响。

众所周知，人口的流动与布局，是政治、经济、地理多种因素综合作用的结果。① 唐宋时期，迁入今湖北地区的移民主要来自北方，他们或是经南阳盆地南下，可到荆州一带；或是顺汉水而下长江，可到鄂州一带，两条线路都在襄阳中转、交汇；也有部分移民来自人稠地狭的两浙地区，他们多半是溯江而上，散布到沿江的鄂州、荆州，或是进而转入汉水边的襄阳。襄阳、荆州和鄂州因此而成为移民的主要分布区。移民中的一部分，定居下来后，逐渐通过开垦、购置或巧取豪夺而拥有土地，成为主户；一部分则成为"庸而耕"的客户。苏辙的诗《襄阳乐》描写的就是由两浙迁到襄阳一带的"越人"租种当地人田地的情景："里人种麦满高原，长使越人耕大泽。泽中多水原上干，越人为种楚人食。"② 两宋时期，从法律上说，客户是有迁徙的自由的，宋哲宗元祐元年（1086）王岩叟在一道奏疏中就说道："富民召客为佃户，每岁未收获间，借贷赒给，无所不至，一失抚存，明年必去而之他。"③ 不少客户"往来不常"④，处于迁徙不定的状态。为便于移徙，他们自然倾向于聚散在交通线附近，或是交通较为便利之处，神宗时曾布曾经说道："近世之民，离乡轻家，东西南北转徙而之四方，固不以为患，而居作一

---

① 参见张国雄：《明清时期的两湖移民》，陕西人民教育出版社1995年版。
② （宋）苏辙撰、陈宏天等点校：《苏辙集·栾城集》卷一《襄阳乐》，中华书局1990年版，第11页。
③ 《宋会要辑稿》食货十三之二十一。
④ 宋高宗时，洪适说："今荆门两县之民，其客户往来不常外，主户才及三千，坊郭不满五百家。"《盘洲文集》卷四九《荆门军奏便民五事状》，台湾商务印书馆影印文渊阁四库全书本。洪适所说虽是南宋初年的情况，北宋时期当相差不远。

年,即听附籍。"① 离乡之民在某地居住一年后,便可编入当地客户户籍。

另外,如前所述,主户与客户的划分主要依据是有无田产,但是,籍贯也还是有一定的影响,在某些情况下,也仍然有主要依据籍贯来确定主户与客户的。例如,《攻媿集》卷九一《(文华)阁待制杨公行状》记载,南宋时"淮民多为客户所侵,地讼难决"。将"客户"与"淮民"对称,即是依据籍贯而将外地移民视为"客户"。

于是,在移民较多、交通便利的地方,自然会出现客户数量多、比重大的现象。

交通的状况还影响到人口的职业构成。苏轼《荆州诗》称荆州"北客随南贾,吴樯间蜀船"②,罗愿说"鄂州当走集之地,兵民错居,商旅辐凑"③;陆游也说鄂州"四方商贾所集,而蜀人为多"④。范成大则看到与峡州相邻、同处于长江两岸的归州(治今湖北省秭归县)新滩,"两岸多居民,号滩子,专以盘滩为业"⑤。罗、陆、范三人所说虽是南宋时的情形,但从中也可窥见北宋时期这些地区的人口职业构成:处于水运交通要道上的这些地区,商贸交通比较繁盛,人口中的许多人从事运输或贩卖,他们中的相当一部分或是城镇中没有房产的坊郭客户,或是乡村中没有田地的客户,后者在租种土地没有保障的情况下,往往不得不从事"盘滩"

---

① (宋)李焘撰,上海师大古籍所、华东师大古籍所点校:《续资治通鉴长编》卷二一四,熙宁三年八月戊寅条,中华书局 2004 年版,第 5214 页。
② (宋)苏轼撰,傅成、穆俦点校:《苏轼全集·诗集》卷一《荆州十首》,上海古籍出版社 2000 年版,第 13 页。
③ 《鄂州小集》卷五《鄂州到任五事札子》。
④ 《入蜀记》第五,《陆游集·渭南文集》卷四七,第 2444 页。
⑤ (宋)范成大:《吴船录》卷下,范成大撰、孔凡礼点校:《范成大笔记六种》,中华书局 2002 年版,第 222 页。

之类与交通运输有关的职业。

　　客户的数量多、比重大，构成北宋时期今湖北地区有别于其他地区的一道特殊的风景线，它反映出当时今湖北省境的经济、社会发展具有不同区域的开发层次有差别，但是以荆州、襄州、鄂州等几大交通枢纽为辐射源，由北、南而向东、西渐次扩展的特点；同时也说明历史上今湖北地区的开发是湖北本土和来自各地的人民共同努力的结果。

（原载《湖北大学学报》1998年第6期，
中国人民大学报刊复印资料《宋辽金元史》
1999年第1期转载）

南宋江汉平原"百里荒"考辨

今人在描述南宋前期江汉平原的地理面貌时，较常用的是"百里荒"一词，以此说明当时的江汉平原还相当落后，有些地段根本没有得到开发。如《两湖平原开发探源》认为："两湖平原在元朝以前是荒湖芦荡多于农田，南宋初还有'百里荒'之称，其间野兽成群，虎狼出没"[①]；《宋代农业地理》则用"百里荒"来概括当时的整个江汉平原[②]。作为宋代江汉平原的地名，"百里荒"一词始见于南宋的两部长江游记——陆游的《入蜀记》和范成大的《吴船录》。陆游于宋孝宗乾道六年（1170）夏自越州山阴（治今浙江绍兴）西行入蜀，赴夔州（治今四川奉节县）通判任；范成大于孝宗淳熙四年（1177）从四川安抚制置使兼知成都府任上应召返回苏州故里。都乘船东西向横贯江汉平原，在长江的汉阳（今湖北武汉市汉阳区、蔡甸区）至监利（今属湖北）段，为避开巴陵（又作"岳阳"，治今湖南岳阳市）附近江阔流急的危险，都选择了长江北面的汊流河道，即所谓"行于沌中"。沌之东口即汉阳西南的通济口（亦作"沌口"，今武汉市蔡甸区沌口镇即其地），西口在监利附近鲁家

---

① 参见《两湖平原开发探源》第二章第二节《政区建置的政治、经济考察》，江西教育出版社 1995 年版，第 24 页。"两湖平原"指江汉平原和洞庭湖平原，因地处今湖北、湖南二省，故名。

② 参见《宋代农业地理》第五章第一节《荆湖南北农业生产发展差异》，山西古籍出版社 1993 年版，第 147 页。

洑①，中经沌水和夏水②。

正是在这两部游记有关沌水流域的描绘中，人们看到了"百里荒"一词。

《入蜀记》称：乾道六年（1170）"九月一日，始入沌……过新潭……自是遂无复居人，两岸皆葭苇弥望，谓之'百里荒'"。《吴船录》云：淳熙四年（1177）八月"丁丑，发石首，百七十里至鲁家洑……自鲁家洑入沌……庚辰，行过所谓百里荒者，皆湖泺茭芦，不复人迹，巨盗之所出没"。所谓"无复居人，两岸皆葭苇弥望"也好；所谓"皆湖泺茭芦，不复人迹"也罢，都说明"百里荒"确实是人踪罕见的荒凉之地。但是，"百里荒"究竟指哪块地区？这一地区的范围到底有多大？"百里荒"能否代表整个江汉平原，甚至是整个两湖平原？这是值得认真梳理的问题，搞清楚这一点，有助于对宋代江汉平原乃至整个南方地区经济开发的水平得出正确的结论。

其实，借用《入蜀记》和《吴船录》的资料，就可以基本回答上述问题。

下面不妨多用些篇幅来看看《入蜀记》和《吴船录》有关"百

---

① 鲁家洑即鲁洑江，一名太（大）马河，又作太（大）马长川。嘉靖《湖广图经志书》卷六《荆州府·山川·监利县》"鲁洑江"条称："在县东南三十里，即太马河，南通荆江，北入沔沉，三国时鲁肃屯兵于此，故名。"书目文献出版社影印嘉靖元年刻本1990年版。《大明一统志》卷六二《荆州府·山川》"鲁洑江"条亦曰："在监利县治东南，即太马河，南通荆江，北入汉沔。"三秦出版社影印明天顺刻本1990年版。
② 沌中西段接近监利处的河流实为夏水，宋人常统称为"沌水"。夏水，《湖广图经志书》卷六《荆州府·山川·监利县》"夏水"条称："在县东南□里……首出于江，尾入于沔，亦谓之沱。"清时多称此河为长夏河，其东南段即鲁洑江（太马河）。万历《湖广总志》卷三《方舆志二·沔阳州》"长夏河"条："州南四十里……夏水自监利入，东为太马长川。"四库全书存目丛书本，齐鲁书社1996年影印福建省图书馆藏明万历刻本。《读史方舆纪要》卷七七《湖广三·沔阳州》"长夏河"条亦云："州南四十里……自监利县流入境，东为大马长川。"（清）顾祖禹撰，贺次君、施和金点校，中华书局2005年版，第3602页。

里荒"前后的全面记载。

《入蜀记》第五：①

（八月）三十日，黎明，离鄂州，便风挂帆，沿鹦鹉洲南行……晚泊通济口，自此入沌。沌，读如篆，字书云：水名，在江夏。过九月，则沌涸不可行，必由巴陵至荆渚。

九月一日，始入沌。实江中小夹也。过新潭，有龙祠，甚华洁。自是遂无复居人，两岸皆葭苇弥望，谓之百里荒。又无挽路，舟人以小舟引百丈，入夜才行四十五里，泊丛苇中。平时行舟，多于此遇盗。通济巡检持兵来警逻，不寐达旦。

二日……晡时，次下郡，始有二十余家，皆业渔钓，芦藩茅屋，宛有幽致，鱼尤不论钱。自此始复有挽路。登舟背望竟陵远山。泊白白，有庄居数家，门外皆古柳侵云。

三日，自入沌，食无菜，是日，始得菘及芦服……过八叠洑口，皆有民居。晚泊归子保，亦有十余家，多桑柘榆柳。

四日，平旦，始解舟，舟人云："自此陂泽深阻，虎狼出没，未明而行，则挽卒多为所害。"……过纲步，有二十余家，在夕阳高柳中，短篱晒罾，小艇往来，正如画图所见。沌中之最佳处也。泊毕家池，地势爽垲，居民颇众，有一二家，虽茅荻结庐，而窗户整洁，藩篱坚壮，舍傍有果园甚盛，盖亦一聚之雄也。与诸子及二僧步登岸，游广福永固寺，阒然无一人。东偏白云轩前，橙方结实，虽小而极香……毕家池，属复州玉沙县沧浪乡云。

五日，泊紫湄。

---

① （宋）陆游：《入蜀记》第五，《陆游集·渭南文集》卷四七，中华书局校点本1976年版，第2444—2446页。

六日，过东场，并水皆茂竹高林，堤净如扫，鸡犬闲暇，凫鸭浮没，人往来林樾间，亦有临渡唤船者，使人恍然，如造异境。舟人云：皆村豪园庐也。泊鸡鸣。

七日，泊湛江。

八日早，次江陵之建宁镇，① 盖沌口也……凡行沌中七日，自是泛江入石首县界……

与陆游相反，范成大是顺流而下，在沌中行舟的时间较短，前后不过 4 日，因而《吴船录》对于百里荒的记载也较简略，但其笔下景观与《入蜀记》所见相差无几。

《吴船录》卷下：②

丁丑，发石首。百七十里，至鲁家洑。自此至鄂渚，有两途：一路遵大江，过岳阳及临湘、嘉鱼二县。岳阳通洞庭处，波浪连天，有风即不可行，故客舟多避之。一路自鲁家洑入沌。沌者，江傍支流，如海之甲，其广仅过运河，不畏风浪，两岸皆芦荻，时时有人家。但支港通诸小湖，故为盗区，客舟非结伴作气不可行。偶有鄂兵二百更戍，欲归过荆南，遂以舟载，使偕行。自鲁家洑避大江入沌，月明，行三十里，宿。

戊寅、己卯，皆早暮行沌中。

庚辰，行过所谓百里荒者，皆湖泺茭芦，不复人迹，巨盗之所出没。月色如昼，将士甚武，彻夜鸣橹，弓弩上弦，击鼓

---

① "江陵之建宁镇"当为监利县治监利镇之误。龚江：《〈入蜀记〉"次江陵之建宁镇"析》已证，可参看《历史地理》第 6 辑，上海人民出版社 1988 年版。
② （宋）范成大：《吴船录》卷下，范成大撰、孔凡礼点校：《范成大笔记六种》，中华书局校点本 2002 年版，第 225 页。

钲以行,至晓不止。

辛巳,晨出大江,午至鄂渚……

根据上引资料,可将南宋人所谓"沌水"两岸,亦即汉阳西至监利东的狭长形地带的地理面貌作如下复原:1."百里荒"距离沌口不远,首尾之间长度大约一日水程,即 100 里左右,此地属水乡沼泽,尚未得到开发。2."百里荒"以西另有一段荒僻之地,"陂泽深阻,虎狼出没",长度约半日航程,亦即 50 里左右。3. 除上述两段地区外,沌中其他地段都有人户居住,有些聚落还"居民颇众",或有寺庙、津渡和洁净如扫的河堤等,具有一定规模。4. 不仅有民居,而且有集市,旅人所需鱼菜蔬果等皆可从乡间集市上获得。

据《宋会要辑稿》记载,乾道四年(1168)荆湖北路安抚提刑转运司言:"自监利县鲁家洑入沌,内至汉阳军通济口,一去水路约七百余里。"①其中,"百里荒"的长度不过百里左右,将其与西边另一段荒僻之地合起来计算,长度最多也不超过 150 里,只占沌中行程总长度 700 余里的 20% 左右。由此可见,南宋前期的江汉平原腹心地带,尽管开发程度有限,但已经是人类活动比较普遍的地方,仅用"百里荒"不能概括整个平原腹地的情况,更不能代表整个江汉平原乃至两湖平原。

值得注意的是,仅在陆游入蜀前 6 年,即乾道元年(1165),南宋另一位著名的学者王十朋就走过与后来的陆游几乎完全相同的路线。是年七月,王十朋从饶州(治今江西波阳县)移知夔州(治今四川奉节县),沿长江西上赴任时,为避洞庭风波,他也与后来的陆

---

① (清)徐松辑:《宋会要辑稿》方域一九之二七,乾道四年(1168)五月二十日记事,中华书局影印本 1957 年版。

游一样,自通济口入沌,再从鲁洑江口出沌。在入川的途中,他作诗数十首,对所闻所见作了细致的描摹,这些诗都收在他的《梅溪后集》中。不知什么原因,或许是因为这些诗篇不被看作系统的游记,所以很少受人重视;但是,如果我们把这些诗篇与《入蜀记》、《吴船录》相对照,可以更清楚地了解南宋时期长江沿岸地区的地理面貌及其变化。就沌水流域而言,王十朋所见就与陆、范二人有所不同,前者笔下的景致似乎更为荒凉。在《梅溪后集》卷一一中有不少诗篇描述沌中景象,依次选录如下:

《宿通济口》:"转矶忧浪急,入沌喜波平。"

《舟中作》:"竟日舟行无一家,无边眼界只芦花。"

《九月十五夜》:"岂知今年秋,扁舟葭苇傍。三日无人烟,雨细风悲凉。"

《过八叠》(诗序):"有小舟买虾……"

《宿纲步》(诗序):"时已入夜,犹行舟,忽闻犬声,知有人家,孤灯一点,盖渔舍也。"诗云:"纲步知何处……一犬吠江村。"

《过毕家池》:"黍熟稻香俱可饭,橙黄橘绿最宜诗。"

《晚过沙滩》:"渔人生计占沙洲,一网鳊鱼二百头。鱼未到家人买尽,明朝一网更盈舟。"

《宿紫微》(原注:"在监利界"):"高柳何人舍,孤灯此夜舟。"

《宿王家村》:"扁舟何日到夔川,已泛荆湖半月船……满眼黄茅仍白苇,荒芜疑是我田园。"

《早至鲁家洑》:"入由通济口,出自鲁家洑。半月良已劳,大江离又复。"

乾道三年（1167）七月，王十朋自夔州移知湖州（今浙江湖州市），出川东下时"贪看洞庭好，不作沌中还"①。但对沌水两岸的荒凉似乎仍未能忘怀，在他回程途中的又一首《宿通济口》诗中，诗人写道："沌水从兹入，中藏寂寞乡。"②

对照上引陆、范、王三人的记载，可以得出以下几点印象：1. 自入沌到出沌，王十朋用了"半月"，而后来的陆游只用了7天，二人在沌中行进的时间分别为九月中旬与上旬，同一时期的水位条件相差不大；其间虽有风向的影响，如王十朋在八叠洑以东的高牙"遇风雨，留两日，既而得顺风，过八叠洑"③，而陆游则未在沌中滞留过；但是，二人行进的速度仍然有较大的差距。据此似可推测，乾道元年（1165）时沌中航运的条件比乾道六年时较为艰难。2. 陆游与范成大时都有"百里荒"地名，王十朋却没有提到，这有可能是因为王氏不知此名，但更有可能的则是因为此时尚无此名。毕竟，王十朋在这一带行进达数日之久。3. 陆游以一日半时间驶过"百里荒"，随后经过的下牢"有二十余家，皆业渔钓，芦藩茅屋，宛有幽致，鱼尤不论钱"；白臼"有庄居数家"，然后到达"皆有民居"的八叠洑。而王十朋"扁舟傍苇葭"的光景持续长达3天，所谓"三日无人烟，雨细风悲凉"；过八叠洑时才"有小舟卖虾"。《入蜀记》中的"下牢"、"白臼"等地名在《梅溪后集》中都没有出现，这很可能是因为王十朋时这些地方仍是荒无人烟。换言之，陆游和范成大时的"百里荒"很可能在王十朋时不止百里，而是有数百里之广，这也很可能就是王时为什么没有"百里荒"之称的原因。4. 纲步，在陆游时"有二十余家"，陆游称之为"沌中之最佳处

---

① （宋）王十朋：《梅溪后集》卷一五《塔子山》，台湾商务印书馆影印文渊阁四库全书本。
② 《梅溪后集》卷一五《宿通济口》。
③ 《梅溪后集》卷一一《予自鄂渚登舟近两旬》。

也";而在王十朋时只是"孤灯一点",仅不过"一犬吠江村",可见还没有陆游以后那样多的居民。在陆游时"茂竹高林,堤净如扫,鸡犬闲暇,凫鸭浮没"的东场,王十朋也没有提到,很可能是因为他那时还见不到此番景象。

根据以上的对照,似乎可以说,从乾道元年到乾道六年,不过短短数年间,沌水流域就有了显著的发展,较多的人口定居于此,较多的地段得到开发,当地的地理面貌发生了变化。此种变化,应是孝宗隆兴二年(1164)宋金签订"隆兴和约"、金兵停止南下后,南方经济得以较快恢复发展这一大背景下的产物;同时,它也是中唐以来全国经济重心南移的一个具体表现,对于改变长期以来南方从总体上落后于北方的传统经济格局有着重要的意义。

(原载《中国社会经济史研究》1999年第3期,
中国人民大学报刊复印资料《宋辽金元史》
2000年第1期转载)

宋诗所见江汉平原农村日常生活

宋诗是研究宋代历史的资料宝库，自宋代开始得到逐步开发的江汉平原，较多地成为宋诗吟咏的对象，这些诗咏从不同侧面反映出当地富有特色的乡村生活，具有重要的史料价值。

一

江汉平原是由长江与汉水共同冲积及附近湖泊淤积而成的湖积冲积平原，其地貌特点是以长江、汉水为主导，河流呈带状分布，沿江沿河有天然堤，由洪水泛滥时水中悬浮物质渐在河道两侧沉积增高而成，天然堤与河间洼地平行，地表"大平小不平"，绝大多数地区的地面高程都在江、河、湖的洪枯水位之间。①在人工堤防兴起以前，每年的枯水期，江水归槽，水落土现，但一到汛期，洪水就会漫过天然堤，低洼地变成积水区。生活在这样的地理环境中，本区"民恃堤以为业"②，兴修堤防是百姓日常生活最重要的内容之

---

① 参见拙著《宋代两湖平原地理研究》，湖北人民出版社2001年版。
② （宋）刘攽：《彭城集》卷三八《著作佐郎周君墓志铭》，台湾商务印书馆影印文渊阁四库全书本。

一。仅监利一县便"濒江汉筑堤数百里",每年有"夫工数十万"参与堤防的维修,以至本县劳力不足而需"取之旁县"①。工程的组织者主要是地方官员②,经费也主要由官府开支。像江陵县那样,"岁修堤,则太守亲临之"③的情形时时可见;汉阳军则因"郡城之南,皆沿江堤岸,每岁修筑,率费二三千缗"。④

多数人工堤在天然堤的基础上垒土改建而成,但已开始在土堤之外垒石护岸,进一步加固。北宋中期谢麟在石首任县令时,就曾因"苦江水为患,堤不可御",遂"叠石障之,自是人得安堵,号'谢公堤'"⑤。堤岸两旁往往种植杨、柳、竹等耐水树种,主要用途仍在加固堤防。宋人笔下"堤边杨柳密藏鸦"⑥,"十里河堤接郡城,城边杨柳密于屏"⑦,"枫楮夹堤岸,荷芰匝城沟"⑧,"大堤丛竹见霜筠"⑨,"忆昨西归春未穷,重来堤竹已成丛"⑩等等诗句,描写的都是这类景象。

本地区堤防的兴建相当普遍,至南宋前期,即便在江汉平原腹

---

① 《彭城集》卷三八《著作佐郎周君墓志铭》。
② 宋朝廷重视地方堤堰的修整,常命州官兼管内堤堰事,如王禹偁知扬州军州兼管内堤堰桥道事(王禹偁:《小畜集》卷二二《扬州谢上表》,上海商务印书馆影印本1937版);梅询知许州军州事兼管内堤堰桥道劝农事(王安石撰、上海编辑所编:《临川先生文集》卷八八《翰林侍读学士知许州军州事梅公神道碑》,中华书局排印本1959年版)等。
③ (宋)张孝祥撰、徐鹏校点:《于湖居士文集》卷一四《金堤记》,上海古籍出版社1980年版,第141页。
④ (宋)黄榦:《勉斋集》卷二八《汉阳申朝省筑城事》,台湾商务印书馆影印文渊阁四库全书本。
⑤ 《宋史》卷三三〇《谢麟传》,中华书局校点本1985年版,第10635页。
⑥ 《于湖居士文集》卷一二《题断堤寺》,第119页。
⑦ (宋)项安世:《平庵悔稿·后编·归о寸金堤》,(清)秦恩复抄本,宋集珍本丛刊本,线装书局2004年版。
⑧ 《平庵悔稿·后编·次韵王少清告归》之五。
⑨ (宋)刘挚撰,裴汝诚、陈晓平点校:《忠肃集》卷一七《将至监利先寄王令》,中华书局2002年版,第384页。
⑩ 《忠肃集》卷一七《马上和王监利见寄兼简邹泽民》,第385页。

地的沌水流域，也可见到"并水皆茂竹高林，堤净如扫"①。南宋后期，本区堤防进一步扩展。《宋史》卷四一二《孟珙传》称："珙大兴屯田，调夫筑堰，募农给种，首秭归，尾汉口，为屯二十，为庄百七十，为顷十八万八千二百八十。""首秭归，尾汉口"，正是自西向东跨越了整个江汉平原。在平原湖区进行如此大规模的屯垦，势必以筑堤围堰为手段。这也就意味着江汉平原堤防的修建进入到一个更为重要的时期。

但是，总体上看，宋代本区堤防的质量不高，有的是由于堤防管理者的敷衍，或人力物力投入不足；有的是受制于当地的气候、水文，或地理位置、地质构造等众多复杂因素。如，江陵修堤，官府"下县之夫集，则有职于是者率私其人以充它役，或取其佣而纵之；畚锸所及，并宿草与土而去之耳。视堤既平，则告毕工，于是堤日以削而卒致于溃也"②。这是人为失职的典型。沙市江堤的经常溃决，则是地质构造影响江堤寿命所致，这里"地本沙渚，当蜀江下流，每遇涨潦奔冲，沙水相荡，摧圮动辄数十丈，见存民屋，岌岌危惧"③。由于堤防质量不高，容易被水冲决，本区人民经常处在洪患的严重威胁之下，监利县"濒江汉筑堤数百里……然岁常决坏，则庐舍田亩皆为鱼鳖居"④，汉阳军"距江为城，潦至堤辄毁"⑤，"城居之民常凛然有为鱼之患"⑥；石首县"丛石浮水中，峻

---

① （宋）陆游：《入蜀记》第五，《陆游集·渭南文集》卷四七，中华书局校点本1976年版，第2446页。
② 《于湖居士文集》卷一四《金堤记》，第141页。
③ 《宋史》卷九七《河渠志七》，第2417页。
④ 《彭城集》卷三八《著作佐郎周君墓志铭》。
⑤ （宋）曾巩撰，陈杏珍、晁继周点校：《曾巩集》卷四七《刑部郎中张府君神道碑》，中华书局1984年版，第646页。
⑥ 《勉斋集》卷二八《汉阳申朝省筑城事》。

堤缺复连……赤子向漂荡,所存皆偶然"①;潜江县"县南堤破户全逃,县北堤存尚可苗"②。为防范洪患的威胁,本区百姓年年筑堤,反复不已。如公安县"堤防数坏,岁岁增筑不止"③。筑堤—堤溃—再筑—再溃—再筑,成为本区人民日常生活的重要内容。

堤防之外,宋代江汉平原的陂塘灌溉系统较前代取得显著进展。民间常将部分耕地辟为陂塘以蓄水排灌。项安世的《次韵送新潜江滕令》诗描写个体农户的农田水利设施,称:"小人竟何知,但识农圃技。蓄为陂与塘,凿为沼与沚。大者川浍储,小者沟洫衔。蔬畦行溉泽,花径分泛洒。麦畴散余润,稻畎入清沜。掘井资釜鬵,渔溪得鲂鲤。"④可见"农圃技"包括挖陂塘蓄水、开渠系灌溉以及凿井等,当地农户已娴熟应用。

与陂塘等水利设施配套的最重要农具是水车。因兼具排涝、灌溉功效,水车在当地农业生产中必不可少。项安世诗"岂无飞车卷湖水,十日南风吹绝流"⑤,刘挚诗"陂下卧轮车乍歇,田间鸣鼓稻齐秧"⑥等,生动描绘了水车灌溉与排涝的情景。

二

江汉平原地势低洼、排水困难,雨量充沛但季节性分配不均,且地表"大平小不平",低地排涝、高地灌溉的问题未能得到很好解

---

① (宋)刘敞:《公是集》卷七《石首县》,宋集珍本丛刊本,线装书局2004年版。
② 《平庵悔稿·次韵送新潜江滕令》。
③ 《入蜀记》第五,《陆游集·渭南文集》卷四七,第2447页。
④ 《平庵悔稿·水图诗寿王丞相》。
⑤ 《平庵悔稿·久旱得雨》。
⑥ 《忠肃集》卷一七《五月十日发俞潭先寄王潜江》,第387页。

决，结果是低地患涝，高地患旱，因此，当地农业发展的最主要特色是田分水陆、水旱分作。

在地面高程变化较大的荆门军，"田不分早晚，但分水陆。陆亩者只种麦豆麻粟，或莳蔬栽菜，不复种禾，水田乃种禾"①。陆亩因地势较高，亦称"高田"；水田或称"湖田"。项安世诗写久旱后的江陵："高田已逐黄埃花，湖田五月种未投。"②生活在这里的百姓懂得根据地势高低而分别种植不同作物，苏轼《东坡八首》写其在黄州的躬耕生活，其二称："荒田虽浪莽，高庳各有适。下隰种粳稌，东原莳枣栗。"③低湿地区适于水稻生长，用来种植粳稻和糯稻，高亢之地则种植耐旱的果树。官府赋税也按照当地实情，水田与旱田分别征收。绍兴初年，德安府、复州、汉阳军征税，"水田每亩秋纳粳米一斗，陆田每亩夏纳小麦五升，秋纳豆五升"④。

田分水陆之外，出现了一种特别的人造农田。陆游曾行舟于江汉平原以东的蕲州附近，"抛大江，遇一木筏，广十余丈，长五十余丈……舟人云：此尚其小者耳，大者于筏上铺土作蔬圃"⑤。这种漂浮于水面的较大规模人造农田虽较罕见，但却是当地人民为应对涨落不已的水文变化的一种创举。

在农作物种植方面，稻作是首要选择。

依下种、收获时间的先后，稻作品种分为早、晚两种，但二者之间在大多数情况下并不构成复种关系。⑥为适应当地气候条件，本

---

① （宋）陆九渊：《象山先生文集》卷一六《与章德茂书》之三，宋集珍本丛刊本，线装书局2004年版。
② 《平庵悔稿·久旱得雨》。
③ （宋）苏轼撰，傅成、穆俦校点：《苏轼全集·诗集》卷二一《东坡八首》，上海古籍出版社2000年版，第253页。
④ 《宋会要辑稿》食货二之十，中华书局影印本1957年版。
⑤ 《入蜀记》第四，《陆游集·渭南文集》卷四六，第2437页。
⑥ 参见曾雄生：《宋代的早稻和晚稻》，《中国农史》2002年第1期。

区以种植一季晚稻为主要选择。宋人描写江汉平原晚稻种植的诗句较多,如王十朋《朝离华容,暮宿孟桥》:"晓发华容寺,云开鄂渚天。秋深余晚稻,地旷辟闲田。"① 项安世《田间观雨》:"风中晚稻离离长,雨后高田聒聒流"②;《观获》:"晚艇村村载,秋原处处收。"③ 张耒写竟陵,"秋风发齐安,稻穗如植旗"④;"竟陵南望稻新熟,梦泽悠悠伤远目。春风岭上望齐安,太昊城边揽秋菊。那知岁暮东州客,大山苍寒晓霜白。"⑤ 晚稻在霜降后才成熟。苏轼《东坡八首》其四详细介绍了黄州水稻生产的时间安排:"种稻清明前,乐事我能数。毛空暗春泽,针水闻好语。分秧及初夏,渐喜风叶举。月明看露上,一一珠垂缕。秋来霜穗重,颠倒相撑拄。但闻畦陇间,蚱蜢如风雨。"⑥ 清明节前(农历三月上旬)下种,初夏(四月初)插秧,霜降后(九月下旬)收获,显然是一季晚稻。

  早稻成熟早,可以避开秋旱、秋汛及霜冻等晚稻经常遭遇的灾害,且所需肥水较少,因而被当地人民用来在台地高田种植。项安世《久旱得雨》诗:"高田已逐黄埃花……早禾已死不可救"⑦,"下乡掘地贩菱藕,上乡种禾生稗稊。"⑧ 写的就是高田种植早禾。诗句也反映出江汉平原早稻的推广与江东西路相同,都是稻作向高地发展的结果。⑨

---

① (宋)王十朋:《梅溪集》后集卷一〇《朝离华容,暮宿孟桥》,台湾商务印书馆影印文渊阁四库全书本。
② 《平庵悔稿·田间观雨 忆叶正则旧话》。
③ 《平庵悔稿·观获》。
④ (宋)张耒撰、李逸安等点校:《张耒集》卷九《发岐亭宿故镇》,中华书局1990年版,第137页。
⑤ 《张耒集》卷一三《将至都下》,第223页。
⑥ 《苏轼全集·诗集》卷二一,第253页。
⑦ 《平庵悔稿·久旱得雨》。
⑧ 《平庵悔稿·上安抚高大卿》。
⑨ 参见曾雄生:《析宋代"稻麦二熟"说》,《历史研究》2005年第1期。

但是，早稻的品质和产量都不如晚稻，种植早稻更多的是为救饥所需①，用作晚稻的补充，因此，宋代江汉平原水稻生产仍以传统的一季晚稻为主。税收制度上亦可证明这一点，《宋史·食货志》称："江南、两浙、荆湖、广南、福建土多粳稻，须霜降成实，自十月一日始收租。"②

宋代本区也偶见双季稻，《宋史·五行志》载："景祐元年十月，孝感、应城二县稻再熟。"③但这种"再熟"仅属再生稻，由早稻或中稻收获（或败收）后，其茎基部的休眠芽萌发抽穗结实而来，而非人为的连作、间作或混作④，没有成为种植制度。⑤

随着北方人口的大量南迁，麦作在江汉平原得到较广泛的种植，主要集中在江陵地区以及汉水流域。诗称江陵"柔桑细麦绿油油"⑥，"梅风吹缆麦天凉"⑦，鄂州"已涨麦田千里碧"⑧；荆门"千古灌稻麦"⑨。

麦分大、小。大麦早熟，一般于三月下旬收获，项安世《寿王尚书二首》之一云"田家有喜新收麦"⑩，收的是大麦。小麦通常在

---

① 参见《勉斋集》卷三一《申省赈粜日月及米价》。
② 《宋史》卷一七四《食货志上二》，第 4204 页。
③ 《宋史》卷六四《五行志二下》，第 1404 页。
④ 中国历史上的双季稻栽培，大致有再生、连作、间作、混作四种类型。参见郭文韬：《略论中国再生稻的历史发展》，《中国农史》1993 年第 4 期；曾雄生：《宋代的双季稻》，《自然科学史研究》2002 年第 3 期。
⑤ 20 世纪 70 年代，笔者曾在江汉平原北沿的京山县农村插队，当地曾响应政府号召种植双季稻，但因产量反不如仅一季中稻时高，尝试一年后即放弃。张家炎的研究也表明，清代江汉平原以一季（中、晚）稻为主，双季稻分布归比例甚微，参氏著：《清代江汉平原水稻生产详析》，《中国农史》1991 年第 2 期。
⑥ 《于湖居士文集》卷一二《题断堤寺》，第 118 页。
⑦ 《平庵悔稿·送郑子仁往岳阳兼以为寿》。
⑧ （宋）陈造：《江湖长翁集》卷一四《鄂州二首》之二，台湾商务印书馆影印文渊阁四库全书本。
⑨ 《苏轼全集·诗集》卷二《荆门惠泉》，第 14 页。
⑩ 《平庵悔稿·寿王尚书二首》之一。

四月下旬、五月初成熟，其《六叔父生朝·四月三十日》之一："筵开汤饼麦初熟，彩结茶花丝正香"①，熟的是小麦。罗愿《鄂州劝农》说得很明白："蚕沙麦种，四月收贮"，大小麦的播种期都在"上戊社前"。②

宋诗中或可见稻麦并咏，苏轼称荆门惠泉"千古灌稻麦"即为一例，但实际上稻与麦在本地绝大多数地区是异地而种的，二者之间不存在土地利用的衔接。③项安世诗中"麦田五月献龟纹"④的句子，清楚地表明五月的土地上麦子还没有收割，而当地的水稻在四月初已经插秧。实行稻或麦的一熟制，是因为尽管在技术条件上，水旱轮作复种已不成问题，但与长江下游地区相比，本地区远离出海口，排水更为困难，实行水旱复种的难度大得多；更为重要的是，这里还没有由于人口压力而引发的稻麦二熟制的需求。

除以稻、麦为主要粮食作物外，本地区也种植其他杂粮。

杂粮的种植随地势、时令而有不同的选择，品种包括荞麦、粟、菽（豆）、黍、秫（高粱）、雕胡（菰米）等，在本区各地均有分布。通常，粟、菽等旱地作物种在不适宜水稻生长的高地，秫、荞麦等耐水作物植于低地，水生植物雕胡等则长在湖区，均主要用作稻麦的补充或救灾充饥。⑤项安世诗中多处提到江陵地区的各种杂粮，有粟："莳粟长苦饥"⑥，"数亩亦桑亦宜粟"⑦；秫："短镰朝刈

---

① 《平庵悔稿·六叔父生朝》之一。
② （宋）罗愿：《罗鄂州小集》卷一《鄂州劝农》，台湾商务印书馆影印文渊阁四库全书本。
③ 参见曾雄生：《析宋代"稻麦二熟"说》。
④ 《平庵悔稿·天旱小雨》之一。
⑤ 参见张家炎：《清代湖北的杂粮作物》，《古今农业》1996年第1期。
⑥ 《平庵悔稿·隐求斋》。
⑦ 《平庵悔稿·别周季隐东湖隐居》。

秋"①,"有田二顷多种秋"②;菽:"忍饥死待一啜菽"③;荞麦:"一夜梦魂秋坂里,白花朱秆映柴门"④;菰米:"菰饭沾花蜜"⑤。在王十朋、陆游等人的笔下,也不止一处出现杂粮的种植。如王十朋《自鄂渚至夔府途中记所见》云:"雨后禾收晚,霜前麦见荞"⑥;陆游《入蜀记》称其行于鄂州杨罗洑附近,但见"地形渐高,多种菽粟荞麦之属"⑦。宋人常将黍与禾并称,所谓"茫茫梦泽连禾黍,断垄横冈散平楚"⑧;"黍熟稻香俱可饭,橙黄橘绿最宜诗"⑨。

有一种可与杂粮作物复种的重要经济作物——油菜,又称芸苔、胡菜,很早就有种植,但在很长时间里,只是被当作叶用菜。宋代,江汉平原有了用油菜籽榨油的明确记载,项安世云:"自过汉水,菜花弥望不绝,土人以其子为油。"其诗称:"汉南汉北满平田,三月黄花也可怜。"⑩油菜种植面积可观。直至今日,油菜花黄、一望无涯仍是江汉平原春日的一道壮美景观。宋代以前,油料作物一直以芝麻为主,由于油菜有比芝麻易种多收的优点,宋以后油菜在江汉平原油料作物中的地位不断提高,成为继芝麻以后的又一种重要油料作物。

农业技术方面,宋代江汉平原进步最显著的是新型拔秧工具——"秧马"的发明与使用,反映出水稻移栽方式的普及。水稻育秧移栽

---

① 《平庵悔稿·后编·次韵王少清告归》之三。
② 《平庵悔稿·次老沈秀才韵》。
③ 《平庵悔稿·后编·次韵江陵曹令祈雨》。
④ 《平庵悔稿·周子问作荞麦面冷淘二首》。
⑤ 《平庵悔稿·重午记俗八韵》。
⑥ 《梅溪集》后集卷一一《自鄂渚至夔府途中记所见》。
⑦ 《入蜀记》第四,第2440页。
⑧ 《张耒集》卷一二《将至官坡登一土冈望复州作》,第216页。
⑨ 《梅溪集》后集卷一〇《过毕家池》。
⑩ 《平庵悔稿·再和病起韵答曹仲明》。

有利于提高除草、施肥效率，可充分利用水源，促进水稻分蘖和品种改良，但由于增加了拔秧和插秧等工序，对劳动力的需求量较大。两宋时期江汉平原地广人稀，为节省劳动，当地人发明了"秧马"。苏轼称："予昔游武昌，见农夫皆骑秧马。以榆枣为腹欲其滑，以楸桐为背欲其轻，腹如小舟，昂其首尾，背如覆瓦，以便两髀雀跃于泥中，系束藁其首以缚秧。日行千畦，较之伛偻而作者，劳佚相绝矣。"①他特地写了一首《秧马歌》，②加以称颂。诗云：

> 春云濛濛雨凄凄，春秧欲老翠剡齐。
> 嗟我妇子行水泥，朝分一垄暮千畦。
> 腰如箜篌首啄鸡，筋烦骨殆声酸嘶。
> 我有桐马手自提，头尻轩昂腹胁低。
> 背如覆瓦去角圭，以我两足为四蹄。
> 聳踊滑汰如凫鹥，纤纤束藁亦可赍。
> 何用繁缨与月题，揭从畦东走畦西。
> 山城欲闭闻鼓鼙，忽作的卢跃檀溪。
> 归来挂壁从高栖，了无刍秣饥不啼。
> 少壮骑汝逮老黧，何曾蹶轶防颠隮。
> 锦鞯公子朝金闺，笑我一生蹋牛犁，不知自有木駃騠。

"秧马"形似马，名为马，有马之迅捷，却又不像马儿那般难以驾驭，且不需花费粮草，它轻便灵巧地在水田中滑行，减轻了农民弯腰的辛苦，提高了劳动效率，难怪诗人见后兴奋不已。

---

① 《苏轼全集·诗集》卷三八《秧马歌》，第466页。
② 同上。

在水稻栽培实行育种移秧的同时，传统的直播方式仍然保留。直播的缺点主要是费种、不利于除草，影响田间的通风透光，但直播节省劳力与耕牛，并能最大限度地利用生产时间，适合地广人稀且易遭受水灾威胁的江汉平原的需要，因此，水稻直播与移栽方式在本区较长时期内并行不废。当地将水稻直播形象地称为"漫撒"。南宋光宗时出任江陵知府的彭龟年称："湖北地广人稀，耕种灭裂，种而不莳，俗名漫撒，纵使收成，亦甚微薄。"[1] 苏轼描写荆州地区"楚地阔无边，苍茫万顷连，耕牛未尝汗，投种去如捐"[2]；项安世诗称"湖田五月种未投"[3]。两处"投"字，形象地说明了水稻生产采用的是直播方式。

本区耕牛较为缺乏[4]，所谓"耕田无牛种无水"[5]。加上地广人稀、易涝多旱，使得宋代本区的农业生产方式从总体上看较为粗放。项安世诗曾感叹"上乡种禾生稗稊"[6]，表明除草不力。王炎曾将鄂州与江浙、闽中相比较，得出结论说："大抵湖右之田与江浙、闽中不同，虽有陆地，不桑不蚕，不麻不绩，而卒岁之计惟仰给于田。缘其地广人稀，故耕之不力，种之不时，已种而不耘，已耘而不粪，稊稗苗稼杂然而生，故所艺者广而所收者薄。丰年乐岁仅可以给，一或不登，民且狼顾，非江浙闽中之比也。"[7] 王炎的话说得夸张了些，但多少反映出鄂州一带农业生产不注重田间管理的实情。

---

[1]（宋）彭龟年：《止堂集》卷六《乞权住湖北和籴疏》，台湾商务印书馆影印文渊阁四库全书本。
[2]《苏轼全集·诗集》卷二《荆州十首》之三，第13页。
[3]《平庵悔稿·久旱得雨》。
[4] 参见陈钧等主编：《湖北农业开发史》，中国文史出版社1992年版。耕牛缺乏，南宋时尤甚，制约着农业的发展。
[5]《平庵悔稿·上安抚高大卿》。
[6] 同上。
[7]（宋）王炎：《双溪文集》卷一一《上林鄂州书》，宋集珍本丛刊本，线装书局2004年版。

三

　　江汉平原渔业资源得天独厚，捕捞渔业源远流长。《诗经》已有"南有嘉鱼，烝然罩罩。君子有酒，嘉宾式燕以乐"①之句，称江汉之间有肉质鲜美的鱼类，当地人民已懂得使用竹编工具捕鱼待客。本地区的渔业资源主要分布于长江、汉水和天然湖泊三大水域。长江的潜江段"水质肥沃，饵料充足，最宜鱼类生活……是我省重要的天然捕捞渔区"；汉水"因受长江回水顶托影响……具有长江干流鱼类组成的特色"；而天然湖泊"水质良好，水草丰富，浮游生物和底栖动物众多，加上江河每年带来的各种有机物质的营养盐类，为鱼类生长提供了优越的自然环境"②。

　　宋人对本地区的地域优势已有充分认识："地滨江汉之汭，民足鱼虌之饶。"③渔业在本地经济生活中占据重要地位，是当地百姓除稻作农业以外最重要的谋生手段。诗称"谁言百口活，仰给一湖水"④，即是此意。

　　平原中腹的沌水流域盛产多种鱼类，居民多以捕鱼为生，如下郡"有二十余家，皆业渔钓"⑤；毕家池附近的沙滩，"渔人生计占沙洲，一网鳊鱼二百头"⑥。捕鱼工具是传统的罾网钓竿，"我来涨

---

① （宋）朱熹：《诗经集传》卷四，台湾商务印书馆影印文渊阁四库全书本。
② 该书编写组：《湖北农业地理》第一章"自然条件与农业资源"第六节"生物资源"，湖北人民出版社1980年版，第49页。
③ （宋）王象之：《舆地纪胜》卷七六《复州》"风俗形胜"，江苏广陵古籍刻印社影印道光二十九年惧盈斋本。
④ （宋）苏辙撰，陈宏天、高秀芳点校：《苏辙集》之《栾城集》，卷一〇《将还江州子瞻相送至刘郎洑王生家饮别》，中华书局1990年版，第181页。
⑤ 《入蜀记》第五，《陆游集·渭南文集》卷四七，第2445页。
⑥ 《梅溪集》后集卷一一《晚过沙滩》。

潦渔者稀,罾网高悬钓竿掷"①;"短篱晒罾,小艇往来"可证②。因资源丰富,捕捞比较容易,鱼产量高。与其他地区相似,本地渔业也"越来越纳诸商品经济的轨道"③,但价格相当低廉,诗称:"平生闻说沌鱼美,满篮不受百钱直。"④沌水以外的其他地方也大体如是,如鄂州城以东的杨罗洑,"鱼贱如土,百钱可饱二十口,又皆巨鱼,欲觅小鱼饲猫,不可得"⑤。

在以自然捕捞为主的同时,对鱼类的人工养殖在扩大。鱼苗业孕育而生,有条件的地区开始捕捞鱼苗、培育鱼种并运销各地。陆游有"雨余山客买鱼苗"⑥的诗句。《癸辛杂识》称:"江州等处水滨产鱼苗,地主于夏皆取之出售,以此为利。贩子辏集,多至建昌,次至福建、衢、婺。"⑦说明宋代今武昌至九江一带盛产鱼苗,鱼苗交易已相当活跃,范围包括江西、湖北、福建、浙江等地。

渔业资源丰富、渔业兴盛,鱼利自然丰厚,成为当地经济的重要组成部分,官府收取鱼利,用以支持地方财政。江陵府有"鱼湖之输"⑧;荆门军"产鱼甚多,旧以鱼利添助支费"⑨;汉阳军更是"常赋所入甚薄,全借湖池鱼利支遣"⑩。

值得特别注意的是,丰厚的鱼利刺激了鱼业生产关系的某些变化。

---

① (宋)孙应时:《烛湖集》卷一五《沌中即事》,台湾商务印书馆影印文渊阁四库全书本。
② 《入蜀记》第五,《陆游集·渭南文集》卷四七,第2445页。
③ 漆侠:《宋代经济史》上册,上海人民出版社1987年版,第169页。
④ 《烛湖集》卷一五《沌中即事》。
⑤ 《入蜀记》第四,《陆游集·渭南文集》卷四六,第2440页。
⑥ 《陆游集·剑南诗稿》卷一《初夏道中》,第28页。
⑦ (宋)周密撰、吴企明点校:《癸辛杂识》别集卷上"鱼苗"条,中华书局1991年版,第221页。
⑧ (宋)楼钥:《攻媿集》卷九六《宝谟阁待制致仕特赠龙图阁学士忠肃彭公神道碑》,台湾商务印书馆影印文渊阁四库全书本。
⑨ (宋)洪适:《盘洲文集》卷四九《荆门应诏奏宽恤四事状》,台湾商务印书馆影印文渊阁四库全书本。
⑩ 《勉斋集》卷三四《放免渔人网钓鱼利钱榜文》。

首先，推动了湖池经营方式的多样化。宋政府采取措施，支持捕捞业的扩大以多获鱼利。太宗时认为"诸处鱼池旧皆省司管，系与民争利"①，遂于淳化元年（990）下诏："自今应池塘、河湖、鱼鸭之类，任民采取，如经市货卖，即准旧例收税。"②元丰年间（1078—1085）有法，弛陂湖塘泺之禁。政和元年（1111）重申元丰之法，"许濒水之民渔采以资生计……今后更不许人陈乞断佃请射"③。湖池可以请佃，意味着经营权发生了转移。南宋时，湖北诸州湖地的产权进一步变化。黄榦与上司商议减免汉阳等地鱼利事宜时曾说：

> 湖北诸州湖地，有系民户祖业者，有系官地、民户请佃多年者。有产业之家，或自为主，或立年限租炬与人。而租炬之人为主者，每岁冬月采鱼，湖主不得自采，皆是荆襄、淮西、江东、湖南诸处客人，驾船载网前来湖主家，结立文约，采取鱼利，而与湖主均分之。④

此时的湖地，有的已成为"祖业"，有的虽为官地，但由民户请佃，有的请佃民户还将捕捞权以契约方式转让租赁给他人。可见，南宋以后不仅湖池的经营权在变化，所有权也发生了转移。

其次，促进了渔民作业方式从分散走向集体。最典型的材料仍出自黄榦所说：

> 采鱼之人多是亡命不逞之徒，每遇采鱼，或其徒中自相攘夺，或主客之间互相争竞，大则贼杀，小则斗伤。今乃欲听从

---

① 《宋会要辑稿》食货七之三三、三四。
② 《宋会要辑稿》食货一七之一一。
③ 《宋会要辑稿》食货七之三三、三四。
④ 《勉斋集》卷二八《与漕司论放鱼利事》。

民户采取,则诸州取鱼客人,皆不肯复与湖主均分,湖旁强横之民又群起而争之,湖主亦不得而问也。湖主岁收湖鱼之利,多或数千缗,少亦数百缗,又岂肯坐视而不问乎?其势必至于争斗。诸州之客并湖旁之民,既与湖主为斗,客之与民徒党之中,又自相为斗,则贼杀斗伤,纷然而起矣。设或结为徒党,便相抗拒,意外之变,岂能无之。今以十金投之地,而听人之争取,犹有不平而争斗者,况湖鱼之利,动数千缗,又岂可不辨主客,而听人之攘夺乎?①

为夺取鱼利,捕捞已不限于个体劳动而成为群体活动,当地渔民和外来采鱼者还进一步结为主、客不同群体,相互之间展开争斗;地方官也卷入进来,出面维护地方利益。

结果是,丰厚的鱼利并没有给贫苦渔民带来美好生活,不过是更多地成为湖主与官府掠夺的对象。官府为收取鱼利,甚至不择手段。在荆门军,原"有独石潭,在江汉之旁,产鱼甚多,旧以鱼利添助支费",南宋初年,独石潭"改作放生池",不得捕捞,渔民本已失业,官府竟然还"将江潭下流,强立地名,谓之车湘滩、上下堤、杨子滩、青术塌,每户虽不施网罟,至冬月,令县尉追集沿江人户,将已前鱼利之数,均勒认纳,每岁得钱二百余贯,入公使库"②。

四

民间饮食的选择,首要原则是方便易得。河流纵横、湖泊密

---

① 《勉斋集》卷二八《与漕司论放鱼利事》。
② 《盘洲文集》卷四九《荆门应诏奏宽恤四事状》。

布、气候温暖湿润、水产资源丰富，这些特征使得江汉平原"人食鱼稻，以渔猎山伐为业，嬴蛤食物常足"①，饭稻羹鱼，由来已久。

稻分粳稻和糯稻，以粳稻为主。粳稻是一季晚稻，从上引苏轼《东坡八首》可知，从播种育秧到成熟收割，前后六个月，因生长期长，质地很好，春碾成米，晶莹剔透，形同"玉粒"②，且香气扑鼻，有"香粳"③之称。王十朋一行曾为"籴得香粳一斗余"而竞相欢呼④。苏轼诗曰："新春便入甑，玉粒照筐筥。我久食官仓，红腐等泥土。行当知此味，口腹吾已许。"⑤对粳米新饭由衷地称赞。

面食也是重要的主食，项安世诗"筵开汤饼麦初熟"⑥中的"汤饼"就是面条，用新登场的小麦磨面制成。

米、面之外，各种杂粮如荞麦、粟、豆、黍、高粱、菰米等，均用做主粮的补充。前引项安世、王十朋、陆游等人的诗句已证。⑦当地已习惯食用杂粮制成的食品，并设法把杂粮食品制作得尽量可口一些，如制作角黍粽子，项安世有诗："经年不食三闾饵，一日相逢似故人。旋剥青菰香满手，试餐黄颗软粘唇。"⑧诗中的"三闾饵"即以菰芦叶包裹黍米制成的粽子。或是食用杂粮时加上一些佐餐配料，"菰饭沾花蜜"就是其中一种。

鱼类，在当时的江汉平原既是副食，也是主食，黄榦《与漕司论放鱼利事》便提到蠲免鱼湖所收课利，"使贫民得采鱼为食，以度

---

① （宋）乐史撰、王文楚等整理：《太平寰宇记》卷一一二《江南西道·鄂州》"风俗"，中国古代地理总志丛刊本，中华书局2007年版，第2276页。
② 《苏轼全集·诗集》卷二一《东坡八首》其四，第253页。
③ 《梅溪集》后集卷一〇《晚过沙滩》。
④ 同上。
⑤ 《苏轼全集·诗集》卷二一《东坡八首》其四，第253页。
⑥ 《平庵悔稿·六叔父生朝》之一。
⑦ 参前引《平庵悔稿·隐求斋》、《平庵悔稿·后编·次韵江陵曹令祈雨》、《平庵悔稿·重午记俗八韵》，以及《梅溪集》后集卷一〇《自鄂渚至夔府途中记所见》、《入蜀记》第四等。
⑧ 《平庵悔稿·后编·食角黍怀江陵》。

饥荒"①。鱼类是湖区人民最主要的生存资源。除现捕鲜鱼食用之外,人们还普遍采用腌制方法,将鱼保存起来,以供不时之需。腌鱼即鲊,是一种常见的食品,如鄂州附近的金鸡洑,"洑中有聚落,如小县。出鲟鱼,居民率以卖鲊为业"②。在今天的江汉平原,鲊的制作和食用仍很普遍。其他的肉类副食,除常见的猪、羊、鸡、鸭之类外③,另有一种食用水禽,"色白,类鹅而大,楚人谓之天鹅。飞骞绝高,有弋得者,味甚美,或曰即鹄也"④。

莲藕、菱角也和鱼相似,既用作菜肴,也充做主食。除天然生长外,菱藕都有人工种植者⑤,产量较高,至有"乌菱不论价"⑥之说。其他蔬菜,有油菜、白菜、萝卜等,花卉也可食用。陆九渊称荆门军陆宙"或莳蔬栽菜。"项安世诗称:"栽兰九畹当餐英"⑦,又有"蔬畦行溉泽,花径分泛洒"句。陆游在沌水中旅行,"得菘(白菜)及芦菔(萝卜),然不肯斫根,皆刈叶而已"⑧。

在诗人笔下,"黍熟稻香俱可饭,橙黄橘绿最宜诗"。但事实上,普通百姓的日常饮食并不像诗人描写的那么富有诗意。

由于"江陵虽有大江,不足以救旱,夏秋间堤外常苦水,堤内常苦旱"⑨。水旱灾害严重破坏本地区的农业生产,或是"秋原绝粒

---

① 《勉斋集》卷二八《与漕司论放鱼利事》。
② 《入蜀记》第五,《陆游集·渭南文集》卷四七,第2444页。
③ 如陆游一行"泊塔子矶……买羊置酒,盖村步以重九故,屠一羊,诸舟买之,俄顷而尽。""遣小舟横绝江面,至对岸买肉食,得大鱼之半,又得一乌牝鸡……"参《入蜀记》第五,第2446页。
④ 《入蜀记》第五,《陆游集·渭南文集》卷四七,第2446页。
⑤ 参见(宋)洪迈撰、何卓点校:《夷坚志》支乙卷第九"鄂州总领司蛇"条,中华书局1981年版。
⑥ 《栾城集》卷一〇《将还江州子瞻送至刘郎洑王生家饮别》,第181页。
⑦ 《平庵悔稿·次老沈秀才韵》。
⑧ 《入蜀记》第四,第2445页。
⑨ 《平庵悔稿·天旱小雨》。

真成旱"①，或是"谷穗泥生耳，田家痛切心"②，本地区人民的生存时时遭受灾害的威胁。每逢灾害来袭，人们甚至靠挖草实、藕根救饥。项安世感叹，因久旱无雨，人们"忍饥死待一啜菽，又见赤日悬青天……掘残草实到黄壤，踏尽藕根倾碧园。得钱买饭不及夕，岂复一饱期安眠"③。孙应时写诗，描绘汛期的沌水流域："我来涨潦渔者稀……剥菱炊菰自朝夕。"藕、菱之外，河湖沿岸的水域上广泛生长的各种水生植物如茭、芡、荻等也都用以果腹，在饥荒之年更是人们的救命资源④。正如汉阳知军黄榦所看到的，"本军管内多湖泽、荻林，湖泽有鱼虾，荻林有藤根，皆可充饥，寻常旱歉之岁，安、复、光、黄之民皆辐凑于此，旋结茅庵，采取以食，动数千人"⑤。

五

乡间民居大体可分为三种类型：定居型民宅、流动型民居和水患时的临时性居所。

定居型民居通常选址在河湖附近的台地与堤岸，"背堤临水小人家"⑥，是常见的景观。在沌水流域，毕家池"地势爽垲，居民颇众"；东场"并水皆茂竹高林，堤净如扫，鸡犬闲暇，凫鸭浮没。人

---

① 《平庵悔稿·又中秋》。
② 《平庵悔稿·秋潦》。
③ 《平庵悔稿·后编·次韵江陵曹令祈雨》。
④ 《勉斋集》卷三〇《申朝省乞候救荒结局别行措置筑城事》。
⑤ 《勉斋集》卷三一《申省豁常平米》。安、复、光、黄分别指安州，治今湖北安陆；复州，治今湖北天门；光州，治今河南光山；黄州，治今湖北同名市。
⑥ 《平庵悔稿·补遗·春日堤上》。

往来林樾间，亦有临渡唤船者"。诗人至此，"恍然如造异境"①。生活用水取自住所附近的河湖陂堰，或在住所边打井，所谓"掘井资釜鬻，渔溪得鲂鲤"。房前屋后，往往植桑栽花种蔬菜，"小园种花复种竹，数亩亦桑亦宜粟"②。房屋周围则建有竹木编制的藩篱，如江陵"总在疏篱断垣里"③，"傍篱开竹径，插竹护蔬畴"④，"晚饭下前埤，徐行出短篱"⑤；复州"短篱晒罾"、"藩篱坚壮"⑥，"人语竹篱深"⑦；荆门"居人篱壁皆编木为之"⑧。民居附近多种植桑柘榆柳，有条件的栽种果树。据陆游所见，沌水深处的白臼"有庄居数家，门外皆古柳侵云"；归子保"亦有十余家，多桑柘榆柳"；"沌中之最佳处"纲步，"有二十余家，在夕阳高柳中"；毕家池"舍旁有果园甚盛"⑨。枝江县的沱灉"皆聚落，竹树郁然"⑩。

规模较大的聚落建有祠寺、学校。在毕家池，有广福永固寺，寺东另建有白云轩，轩前有橙树，"橙方结实，虽小而极香"，诗人一行在此"相与烹茶破橙"⑪。在沱灉，"民居相望，亦有村夫子聚徒教授"⑫。

一些人户选择简易的流动型居所。陆游在蕲州附近江面旅行时，曾"遇一木筏，广十余丈，长五十余丈，上有三四十家。妻子

---

① 《入蜀记》第五，《陆游集·渭南文集》卷四七，第 2446 页。
② 《平庵悔稿·别周季隐东湖隐居》。
③ 《平庵悔稿·补遗·春日堤上》。
④ 《平庵悔稿·后编·次韵王少清告归》之三。
⑤ 《平庵悔稿·晚步》。
⑥ 《入蜀记》第五，第 2445 页。
⑦ （宋）陈杰：《自堂存稿》卷二《景陵湖中宿人村》，台湾商务印书馆影印文渊阁四库全书本。
⑧ 《平庵悔稿·三十日过班竹赋玉州之木一首》。
⑨ 《入蜀记》第五，第 2445 页。
⑩ 同上，第 2450 页。
⑪ 《入蜀记》第五，第 2445 页。
⑫ 同上，第 2450 页。

鸡犬臼碓皆具，中为阡陌相往来，亦有神祠，素所未睹也。舟人云：此尚其小者耳，大者于筏上铺土作蔬圃，或作酒肆"①。这种情景比较少见。较多的是像汉阳军，"郭外沿江之民几二千家，皆浮居草屋，视水之进退以为去住，夏则迁于城之南，冬则移于城之北，若鸿雁之去来"②。流动性居住方式是当地变化不定的水环境的产物，属当地百姓采取的一种既灵活而又无奈的应对措施。

一旦遭遇较严重水灾，更为贫困的民户甚至只能选择"半巢居"方式。孙应时《沌中即事》云："我来涨潦渔者稀，罾网高悬钓竿掷。苇屋人家绝可怜，欲没未没三四尺。倚树为巢葧作床，剥菱炊菰自朝夕。"刘敞《石首县》诗称："仰观积水痕，仍在高树巅。里人半巢居，出入随鸟鸢。"③穷苦百姓的生活是何等地艰辛。

民居建筑材料就地选取。本区竹木资源丰富，诗称"汉川如渭川，千亩尽修竹"④，修竹与芦苇茅荻是常用的建筑材料。民居普遍架竹苫茅，公安"民居多茅竹"⑤，沙市"十里人烟半竹庐"，⑥郢城"几家茅竹散平川"⑦，荆州则是遇大雪"竹屋夜倒不知数"⑧。荆门一带"人家多茅茨"⑨，沌水流域的下郡"芦藩茅屋"，毕家池"茅荻结庐"⑩。

个别地区筑土为室。项安世在荆门看到这种情形，诗人写道：

---

① 《入蜀记》第四，《陆游集·渭南文集》卷四六，第 2437 页。
② 《勉斋集》卷一〇《与李侍郎梦闻书》。
③ 《公是集》卷七《石首县》。
④ （宋）吕陶：《净德集》卷三八《筼筜谷》，台湾商务印书馆影印文渊阁四库全书本。
⑤ 《入蜀记》第五，第 2447 页。
⑥ （宋）袁说友：《东塘集》卷四《泊沙市》，北京图书馆古籍珍本丛刊本，书目文献出版社 1988 年版。
⑦ 《平庵悔稿·还过郢城》。
⑧ （宋）郑獬：《郧溪集》卷二五《荆江大雪》，台湾商务印书馆影印文渊阁四库全书本。
⑨ 《象山先生文集》卷一六《与章德茂》之五。
⑩ 《入蜀记》第五，第 2445 页。

"自四望至荆门百里间,草木不生,道旁皆以土筑室。予既作二屋诗记其异。"诗称:"玉州之南土当木,玉州之北木为竹。以土筑室土则荣,以木编篱木应辱。"①

竹、茅、苇、荻为建材的居屋,与砖瓦建筑相比,显得简陋易损,因此自唐代以来便被人批评为"楚俗不理居"。唐人诗称:"楚俗不理居,居人尽茅舍。茅苫竹梁栋,茅疏竹仍罅。边缘堤岸斜,诘屈檐楹亚。"②到了宋代,竹屋茅舍仍是江汉平原乡村民居的主要形式。之所以如此,除了开发程度不高、经济较为窘困外,从根本上说是适应本区自然环境的产物。这种建筑习俗既与当地充沛的竹茅资源相关,又受到当地洪涝灾害的影响。一方面,竹茅资源丰富,成本低廉;另一方面,洪涝灾害频繁,因此,建造"价廉工省"的竹屋自然而然地成为当地民居的首要选择。王禹偁说:"黄冈之地多竹,大者如椽,竹工破之,刳去其节,用代陶瓦,比屋皆然,以其价廉而工省也。"③反映的就是这种情况。从某种意义上说,它是当地百姓在生活方式上理性选择的结果。利用芦苇建造房屋,对于这些经常遭受洪涝灾害的地区显然更加经济实惠。

或许正是因为如此,江汉平原乡村的竹屋茅舍,也是透射着生活情趣的,如公安"兵火之后,民居多茅竹,然茅屋尤精致可爱"④,下郡"芦藩茅屋,宛有幽致",毕家池"虽茅荻结庐,而窗户整洁,藩篱坚壮"⑤,石首"道旁民屋,苫茅皆厚尺余,整洁无一枝乱"⑥。

---

① 《平庵悔稿·后编·还过郢城》。
② (唐)元稹:《元氏长庆集》卷三《茅舍》,文学古籍刊行社1956年影印本。
③ (宋)王禹偁:《小畜集》卷一七《黄州新建小竹楼记》,上海商务印书馆影印本1937年版。
④ 《入蜀记》第五,第2447页。
⑤ 同上,第2445页。
⑥ 同上,第2446页。

六

　　日常生活入诗使宋诗对于生活史的研究有了价值,但宋诗的吟咏对象仍有明显的局限,最突出的一点:南宋后期,江汉平原农业生产发生了显著变化,新型水利田——垸田开始出现,但这一崭新的景观却未在宋诗中留下痕迹。其他如衣饰这类日常生活的重要内容,也很少在宋诗中露面。而且,诗歌受作者个体感受的影响很深,在诗人的感受与客观的存在之间明显存在着差距,无论是浪漫的颂扬或悲情的感叹,都未必反映完整的事实。不过,正如研究者所指出的,与晋、唐诗相比,宋诗更注重实用性,宋代诗人的平民心态、两宋务实的审美风尚,使得宋诗的一大特点即努力发掘农民生活题材,反映宋代乡村的真实风貌。① 有关这些,在以上的引诗中已有较充分的表现。

　　此外,在笔者看来,就江汉平原而言,宋诗所反映的富有地域特色的环境特征尤其值得注意,它是理解当地农村生活的一把钥匙。

　　在宋人的诗作中,江汉平原农村一幅幅形象、生动的日常生活场景展现在人们面前:这是一片充满生机的大地,河湖密布、地势低洼、气候温湿、水量充沛,使得这里长期存在着治水问题,频繁多发的洪涝灾害影响着生活的各个方面,如何应对地理环境,是当地人民日常生活的基本内容。筑堤围堰、水旱分作,这是人们作出的技术选择;农渔并举,商贾兼行,这是人们作出的产业选择。在生产方式上,农作中水稻直播与移栽并存,捕捞渔业从分散的个体

---

① 参见漆侠:《关于南宋农事诗——读〈南宋六十家集〉兼论江湖派》,《河北学刊》1988年第5期;刘文刚:《繁荣美奂的宋代田园诗》,《四川大学学报》(哲社版)2001年第2期;刘蔚:《宋代田园诗审美取象的三大特点——以动植物为中心》,《湖南师范大学社会科学学报》(哲社版)2004年第6期等等。

劳动走向群体合作。农作物品种的选择，以稻麦为主，加上各类水旱杂粮；为克服对本区主要农作物——晚稻造成危害的秋旱、秋汛及霜冻等，又以补种早稻作为救灾措施。食物的选择，除了饭稻羹鱼，另有多种水生动植物。居住方式则随水进退，房屋以价廉工省的茅竹建筑为主。凡此种种，足以说明，从被动的适应，到主动的选择与积极的利用，人类以多种方式对其与所在环境的关系进行着不断的调适。

从农村日常生活的角度看环境变迁，不难发现，尽管有学者认为，"中国的农业景观乃至中国内陆的几乎每一公顷，都完全是人为的"，"人们（尽他们可能）主导水流的路径，甚至土壤也是人为的构造"①，但在宋代的江汉平原，仍是土地、水和其他资源在人类社会中起着某种程度的主导作用。从总体上看，宋代江汉平原的农业类型尚属于复杂自然环境，特别是不稳定的自然水分条件下的粗放型农业；而彼时彼地的农村生活，可称为易获取生存资源条件下的散漫型生活。这一结论，并不蕴涵任何有关"进步"或"落后"的价值评判，正如笔者上文所述，从某种意义上说，它是当地人民顺应环境、理性选择的结果。

（原载武汉大学历史地理所编《石泉先生九十诞辰纪念
文集》，湖北人民出版社2007年5月）

---

① [美]约翰·麦克尼尔：《由世界透视中国环境史》，载刘翠溶、伊懋可主编：《积渐所至：中国环境史论文集》，台北："中央研究院"经济研究所1995年版，第46页。

宋金女性史研究

宋代后妃参政述评

后妃参政，历代皆有，两宋亦无例外。其参政形式有两种：一是以太后或太皇太后名义临朝称制，即"垂帘听政"；二是以妻妾之便在宫禁房闱参与人主谋划。后一种形式的参政，范围相当广泛，限于篇幅，本文的考察对象主要是后妃的垂帘听政。

一、后妃听政之概况

两宋先后有过9位太后听政，其详参见下表。

9位听政太后，有的仅具象征意义，如绍熙末年孝宗逝世，光宗称疾不执丧，太皇太后吴氏以80高龄，"于梓宫前垂帘"[1]；有的则实权在手，其中最有代表性的莫过于仁宗朝太后刘氏和哲宗朝太皇太后高氏，她们一个是"政出宫闱"，"恩威加天下"，[2]一个是"垂帘而听断"，皇帝"浸长，未尝有一言"，[3]各自左右着当朝政治。

---

[1]《宋史》卷二四三《后妃下》，中华书局校点本1985年版，第8648页。
[2]《宋史》卷二四三《后妃上》，第8614页。
[3]（宋）蔡绦撰，冯惠民、沈锡麟点校：《铁围山丛谈》卷一，中华书局校点本1983年版，第5页。

宋代后妃听政一览表

姓氏	谥号	听政时间	在位皇帝	听政身份
真宗刘皇后	章献明肃	1022.2—1033.3	仁宗	太后
仁宗曹皇后	慈圣光献	1063.4—1064.5	英宗	太后
英宗高皇后	宣仁圣烈	1085.3—1093.9	哲宗	太皇太后
神宗向皇后	钦圣献肃	1100.1—1100.7	徽宗	太后
哲宗孟皇后	昭慈	1124.3—1127.5 1129.3—1129.4	钦宗 高宗	太后
高宗吴皇后	宪圣慈烈	1194.7 壬戌—乙丑	光宗	太皇太后
宁宗杨皇后	恭仁圣烈	1224 闰8—1225.4	理宗	太后
理宗谢皇后		1274.7—1276.2	恭宗	太皇太后
度宗杨淑妃		1276.5—1278.4	端宗	太后

资料来源：《宋史》、《宋会要辑稿》，有关帝纪（系）、后妃传部分。

9位太后听政，时间最短的不过4日，即光宗末太皇太后吴氏垂帘"宣光宗手诏，立皇子嘉王为皇帝。翌日，册夫人韩氏为皇后，撤帘"①。时间最长的超过10年，即仁宗时太后刘氏自乾兴元年（1022）二月迄明道二年（1033）三月，计11年多。

宋代母后临朝，主要发生在皇帝年幼的时期，同时它们也是某些非常事件的产物，包括皇帝病重、宗室子初立和重大军政事变。

换言之，宋代母后临朝的背景分为四种：

其一，皇帝年幼。如恭帝，即位年仅4岁；端宗，即位时仅8岁；哲宗即位时9岁；仁宗即位时13岁。

其二，皇帝病重。如英宗初立，"疾增剧，号呼狂走，不能成礼"②，太后曹氏听政。神宗末年，"帝不豫，浸剧"，太后高氏"权同听政"。③

---

① 《宋史》卷二四三《后妃下》，第8648页。
② （宋）李焘撰，上海师大古籍所、华东师大古籍所点校：《续资治通鉴长编》（以下简作《长编》）卷一九八，嘉祐八年四月，中华书局2004年版，第4795页。
③ 《宋史》卷二四二《后妃上》，第8625页。

其三，宗室子初立。两宋 18 朝皇帝中，非先帝之子而立者计有太、英、徽、高、孝、理、度宗共 7 人，其中太宗系遵母命而立，高宗因父兄北迁而即位，当属例外。其余 5 人中，英、孝、度宗都是即位之前已立为皇子或皇太子，只有徽、理二帝情形比较特殊。哲宗死，无子，皇弟赵佶由太后做主自端邸而入，是为徽宗；宁宗殁，无子，元相史弥远与杨皇后矫诏立理宗，史称"霅川之变"。该二帝新立，即无经验又乏人望，甚至本人也未敢有过当"真命天子"的奢望，加上登基时皆有太后插手，所有这些，决定了他们在即位之初势必借重于太后，上演一段"母后临朝"的过门。

其四，重大事变。哲宗孟皇后在靖康及建炎间的两度短期听政，便是当时事变的产物。靖康二年（1127）春，金兵灭北宋后，扶持张邦昌的伪"楚"为中原政权，张邦昌采大臣吕好问等人建议，请孟氏"垂帘听政"，以此"庶获保全"。① 建炎三年（1129）春，武将苗傅、刘正彦等发动兵变，逼高宗传位于 3 岁幼子，孟氏再次垂帘听政。

按照宋朝礼制，皇后死后赠以 2 字谥，嫔妃无谥。但从上表可见，9 位曾垂帘听政的后妃，除哲宗孟皇后、理宗谢皇后和度宗杨淑妃以外，均是 4 字谥。说明听政后妃的地位明显高于其他后妃，享有殊遇。至于孟、谢、杨三人，谢、杨二氏显然是由于宋末败亡之际未能封赠，孟氏则可能是因为听政时所处政权非"伪"即"僭"，算不得正统。

二、后妃听政之影响

历史上的后妃参政，往往是与女主专权、外戚乱政联系在一起

---

① 《宋史》卷四七五《张邦昌传》，第 13792 页。

的，因而遭到普遍反对，甚至被攻击为"牝鸡司晨，唯家之索"。

宋代的后妃参政，也带来了某些消极影响，这是毋庸讳言的。如哲宗刘皇后，徽宗朝"颇干预外事，且以不谨闻"[①]；高宗刘婉仪"颇恃恩招权"[②]。光宗李皇后更是这方面的一个典型。李后"性妒悍"，光宗继位后不久，她就急于将自己的亲生儿子嘉王立为太子，没有得到太上皇孝宗的同意，便"持嘉王泣诉于帝，谓寿皇有废立意"。光宗受了李后的调唆，从此以后"不朝太上"。李后骄奢恣肆，归谒家庙，一次便"推恩亲属二十六人，使臣一百七十二人，下至李氏门客，亦奏补官"，史称"中兴以来未有也"。[③]因李后作祟，宫廷混乱臻于顶点。孝宗逝世，光宗不去看望；至大殓之日，光宗仍借口生病不出面主丧。一时之间，朝野上下群情汹汹，幸赖吴太后用丞相之议代行祭奠礼，随后又垂帘下诏，让光宗退位，另立宁宗，才使政局重新稳定。《宋史·光宗纪》说光宗"宫闱妒悍，内不能制"，导致"政治日昏，孝养日怠，而乾、淳之业衰"，是有一定道理的。

不过，从总体上看，宋代后妃参政的主要方面是值得肯定的，它有利于政局的稳定，对赵宋君主政治在一定程度上作了积极的补充。关于这一点，可以从以下两个角度来看。

其一，从后妃垂帘听政的背景来看。

前面提到的吴太后垂帘立宁宗，就是一个很好的例子。在上述事件中，吴太后虽然只是个象征，实际左右局势的是她身后的宰臣，然而，在当时那种惶惑不安的气氛中，太后这一象征所起的抚慰作用是不可低估的。对于南宋末年理宗谢皇后、度宗杨淑妃的垂

---

① 《宋史》卷二四三《后妃下》，第 8638 页。
② 同上，第 8650 页。
③ 同上，第 8654 页。

帘听政，也当作如是观。又如仁宗曹皇后，当仁宗暴卒之夜秘不发丧，翌日召"辅臣入至寝殿，后定议召皇子入"嗣位①，使皇位的继承没有发生问题。英宗初立，疾病发作，且有皇族如仁宗弟允弼不满，不肯下拜，拟争夺皇位，②在这种堪称险恶的形势下，曹氏以太后垂帘听政，无疑起到了安定政局的效果。至于哲宗孟皇后的两度听政，都是在国家遭遇非常事变时期，对稳定局势所起的作用，显然是十分重要的。

总之，在统治链条发生断裂时，后妃作为赵宋皇权的代表，她们的参政是联结链条不可或缺的环节。

其二，从后妃参政时的作为来看。

在宋代诸后妃中，真宗刘皇后是最有政治才干的。她"性警悟，晓书史，闻朝廷事，能记其本末"③，因而在真宗朝便协助真宗批阅奏章，预闻朝政。仁宗即位，刘氏以嫡母"垂帘决事"，称制近12年。这一时期的政绩，虽被旧史家记载于仁宗名下，实际上却是刘氏所为。

刘后临朝所兴善政颇多，首当其冲是罢废"天书"伪妄及有关的斋醮、圣节等诸项弊政，从而有利于澄清政治、减省靡费。在经济方面，刘氏推行了一系列改革，如变茶法、弛矾榷、减免赋税、鼓励垦田、整治黄河水患、兴办江南水利，等等，皆有利于国计民生。在政治方面，刘后调整了职官机构，对学校、科举制度也有所更张。前者如设计置司、废礼仪院，以此节省开支；置谏院，以便掌握下情。后者如设置学田，促进学校教育发展，恢复制科，广泛

---

① 《长编》卷一九八，嘉祐八年四月壬申条，第4792页。
② 参见（宋）朱熹：《三朝名臣言行录》卷一"韩琦"，四部丛刊初编本。
③ 《宋史》卷二四二《后妃上》，第8613页。

选拔人才。① 一代名臣富弼，就是在这一时期以茂材异等登科，从此走上政治舞台的。在选任官员方面，刘氏比较注重才能与人品。她罢黜"赃污狼藉"的福州转运使陈绛②，斥退试图以献粮换取高官的漕臣刘绰③。她还不无狡黠地命宰执"尽具子孙内外亲族姓名来"，许以"尽数推恩"，"宰执不悟，于是尽具三族亲戚姓名以奏闻。明肃得之，遂各画成图，粘之寝殿壁间。每有进拟，必先观图上，非两府亲戚姓名中所有者方除之"④。刘氏对官员的进退陟黜并非尽出公心，她贬斥寇准、报复李迪便是出于一己之私利。但大体上说，她还称得上是知人善任，当时名臣如晏殊、王曾、吕夷简、张知白等，都是她政府中的重要人物。到了晚年，刘氏"稍进外家"，重用宦官，但也还能做到"号令严明"，⑤使得这些人不至于假借其名义，过分胡来，没有酿成祸乱。

参政之久仅次于刘氏的是英宗高皇后。元祐之际高氏的废除新法固然不足为训，但她有一点是值得肯定的，即能够严格约束族人，用宋人的话来说，就是"专奉帝室，不为私计"⑥，对维护赵氏政权的稳定、减少统治集团的内乱，从而有利于社会的安定，起了积极的作用。《宋史》本传云，高后"侄公绘、公纪当转观察使，力遏之"，"又以官冗当汰，诏损外氏恩四之一"。她的叔父高遵裕曾因征西夏战败而被贬，蔡确"欲献谀以固位，乞复其官"，高后坚决不允，表示不愿"顾私恩而违天下公议"。高氏对宰臣说过这样一句话

---

① 参见《长编》卷七〇至一〇〇，《宋史》食货志、选举志，《通考》田赋考等。
② 参见（宋）王闢之撰、吕友仁点校：《渑水燕谈录》补遗，中华书局校点本1981年版，第129页；（宋）魏泰撰、李裕民点校：《东轩笔录》卷八，中华书局校点本1983年版，第88页。
③ 参见《宋史》卷二四二《后妃上》，第8615页。
④ （宋）王铚撰、朱杰人点校：《默记》卷上，中华书局校点本1981年版，第10页。
⑤ 《宋史》卷二四二《后妃上》，第8615页。
⑥ （宋）苏辙撰、俞宗宪点校：《龙川别志》卷上，中华书局校点本1982年版，第79页。

"吾辈人家，所患官高，不患官小"①，是很能发人深省的。

像高氏这样"抑绝外家私恩"的后妃，还大有人在。诸如：仁宗曹皇后，"检柅曹氏及左右臣仆，毫分不以假借，宫省肃然"②。神宗向皇后，"族党有欲援例以恩换阁职，及为选人求京秩者"，向氏诫曰："何庸以私情挠公法"，"一不与"。③神宗陈皇后，告诫家人："爵禄，天下公器，决不以私。"④徽宗郑皇后，"族子居中在枢府，后奏：'外戚不当预国政……'帝为罢居中"⑤。哲宗孟皇后，身居"瑶华三十年，恩泽未尝陈请"⑥。

两宋之际，外戚乱政的现象比较少见，这与后妃的自觉约束是有一定关系的。

三、宋无"女祸"之原因

两宋先后有 9 位后妃垂帘听政，其他后妃也不时以各种方式参与政治，然而，终宋之世，"无唐武、韦之祸"⑦，其原因何在？《宋史·后妃传》归之于"内助之贤，母范之正"。但是道德从来都是一个历史的范畴，道德的力量也从来都是有限的，仅用"贤"、"正"不能说明问题，更深刻的原因，还应从社会历史条件上来寻求。

在中国古代社会，自周武王灭商首倡"女祸论"后，女性便被

---

① （宋）苏辙撰、俞宗宪点校：《龙川略志》卷六，中华书局校点本1982年版，第35页。
② 《宋史》卷二四二《后妃上》，第8621页。
③ 同上，第8630页。
④ （清）徐松辑：《宋会要辑稿》后妃一之二四，中华书局影印本1957年版。
⑤ 《宋史》卷二四三《后妃下》，第8639页。
⑥ 《宋史》卷四六五《外戚下》，第13586页。
⑦ 《宋史》卷二四二《后妃上》，第8606页。

排斥于政治生活之外。儒家学说视女子为祸水,为小人,主张"妇人无专制之义,御众之任,交接辞让之礼,职在供养馈食之间"而已①。在这样一个"男尊女卑"的社会,武则天能以一介女子称帝,实在是绝无仅有的特殊现象,是当时独特的社会政治条件的产物。这表现在三个方面:

其一,唐朝前期,"北朝遗风"浓厚,由于受少数民族风俗的影响,妇女在政治、经济、社会生活中占有较重要的地位。武则天的脱颖而出,与这种社会风气是分不开的。

其二,武氏所处的时代,是庄田地主要求彻底清除门阀残余的时代,寒门出身的武则天与要求参政的庄田地主彼此倚重,相互利用,各自成为对方的政治代表、统治基础。

其三,武则天本人既通文史,又多权谋,在称帝之前,曾苦心经营30多年。她先后摧毁反对自己的长孙无忌集团及宗室起兵,培植拥戴自己的官僚队伍,抛出自己的政治纲领,又杀太子、废皇帝、改官称……并巧妙地利用佛教,为女皇登基制造宗教神学预言。在作了充分准备、扫清了所有障碍、把政权牢牢控制在自己手中之后,她才正式改朝换代。②

所有这些条件,在宋代都是不具备的。

就个人条件来说,两宋后妃的气魄、胆识,没有谁能比得上武则天,即使是权力欲极强的真宗刘皇后也不例外。明人陈邦瞻说刘氏"非有则天改姓易命之志"③,是很恰当的评语。武则天以女人登上皇帝宝座,最终解决不了继承人的问题,她不能也不愿把皇位传

---

① (汉)班固等撰,郑玄驳,王复辑:《白虎通》(及其他一种)"论妇人之贽",中华书局影印本1985年版。
② 参见两《唐书》有关纪、传。
③ (明)陈邦瞻:《宋史纪事本末》卷二三"丁谓之奸"条按语,中华书局校点本1977年版,第180页。

给武氏侄儿,遗制便不得不去帝号,改称"则天大圣皇后",将皇权交还给李家。她以女人称帝,在夫权社会里为自己留下的是不尽的骂名。她的儿媳韦后联合武三思等试图重演女人称帝的历史,结果给武、韦家族招来杀身之祸。历史是一面镜子。刘皇后既然"晓书史",且又"性警悟",她就不会不借这面镜子设想自己的未来。因此,她更担心的是如何保全刘氏。早在天禧年间真宗因病将政事委托刘皇后时,刘氏的专断即已引起大臣的非议:"时太子虽听事资善堂,然事皆决于后,中外以为忧。"王曾通过刘氏的亲戚钱惟演提醒刘氏:"太子幼,非中宫不立;中宫非倚皇储之重,则人心亦不附。后厚于太子,则太子安;太子安,乃所以安刘氏也。"①王曾的这番话,深深触动了刘后的心思,使之晓然知"太子安而己安",因而在后来称制期间,刘氏始终注意与仁宗的关系,扶持仁宗成长,使"仁宗君德日就,章献亦全令名"②。

王曾巧妙地通过刘后的亲戚进谏刘氏,以一言深撼其心,这件事集中地说明了宋之所以有后妃参政却"无唐武、韦之祸"的另一个重要原因——大臣的制约。

大臣们制约后妃的手段主要有两个:一是用"祖宗家法",二是用劝谏公议。

先看祖宗家法。

宋是以防弊之制作为立国之本的,为防止统治集团内乱,制定了一整套限制皇亲国戚的"家法",其措施之严、条贯之密,连宋人自己也颇觉得意,自诩"家法之美无如我宋"。③

在防止后妃乱政方面,主要的家法有:

---

① 《长编》卷九六,天禧四年闰十二月乙亥条,第2233页。
② 《宋史纪事本末》卷二三"丁谓之奸"条陈邦瞻按语,第180页。
③ (宋)张栻:《宋张宣公全集》卷八《经筵讲义》,绵竹图书馆1922年影印本。

1. 严格限制外戚，防范后族势力膨胀。宋朝待外戚之法"远鉴前辙，最为周密"①，其核心在于"崇爵厚禄，不畀事权"②。其具体做法，张邦炜先生有详尽阐述，笔者十分赞同，此处不复赘述。③

2. 严守宫门之禁，不许后妃与外界交通。宋代"宫门之禁，法最严密"，"在律，亦宫禁之法为重"。④ 外戚是不能随便出入宫禁的，"外家男子，旧毋得入谒"⑤。所以，神宗因怜惜太皇太后曹氏年迈，其弟曹佾亦老，特在曹氏面前"数言宣使入见"，曹氏总是"不许"。后来总算同意入见，却又"趣遣出"。并告诫其弟："此非汝所当得留。"⑥ 后妃也不能自由出宫会见外戚。所以刘太后"幸赠侍中刘美第，左司谏刘随奏疏劝止，太后纳其言，自后不复再往"⑦。大臣与后妃交往也是被禁止的。所以仁宗得知张贵妃接受了王拱辰赠送的定州红瓷器，便一反平日的百般宠爱，严加斥责，并将瓷器砸得粉碎。⑧

3. 垂帘不得长久，防止母后固权夺位。母后临朝只是非常时期的权宜之举，一旦皇帝亲政条件成熟，母后即当还政。所以徽宗初年向太后再听政，"才六月，即还政"⑨。光宗末年吴太后垂帘仅仅一日，其侄吴琚便"言于后曰，垂帘可暂不可久，后遂以翌日撤

---

① （宋）彭龟年：《止堂集》卷五《论韩𠈁胄干预政事疏》，商务印书馆1935年影印本。
② 《南轩集》卷八《经筵讲义》。
③ 参见张邦炜：《宋朝的"待外戚之法"》，邓广铭等主编：《宋史研究论文集》，河北教育出版社1989年版。
④ 《宋史》卷四六三《外戚上》，第13538页。
⑤ 傅增湘辑：《宋代蜀文辑存》卷三〇《论宫禁法宜严密疏》，北京图书馆出版社2005年版，第3册第252页。
⑥ 《宋史》卷二四二《后妃上》，第8621页。
⑦ 《长编》卷一〇六，天圣六年三月戊申，第2467页。
⑧ 同上。
⑨ 《宋史》卷二四三《后妃下》，第8630页。

帘"①。总的来说，宋代的母后称制，大多数人时间都较短，从而降低了女主改朝换代的可能性。

宫禁之法的严密，限制了后妃与外戚、与大臣相互交结，大大减轻了后妃可能乱政的威胁。

再看劝谏公议。

宋自立国初便允士大夫直言，台谏官更可以"风闻言事"。大臣们对皇帝尚且敢犯颜直谏，对于后妃更少顾忌，劝谏公议成为大臣制约后妃最为常用的工具。一方面，当必须借助母后听政之际，他们对母后既辅佐，又监督；另一方面，当天子亲政条件成熟时，他们力促母后还政，不惜因此得罪被贬。

刘太后垂帘，王曾在中书，"太后受册，将御大安殿，曾执以为不可。及长宁节上寿，止共张便殿。太后左右姻家稍通请谒，曾多所裁抑"②。当刘氏问参知政事鲁宗道"唐武后何如主"时，宗道正色答曰："唐之罪人也，几危社稷。"宗道之说虽有失公允，但不啻给刘后敲了一记警钟，使之意识到效法武后阻力太大，因而"默然"不语。又"有请立刘氏七庙者，太后问辅臣"，鲁宗道坚决反对，说："若立刘氏七庙，如嗣君何？"③刘氏欲"纯被帝者之服"谒太庙，参知政事薛奎"固执不可"。刘氏虽"终不纳"，但多少让了点步，衣冠"准皇帝衮服减二章"，"少杀其礼焉"。④刘氏遗诰尊杨淑妃为皇太后，"与皇帝同议军国事"⑤，"士大夫多不悦"⑥，纷

---

① 《宋史》卷四六五《外戚下》，第 13592 页。
② 《宋史》卷三一〇《王曾传》，第 10185 页。
③ 《宋史》卷二八六《鲁宗道传》，第 9628 页。
④ 《长编》卷———，明道元年十一月辛丑，第 2595 页。
⑤ 《宋史》卷二四二《后妃上》，第 8618 页。
⑥ 《龙川别志》卷上，第 79 页。

纷奏言反对，殿中侍御史庞籍甚至"请下合门，取垂帘仪制尽燔之"①。最后终于"删去遗诰'同议军国事'语"②，还政于仁宗。

值刘氏临朝期间，判吏部南曹丁度"献《王凤论》于章献太后，以戒外戚"③，刘氏兄子从德遗奏恩滥，谏官曹修古与杨偕、郭劝、段少连等"交章论列"④。此类记载，不胜枚举。大臣中的许多人，如王曾、曹修古、杨偕、郭劝、段少连皆因此而被削官贬外，但仍然"不更其守"⑤，"遇事辄言，无所回挠"⑥。

继刘氏之后垂帘听政的仁宗曹皇后，是个精明干练、工于心计的人，她对于权位不无眷恋，她的还政，据《韩琦家传》、《铁围山丛谈》、《孙公谈圃》等记载，正是迫于宰相韩琦等人的压力。《孙公谈圃》绘声绘色地描述这一经过说："曹后称制日，韩琦欲还政天子，而御宝在太后阁，皇帝行幸即随驾。琦因奏请具素仗祈雨，比乘舆还，御宝更不入太后阁。即于帘前具述皇帝圣德。太后怒曰：'教做也由相公，不教做也由相公。'琦独立帘外不去。及得一言，有允意，即再拜。驾起，遂促仪鸾司撤帘。"至于曹后听政时能谨身自守，也是与臣僚的监督劝谏分不开的。她刚垂帘之初，知谏院司马光便上疏曹氏，提出"举措动静"，皆应"谨戒留心"。疏中引章献刘后为诫，说刘氏"自奉之礼或尊崇太过，外亲鄙猥之人或忝污官职"，因而"负谤于天下"。司马光希望曹氏进贤能，退不肖，于"名体礼数所以自奉者，皆当深自抑损……以成谦顺之

---

① 《宋史》卷三一一《庞籍传》，第 10196 页。
② 《宋史》卷二四二《后妃上》，第 8618 页。
③ 《宋史》卷二九二《丁度传》，第 9762 页。
④ 《宋史》卷二九七《曹修古传》，第 9891 页。
⑤ 《宋史》卷二九七《论》，第 9898 页。
⑥ 《宋史》卷二九七《曹修古传》，第 9891 页。

美，副四海之望"①。司马光的这番话，其实是代表了当时大臣对母后听政的共识的。

章献刘皇后以赵宋第一位听政女主，"保护圣躬，纲纪四方，进贤退奸，镇抚中外，于赵氏实有大功"②，只因为礼数过于尊崇，晚年进用外戚，便落得个"负谤于天下"，在当时即招致不少批评，于身后更受到众多指责。当曹氏、高氏、向氏等诸母后听政时，大臣们动辄以刘氏为训，诸母后能敛于行迹，"不为私计"，与这种舆论环境是分不开的。

至于大臣们利用其他合法权力对后妃参政进行牵制，更是司空见惯。最典型的当数参知政事王曾草真宗遗诏，在刘后"听断军国大事"前增一"权"字③，以示其非永久之制。可以毫不夸张地说，只要有后妃参政出现，就会有大臣出来干涉。他们的出发点固然不乏对女性的偏见，但从消弭统治集团内乱于未萌之际的角度来看，他们的行为是有积极意义的。

另外，宋代后妃参政而未导致女主称帝或乱政，也与其本族势力不大等有关，其原因是多方面的。

（原载《江汉论坛》1994 年第 4 期）

---

① 《长编》卷一九八，嘉祐八年四月，第 4801 页。
② 同上。
③ 《宋史》卷三一〇《王曾传》，第 10185 页。

宋人墓志中的女性形象解读

墓志以个人为主角，以家庭为背景，被定位于"正位乎内"的女性，在墓志文本中出现的频率之高，是其他文本所难以企及的。除了极个别的例外（如家世不彰，或终身未娶，或早逝尚未及娶者），几乎每方墓志中都有女性的存在，这就使得墓志较之于其他文本来说，更有助于阅读者了解女性生活的面相以及撰者心中的女性观念。笔者以为，这后一方面的认识价值，甚至高于前一方面的史料价值。

本文试图从社会性别的角度对宋人墓志进行解读，重点分析墓志文本所表现的宋代女性的形象，它是什么样的，为什么是这样的，对女性群体和当时社会有什么样的意义。由于现存的宋人墓志绝大部分属于士大夫家庭，因此本文讨论的"女性形象"主要就是士大夫阶层的女性形象，只是为了行文的方便，不一一加上"士大夫"这样的定语。

一、宋人墓志中女性形象的模式化

女性的历史是由活生生的女性个体及其活动所构成的差异的历

史,女性群体之间、个体之间存在很大差异。不同地位、不同阶层、不同民族甚至不同地区的女性,其生存方式、生活态度等都不一样,即使是汉民族的士族妇女,也各不相同。生活中的"她们"有着千差万别的性格、经历和命运。但在墓志撰写者笔下,女性的形象大同小异,表现为一种基本的模式:父母膝下的孝女,公婆面前的顺妇,丈夫身边的贤妻,儿女心中的慈母。①

(一)孝女

在父母膝下,她们是孝女,其形象特征是孝顺、娴静、乖巧。如湘潭莱氏,"在家言不出口,敏于女工"②。章鉴母盛氏,"在父母家庄静谨约,言不出阃,动不逾阈"③。韩公彦妻"性柔静,自幼不妄语笑,惟母训是服"④。

这些乖女、淑女们,对父母至孝至敬,万一父母不幸亡故,她们会哀痛异常,而且是越哀痛就越显得孝顺美德。就像尹洙笔下的

---

① 与"慈母"相联系的还有一个值得注意的女性形象——"严姑",宋人墓志中这类记载颇多,如苏辙《栾城集》卷二五《欧阳文忠公夫人薛氏墓志铭》:"姑韩国太夫人性刚严。"(陈宏天、高秀芳点校:《苏辙集》,中华书局1990年版,第418页)刘挚《忠肃集》卷一四《仁寿赵夫人墓志铭》:"其姑路氏有贤行,而严正少可。"(裴汝诚、陈晓平点校,中华书局2002年版,第302页)郑獬《郧溪集》卷二二《朱夫人墓志铭》:"姑夫人性高严,家人不敢妄戏笑。"(宋集珍本丛刊,线装书局2004年版)汪藻《浮溪集》卷二八《令人施氏墓志铭》:姑"性高严,少降接,独令人怡声气奉之。"(四部丛刊初编本)朱熹《晦庵先生朱文公文集》卷九一《建安郡夫人游氏墓志铭》:"姑性严,诸妇侍旁,有二十年不命坐者。"(朱杰人主编:《朱子全书》二十四,上海古籍出版社2002年版,第4211页)同书同卷《夫人徐氏墓志铭》:"姑性严重,事有不可其意,终日不怿,左右莫能近。"(第4226页)女子一旦成为婆媳关系中的"婆",其形象就成了不苟谈笑、严词峻色,这是一个很有意思的现象,显然与家长制有关。
② (宋)胡寅:《斐然集》卷二六《莱氏墓志铭》,台湾商务印书馆影印文渊阁四库全书本。
③ (宋)吴泳:《鹤林集》卷三五《盛宜人墓志铭》,台湾商务印书馆影印文渊阁四库全书本。
④ (宋)韩琦:《安阳集》卷四八《故仁寿县君张氏墓志铭》,北京图书馆古籍珍本丛刊,书目文献出版社1988年版。

"故枢密使丞相王文康公之第七女"王夫人,"性至孝,居丞相丧,号呼不食,中外姻族来吊者,相与为宽辞以譬之,夫人毁顿无生意,吊者莫忍视"①。或像东阳方氏女,"少孝",其父丧,母南阳县君施氏"悲甚",方女"始十余岁,能开勉南阳以理,退则衔哀不能食"②。更有甚者,如通州徐氏女,年仅"七岁丧其母,哀不自胜,泣曰:'母,女所恃以生者也,无母其复能生?'因欲投水火"③。

(二)顺妇

女子一旦嫁作人妇,则"夫人之职,莫先乎舅姑"④。在公婆面前,做媳妇的不仅是端茶送饭,更要恭顺服从,"左右承颜"⑤。宋人墓志中的女性,基本都属这类顺妇。

如,开封刘氏"事其姑,能委曲顺其意,尝侍疾,不解衣累月,凡姑所欲,不求而获,所不欲,无一至前者"⑥。温州徐氏"事舅姑尽礼,晨夕敬问,衣服食饮、寒燠之宜而节适之。舅姑未食不敢食,未寝不敢寝。姑性严重,事有不可其意,终日不怿,左右莫能近。夫人独从容娱侍,所以开释其意者万方,俟其语笑复常,乃敢退。如是者十有八年。邻里亲族睹之,不见其一日懈也"⑦。执

---

① (宋)尹洙:《河南集》卷一四《故夫人王氏墓志铭并序》,四部丛刊本。
② (宋)沈遘:《西溪文集》卷一〇《方夫人墓志铭》,四部丛刊三编本。
③ (宋)欧阳修撰、李逸安点校:《欧阳修全集·居士集》卷三六《万寿县君徐氏墓志铭》,中华书局2001年版,第二册第531页。
④ (宋)范仲淹撰、李勇先、王蓉贵点校:《范仲淹全集·范文正公集》(以下简作《范文正公集》)卷一四《胡公夫人陈氏墓志铭》,四川大学出版社2002年版,第327页。
⑤ (宋)周必大:《庐陵周益国文忠公集·省斋文稿》(以下简作《省斋文稿》)卷三六《靖州推官张廷杰妻李夫人墓志铭》,宋集珍本丛刊,线装书局2004年版。
⑥ (宋)苏轼撰、孔凡礼点校:《苏轼文集》卷一五《刘夫人墓志铭》,中华书局1986年版,第470页。
⑦ 《晦庵先生朱文公文集》卷九一《夫人徐氏墓志铭》,《朱子全书》二十四,第4225—4226页。

政陈尧叟的孙女，嫁毕从古为继室，因出自名臣之家，其"门风家范，世载厥美"，陈氏"逮事其舅卫尉卿，能尽孝敬。人有称之，夫人曰：'昔我祖姑楚国夫人之事其姑祝夫人也，辨色而起，侍立左右，未食不敢退。尝倚户后，以听命，久之，隐其壁以成迹而不知也。'"① 朝请郎周池，曾"以父命出继叔氏，逮夫人入门时，所生所后父母俱无恙，夫人朝夕往来，承事柔声怡色，曲尽礼意，两堂交口称誉"②。前面提到的那位年仅7岁时因母亲逝世而"欲投水火"的徐氏，当时被"其父兄力止"，"年若干，归于施氏，逮事其姑，缝纫烹饪必以身，蚤暮寒暑饮食必以时。姑亡，哀毁得疾，逾年而后能起"③。

顺妇们对公婆的孝顺堪称无所不用其极，至有割股奉亲者。如赵仲洽妻王氏"事舅姑以孝闻，尝割股愈姑之疾"④。赵彦远妻李氏"事姑如母，尝刲股以愈其疾"⑤。

（三）慈母

古代社会中，生育功能被视为女性最重要的功能，宋人心目中也不例外。如果说女性有什么值得家庭和社会尊重的话，那就是慈母的角色。身为人母的女性，也无不希望通过子女来实现自身的价值，正所谓"妇道治内，潜德弗章，有子而才，乃显其光"⑥。母

---

① （宋）苏颂撰、王同策等点校：《苏魏公文集》卷六二《寿昌太君陈氏墓志铭》，中华书局1988年版，第955页。
② （宋）李纲：《梁溪先生文集》卷一七〇《宋故安人刘氏墓志铭》，宋集珍本丛刊，线装书局2004年版。
③ 《欧阳修全集·居士集》卷三六《万寿县君徐氏墓志铭并序》，第531页。
④ （宋）范祖禹：《范太史集》卷四五《保州防御使赠崇信军节度使房国公墓志铭》，四库全书珍本初集。
⑤ 《晦庵先生朱文公文集》卷九二《笃行赵君彦远墓碣铭》，《朱子书》二十五，第4257页。
⑥ 《河南集》卷一五《故夫人黄氏墓志铭》。

亲的慈爱在子女教育上表现为"严教"。宋人认为："为人母者，不患不慈，患于知爱而不知教也。古人有言曰：'慈母败子。'爱而不教，使沦于不肖，陷于大恶，入于刑辟，归于乱亡，非他人败之也，母败之也"①。因此，在宋人墓志中，"慈母"之"慈"并不表现为表面的慈祥和蔼，而是恰恰相反——"训子加严"②，"诲子不以慈"③，"教其子，不略弛其色，有问之，则曰：'慈或失之教不严，不足以训。'"④

慈母训子的主要内容有二：一是教子读书，二是监督儿子的社会交游。如河南陈见素的夫人乐氏"治诸子有节法，诲厉教督，造次必于文学。故诸子皆以艺自奋，名称一时"⑤。处州王长方的儿子"每与客语"，其母徐氏"辄耳属于屏，既归，枚数曰：某贤可与游，某不然，勿亲也"⑥。周必大少年时，其母"躬督诵书，常至夜分……又教以属对赋诗"⑦。一些守寡嫠居的母亲，更是把教养儿子当作自己生活的全部内容。浦江人凌坚系遗腹子，其母年方二十便矢志守寡，于家政一概不问，"惟课坚以学，昼夜不使少息……及坚能与荐书，则曰：'是可少塞门户之责也。'坚不懈愈虔，卒能以姓名自见于诸君子之间，始为之开眉曰：'吾之不死以待汝者，欲持以见汝父于地下也。'"⑧莆人郑洙"幼孤，母林氏，有专行，切切课君从三兄学，曰：'余妇人，汝欺余易耳，欺场屋难也。'君兄弟益

---

① （宋）司马光：《家范》卷三《母》，清康熙朱文端公藏书本。
② 《斐然集》卷二六《吴国太夫人王氏墓志铭》。
③ 《斐然集》卷二六《亡室张氏墓志铭》。
④ 《欧阳修全集·居士集》卷六二《漳南县君张氏墓志铭》，第916页。
⑤ （宋）王安石：《临川先生文集》卷九九《宁国县太君乐氏墓志铭》，中华书局1959年版，第102页。
⑥ 《省斋文稿》卷三六《王给事母安人徐氏墓志铭》。
⑦ 《省斋文稿》卷三六《先夫人王氏墓志铭》。
⑧ （宋）陈亮著、邓广铭点校：《陈亮集》（下）卷三八《凌夫人何氏墓志铭》，中华书局1987年版，第502—503页。

自力"①。湖州潘师仲妻朱氏,共生育三子,夫死时"二子甫胜衣,其季在襁褓",朱氏"克奉潘氏,祀字其孤",三子"稍长",即"招聘四方知名士,馆之门下,授以儒术"。其长子中第得官后不幸病逝,朱氏对另二子管束愈严,"客有相过,夫人从屏间窥之,其人贤即色喜,语媒而意嫚辄禁切不相还往,故所与游,多益者"。此二子相继中第,朱氏颇感安慰,临终前自云:"吾嫠居三十年,天卒相吾,二子俱成名……吾死何憾。"②

(四)贤妻

对已婚女性来说,除完成生儿育女的职责外,更重要的是应恪守"妇德",当好"贤妻"。因为为妻者万一不能生育,还可以纳妾来加以补充,而若不幸"妇德"不佳,则夫家母家都有毁家败誉的危险。有关"妻德"的要求,方面多,标准高,在墓志中有大量记载。

作为配偶的妻,其容色、性征是不可少的,但在宋儒撰写的女子墓志中,基本上不见"色",更不见"性"。这一点,与唐、五代人有明显的不同,唐、五代墓志铭中,浓墨重彩渲染女子容貌者不时可见。如唐人墓志称河南伊阙王氏"艳夺巫云"③。洛阳徐氏"容仪婉婉,似杨柳之临池;神色辉辉,若芙蓉之出水"④。洛阳长孙氏"玉女含态,金娥孕质,兰蕙芳意,桃李妍颜"⑤。太原王氏"秀气

---

① (宋)叶适著,刘公纯等点校:《叶适集·水心文集》(以下简作《水心文集》)卷一五《奉议郎郑公墓志铭》,中华书局1961年版,第279页。
② (宋)沈与求:《龟溪集》卷一二《朱夫人墓志铭》,台湾商务印书馆影印文渊阁四库全书本。
③ 周绍良主编:《唐代墓志汇编》咸亨〇二〇《唐故隋车骑将军吕(道)君墓志铭》,上海古籍出版社1992年版,第523页。
④ 《唐代墓志汇编》万岁通天〇〇五《大周张君徐夫人墓志铭》,第892页。
⑤ 《唐代墓志汇编》先天〇〇一《夫人长孙氏墓志铭》,第1143页。

呈祥","若铅华焕彩,艳桃李之春晖;洛琁飘香,掩桂兰之秋馥。轻步游罗帐,神女为之低云;含情对镜台,姮娥犹其罢月"①。南阳张氏"亭亭似月,旳旳疑星,素范柔明,贞姿婉秀"②。河南贺若氏"其颜鲜肤,绸直如发"③。五代后周将仕郎试秘书省校书郎左华撰《故太原夫人王氏墓志铭》称:王氏"生而婉丽,长乃幽闲,仪并九包,体同十德,容过燕赵,香越兰荪"④。皆对女子外形、容貌极力铺陈。

与唐、五代不同,宋人墓志中极少有描摹女子外形的。偶有写"容"者,也只是虚写,不涉及其形貌特征,诸如周必大写青田徐氏"绰有容德"⑤,刘一止称吴郡徐氏"生有令姿"⑥,都只是一笔带过,没有铺张渲染。对于"容"的看法,宋人强调的是仪态,而非相貌;是天然之美,而非修饰之丽。他们认为理想的女性应是"性雅俭约"⑦,"不竞骄奢之习"⑧,"簪不饰华丽,衣不被奇邪"⑨。最好是到老仍"副珈之饰,弗改其旧,所被服者,皆嫁时之衣"⑩。在宋人墓志中,"容"必与"德","貌"必与"仪"联在一起,才具有价值。唐、宋的这种不同,并非真说明宋人评判女性美的标准比唐人有什么变化,而是在对待容色的态度上,唐人比较

---

① 《唐代墓志汇编》开元〇〇七《大唐太上皇三从弟朝议大夫行右卫长史上柱国李府君之夫人太原县君王氏墓志铭》,第1154页。
② 《唐代墓志汇编》开元一一八《唐故萧府君墓志铭》,第1235页。
③ 《唐代墓志汇编》开元四一九《唐故中大夫行太子内直监白府君墓志铭》,第1446页。
④ 邢心田:《河南孟县出土后周太原夫人王氏墓志》,《文物世界》2002年第5期。
⑤ 《省斋文稿》卷三六《王给事母安人徐氏墓志铭》。
⑥ (宋)刘一止:《苕溪集》卷五一《徐氏安人墓志铭》,台湾商务印书馆影印文渊阁四库全书本。
⑦ 《鹤林集》卷三五《吴令人墓志铭》。
⑧ 《斐然集》卷二六《吴国太夫人王氏墓志铭》。
⑨ 《鹤林集》卷三五《盛宜人墓志铭》。
⑩ 《鹤林集》卷三五《吴令人墓志铭》。

"率性而为",墓志中和生活里一样予以赞许;宋人则重视教化,墓志里不写,香诗艳词中则极尽能事地渲染、铺陈,这种例子实在不胜枚举。①

宋人所赞扬的贤妻,最基本的美德有两方面:一是柔顺,二是才慧。用司马光的话来说:"妇人柔顺足以睦其族,智慧足以齐其家,斯已贤矣。"②

"柔顺"的核心在"顺",这是传统妇德,孟子所谓:"以顺为正者,妾妇之道也。"③宋人择妻的首要标准即是柔顺,强调"妇德之休,惟先顺柔"④;"妇德之美,维顺以柔"⑤;"顺于承夫,惟妇之正"⑥。在具体择妻时,各人可有不同的侧重,但重柔顺,而不像唐代那样重族望,这一点是一致的。"柔"、"顺"或"柔顺"、"顺柔"连用,是宋代女性墓志中出现频率极高的用字,⑦由于妻对夫的关系是"事","事夫如事天",所以"顺"是妻德的第一要义。综观墓志中的贤妻们,都是柔顺如水,惟夫是从的。像宣州高

---

① 宋人墓志不写容颜美色,也与宋代古文运动刷新文风、崇尚朴实、耻于奢华有关。从唐到宋,墓志文化的变化是一个很有意义的论题,笔者有意另撰专文进行讨论。
② (宋)司马光:《温国文正司马公文集》卷七六《苏主簿夫人墓志铭》,四部丛刊初编本。
③ (清)焦循撰、沈文倬点校:《孟子正义》卷一二《滕文公章句·下》,中华书局1987年版,第417页。
④ 《欧阳修全集·居士集》卷三六《右监门卫将军夫人李氏墓志铭》,第550页。
⑤ 《晦庵先生朱文公文集》卷九二《荣国夫人管氏墓志铭》,《朱子全书》二十五,第4248页。
⑥ 《浮溪集》卷二八《安人王氏墓志铭》。
⑦ 笔者对《范文正公集》、《欧阳修文忠集》、《临川先生文集》、《温国文正司马公文集》、《苏轼文集》、《苏魏公文集》、《王公集》、《曾巩集》、《龟山集》、《梁溪先生文集》、《晦庵先生朱文公文集》、《水心文集》、《象山集》、《庐陵周益国文忠公集》等30多种宋人文集、200多篇女性墓志中描写女子性情举止的常用字作过初步统计,出现频率最高的是8个字,可分为4组,依次为:德、贤;柔、顺;淑、静;敏、慧。在赞美女性时,宋人笔下的"德贤"与"柔顺"大体是两个相异又相交的概念,两组词语往往同时出现在同一篇墓志中,以"德"、"贤"来概括来定性,以"柔"、"顺"来描摹来写实,妇人之"德贤"落到实处便是"柔顺"。

氏"以柔顺事其夫，为贤妻"①；高密崔氏，其夫"性高严，而夫人能以礼顺之"②；河南陈氏"佐佑"丈夫，"必贞必顺，而无违德"③；台州林鼎妻"尤淑善，听夫子所为"④。在《临川先生文集》卷九九至卷一〇〇中，仙源县太君夏侯氏、满夫人杨氏、万年太君黄氏、金华县君吴氏、李君夫人盛氏、宁国县太君乐氏、仁寿县君杨氏、金太君徐氏、仙游县太君罗氏、寿安县君王氏、曾公夫人吴氏、高阳郡君齐氏、同安县君刘氏、仁寿县太君徐氏等多篇墓志铭，都突出了一个"顺"字。

称得上"贤妻"的，不仅对丈夫"惟孝惟礼，作配君子"⑤，对"贫病困蹙，人所不堪"者，也能"处之怡然"，⑥无怨无悔。更多的人则是勤勉操持家务，使丈夫安心读书，成就功名，如苏洵之妻程氏"罄出服玩，鬻之以治生"，使丈夫"得志于学，卒成大儒"。⑦李杨庥妻时氏，"自甘菲薄，不辞劳苦，勉公曰：'家贫亲老，不求禄仕，非大丈夫之孝也。'由是自励获登第"⑧。崔光弼妻吴氏，其夫"从学四方二十余年，未尝以家事关心，而岁时烝尝庆吊，晨昏饮食起居……皆夫人力也"⑨。处州王某，娶同郡徐氏后，

---

① 《欧阳修全集·居士集》卷三六《渤海县太君高氏墓碣》，第537页。
② 《郧溪集》卷二二《崔夫人墓志铭》。
③ 《东瓯金石志》卷一《宋故尚书虞部员外郎尹公夫人福昌县君陈氏墓志铭》，国家图书馆善本金石组编：《历代石刻史料汇编》，北京图书馆出版社2000年，第三编第二册第636页。
④ 《水心文集》卷一五《林伯和墓志铭》，第289页。
⑤ 《范文正公集》卷一二《胡公夫人陈氏墓志铭》，第328页。
⑥ 《晦庵先生朱文公文集》卷九四《尚书吏部员外郎朱君孺人祝氏圹志》，《朱子全书》二十五，第4342页。
⑦ 《温国文正司马公文集》卷七六《苏主簿夫人墓志铭》。
⑧ 杨守敬著、谢承仁主编：《杨守敬集·湖北金石志》一〇《通直郎李公夫人时氏墓志铭》，湖北人民出版社、湖北教育出版社校点本1988年版，第5册第788页。
⑨ 《浮溪集》卷二八《吴夫人墓志铭》。

"家事日理，不以衣食累其心，而志于书"①。在宋人看来，劝夫读书与教子读书是完全不同的两回事："母于子能使之学，古今常道；妇于夫能劝其学，非今也，古人之事也。母之于子有禄利，故使之学，非必贤母而后能也；妇于夫将以垂其名，非必有禄利，其劝之学，非贤妇人不能矣。"②因此，他们对能劝夫就学的"贤妻"十分称道，墓志中这类事例俯拾皆是，不胜枚举。

作为"贤妻"，才慧也很重要，这是与男性共同的要求。宋人要求为妻者富有智慧才干，能够辅佐丈夫成就事业，能够治理好家庭，最好还能增产殖业，壮大家族，这样才称得上"贤内助"。宋人墓志中的女性，或多或少都展现了其才慧的一面。她们当中，有的本身通经晓史，能与丈夫同窗共读，切磋交流，如周必大的妻子王氏，"聪敏高洁，女工儒业，下至书算，无不洞晓"，常与丈夫"商论古今，手抄经史，夜则教儿读书，稍倦，对席博弈，或至丙夜"。③有的主持家庭产业，辅助夫家营生，如陈确的母亲"经理产业，不避寒暑"④；周必大的伯母尚氏协助夫家购进祖茔之侧腴田⑤。

值得注意的是士大夫对于妻子参与丈夫公事的态度。从儒家正统观来说，女子预政属"牝鸡司晨，唯家之索"，危害极大，因而极力反对。但在实际生活中，不少人似乎又是另一种态度，不仅不以为忤，反而加以赞许。梅尧臣就很乐意其妻谢氏能帮他参谋顾问，自称："吾尝与士大夫语，谢氏多从户屏窃听之，间则尽能商榷其人

---

① 《省斋文稿》卷三六《王给事母安人徐氏墓志铭》。
② 《水心文集》卷一六《庄夫人墓志铭》，第297页。
③ 《庐陵周益国文忠公集》全集七六《平园续稿》卷三六《益国夫人墓志铭》，宋集珍本丛刊，线装书局2004年版。
④ （宋）张守：《毗陵集》卷一四《太孺人时氏墓志铭》，常州先哲遗书，清光绪二十一年武进盛氏刊本。
⑤ 《省斋文稿》卷三六《伯母安人尚氏墓志铭》。

才能贤否及时事之得失,皆有条理。吾官吴兴,或自外醉而归,必问曰:'今日孰与饮而乐乎?'闻其贤者也则悦,否则叹。曰:'君所交,皆一时贤隽,岂其屈己下之邪?惟以道德焉,故合者尤寡,今与是人饮而欢耶?'"梅尧臣称:"其性识明而知道理,多此类。"①苏轼说妻子王弗"从轼官于凤翔,轼有所为于外,君未尝不问知其详。曰:'子去亲远,不可以不慎。'日以先君之所以戒轼者相语也。轼与客言于外,君立屏间听之,退必反复其言曰:'某人也,言辄持两端,惟子意之所向,子何用与是人言?'有来求与轼亲厚甚者,君曰:'恐不能久。其与人锐,其去人必速。'已而果然。将死之岁,其言多可听,类有识者。"②孙沔的夫人边氏,当孙沔受命征伐侬智高时,鼓励丈夫道:"曷念之深也!如闻河陕之间骑卒精锐,宜若可使者。"③高敏信的夫人周氏,丈夫准备出使金国,"时虏情叵测,府属惮往者多,夫人谓公:'事君不择事,居官不避难,见危授命,臣子之职也,公其毋辞。'"④合州李洵直妻郑氏,"偕洵直宦游","洵直于官事有迟疑未决者,辄参订之"⑤。周必大的伯父任官辰州,"有大姓以私匿亡命抵狱,僚吏谳欲杀之,伯父归而疑其故,夫人曰:'官有常法,疑则从轻,可也。'伯父之意遂定,其人以全"⑥。钱观复的夫人徐温,"相夫必以义",观复"佐州郡有能称,旁近有疑讼久不决者,往往委之,吏牍堆几"。徐氏不仅"戒左右毋

---

① 《欧阳修全集·居士集》卷三六《南阳县君谢氏墓志铭》,第530页。
② 《东坡全集》卷八九《亡妻王氏墓志铭》,第472页。
③ (宋)陆佃:《陶山集》卷一六《陈留郡夫人边氏墓志铭》,丛书集成初编本。
④ 《东瓯金石志》卷六《楚国太夫人周氏墓志铭碑》,《历代石刻史料汇编》第三编第二册第664页。
⑤ 《金石苑》卷三《宋故朝散郎孺人郑氏墓志铭》,《历代石刻史料汇编》第三编第二册第897页。
⑥ 《省斋文稿》卷三六《伯母安人尚氏墓志铭》。

得以他事关白,俾之尽心",而且"从旁赞决,言动得理"①。给事张公雅之妻符氏,每当丈夫与士大夫谈论,她"多窃听之,退而品第其人物贤否,无不曲当。尤喜闻政事与讼狱之疑难者,悉能区别情伪,裁之义理"。陈襄在其墓志铭中称赞道:"给事所至有异政,号为良吏,抑夫人之助也。"②建阳江琦"性刚直,居官遇事,有可否必极力论辩,人有过失,至面质责之,夫人视其或过甚者,辄从容讽解,江公敬焉"③。可见,妻子协助丈夫处理公事是受到相当一部分士大夫肯定的,反映出士大夫女性价值观上的某种务实与灵活。

柔顺、才慧之外,"妻德"还有一个重要内容——贞节。后世通常认为宋代是古代贞节观强化的重要转折时期,因为宋儒不仅要求妇女对丈夫忠贞守节,从一而终,即使在丈夫死后,也不能改嫁;而且主张男子不娶寡妇,"凡取以配身也,若取失节者以配身,是已失节也"④。宋儒彻底堵塞了原先听其自愿的寡妇再嫁之路,寡妇不能再嫁,就只剩下守节或殉烈两种选择。不过,现在已有不少研究者注意到宋代士大夫所要求的"妇女贞节观"并没有人们想象的那么苛严,从墓志来看,也可以发现宋代实际上是守节与再嫁并存的,与唐代相比,妇女贞节观没有什么明显的不同。⑤

关于寡妇改嫁,墓志中表现出的宋人态度是既不赞成也不反对。对再嫁之事能够正视,不作刻意隐瞒。如,苏颂撰其妹墓志,称其妹

---

① 《莒溪集》卷五一《徐氏安人墓志铭》。
② (宋)陈襄:《古灵先生文集》卷二五《崇国太夫人符氏墓志铭》,北京图书馆古籍珍本丛刊,书目文献出版社1988年,第218页。
③ 《晦庵先生朱文公文集》卷九二《夫人虞氏墓志铭》,第4252页。
④ (宋)朱熹:《二程遗书》卷二二(下),台湾商务印书馆影印文渊阁四库全书本。
⑤ 唐代的妇女贞节观是宽松还是严厉?婚姻观念是开放还是保守?近年来有关这方面的研究较多,意见分歧较大,此略。笔者同意这样的说法:"守节的观念在有唐一世始终存在……但唐代并不视改嫁为邪端。"参见赵超:《由墓志看唐代时婚姻状况》,载朱东润等主编:《中华文史论丛》1987年第1期,上海古籍出版社1987年版。

先嫁吕昌绪,"甫三年而寡,后四年获归斯立";"又七年,而斯立卒且葬矣,乃归宁太夫人河南郡太君",父母爱之分毫不减。① 吴奎撰傅现墓志,对傅母乘氏改嫁之事也没有回避。② 即使在人们认为贞节观强化的南宋,也并不讳言再嫁。如温州翁忱③、常州钱之望④、会稽李光等人的女儿再嫁⑤,在墓志中都有如实记载。

墓志有一部分是丈夫亲自或请人为亡妻撰写的,从中最易了解宋人所赞赏的贤妻形象。苏轼为发妻王弗,司马光为妻张氏,周必大为妻王氏,欧阳修为梅尧臣妻谢氏、施昌言妻徐氏、谢绛妻高氏,欧阳修门人为修妻胥氏、修继室杨氏,叶适为应懋之妻林氏,朱熹为饶伟妻吕氏等所撰墓志,可算这方面的代表作。他们笔下的"贤妻",或如苏轼妻王弗,"敏而静也"⑥;应懋之妻林氏"敏察有智,能助其夫"⑦,或如司马光妻张氏,"和柔敦实","自奉甚约"⑧;梅尧臣妻谢氏,于贫困逆境"怡然处之"⑨;或如谢绛妻高氏"以柔顺事其夫"⑩;或如饶伟妻吕氏"誓志秉节,毅然不可夺……以孀妇抱弱子,持守门户,奉承宾祭,和辑上下"⑪;等等,凸显的都是以顺柔、贞节等为特征的社会理想型"妻性",而落实到以"性"、"情"为本质内容的真正"妻性"之上的并无多少。

---

① 《苏魏公文集》卷六二《万寿县令张君夫人苏氏墓志铭》,第951页。
② 于联凯、马庆民:《〈宋赠尚书驾部员外郎傅府君墓志铭并序〉考释》,《临沂师专学报》第19卷第2期,1997年4月。
③ 参见《水心文集》卷一五《翁诚之墓志铭》。
④ 参见《水心文集》卷一八《华文阁待制知庐州钱公墓志铭》。
⑤ 参见《晦庵先生朱文公文集》卷九二《荣国夫人管氏墓志铭》。
⑥ 《苏轼文集》卷一五《亡妻王氏墓志铭》,第472页。
⑦ 《水心文集》卷一六《夫人林氏墓志铭》,第309页。
⑧ (宋)司马光:《传家集》卷七八《叙清河郡君》,台湾商务印书馆影印文渊阁四库全书本。
⑨ 《欧阳修全集·居士集》卷三六《南阳县君谢氏墓志铭》,第530页。
⑩ 《欧阳修全集·居士集》卷三六《渤海县太君高氏墓碣》,第537页。
⑪ 《晦庵先生朱文公文集》卷九一《夫人吕氏墓志铭》,第4206页。

总之，在宋人墓志中，女性的一生就这样被归纳为孝女、顺妇、慈母、贤妻四类角色。各种角色往往相互重合，主次交加，尤其是为"妻"的阶段，往往既是女，也是妇，还是妻和母。各种角色都要扮演得尽善尽美，要像曾巩的母亲那样："未嫁，承顺父母尽子道；既嫁，夫家贫，养姑尽妇道，辅其夫尽妻道；夫死，寓食于颍，以勤俭积日大其家，以诱教不倦成其子，又可谓尽母道也。"①或像周池的夫人那样："事父母以孝闻，事舅姑以顺闻，承夫以礼，教子以义。"如此则"为人女、为人妇、为人妻、为人母之道备矣"。②

二、女性形象模式化的由来

正如西蒙·波娃《第二性》所说，女人不是天生的，女性的形象也不是"天然"的，而是在某种文化背景下、以某些人群为主导、出于某些目的、经由某些过程而刻意建构起来的。那么，宋人墓志中的形象模式是怎样建构起来的？墓志撰写者们对女性的一生进行了怎样的过滤、加工？这种模式对于宋代女性意味着什么？对于宋代社会又具有什么样的意义？这些都是笔者所思考的。

正如一些学者指出的那样，"社会是文化的产物"③，模式是不可能单纯由某一类或者某一代人想怎么构建就可以怎么构建的，人类行为应从文化与社会结构的多重角度来阐释。笔者以为，宋人墓志中女性形象的模式化，原因是多方面的，诸如墓志性质的要求、

---

① （宋）曾巩撰，陈杏珍、晁继周点校：《曾巩集》（下册）卷四五《金华县君曾氏墓志铭》，中华书局1984年版，第606页。
② 《梁溪集》卷一七〇《宋故安人刘氏墓志铭》。
③ 参见包弼德：《美国宋代研究的近况》，台北：《新史学》第6卷第3期，1995年。

社会真实的反映等，但本文重点关注的是性别文化的原因，即男权中心社会、男权中心文化如何塑造着模式化的女性形象。

（一）墓志性质的要求

古人立碑刻铭的目的，正如范仲淹为好友滕宗谅母撰铭所言："九江之上，九华之中，孝子宅亲，厥思无穷，茫茫万年，高岸可迁，尚有人焉，来此拳拳，曰：贤哉滕公夫人之墓，再拜而去。"① 无非是为寄思，为流芳，为标榜，为教化。由此决定墓志的基本特征是"往往缘称美之义，不复顾其实，侈言溢辞，使人无取信"②。明人徐师曾进一步将墓志区分为虚夸与写实两类，称："迨夫末流，乃有假手文士，以谓可以信今传后，而润饰太过者，亦往往有之，则其文虽同，而意斯异矣。然使正人秉笔，必不肯徇人以情也。"③ 其实，所谓"正人秉笔"者，也难免有虚、实两种情况。宋人墓志的总倾向是理想多于现实，与理想不相符的事实被回避、筛选掉了，墓中人大多成为了存世者理想的化身。

（二）社会真实的反映

墓志为尊者讳、为死者谀的基本特征使得墓志内容的可信度大打折扣，所谓的"孝女、顺妇、贤妻、慈母"在社会现实中其实并不像在墓志中那样普遍，倒是那些有悖理想的真实情况，即使在墓志中也能找到一些蛛丝马迹。有夫死出走的新寡，如成都人李发的

---

① 《范文正公集》卷一二《滕公夫人刁氏墓志铭》，第315页。
② （宋）陆九渊：《象山集》卷二八《黄夫人墓志铭》，台湾商务印书馆影印文渊阁四库全书本。
③ （明）徐师曾撰、罗根泽校点：《文体明辨序说·墓志铭》，人民文学出版社1962年版，第148页。

弟媳，夫死"亡子，遗腹生一女，妇服未竟，辄谋私其橐以行"①；有"寡欲分财"的儿媳②；也有"笞杀婢"女的宠妾③。其他如"士族女失身非类"④，"疏属之女受鬻于人"之类事例⑤，也不时见诸记载。李纲感叹道："为人女则事父母，为人妇则事舅姑，为人妻则承夫，为人母则教子，此女子之职，天下之常道。然鲜克举之。"⑥可见，实际生活中的女子，能够达到社会所期待的"天使"标准的，毕竟只是少数。不过，尽管如此，还是应该看到，有着固定模式的女性形象在某种程度上反映了宋代女性生存状态的现实，"孝女、顺妇、贤妻、慈母"的理想模式在全面而深刻地引导、改造甚至是制造着女性，女性想要光耀门楣、流芳后世，只能按照既定的规范行事，于是，勤勉克己、安贫守节者有之，忍辱负重、委曲求全者亦有之。墓志中的女性形象，可以说是某种程度的社会纪实，只不过这种"纪实"带有强烈的记录者的主观色彩。

（三）男权文化对女性的期待

"谀墓"也好，"纪实"也罢，在不同的撰者笔下，墓志中的女性形象表现出高度的一致性，它说明这种形象是社会的主流价值，是世人的普遍理想。这种主流价值、普遍理想是怎么形成的？堪称源远流长、错综复杂，其发生、发展、变迁的历程，几乎与人类文明史相伴，不仅可以从历史学，而且可以从社会学、人类学、经济学、心理学等众多的学科角度加以审视。从社会性别的角度来看，

---

① 《晦庵先生朱文公文集》卷九四《承务郎李公墓志铭》，第4336页。
② 《临川先生文集》卷九七《宋尚书司封郎中孙公墓志铭》，第1000页。
③ 《苏轼文集》卷一四《范景仁墓志铭》，第437页。
④ 《晦庵先生朱文公文集》卷九四《直显谟阁潘公墓志铭》，《朱子全书》二十五，第4318页。
⑤ 《晦庵先生朱文公文集》卷九二《岳州史君郭公墓碣铭》，《朱子全书》二十五，第4238页。
⑥ 《梁溪集》卷一七〇《宋故安人刘氏墓志铭》。

女性形象模式化的最重要原因，是以男权为中心的社会文化。

正如很多研究者已指出的那样，女性向来是由男性他者来定名的，宋人墓志的撰写者都是男性，他们以墓主的丈夫、儿子、兄弟或其他亲友的身份出现，自然而然以男性的眼光来打量女性，这就决定了墓志中的女性形象亦即男性文本中的女性形象，反映的是男权社会文化对女性的期待，体现的是男权中心主义对女性的文本统治。

这种文本统治，从墓志的形式到墓志的内容，无不是如此。

从墓主的性别来看，女性墓志的总和远远比不上男性墓志的数量，前者大约只相当于后者的1/5。① 因为男权社会文化认为，女子主内，生平行止皆微不足道，不像男子那样可以载之册籍，流芳百世。如陆佃说："士有百行，可以功过相除，又有朋友故旧与其宾客为之誉叹，故其积善在躬，易以光显。至于妇人女子，则惟以贞信为节，又无外事，在深闺隐屏之中，非有纯德至善，不能善闻于世。"② 欧阳修称："男子见于外，其善恶功过可举而书，至于妇德主内，自非死节殉难非常之事，则其幽闲淑女之行，孰得显然列而志之以示后？"③ 周必大也认为："士大夫或出或处，其行谊才猷，皆可表见于世，至于妇人女子，其处也，以组纴婉娩为能，已嫁，则奉尊嫜，勤盥馈耳，隐德懿行，微姻党有所不知。"④ 于是，在男性墓志中，女性只是作为男性生平的点缀或衬托而出现的，除了个

---

① 刘静贞教授曾对96种宋人文集中的墓志碑铭作品作过统计，得出总数为2027篇，其中以女性为撰写对象的560篇，占总数的27.6%。参见刘静贞：《女无外事——墓志碑铭中所见之北宋士大夫社会秩序理念》，宋史座谈会、国立编译馆中华丛书编审委员会编：《宋史研究集》第25辑，台北：编译馆出版社1995年版。
② （宋）陆佃：《陶山集》卷一五《长寿太君陈氏墓志铭》，武英殿聚珍版。
③ 《欧阳修全集·居士集》卷三六《万寿县君徐氏墓志铭并序》，第531页。
④ 《省斋文稿》卷三六《靖州推官张廷杰妻李夫人墓志铭》。

别有特殊"美德懿行"者略有几句生平事迹外，绝大多数女性连名字都没有，只剩下几个简单的符号：姓某氏、封某号、育几子，总数不超过二三十字。换言之，在男性墓志中，女性是残缺不全的。在女性墓志中，情况又是如何？在这里，女性看似作为主角登场的，但是，并不存在真正的女性视角，女性在这里的"存在"只是所谓"隐性的存在"，占据中心的实际上仍然是男性。

男性的中心地位，集中表现为女性墓志写什么、怎么写，主要并不取决于被记叙女性的生平实际，更谈不上观照女性的立场，而是从由来已久的男性视角出发，用男性的价值来对女性的人生加以过滤和重组，反映的是现实生活中男性对女性的期待、评价与控制。

有关这一点，可以从墓志文本的数据裁剪、褒贬措辞、情感表达、书写方式等多方面得到说明，限于篇幅，这里仅从以下三个方面略加分析。

第一，对于女性的身份识别，是以男性为坐标的，强调的是以男性为中心的家庭关系。被记述的女性，绝大多数连名字都没有，未嫁时被称作某人孙、某人女，这是以祖、父来定位；出嫁后被称为某人妻、某人母，这是以夫、子来定位。女性从生到死始终没有一个属于自己的坐标，一生中各种角色的定位，都是从男性出发的。女性生存的价值似乎只有一个：以男性和男性家族为中心。

第二，对于女性生活数据的选择与阐释，是以男性价值为标准的。墓志写什么、怎么写，通常有两次筛选的过程。第一次由墓志底本的提供者进行，第二次由墓志的撰写者掌握，他们照例都是男性，其选择、重构的标准都摆脱不了男权社会的价值取向。墓志中所表现的对寡妇再嫁的态度，就是一个典型的例子。如前所述，宋人对再嫁之事并无刻意回避，但是主流文化褒奖、倡导的还是守节。因此，尽管墓志对再嫁并不讳言，但仅只一笔带过；对守节则歌之赞之，大力称颂。而且，对于寡妇再嫁的事实，撰者往往按照自己的意愿与期待，其实也就是按照男权社会的需要来加以诠释。在他们笔下，再嫁者要么是为生活所迫，如崔氏，"初归大名孙君，君……气义喜侠，尽耗其家赀，夫人未尝靳一毫。及孙君卒，夫人孤居益贫，挈二稚儿入京师，依姨氏。久之，姨又卒，夫人抚二儿以泣曰：'吾不忍儿之无以毓也。'乃再归于高密赵君"①；要么是被他人"夺其志"，如中奉大夫孙庭臣的继配施氏，"年十七适胡氏，逾年而嫠，会中奉求继室"，施氏父母"乃强夺其志，归之"。②总之，再嫁是外力所迫，是不得已而为之。对于那些面临"夺志"压力而坚持守寡者，则视为楷模，予以盛赞。如湖州朱氏，嫁"同里潘侯师仲……潘侯卒时，夫人盛年，既终丧，宜改适，夫人闻之恸绝，自誓弗许，遂"嫠居三十年"。沈与求撰其墓志，称："夫人志节终始，凛凛乎不可夺，烈丈夫有愧焉。"③再如，京兆周氏，夫死时"齿尚少，欲再嫁之，陈义自誓坚不可夺，事姑鞠幼，今逾二十年"。④陵夷李氏，"年二十八而寡，父母欲夺其志，夫家尊章，亦遭焉。夫人自誓不许，恶衣蔬食，躬执勤苦，教育二子"。⑤南平牟氏，"年逾三十，夫死，男女幼稚，族党有为势位者所撼，议以再适。孺人守义甚坚，议者沮缩……嫠居四十年"。⑥遗腹子凌坚，"失父时，母方二十而娠，及生坚，则毅然不再适，父母欲夺其志而不可"。⑦类似事例，都是宋人墓志津津乐道的。

---

① 《郧溪集》卷二二《崔夫人墓志铭》。
② 《浮溪集》卷二八《令人施氏墓志铭》。
③ 《龟溪集》卷一二《朱夫人墓志铭》。
④ (宋) 李复：《潏水集》卷八《周夫人墓志铭》，台湾商务印书馆影印文渊阁四库全书本。
⑤ 《温国文正司马公文集》卷七五《赠都官郎中司马君墓志铭》，四部丛刊初编本。
⑥ 《古志石华》卷二八《赵之才妻牟氏》，《历代石刻史料汇编》第三编第二册第 25 页。
⑦ 《陈亮集》卷三〇《凌夫人何氏墓志铭》，第 502 页。

第三，对于"贤妻慈母"的"褒奖"，一定意义上是对女性家庭角色的肯定，但更重要的是对男性心目中女性价值观的表述，道出了男权中心文化对于女性的角色期待。

女性被定位于"内"，她们在家庭中最重要的角色是两种：妻子与母亲。

作为"妻"的女性，承受着以"夫"为中心的多方面、高标准的角色期待。

她们必须柔顺驯服，俯首帖耳听命于她们的丈夫。"孰谓女德，体阴法坤，惟从是专"①，惟其如此，才能巩固她们丈夫的统治和权威。她们必须对丈夫忠贞守节，从一而终，即使在丈夫死后，也不要改嫁，"誓志秉节"②，"坚不可夺"③，惟其如此，才能保证夫家血统的纯正和声誉的美好。她们也可以接受教育，多少有些才学智慧，但是，女教的目的，根本在于使女子能尽职尽责地相夫教子、保家卫族。对于这一点，宋人是不加掩饰的，用叶适的话来说就是："妇人之可贤，有以文慧，有以艺能，淑均不妒，宜其家室而已。"④妻子的才华是服务于丈夫、儿子，以家庭为中心的，所谓"聪明修整，好读书，闻古今贤人才士之事业，则耸然慕之，常举以勉公，且以诲其子"⑤，这才称得上"贤妻"。

前面说过，不少士大夫对妻子参与丈夫的公事予以肯定，这固然反映出宋代士大夫在女性价值观上的某种务实与灵活。但是，细加分析，我们不难发现，他们所肯定的并不是妻子对丈夫公事的参

---

① 《八琼室金石补正》卷一〇三《宋故安平县君崔氏夫人墓志铭并序》，《历代石刻史料汇编》第三编第一册第 328 页。
② 《晦庵先生朱文公文集》卷九一《夫人吕氏墓志铭》，第 4206 页。
③ 《滴水集》卷八《周夫人墓志铭》。
④ 《水心文集》卷一四《张令人墓志铭》，第 264 页。
⑤ （宋）王十朋：《梅溪先生后集》卷二九《赠少保王公墓志》，四部丛刊初编本。

与，而是这种参与对丈夫的帮助。换言之，他们的出发点仍然在于"夫"和夫们的事业，他们对妻子才华的肯定，根本还在于这种才华可用来"相"夫、"劝"夫、"助"夫，使"夫"们更加光彩。①同时，不难看到，男子欣赏妻子的才华是有前提的，即这种才华应该"藏而不露"，不至于挑战男子的绝对权威。即使是潇洒如苏轼者，在这一点上也并不超脱。苏轼喜爱发妻王弗，不仅因为她聪慧练达，而且因为她含蓄内敛，才不外露。苏轼特别欣赏王弗的"其始，未尝自言其知书也。见轼读书，则终日不去，亦不知其能通也。其后轼有所忘，君辄能记之。问其他书，则皆略知之"②。其他如韩琦称赞崔氏"好读诸史氏书，概知历代兴亡治乱之事，时作篇章，有理致，然以为非妇人之事，虽至亲不得见也"③；王安石称齐氏"好读书，能文章……虽时为诗，然未尝以视人"④；周必大说他的母亲"幼善女工，通经史，博知古今事，不自以为能，而孝友柔顺是专"⑤，他的妻子"聪敏高洁，女工儒业，下至书算，无不洞晓，然非所好，惟以孝友静顺为心"⑥；朱熹称宋若水妻张氏"性贤孝，读书史，善笔札，通古今，识义理，而不肯为词章"⑦；等等，表达的都是同一个意思。可见，"第二性"们只有小心翼翼地作男性的陪衬，才有被赞美的价值。

然而，即便像这样既柔顺又贞节且富有才慧、唯丈夫利益是从

---

① 从本质上看，宋人对于女子参与外事的肯定也好，批评也罢，只能说明男权社会的女性价值观是具有多重标准的，标准的变换取决于不同的人、事、时、地等不同条件，但最根本的是取决于男权文化的相应需要。
② 《苏轼文集》卷一五《亡妻王氏墓志铭》，第472页。
③ 《安阳集》卷四六《录夫人崔氏事迹与崔殿丞请为行状》。
④ 《临川先生文集》卷一〇〇《高阳郡君齐氏墓志铭》，第1031—1032页。
⑤ 《省斋文稿》卷三六《先夫人王氏墓志》。
⑥ 《平园续稿》卷三六《益国夫人墓志铭》。
⑦ 《晦庵先生朱文公文集》卷九三《运判宋公墓志铭》，第4303页。

的"贤妻"们,仍然被丈夫视为"外人"。《温国文正司马公文集》卷七十七《礼部尚书张公墓志铭》:"公性孝友,始罢蜀州归,得蜀中奇缯物,入门不以适私室,悉布之堂上,请太夫人及昆弟姊妹恣择取之。常曰:兄弟,天之所生,譬如手足,不可离绝;妻妾,乃是外舍之人。奈何用外人而断手足乎?"在"夫们"的心目中,"妻们"不同于有血亲关系的自家人,她们只不过是传宗接代、奉老侍亲、育子持家的工具。

作为"母"的女性,在家庭中似乎享有崇高的地位。

很多学者已经指出,中国古代社会存在着"母权",有的学者还把"母权"现象当作女性享有实际地位的证据。对这后一种观点,笔者不能赞同。因为母权不等于女权。以家庭为例,母权的存在,一方面反映出男性在外,家内权力部分让度给女性,从而在某种程度上维持着男女两性关系的共生与和谐;但另一方面,也是更为本质的方面,母权实际是父权的延伸、弥补、权变,父亲在外,通过家中母亲(她们对父亲指令的遵从和她们自身内化了的父权价值观)来实现父权的控制。而且,必须看到这样一点:母亲的权力,是由长幼尊卑的社会等级制度所派生的,而并非由其女性性别所决定的。在长幼权(母子关系)与性别权(男女关系)的对应中,前者恒高于后者,后者须服从前者;而在父权与母权相对应时,则绝对是前者压倒后者。在同等级的性别序列中,女性的地位永远是卑下的(当然,不排除个别或者少数的例外)。实际上,男子在外,家内权力出现父权真空,母亲在此种情况下填补真空,虽非全然被动,但她们更像是"管家"而不是"当家",家庭生活的决定权根本上还是在男性手中。① 作为母亲,其角色是否成功,需由父亲来判

---

① 寡母在家庭中的权力与地位属于非常态,不可作为母权的代表,此处暂不讨论。

定。例如参知政事李光"居儋耳，久不得还，家留故里"，"二男者皆方数岁，夫人教之学，既冠，皆以文行称"。李某回家后，"喜曰：吾自教之，亦不过如是耳"，①感到满意。"管家"母亲的作用，最终还需得到"当家"父亲的认可。

可见，尽管人们看重母亲在家庭中的作用，但其出发点仍然在于男性及其家族。说得尖锐一些，如果以为这种"母权"对于女性地位有什么加权作用的话，那恐怕也只是进一步巩固了女性作为生育工具的地位而已。

总之，男权为中心的社会体制和意识形态，共同对女性作出严密的规范，把"贤妻良母"当作正常女性的唯一生存方式，由此决定了宋人墓志中女性形象的千篇一律，千人一面。

当然，正像女性的生活史是差异的历史一样，宋代士大夫的妇女观也并非铁板一块。不同地区、不同群体、不同家族，甚至同一家族的不同成员，都会根据个人的境遇和地位，有不同的观点。墓志可见，士大夫们对女性形象具有多重性的期待、多样性的标准，具体到个人，又各有侧重。例如对女子之"节"或"大节"的看法，宋人并不完全一致。以范仲淹和欧阳修为例，前者看重的是"孝"，后者强调的是"贞"。《范文正公集》卷一十二《胡公夫人陈氏墓志铭》："夫人之职，莫先乎舅姑……公中科第，累调远方，二亲乐闾里，与姻族游，夫人愿侍左右，不从公行。凡二十年，缝衣饔飧，必躬亲之，至舅姑之终，与公执丧三年，然后就公官所。此夫人大节愧天下之为人妇者。"《欧阳文忠集》卷三十七《右监门卫将军夫人李氏墓志铭》：李氏嫁时年仅十五，不数年丧夫，尚未及生育子女，但"自誓不嫁，宗族敦迫，其守益坚"。铭称："妇德之

---

① 《晦庵先生朱文公文集》卷九二《荣国夫人管氏墓志铭》，第4246页。

休,惟先顺柔,及其大节,有不可夺,刻铭幽阴,以永芳烈。"再比如,对于女子才学的看法,宋人的态度也不完全相同,王安石就比较偏爱有才学的女性,在他所撰写的女性墓志中,多篇都强调了女子的才学智慧,如称赞王氏"好读书,善为诗"①;齐氏"好读书,能文章"②;曾氏"学问明智","于财无所聚,于物无所玩,自司马氏以下,史所记世治乱,人贤不肖,无所不读,盖其明辨智识,当世游谈学问知名之士,有不能如也"③;乐氏"以才自致兮,名声之扬,庆暨诸孙兮,学问文章"④;盛氏"能读《易》、《论语》、《孝经》诸子之书,亲以教子",安石誉之为"女史"⑤。与其他人相比,王安石对于女子的才智学识持有较明显的欣赏态度。不过,从主体价值观来看,范仲淹也好,王安石也罢,很难说他们与其同时代人有什么本质的差别。

而且,墓志撰写者们对于女性才智学识的欣赏,说到底也还是他者视角的欣赏,是在"她们"身上投射"他们"的理想。略录几例如下:

《毗陵集》卷一十四《太孺人时氏墓志铭》:"遇胜日,必修具命家人,访佳山水以自适,诸子环侍笑语,弥日不倦,清尚之趣,殆不类女子云。"这是将情趣高雅者比附男子。

《省斋文稿》卷三十六《亡姊尚夫人墓志铭》:"天性敏悟,知书达物理,嫁时虽少,已能代姑主壶政,御下有法度,接物极和易,与人言,惟恐伤之,及临事,果断不惑,凛然有烈丈夫之风。处大利害,略不动声色,平居言弗妄发,至论事成否,语逆顺,莫

---

① 《临川先生文集》卷一〇〇《寿安县君王氏墓志铭》,第1029页。
② 《临川先生文集》卷一〇〇《高阳郡君齐氏墓志铭》,第1031页。
③ 《临川先生文集》卷一〇〇《河东县太君曾氏墓志铭》,第1029—1030页。
④ 《临川先生文集》卷九九《宁国县太君乐氏墓志铭》,第1025页。
⑤ 《临川先生文集》卷九九《李君夫人盛氏墓志铭》,第1023页。

不中理。"这是将颖悟练达者比附男子。

《安阳集》卷四十六《录夫人崔氏事迹与崔殿丞请为行状》："夫人介谨纯直，待人以至诚，平生无一妄言，善书札，体法甚老，殊无妇人气格……临事取舍剖断，有刚毅大丈夫所不能为者。"《浮溪集》卷二十八《王夫人墓志铭》："夫人智识明辨，有贤士大夫所不能及者。"《晦庵先生朱文公文集》卷九十二《夫人虞氏墓志铭》："夫人资禀高明，器宇恢廓，凛然有烈丈夫之操。"小自书札老成、处事谨慎，大到性格刚毅、气度恢弘，统统都是男子的专长。

被褒奖的女子往往被比附为男子，"不类女子"成了对女子最高的称赞，这真是莫大的讽刺！体现的是明显的男性优越的意味。

墓志撰写者们总是自觉不自觉地用男性的视角去观照女性、描写女性，男性的视角主导着墓志文本的建构。

三、余论

千姿百态、千差万别的女性形象，在墓志中，在他者的笔下，只剩下贞女节妇、贤妻良母的固定模式。在这个模式中，女、妇、妻、母与顺、柔、淑、贞等是两组核心的符号，前者定义角色，后者定义特征，两组符号之间有着密不可分的关系，其中一组符号的出现，同时也就意味着另一组符号意义的存在。①

独立地看，顺、柔、淑、贞等符号不能不说是美好的，但是，在墓志文本的运用中，这些符号与妻、女等符号固定搭配，互为指

---

① 虽然，由于母权的存在，"母"的符号同时还意味着"尊"，但如前所述，那只是存在于"上"与"下"的等级序列中，而非"男"与"女"的性别关系中，应另当别论。

代,只要是女性,她的角色形象就是被规定好了的,因此,这些符号是以抹杀女性主体为代价的,体现的是以男权为中心的文化价值观,满足的是男权社会对女性形象的期待。"孝女、顺妇、贤妻、慈母"的模式,只能是他者心目中的"天使"。

如前所述,宋人墓志在某种程度上记录了女性的真实形态,并非全是虚言谀辞。但是,这种"真实"是有前提的,即它们必须与当时特定的男权中心社会对女性楷模的期待相吻合。换言之,宋人墓志中女性形象的模式化,既是对当时女性真实形态的归纳,更是男权中心社会对女性价值期待的产物,是男权文化为了巩固自身的地位而强加给女性的规定。

不过,男权文化深知,强加的规定只有转化为女性自觉的要求才能真正贯彻。因此,男权文化不遗余力地运用各种工具,包括墓志和戏曲、话本等大众文化工具,来向女性灌输男权观念,树立"女德"楷模,实施心理控制与文化控制。在男性强权话语不断地逼迫、诱导下,女性为男权中心的价值观所指引、规范,"孝女、顺妇、贤妻、良母"模式被"失语"已久的女性所内化认同,成为全社会接受的、天经地义的模式。

女性失却了自我,就只能以男权文化中的女性价值作为标准,来重塑一个自己,以满足主流文化对女性顺、柔、淑、贞等种种"美德"的企盼。

正是在这样一种文化的塑造下,对女性实施这种异己教化的,不仅有男性,也有女性自身。

例如,向女儿传授"四德"的,往往是家中的母亲。《范文正公集》卷一十二《胡公夫人陈氏墓志铭》:"二女习夫人之教,柔淑有礼";《苏魏公文集》卷六十二《仁寿郡太君陈氏墓志铭》:"以诗书教子,以组纴训女";《省斋文稿》三十六《伯母安人尚氏墓志铭》:"教督诸女,俾熟于诗礼,咸谨妇道"。朱熹笔下的永嘉丁氏,则是"教诸女以身为法。自未笄时,已令夙兴备盥栉,奉药饵,夜尝躬视扃镝,洒炀灶,辄令持烛行前。既笄,则教之酒浆烹饪盖藏之事,祭祀宾客之奉,且戒之曰:'尔曹毋厌吾言,异日当蒙其力耳。'"①

再如,逼寡妇守节的,可能正是寡妇的婆母或母亲。婆母作为夫家利益的受惠者,通常是主张儿媳守寡的。母亲的心情则比较复杂,或同情女儿的遭遇,支持女儿再嫁;或出于连带的荣誉感以及舆论的压力等而支持女儿守节。胡寅所撰墓志中就有这样的两位,一位是作为婆母的潭州荚氏,其子杨咏早卒,"咏之死也,妻谢氏齿尚壮,其兄议更嫁之。夫人因暇日语及里中某人之妻曰:'夫亡有子而再适,彼盖不知非妇人行也。'谢氏闻而守节"②。另一位是作为母亲的湘南王氏,其"一女适乡人许君。许君早死,无子。王氏戒之曰:'妇氏大守节,而父言古有共姜能此道,父母欲嫁之,共姜作柏舟之诗,誓而弗许尔。宜取其诗读之,毋贻吾羞。尔夫无嗣,若求诸宗族,而善抚养之,未必不逾于己所生也。'故许氏妇以繁华时孀居靡他,能立许君嗣"③。

可见,女性也在自觉地维护"女德"的藩篱,有的甚至成为戕害女性的自觉施动者。

因此,本文所说的"男性视角"、"男权中心"、"男权社会"等等,并非单纯指向生物意义上的男性,而是包括以男权价值为自身价值的女性,从根本上说,是指那种自进入父权社会以后经层层累积造成的、渗透到生活的骨髓里边、根深蒂固、由来已久的男权文

---

① 《晦庵先生朱文公文集》卷九三《宜人丁氏墓志铭》,第4307页。
② 《斐然集》卷二六《荚氏墓志铭》。
③ 《斐然集》卷二六《王氏墓志铭》。

化（能够挣脱这种文化之束缚的、生物个体的男性或女性，实在是凤毛麟角）。笔者对"孝女、顺妇、贤妻、慈母"的模式，也并非单纯持批评态度；实际上，笔者认为，传统社会对于女性角色的定位有一定的自然分工的合理性，传统文化对女性道德的要求也有人性教化美的一面，只是男权社会文化的需要在其中起了更为决定性的作用。

简而言之，宋人墓志中的女性形象，与其说是墓中人形象的写照，不如说是士大夫理想的表白。女性作为男权中心社会传宗接代、出人头地、齐家治国的欲望对象，在墓志文本中和在其他文本中一样，被不断地强化。

（原载［台北］《东吴历史学报》第11期，2004年6月）

墓志所见金代士族女性形象
——以《遗山集》墓志为重点

墓志碑铭是研究金代社会历史,尤其是女性生活史的重要资料。但迄今为止,研究金代女性生活的论著很少,利用墓志来进行专门研究的则基本属于空白。[①]本文试图对这一问题进行初步探讨,从墓志文本来看金代文人笔下的士族女性形象是什么样的,并将其与宋人墓志中的女性形象作一些简要比较,进而探讨二者异同的主要原因。

一、现存金人墓志述略

金人墓志主要以两种方式留存,一为文集,二为碑刻。

关于文集。金朝自北方一隅起家,但灭北宋以后,占据了长

---

① 迄今为止研究金代女性生活和婚姻、家庭的主要论著有宋德金:《辽金妇女的社会地位》(《中国史研究》1995年第3期)、徐秉愉:《辽金元妇女节烈事迹与妇女贞节观念之发展》(《食货》第10卷第6期)、朱瑞熙等:《辽宋西夏金社会生活史》(中国社会科学出版社1998年版)、宋德金:《金代的社会生活》(陕西人民出版社1988年版)、王可宾:《女真国俗》(吉林大学出版社1988年版)、曾代伟:《试论金朝婚姻制度的二元制特色》(《西南民族学院学报》1995年第5期)、韩世明:《辽金时期女真家庭形态研究》(《史学集刊》1993年第2期)等。墓志资料在一些论著中得到了一定程度的运用,但有待挖掘的空间还很大。

江、淮河以北的广大地区，逐渐形成丰富多彩的金代文化，其"魁儒硕士，文雅风流，殊不减江以南人物。如虞仲文、徒单镒、张行简、杨云翼、赵秉文、王若虚、元好问辈，或以经术显，或以词章著，一代制作，能自树立"①。据清人龚显曾《金艺文志补录》著录，金代作家有文集留存者将近百人。但经"贞祐丧乱之后，荡然无纪纲文章"②。元末纂修宋、辽、金三史时，苏天爵就曾感叹：金儒士郑子聃、翟永固、赵可、王庭筠、赵沨"皆有文集行世，兵后往往不存"③。至今，金人文集传世者仅寥寥数种：蔡松年《明秀集》，王寂《拙轩集》，赵秉文《闲闲老人滏水文集》（以下简作《滏水集》），王若虚《滹南遗老集》（以下简作《滹南集》），李俊民《庄靖集》，元好问《元遗山先生全集》和段克己、段成己《二妙集》。各集收录墓志碑铭总数不足130篇，其中90多篇在《遗山集》中。别集之外，收录金人诗文（以文为主）的总集留存至今者有庄仲方《金文雅》和张金吾《金文最》④，皆录有若干碑版铭文⑤。

  关于碑刻。碑刻是重要的史料来源，对于传世文献较少的金史研究来说更是如此。19世纪以来，特别是建国以来辽金考古成绩显著，发掘出相当数量的石刻碑铭，有关考释、研究屡见于多种书刊。⑥近年出版的十数巨册《历代石刻史料汇编》⑦，收录了金代墓

---

① （清）龚显曾：《亦园脞牍》卷四《金艺文志补录》，光绪四年刊本。
② （金）元好问著，姚奠中主编、李正民增订：《元好问全集》（增订本）上册《遗山集》（以下简作《遗山集》）卷三五《紫微观记》，山西古籍出版社2004年版，第740页。
③ （元）苏天爵著，陈高华、孟繁清点校：《滋溪文稿》卷二五《三史质疑》，中华书局1997年版，第423页。
④ 参见（清）庄仲方：《金文雅》，光绪十六年江苏书局刻本；（清）张金吾：《金文最》，中华书局校点本1990年版。
⑤ 有关金代文集的流传、保存与整理概况，参见周惠泉：《金代文集保存整理述要》，《东北师大学报》（哲学社会科学版）1999年第5期。
⑥ 有关成果目录，参见刘浦江编：《二十世纪辽金史论著目录》，上海辞书出版社2003年版。
⑦ 国家图书馆善本金石组编：《历代石刻史料汇编》，北京图书馆出版社2000年版。

志 100 多种，减去与文集重复的篇数，碑刻墓志约在百篇上下。

总计留存至今、为人知晓的金朝墓志为 200 多篇，数量有限；其中的女性墓志数量更少，从较常见的几部文集来看：王寂《拙轩集》墓志 1 篇，墓主系女性，清河张氏；赵秉文《滏水集》墓铭、表、碣、碑 13 篇，王若虚《滹南集》11 篇，以女性为墓主的皆为零；李俊民《庄靖集》碑铭 3 篇，亦无女性者。只有元好问《遗山集》情况较好。元氏撰写碑文较多，留存下来的数量也比较丰富，文集中卷 16 至卷 31 为碑铭表志碣，总计 91 篇，其中女性墓志 4 篇，占总数的 4.4%。以上 5 部文集中，墓志碑铭共 119 篇，而女性墓志仅只 5 篇，不过是总数的 4.2%。碑刻墓志的状况也不容乐观，以《历代石刻史料汇编》为例，百篇左右金人墓志中仅有 3 篇以女性为墓主，仅占总数的 3% 左右。这一比例，与宋人墓志中女性墓志占总数的 27.6% 相比，低了许多。① 至于男性墓志涉及女性者，情况也大体如是，如《滏水集》、《滹南集》等，半数以上的墓志对墓主的婚姻状况略而不述②；著名的完颜希尹碑长达 2000 多字，虽述及其祖先家世，但对其配偶妻室却只字未提③。有的墓志虽涉及墓主妻女，但相当简略，无非娶某氏，生几女，嫁某人，不过寥寥数字，没有什么实际内容。

女性在墓志文本中的缺席和充其量的有限出席，为本文的研究

---

① 刘静贞教授曾对 96 种宋人文集中的墓志碑铭作品作过统计，得出总计 2027 篇，其中以女性为撰写对象的 560 篇，占总数的 27.6%。参见刘静贞：《女无外事——墓志碑铭中所见之北宋士大夫社会秩序理念》，《宋史研究集》第 25 辑，台北：编译馆出版社 1995 年版。

② 参见（金）赵秉文：《滏水集》卷一一至卷一二，王若虚：《滹南集》卷四一至卷四三，台湾商务印书馆影印文渊阁四库全书本。

③ 参见《满洲金石志》卷三《大金故左丞相金源郡贞宪王完颜公神道碑》，《历代石刻史料汇编》第四编第三册。并参见陈相伟：《完颜希尹神道碑校勘记》，陈述主编：《辽金史论集》第三辑，书目文献出版社 1987 年版。

带来相当大的困难，不过与其他形式的史料相比，墓志毕竟是以家庭为背景来撰写的，女性在这里的"出场率"毕竟要高于他处。这正是本文在资料选取上的理由所在。

本文所使用的墓志资料，包括文集与碑刻，其中，元好问《遗山集》的墓志碑铭数量最多，内容亦最丰富，因此成为笔者用作分析、论证所重点参据的资料。

二、墓志中的士族女性形象

现存的金人墓志绝大多数属于官宦士族，其中又以金朝后期、今中原及东北地区的汉族或汉化程度较高的女真、渤海等官宦士族为多。

墓志可见，金代士族女性的基本角色定位与秦汉以来其他时期中原王朝对女性的定位相同——"正位乎内"。

"内"指闺门之内，金人对于这一点相当强调。《遗山集》墓志中"闺门整肃（肃睦）"先后三见，是重复次数最多的一个词：卷二八《广威将军郭君墓表》称郭夫人李氏"闺门整肃，有妇师之目"；卷二九《显武将军吴君阡表》称吴璋妻张氏"闺门肃睦，有内助之效"；同卷《信武曹君阡表》称曹元妻霍氏"闺门肃睦，内助之力为多"。另如《拙轩集》卷六《清河张氏夫人墓志铭》，夫人讳某，字季玉，"恭执妇道，闺肃然"，铭曰："闺门之间，日严与敬"。《山右石刻丛编》卷二二《大金故赠中奉大夫护军武威郡侯段公碑》，段矩妻"闺门肃然"[①]。有的未嫁之女严守闺门，极而甚者

---

① 《山右石刻丛编》卷二二《大金故赠中奉大夫护军武威郡侯段公碑》，《历代石刻史料汇编》第四编第一册。

是像李辅予妻李氏那样,"非有大事不出门阃,虽姊妹叔伯莫得窥其面",墓志把这称作"有羞耻"。①

以闺门之内为活动空间的女性,其主要职能是"司我中馈"②,当好"内助"。"内助"一词在《遗山集》墓志中亦三见,且紧随"闺门"之后,前列《显武将军吴君阡表》、《信武曹君阡表》可知。另如,卷二○《资善大夫集庆军节度使蒲察公神道碑铭》称蒲察元衡夫人王氏"家政整洁,有内助之功"③。"家政"、"内助"这组词又见于《李辅予妻李氏墓志》,谓李氏与丈夫"同心希旨,内助其德……昼而纺绩,夜以裁缝,勤而无厌,家政乃行"④。"内助"的职责包括:恭谨事夫,如元滋新"妇班氏,事公如事长,每问公今日欲何所食,鼓腹良久,曰:'此腹欲何食乎?此腹旦欲某食,午欲某食,晡欲某食。'家人如言而办,如是三十余年"⑤;教养子女,如李晔妻郝氏,"保聚众子三十余季,无至苦力,温饱粗如,训谕为学,各娶名家女为妇"⑥,持家有礼,"不侈不陋,服食居处,皆有法度可观"⑦。或像李辅予妻李氏那样,为人谨慎,处处维护丈夫的声誉,"每人有馈,献于其门者,虽亲戚故旧之所遗,苟无李公,则夫人皆拒之,以待公之来也,而问其可否,然后去取焉"⑧。

"闺门"、"内助"之外,金人墓志中使用最多的另一组女性

---

① 《海东金石苑补遗》卷三《李辅予妻李氏墓志》,《历代石刻史料汇编》第四编第三册。
② 《山右石刻丛编》卷二二《大金故武威段公墓表》,《历代石刻史料汇编》第四编第一册。
③ 《遗山集》卷二○《资善大夫集庆军节度使蒲察公神道碑铭》,第471页。
④ 《海东金石苑补遗》卷三《李辅予妻李氏墓志》,《历代石刻史料汇编》第四编第三册。
⑤ 《遗山集》卷二五《族祖处士墓铭》,第538页。
⑥ 《京畿冢墓遗文》卷下《大金故承奉郎霸州大城县令李君墓志铭》,《历代石刻史料汇编》第四编第二册。
⑦ 《遗山集》卷二五《南阳县太君墓志铭》,第538页。
⑧ 《海东金石苑补遗》卷三《李辅予妻李氏墓志》,《历代石刻史料汇编》第四编第三册。

褒奖词是"妇德"、"母仪"。《遗山集》卷一七《朝散大夫同知东平府事公神道碑》：胡景崧妻马氏，"妇德母仪，中表以为法"①；卷二九《五翼都总领豪士信公之碑》：夫人窦氏，"妇德母仪，中表以为法。"妇德母仪重在"贤"、"淑"，王若虚赞贾侯的母亲李氏"贤淑，备妇德"②，庆源军节度使高添禄的母亲韩氏"妇德无缺，亦著贤誉"③。贤、淑的标准可以是多样的，如王杰妻"温雅慈祥，备诸妇德"④，曲轸妻"柔婉有妇道"⑤；最主要的标准则是言行合乎礼法，故赵秉文称大名毛氏"贤而有家法"⑥，元好问赞涿郡王氏"训饬二女，动有礼法，中表以妇德母仪归之"⑦，王寂称清河张氏"闺门肃然，言动有法"。这些女子，便是所谓"妇德既完，妇道可观"⑧。

值得注意的是，金人墓志中的模范女性，其最重要的形象特点是"孝"。

对父母的孝自然是少不了的。《遗山集》4篇女性墓志，专门写孝女的就有2篇，其中聂孝女因父亲被杀而自尽⑨，元阿秀（好问第三女）因母亲病逝而哀伤过度身亡。另外两篇赞皇郡太君梁氏和南阳县太君李氏，都有"天性孝友"的美誉。⑩

---

① 《遗山集》卷一七《朝散大夫同知东平府事公神道碑》，第411页。
② 《滹南集》卷四二《千户贾侯父墓铭》。
③ 《滹南集》卷四二《赠昭毅大将军高公墓碣》。
④ 《滹南集》卷四一《王氏先茔之碑》。
⑤ 《定襄金石考》卷一《金故曲公墓幢记》，《历代石刻史料汇编》第四编第二册。
⑥ 《滏水集》卷一二《史少中碑》。
⑦ 《遗山集》卷二八《潞州录事毛君墓表》，第605页。
⑧ （金）王寂：《拙轩集》卷六《清河张氏夫人墓志铭》，台湾商务印书馆影印文渊阁四库全书本。
⑨ 对聂孝女的褒扬，很大成分在其"孝"行中的"义"，这与元好问所处的时代及其本人政治取向有关。
⑩ 《遗山集》卷二五《赞皇郡太君墓铭》，第541页；《南阳县太君墓志铭》，第538页。

更着力张扬的是对公婆的孝,墓志中多处可见这类文字。前述南阳县太君李氏未嫁前因"天性孝友",父母"特钟爱焉",出嫁后又"事姑孝","姑老且病,饮食医药,必躬亲之而后进。及持丧,哀毁过礼,乡人称焉"。①范阳宋氏,"慈仁勤俭,孝于舅姑"②。涿郡王氏,"事舅姑孝谨"③。定襄段氏,"事舅姑,以淑德见推宗族"。④定襄董氏"孝承舅姑"⑤。武威郡侯段矩的夫人,"事姑杨氏为至孝。膳服汤药,寒暖燥湿,惟性之适"⑥。……

"孝"字是金人墓志描绘女性美德时使用频率最高的一个字。仅在《遗山集》的4篇女性墓志中,"孝"字便出现了11次。

与同时代的南宋人墓志相对照,金人墓志看重女性"孝"的特点更显突出。

在南宋人的墓志中,对女性最看重的"美德"是"顺"和"柔",或者合称"顺柔"、"柔顺"。以几部重要的南宋人文集为例,朱熹《晦庵集》、李纲《梁溪集》、汪藻《浮溪集》、周必大《文忠集》、陆九渊《象山集》、杨时《龟山集》、张守《毗邻集》、沈与求《龟溪集》、真德秀《西山文集》,共收录女性墓志60篇,在各种赞美"妇道"、"女德"的字眼中,出现最多的是顺、贤、柔等字,按出现频率高低为序,依次为"顺"20见、"贤"15见、"柔"14见、"淑"13见、"静"12见,而"孝"字仅只5见。

金人墓志与此有明显的不同。金人突出"孝",对"顺"、"柔"

---

① 《遗山集》卷二五《南阳县太君墓志铭》,第538页。
② 《遗山集》卷二八《归德府总管范阳张公先德碑》,第596页。
③ 《遗山集》卷二八《潞州录事毛君墓表》,第605页。
④ 《定襄金石考》卷一《故中散赵公之碣》,第914页。
⑤ 《定襄金石考》卷一《霍习墓幢》,第921页。
⑥ 《山右石刻丛编》卷二二《大金故赠中奉大夫护军武威郡侯段公碑》,《历代石刻史料汇编》第四编第一册。

等则较忽略。笔者接触到的8篇女性墓志中,"顺"、"柔"共计2见:《遗山集·孝女阿秀墓铭》,"(阿秀)曰:女从母为顺,宁从母死耳";《海东金石苑补遗·李辅予妻李氏墓志》,李氏"性柔顺"。其他200多篇男性墓志中,仅只两处出现"柔"字①,"顺"字则未得一见。可见,金代士族对于女性的价值期待,与宋人有所不同。

不过,从总体上来说,金人墓志与南宋墓志所反映出的士大夫对女性形象的总体期待,仍是相同之处大于差异之处。宋代士大夫标榜的妇德楷模是"为子孝,为妇顺,为妻正,为母慈"②,墓志中的女性形象遵循一种孝女、贤妻、顺妇、慈母的基本模式③;金代文人塑造的理想女性也是"为淑女,为良妇,为贤母"④,"事舅姑尽孝,事夫尽礼,抚诸幼有恩爱"⑤。在对女性形象的基本定位上,金人与宋人没有根本的不同。

就墓志中所反映的士族妇女的婚姻生活来看,金人与宋人也似乎没有大的区别。初婚年龄从14岁到24岁,比较常见的是17岁至20岁;联姻对象多为家庭背景相似、居所地域相近者;丧偶可再嫁,也可寡居。如段矩的夫人"年未四十,嫠居,洁志恒若,致斋督诸子以学问"⑥;李晔妻郝氏,40岁丧夫,守寡三十多年⑦。甚至

---

① 《山右石刻丛编》卷二二《大金故赠中奉大夫护军武威郡侯段公碑》称"夫人赋性柔善",《定襄金石考》卷一《金曲陈公墓幢记》称曲轸妻"柔婉有妇道"。
② (宋)朱熹:《晦庵先生朱文公文集》卷九二《夫人虞氏墓志铭》,朱杰人主编:《朱子全书》二十五,上海古籍出版社2002年,第4253页。
③ 笔者曾对宋人墓志中的女性形象作过探讨,归纳出其中的孝女、贤妻、顺妇、慈母基本模式,详参拙文《宋人墓志中的女性形象解读》,台北《东吴历史学报》第11期,2004年6月。
④ 《遗山集》卷二五《赞皇郡太君梁氏墓铭》,第542页。
⑤ 《山左金石志》卷二〇《节度副使张公神道碑》,《历代石刻史料汇编》第四编第一册。
⑥ 《山右石刻丛编》卷二二《大金故赠中奉大夫护军武威郡侯段公碑》,《历代石刻史料汇编》第四编第一册。
⑦ 参见《京畿冢墓遗文》卷下《大金故承奉郎霸州大城县令李君墓志铭》,《历代石刻史料汇编》第四编第二册。

连对于人物外形容颜的处理,金人与宋人的手法也颇相类——基本不写女子容貌,倒是着墨于男子身形,如写史公隽"妙龄秀发"①,贾巨平"长身美风姿"②,李晔"君自垂髫,魁梧俊迈"③。

三、个案分析:《赞皇郡太君墓铭》中的梁氏形象

《赞皇郡太君墓铭》的作者是金末大儒元好问。元好问的墓志写作,受墓志传统的限制,免不了刻板、程式化,但仍在一定程度上表现出中国北部文学任情率真的倾向。本篇墓志是现存金代女性墓志中内容最为丰富,形象最为生动,因而也最有典型意义的一篇,在元好问所撰90多篇墓志中,无论是文笔、内容还是思想价值,这篇也都属于最为精彩的一类。

《赞皇郡太君墓铭》全篇1300多字,主要内容如次:

夫人姓梁氏,广宁人……世为间中甲族……夫人在父母家已知读书,作字有楷法。年十有七嫁为河中李侯讳某之夫人。李侯自王父龙虎以来,占籍河中,以赀雄乡里。侯资禀豪迈,好宾客,复嗜读书,不切切于家务,簿书会计,至于鳞杂米盐,无不经夫人之手。夫人天性孝友,姻睦族属,内外无间言。侯于诸弟妹皆审于择配,夫人弥缝赞助,咸得其称。侯之季弟彦实,娶龙山刘致君之女,于夫人为姨妹。议往纳币,时

---

① 《滏水集》卷一二《史少中碑》。
② 《滹南集》卷四二《千户贾侯父墓铭》。
③ 《京畿冢墓遗文》卷下《大金故奉郎霸州大城县令李君墓志铭》,《历代石刻史料汇编》第四编第二册。

次子献诚生始期月,暑途二千里,不以跋涉为辞。振贫乏,抚孤幼,僮仆之无依怙者,聚之一室,躬自存养,有父母之爱。

侯官苏门,大奴弋信妻执伪券诉有司,云是陕右饥民,为侯家强娶,法当为良。众谓宜辨其妄,夫人曰:奴而良之,美事也!奚以辨为?听其去者余二十辈。侯有姬侍某,先有子矣,以尝失意于侯,侯不顾省,夫人以为言,侯亦莫之从也。夫人知侯意不可回,竟为入粟县官,度为女官,并割上田衣食之,昼哭之后,益以教子为事。其后,献卿中泰和三年进士第,献诚、献甫同以兴定五年登科。乡人荣之。

献卿释褐华阴簿。夫人在官下,每以廉慎爱民为戒。南征之役,朝廷修马政,并牧之马,似涉羸,疗官有被真决者。献卿方摄县务,殊为忧。夫人言:"马远至难遽肥,立法虽严,可身任之,使一县之民少苏,不亦可乎?"夫人之兄思忠,在中山得风痹,不良于行,且诸子皆幼弱。顾谓献卿言:"若能为舅氏觅一官,得近河中,使吾事老兄一日,可无憾。"献卿如所教,为求河东高公酒正,因迎事之。逮其下世,送终拊孤,礼无违者。献卿佐坊州幕官,尝与同官骑鞠。夫人戒之曰:"从仕之暇,宜读书养性,鞍马间乘危蹈险,非书生之事。正使能之,且为识者笑,况必不能耶?"其慈恕有礼类如此。不幸遘疾,以贞祐元年八月二十有八日,享年五十有一,终于坊州之官舍。诸孤衔恤襄事,以某年月日祔葬于某原之先茔,礼也。

夫人三子,献卿其长,今为正议大夫、宣差规措解盐司,充盐部郎中行部事。以故事请于朝,赠夫人赞皇郡太君。献诚,汝州郏城令。献甫,京兆长安令、南京右警巡使、镇南军节度副使、尚书户部员外郎。女二人:长适夫人之从侄梁珏,次适经义省元、兴平令赵宇。①

细细品味梁氏的生平事迹，我们看到了一个较为鲜活的金代士族女性形象，与其他墓志中的千人一面有较为明显的不同。

元好问笔下的梁氏出身显宦，知书能文，她不仅具备一般女子"主馈有仪"、"孝友姻睦"、"慈恕有礼"、教子有方等等"美德"，而且还有一般女子难得的才干和勇气，在生子刚满月之时，她便为小叔子的婚事"途二千里，不以跋涉为辞"。

值得特别注意的是"侯有姬侍某……后益以教子为事"一段，文虽寥寥，所包涵的内容却很丰富。初读之下，可见梁氏的善良，对姬侍某的同情；仔细研读，可见梁氏及撰者的女性意识。作为正妻，为男子所赞赏的"美德"之一通常就是对丈夫的侍妾能够包容、"不妒"，梁氏的独特之处不限于此。她不仅在其夫抛弃姬侍之后，屡次劝说丈夫回心转意，劝说无效后为姬侍"入粟县官，度为女官，并割上田，衣食之"；更值得重视的是，她是以一个女性而不仅仅是一个妻子的眼光来看待姬侍和丈夫，由此她看到了女人的不幸和男子的薄情，所以她才会为姬侍（实际上也是为包括她自己在内的女性）的命运痛心哭泣，而且自此以后她将情感转移到子女身上，不再寄托于丈夫。

这篇墓志是元好问应梁氏之子李献卿之求而撰写的。墓志中的片段的梁氏，未必是实际生活中完整的梁氏，但有关姬侍的这件事情，肯定是梁氏生活中的重要一幕，梁氏对于丈夫的态度，甚至对于生活的态度，因为此事受到很大影响。可以想见，此事甚至影响

---

① 《遗山集》卷二五《赞皇郡太君墓铭》，第541—543页。

到她的儿子,所以其子才会把此事载入"夫人行事之状"①,作为墓志的重要素材。元好问重点记叙了这件事情,他肯定梁氏的举动,称赞梁氏的情操;他刻意书写了梁氏丈夫的"不切切于家务"以及抛弃姬妾之事,尤其是写梁氏的"昼哭之"三字,似乎在讨伐男权社会对女性的不公。从元好问的文字中,我们还看到,女性在情感无所寄托时,往往选择皈依宗教,以此来寻求心灵的慰藉,这其实是弱者向强权社会所作的一种无声的反抗。

同时,本篇墓志也反映出金朝士族妇女虽然整体上处在从属于男子的地位,但一些女性仍然有着较强的独立意识。

另外,本篇墓志中还有一些值得重视的记载,诸如梁氏替娘家兄长求官并为之奉养送终、抚育后代,梁氏的长女嫁给梁氏侄儿等等,透露出金代妇女既重夫家也重娘家,家庭生活中"母权"与"舅权"有较高地位,婚姻习俗上的交换婚色彩等重要信息,为研究金代社会生活提供了有价值的资料。

展示了富有个性的女子形象的《赞皇郡太君墓铭》,是众多晦暗沉闷、千篇一律的墓志文本中一叶精彩的风景。

四、简短的结论

墓志铭带有浓重的价值判断色彩,"往往是以宣扬特定的道德规范为目的的"②。这类文字在"进入我们的叙述之前,它们已经在选

---

① 《遗山集》卷二五《赞皇郡太君墓铭》:"正大辛卯冬,献卿持夫人行事之状,涕泗百拜,谓某言……"云云,第542页。
② 邓小南:《妇女史研究与学术规范》,载杜芳琴主编:《引入社会性别:史学发展新趋势——"历史学与社会性别"读书研讨班专辑》,天津师大内部资料2000年,第188—189页。

择、编辑、写作、评述的历史中，经过了'意识形态'（政治性的价值观念）、精英意识（传统的对精英历史资料的关注）、道德原则（例如何为文明、何为鄙野的判断）和历史学叙述（观察、剪裁和修饰）这几重筛子的过滤，已经未必那么真实可靠了"[1]。以元好问《遗山集》墓志为中心的金代墓志所表现的女性形象，同样经过了多重过滤，未必与实际情况相符合，但是，把这种重构起来的形象与同样经过了多重过滤而建构起来的宋人墓志中的女性形象相比较，我们仍然可以在一定程度上还原当时女性生活的总体特征，可以捕捉到当时社会主流文化的女性价值观。

从金人墓志及其他各种文献中，我们看到，金代社会的性别制度总体上因袭了唐宋社会的特色，特别是到了金朝后期，无论是在原北宋地区，还是在女真发祥之地的东北及至高丽国地域，无论是汉族还是女真族，性别制度的表现是基本相同的——在性别分工上，男主外、女主内的格局；在婚姻制度上，男性本位的一夫多妻形式[2]；在道德规范上，牺牲女性的贤良贞孝标准；等等。农耕民族源远流长的男权中心文化的浸润，以及墓志撰写者无一例外的男性文人身份，使得金人墓志中的女性形象呈现出与宋人大同小异的相近模式。

不过，由于民族文化的影响，不同民族之间女性的社会性别角色及地位并不完全相同，男性社会对女性的价值期待也有所差别。

---

[1] 葛兆光：《七世纪至十九世纪中国的知识、思想与信仰》，复旦大学出版社2000年版，第40页。
[2] 关于金人的一夫多妻制，《遗山集》卷二五《赞皇郡太君墓铭》即可见。海陵王时亦曾明确规定："庶官许求次室二人，百姓亦许置妾。"见《金史》卷五《海陵纪》，中华书局校点本1975年版，第96页。宋德金先生对此作过研究，指出："金代的一夫一妻制同其他民族一样，实际上只是对妇女而言的，男子则不受这个限制。"参见前揭氏著《辽金妇女的社会地位》。

金人墓志所反映的出嫁女子与娘家的亲密关系①，金代文人在书写女性美德时的重"孝"轻"柔"，等等，就与宋人墓志存在着差异。造成这些差异的原因，既有撰者个人的因素（譬如元好问，他所生活的时代和地区、他个人的生活经验、他的价值取向，等等，使得他对女性有较多的同情与理解，也较肯定女子的自强），也与金代社会在婚姻制度与习俗上存在某种母系制度的影响有关。

当然，说到底，金、宋之间由民族、区域、文化等因素带来的女性生活上的差异性大不过其共通性，人类有史以来的性别制度的基本原则决定了中国古代社会与家庭生活中父权——夫权至上的基本模式。

（原载张希清等主编《10—13世纪中国文化的碰撞与融合》，上海人民出版社2006年）

---

① 除前述《遗山集·赞皇郡太君墓铭》所记梁氏事外，反映出嫁女子以娘家为寄托甚至归宿的事例还有不少，如《滏水集》卷一二《史少中碑》："自太夫人之亡，家有二寡姊，事之如母，其月人之廪，尽以二姊主之"；《遗山集》卷二五《聂孝女墓铭》："女字舜英，年二十二尝嫁为进士张伯豪妻，伯豪死，归父母家。"

从唐宋性越轨法律看女性人身权益的演变

迄今为止，有关唐宋女性问题的研究日益深入，但有些领域尚待发掘，例如同女性自身密切相关的性（sex）问题。它不但涉及私人生活、贞洁观念，而且与当时社会的性别制度、秩序理念以及两性权利密切相关。在由男女两性共同构建的性秩序（sexual order）格局中，考察女性的人身权益如何，一个直接的视角是法律文本和司法实践。本文试从法律与性的角度透视女性生活，通过对唐代与宋代性越轨（sexual aberration）法律的比照，并结合宋代司法实践，探讨从唐到宋女性人身权益的演变。

一、概念的界定与法律文本的选择

从古至今，性生活不仅是私人生活不可或缺的一部分，它还是一种社会行为，关系到家庭与社会的稳定，所以任何时代都把对男女性行为的规范放在十分重要的位置上，并为此制定了相应的法规和必须遵行的道德约束。就法律而言，尽管不同时代对于性行为的规制有所不同，但通常意义上，都是针对该社会性行为的越轨而制定的。

"越轨"一词,在现代社会学中是一个重要的范畴①,然古已有之。"轨",本义为"车辙也"②,在中国古代,它兼有伦理规范与法制规范的双重含义。例如,《管子》云:"是故有道之君,上有五官以牧其民,则众不敢逾轨而行矣。"③《汉书》称"楚孝恶疾,东平失轨",颜师古注:"轨,法则也。"④《后汉书》云:"轨越则礼亡,虽圣人不得全其道矣。"⑤《佩文韵府》亦云:"轨,法也。车迹也。"⑥可见,在中国古代社会中,越轨是指背离法则或伦理规范的行为。本文所谓"性越轨",专指刑事法律意义上背离社会规范的性行为,亦即非法律许可之性行为。性越轨行为属于历史的范畴,不同时代的法律有其不同的界定与规制。唐宋法律有关性越轨的内容主要集中在"犯奸罪"的条文中。

　　"奸",《说文解字》释为"犯淫也",段注进一步明确:"此字谓犯奸淫之罪。"⑦"犯奸罪"是针对男女性越轨而设的罪名,主要包括"强奸"、"和奸"以及"乱伦"等。"强奸"指男性使用暴力,强行与女性发生性关系的越轨行为;"和奸"谓"彼此和同者"⑧,指在女性同意前提下发生的性越轨行为;"乱伦"指亲属间

---

① 现代社会学流派纷杂,对"越轨"的界定不完全相同,但简单地说,则包括违反法律、规章制度、道德规范和社会习俗的所有行为。参见〔美〕杰克·D.道格拉斯、弗兰西斯·C.瓦克斯勒著,张宁、朱欣民译:《越轨社会学概论》,河北人民出版社1987年版,第9—14页。
② (汉)许慎撰、(清)段玉裁注:《说文解字注》卷二七《十四篇上·车部》,浙江古籍出版社1998年版,第728页。
③ 《管子》卷一〇《君臣上第三十》,辽宁教育出版社1997年版,第96页。
④ (汉)班固:《汉书》卷一〇〇下《叙传第七十下》,中华书局校点本1962年版,第4263页。
⑤ (南朝·宋)范晔:《后汉书》卷六二《列传第五十二》,中华书局校点本1965年版,第2059页。
⑥ 《佩文韵府》卷三四(上)《上声·四纸韵》,商务印书馆1937年版,第1547页。
⑦ 《说文解字注》卷二四《十二篇下·女部》,第625页。
⑧ (唐)长孙无忌等撰、刘俊文点校:《唐律疏议》卷二六《杂律》,中华书局校点本1983年版,第496页。

违背伦常的性越轨行为。

在现存唐宋法律文本中,对性越轨的规范,集中体现在《唐律疏议》、《宋刑统》以及《庆元条法事类》对犯奸罪的判罚条文中。

唐代法典有律、令、格、式四种:"凡律,以正刑定罪;令,以设范立制;格,以禁违正邪;式,以轨物程事。"[1]至今传世者仅《唐律疏议》和《唐六典》,余皆亡佚。《唐六典》是唐玄宗时编订的行政管理制度方面的法规,《唐律疏议》则是唐代"正刑定罪"的刑事法典,也是终唐之世最主要的法律依据。《新唐书·刑法志》云:"令者,尊卑贵贱之等数,国家之制度也;格者,百官有司之所常行之事也;式者,其所常守之法也;凡邦国之政,必从事于此三者。其有所违及人之为恶而入于罪戾者,一断以律。"[2]《旧唐书·刑法》亦称:唐代"断狱者皆引疏分析之"[3]。

宋初依唐律修订《宋刑统》,虽然学界不赞成《宋刑统》为唐律之翻版说[4],但其内容基本上沿袭唐律之旧,不少条文与宋代社会现实相脱节[5]。《宋刑统》颁行后,很快便不能适应宋代社会的发展要求[6],因而不断有朝臣建议重修宋律。如仁宗时夏竦即认为,《宋刑统》律文"未契皇朝好生之化,有辜陛下恤刑之德,诚宜具刑宪之书,求献议之士,诏择能臣,督其详订"[7]。夏竦的建议虽然未被

---

[1] 《大唐六典》卷六《尚书刑部》,日本广池学园事业部1973年影印本,第139页。
[2] 《新唐书》卷五六《志第四十六·刑法》,中华书局校点本1957年版,第1407页。
[3] 《旧唐书》卷五〇《刑法》,中华书局校点本1975年版,第2141页。
[4] 参见徐道邻:《宋朝的刑书》,《宋史研究集》第八辑,台北:编译馆1976年版,第313—346页,薛梅卿:《宋刑统研究》,法律出版社1997年版等。上述论著从《宋刑统》与《唐律疏议》内容与体例等方面的差异,说明《宋刑统》并非唐律的翻版。
[5] 王曾瑜先生即曾指出:"宋初《重详订刑统》基本上照抄唐律,正如一些宋人所指出,其中不少条文已与宋代社会现状相脱节。"参见王曾瑜:《宋朝的奴婢、人力、女使和金朝奴隶制》,中华书局编辑部编:《文史》第29辑,中华书局1988年,第207页。
[6] 郭东旭先生指出:"《宋刑统》只是北宋中前期的现行法,并非终宋的常法。"参见氏著:《宋代法制研究》,河北大学出版社2000年版,第24页。
[7] (明)张溥辑:《历代名臣奏议》卷二一〇《法令》,明崇祯八年张溥刻节录本。

仁宗采纳，却反映了《宋刑统》已不适应宋代社会需要的事实。在这种情况下，从宋初开始，统治者便不得不运用大量敕令来补充律之未备，变通律之僵化。

敕是皇帝在特定时间对特定人或事临时发布的诏令，通常谓之"散敕"，并不具备普遍的法律效力。《唐律疏议》卷三〇《断狱》规定："诸制敕断罪，临时处分，不为永格者，不得引为后比。若辄引，致罪有出入者以故失论。"① 要使散敕上升为一般的法律形式，还须经过编修程序，即对积年的各种散敕删其重复，去其抵牾，存其可为常法者，汇编后加以颁行。宋初编敕，皆取与刑名无关的敕令"准律分十二门"②，至仁宗朝，编敕始有"丽于法者"③，即开始附有刑名。编敕体例的这一变化，冲破了以往编敕不附刑名的旧制，形成律外有律的局面，为后来的以敕代律作了准备。至神宗，则明确规定："律不足以周事情，凡律所不载者，一断以敕，乃更其目曰：敕、令、格、式。"④ 从此，"敕"正式取代了"律"的地位，使"律存乎敕之外"⑤。如朱熹所说："律是刑统……今世却不用律，只用敕令。"⑥ 所以，与刑统相比，宋朝历代敕、令、格、式更直接地反映了宋代社会的实际生活。

宋代几乎每一朝都有新编敕问世。"到南宋孝宗朝时，于编敕之外又编撰条法事类"⑦，乃取"敕、令、格、式及申明五书"⑧，分

---

① 《唐律疏议》卷三〇《断狱》，第 562 页。
② （宋）李焘撰，上海师大古籍所、华东师大古籍所点校：《续资治通鉴长编》（以下简称《长编》）卷四三，真宗咸平元年十二月条，中华书局 2004 年版，第 923 页。
③ 《宋史》卷一九九《刑法一》，中华书局 1985 年版，第 4963 页。
④ 同上。
⑤ （元）马端临：《文献通考》卷一六七《刑六》，中华书局影印本 1986 年版。
⑥ （宋）黎靖德编、王星贤点校：《朱子语类》卷一二八《本朝二·法制》，中华书局 1986 年版，第 3081—3082 页。
⑦ 戴建国：《点校说明》，（宋）谢深甫等纂修、戴建国点校：《庆元条法事类》，中国珍稀法律典籍续编（第一册），黑龙江人民出版社 2002 年版。
⑧ （宋）李心传撰、徐规点校：《建炎以来朝野杂记》，中华书局 2000 年版，第 111 页。

门修撰。现存《庆元条法事类》(残本)修成于宁宗嘉泰二年(1202)八月,翌年七月诏颁于天下。《庆元条法事类》产生时,宋代社会已历时240余年,又正值南宋社会中期,此时宋代社会的典章制度已经成熟,尽管该条法不能反映宋代社会生活的全部,但就存世法律文本而言,其内容"包括早自建炎三年,晚至嘉泰元年七十二年间所颁布的政令,甚至在卷七十三中尚引到元祐七年七月六日尚书省的札子"①,是现存最能反映宋代尤其是南宋社会生活的一部法律文本,"其史料价值极高","是研究宋代法制史的重要文献"②。因此,本文对唐宋社会性越轨法律的考察,即以《唐律疏议》与《庆元条法事类》作为主要分析文本,兼及《宋刑统》,从法律条文的变化并结合司法实践来探寻从唐到宋性越轨法律演变的轨迹,考察其中反映的女性人身权益之演变。

二、从法律对同一阶层之内性越轨规范的差异看唐宋女性人身权益的演变

法律是统治阶级意志的体现,也是文化的一部分。③"法律与社会的关系极为密切"④,法律的立场,实则与该社会的价值取向、秩序理念以及文明程度直接相关。同样,法律条文的增删,并不仅仅

---

① 王德毅:《关于〈庆元条法事类〉》,台北:新文丰出版股份有限公司1976年版,第5页。
② 《庆元条法事类》,第4页。
③ 格雷·多西提出"法文化"的观点,认为法律是组织和维护人类合作诸事例中安排秩序的方面,是文化的一部分。转引自[美]亚伯拉罕·艾德尔、亚伯拉罕·弗罗尔著,梁治平译:《关于法文化观念的若干思考》,载梁治平编:《法律的文化解释》,三联书店1998年版,第268—271页。
④ 瞿同祖:《中国法律与中国社会》,《瞿同祖法学论著集》,中国政法大学出版社1998年版,第4页。

是为应付突发事件而作的暂时考虑，或简单的文字调整，它所反映的是更深层次的不同时代秩序理念的变革。

（一）关于"和奸"与"强奸"

和奸是在女性同意前提下发生的非婚性行为，其性质为男女两性共同违背社会道德伦理、家庭秩序，男女属于共犯。强奸性质则不同，是男性使用暴力，强行与女性发生性关系，在这一过程中，女性是被动的受害者，故强奸惩处法的保护对象明确为女性。因此，对强奸罪的重视与否，同该时代女性的人身权益以及社会对女性人身权益的重视程度密切相关，对强奸罪的重视程度能够体现社会对女性人身权益的维护程度。

唐、宋法律对强奸罪与和奸罪的重视程度明显不同。摘录相关条文，列表对照如表1。

表1可见，唐律对和奸罪的重视程度高于对强奸罪。《唐律疏议》于犯奸罪的首条便规定了对和奸的惩罚，而且对有夫之妇的惩罚重于他人，规定"诸奸者，徒一年半，有夫者，徒两年"。疏议曰："和奸者，男女各徒一年半；有夫者，徒两年。妻、妾罪等。"对有夫妇女惩罚的加重，说明唐代社会对已婚妇女的人身约束比对未婚女子严厉，因为已婚妇女犯奸被看作是对丈夫权益的侵犯，同时其性行为关系到家族子嗣血统的纯洁。反之，唐律对强奸罪的惩罚很轻，只不过在和奸的基础上"各加一等"而已，而且仅以寥寥数字附在和奸罪之后。即使男性在强奸女性的过程中，因暴力而造成女性"折伤者"，也只不过再"加斗折伤罪一等"而已。而且，律疏明确界定，所谓"折伤者，谓折齿或折指以上"[①]，言下之意，

---

① 以上引文俱见《唐律疏议》卷二六《杂律》，第493页。

"折齿或折指"以外的其他伤害则不算伤害。这种忽视强奸、重视和奸、对已婚妇女的惩罚重于男子的现象，看似违反常理，实则体现了唐代性别制度的秩序格局，在这一格局中，女性仅以男性附庸的形式出现，其人身权益得不到应有的重视。

表1 唐宋有关"和奸"、"强奸"的法律条文简表

朝代	条文内容	出处
唐	诸奸者，徒一年半，有夫者，徒两年……强者各加一等。折伤者，各加斗折伤罪一等。 【疏】议曰：和奸者，男女各徒一年半；有夫者，徒两年。妻、妾罪等。 【疏】议曰："折伤者"，谓折齿或折指以上，"各加斗折伤一等"，谓良人从凡斗上加。	《唐律疏议》卷二六《杂律》
唐	十恶内乱。谓奸小功以上亲、父祖妾及与者。 【疏】议曰："及与和者"，谓妇人共男子和奸者，并入"内乱"。若被强奸，后遂和可者，亦是。	《唐律疏议》卷一《名例》
北宋	（律文与唐律内容相同。此略） 准：周广顺三年二月三日敕节文，应有夫妇人被强奸者，男子决杀，妇人不坐罪。其犯和奸及诸色犯奸，并准律处分。	《宋刑统》卷二六《杂律·诸色犯奸》
北宋	（律文与唐律内容相同。此略）	《宋刑统》卷一《名例律》
南宋	诸强奸者，女十岁以下虽和亦同，流三千里，配远恶州。未成，配五百里。折伤者，绞。先强后和，男从强法，妇女减和一等。既因盗而强奸者，绞。会恩既未成，配千里。 诸因奸而过失杀伤人者，论如因盗过失律。因强奸者，以故杀伤论。 诸妻犯奸从夫捕。	《庆元条法事类》卷八〇《杂门·诸色犯奸》

《宋刑统》承袭唐律，没有对上述法律作出修订，但是，在唐律基础上增加了后周广顺敕文，加重了对于强奸"有夫妇人"男子的判罚力度。至《庆元条法事类》，有了显著的变化。《庆元条法事

类》对强奸罪的重视程度远远超过了对和奸罪，主要体现在三个方面：其一，在法律条文的设置顺序与判罚力度上。《庆元条法事类》对强奸的判罚置于"诸色犯奸"诸条之首，而且判罚力度远远重于唐律。规定，诸强奸者，"流三千里，配远恶州"，即使强奸未遂者，也要"配五百里"。若男性因暴力而造成女性身体受伤，则要处以绞刑。其二，对"先强后和"加以明确区分。《庆元条法事类》强调"先强后和，男从强法，妇女减和一等"。[①]"先强后和"的情况，在唐律中并非没有注意，《唐律疏议》曾在惩罚"奸小功以上亲、父祖妾及与和者"等"内乱"时提到"先强后和"者，但并不因此而加重对男性的惩罚或减轻对女性的惩罚，而是一律以和奸罪判罚。律疏强调："妇人与男子和奸者，并入'内乱'。若被强奸，后遂和可者，亦是。"[②] 显然，唐律对于伤害女性的犯奸者判罚力度不够，而对于女性则显得苛刻。其三，唐律对有夫之妇和奸的惩罚重于他人，而《庆元条法事类》取消了对已婚妇女和奸加重处罚的条文，同时规定"诸妻犯奸从夫捕"[③]，这是唐律所没有的内容。正如宋人自己所言"捕必从夫，法有深意"[④]，妻子犯奸，若丈夫不告诉，那么法律便不追究妻子的责任。这种规定，一方面反映出法律对于夫权的维护，在妻子犯奸的案例中，告发与否的主动权取决于丈夫；但另一方面，该法律有利于维护家庭的稳定以及夫妻关系的和谐，较为有效地防止了社会他人对夫妻之间情感的干预，也不至于听信他人对妻子的诬告。这方面的积极意义，可从当时的司法实践得到佐证。《名公书判清明集》卷一二《因奸射射》案中，黄渐与妻阿朱

---

① 以上引文俱见《庆元条法事类》卷八〇《杂门·诸色犯奸》，第611页。
② 《唐律疏议》卷一《名例》，第16页。
③ 《庆元条法事类》卷八〇《杂门·诸色犯奸》，第612页。
④ （宋）佚名编、中国社会科学院历史所宋辽金元室点校：《名公书判清明集》卷一二《因奸射射》，中华书局1987年版，第448页。

"乔寓永福，依于陶氏之家"，主人陶岑与寺僧妙成交讼，"遂及其妻，因谓有奸"。初判该案时，判决黄渐、陶岑、妙成各杖六十，阿朱则射充军妻。范应铃重新审理此案，依据"诸妻犯奸从夫捕"以及"离与不离听从夫意"两条法律，判定原判无效，并对原判执行吏人张荫、刘松"各从杖一百"，改判阿朱"付元夫交领"，但因牵涉奸事，"不许再过永福"，寺僧妙成"押下灵川交管"。① 倘若宋代法律没有上述"捕必从夫"的条文，那么，阿朱就不可能得到较为宽松的判决并与丈夫团聚。

上述变化，并非仅是刑罚轻重或有无的问题，而是反映出与唐代相比，宋代社会加大了对于男性非法性行为的约束力度，同时也相对提高了对女性人身权益的法律保护力度。

此外，《庆元条法事类》明确规定了诱奸10岁以下女童，罪等于强奸，"诸强奸者，女十岁以下虽和亦同"②。而在唐律中没有这类罪名。这并非唐代立法者的疏漏③，而是在一定程度上反映了唐代社会对未成年女性人身权益的漠视。自宋代首惩奸污幼女的罪行以来，后世诸朝相沿此例，在犯奸罪中加入强奸幼女"虽和同强"的法律，只是年龄限定稍有不同。如元代规定为10岁以下④，明清则为12岁以下⑤。

（二）关于"犯奸未遂"

唐律中没有犯奸未遂的条文，反映出唐代对奸罪的认定以是否

---

① 以上引文俱见《名公书判清明集》卷一二《因奸射射》，第448—449页。
② 《庆元条法事类》卷八〇《杂门·诸色犯奸》，第611页。
③ 钱大群《唐律研究》一书认为，唐律无强奸幼女之条文，这是"唐代立法者的疏漏和不周"。法律出版社2000年版，第275页。
④ 参见《元史》卷一〇四《刑法志》第五二《刑法三》，中华书局校点本1976年版，第2654页。
⑤ 参见（明）申时行、赵用贤等纂修：《大明会典》卷一七四《刑部十六·罪名二》，万历间司礼监刻本；（清）唐绍祖等纂：《大清律例》卷三三《刑律·犯奸》，乾隆三十三年刻本。

成奸为准，对未遂者不予惩罚。《宋刑统》与唐律相似。而在《庆元条法事类》中则明确规定了对犯奸未遂者的惩罚。

《庆元条法事类》卷八〇《杂门·诸色犯奸》：

> 诸奸未成者，减已成罪一等。诱诳者，杖八十。妇女非和同者，止坐男子。
>
> 诸奸同居以上缌麻亲及缌麻以上亲之妻者，虽未成，男子勒出别居。
>
> 被夫同居亲强奸，虽未成，而妻愿离者，亦听。

南宋不仅在法律条文中增加了犯奸未遂的罪名，而且贯彻在司法实践中。《名公书判清明集》卷九《将已嫁之女背后再嫁》一案中，"胡千三戏谑子妇，虽未成奸，然举措悖理甚矣，阿吴固难再归其家"，因而蔡杭判决阿吴"再行改嫁……胡千三未经勘正，难以加罪。如再有词，仰本县送狱勘正其悖理之罪，重作施行，以为为舅而举措谬乱者之戒"①。尽管在实践中司法官员对此类案件的判罚并不一致，但可以肯定的是"犯奸未遂"罪的设立，在一定程度上有利于维护女性的人身权益。

（三）关于"奸生子女"的归属

《唐律疏议》中没有涉及因奸所生子女的归属问题，宋代立法者则注意到了这一问题。《宋刑统》卷二六《杂律·诸色犯奸》："准户令，诸良人相奸，所生男女随父。"《庆元条法事类》在《宋刑统》的基础上进一步明确，女性有权抚养自己的非婚生子女，卷八〇《杂门·诸色犯奸》："诸因奸生子者，随父。其母愿自抚养

---

① 《名公书判清明集》卷九《将已嫁之女背后再嫁》，第343页。

者,听。妻被离出所生子小,而愿自将带抚养者同。"《庆元条法事类》规定,非婚生子女"随父",这使得男性不能逃脱抚养子女的责任;在这一法律前提下,如果女性愿意,则允许女性抚养自己的非婚生子女。这一规定保障了女性作为母亲的权益,反映出南宋性越轨法律中女性权益有所扩大,体现了南宋社会对于女性人身权益的重视。

(四)关于"乱伦"

"乱伦"是指亲属之间违背伦常的性越轨行为。比照唐宋有关"乱伦"的法律条文,亦可看出唐宋社会性别制度的差异。

表2 唐宋有关"乱伦"的法律条文简表

时代	条文内容	出处
唐	十曰内乱。谓奸小功以上亲、父祖妾及与和者。【疏】议曰:"及与和者",谓妇人共男子和奸者,并入"内乱"。若被强奸,后遂和可者,亦是。	《唐律疏议》卷一《名例》
唐	诸奸缌麻以上亲及缌麻以上亲之妻,若妻前夫之女及同母异父姊妹者,徒三年;强者,流二千里;折伤者,绞。妾,减一等。余条奸妾,准此。 诸奸从祖母姑、从祖伯叔母姑、从祖姊妹、从父姊妹、从母及兄弟妻、兄弟子妻者,流二千里;强者,绞。 诸奸父祖妾、谓曾经有父祖子者。伯叔母、姑、姊妹、子孙之妇、兄弟之女者,绞。即奸父祖所幸婢,减二等。	《唐律疏议》卷二六《杂律》
北宋	(同上。略)	《宋刑统》二六《杂律·诸色犯奸》
南宋	诸奸同宗缌麻以上亲者入内乱。 诸奸父祖女使徒三年,非所幸者,杖一百。曾经有子以妾论。罪至死者奏裁。 诸奸本宗异居缌麻以上亲,听依同籍捕系法。诸奸同居缌麻以上亲及缌麻以上亲之妻者,虽未成,男子勒出别居。 诸妇人犯奸,非义绝,并与夫之缌麻以上亲奸,未成,离与不离听从夫意。被夫同居亲强奸,虽未成,而妻愿离者,亦听。	《庆元条法事类》卷八〇《杂门·诸色犯奸》

表2可见，在重视礼法与伦常的中国古代社会，法律对于亲属之间违礼乱伦的犯奸行为一律科以重罪；而且，妾的地位明显低于家庭内部其他成员，在唐宋性越轨法律中对于奸妾的惩罚明显轻于对其他家庭成员。但唐宋之间也存在差异，表现为唐律重在维护尊卑、伦常秩序，宋代法律则更为重视家庭关系的敦睦和谐，妻子在这一法律体系中获得了较多的权利。《庆元条法事类》规定"诸妇人犯奸，非义绝，并与夫之缌麻以上亲奸，未成，离与不离听从夫意"①，这是唐律所没有的内容。妻子犯奸，只要不在"义绝"之列②，离婚与否由丈夫决定；妻子与亲属相奸未成者，离与不离亦由丈夫决定。这类规定，一方面反映出法律对于夫权的维护，另一方面，也反映出该法律注重维护家庭的稳定，在这一法律体系中，妻子的权利在受限制的同时也得到一定保护。此外，"被夫同居亲强奸，虽未成，而妻愿离者，亦听"的法律条文，扩大了妻子的离婚自主权，表现出对女性意愿的尊重。

《庆元条法事类》的上述规定在一定程度上维护了女性的人身权益，体现了从唐代到南宋性越轨法律朝着有利于法律完备、公正方向的变革。

三、从法律对不同阶层之间性越轨规范的变化 看唐宋下层女性人身权益的演变

正如陈寅恪先生所论，"考吾国社会风习，如关于男女礼法等问

---

① 《庆元条法事类》卷八〇《杂门·诸色犯奸》，第613页。
② 所谓"义绝"，指"殴妻之祖父母、父母，及杀妻外祖父母、伯叔父母、兄弟、姑、姊妹，若夫妻祖父母、父母、外祖父母、伯叔父母、兄弟、姑、姊妹自相杀，及妻殴詈夫之祖父母、父母，杀伤夫外祖父母、伯叔父母、兄弟、姑、姊妹及与夫之缌麻以上亲、若妻母奸及欲害夫者，虽会赦皆为义绝。"参见《唐律疏议》卷一四《户婚》，第267页。

题，唐宋两代实有不同";"唐代当时士大夫风习，极轻视社会阶级低下之女子"，所以"元微之于莺莺传极夸其自身始乱终弃之事，而不以为愧疚。其友朋亦视其为当然，而不非议"①。宋代社会不同，较为重视对士大夫性行为的规范，②下层女子的法律地位也呈现出与唐代不同的面貌。

(一)关于下层女性等级地位的法律界定

本文所指下层女性，限于唐宋性越轨法律中涉及的唐代官私奴婢、部曲妻、杂户、官户妇女，宋代奴婢和女使。由于唐宋时娼妓制度合法化，狎妓不被视为法律意义上的性越轨，因而处在社会下层的各类娼妓不在本文的讨论范围。

对于下层女性身份地位的法律界定，是不同阶层之间性越轨法律规范的前提和基础。在这方面，无论是法律文本还是司法案例，都可以看到宋代社会体现出前所未有的"平民的四肢"的特色。③

唐律严格界定"良贱"的等级，奴婢属于贱民④，他们"身系于主"⑤、"同于资财"⑥、"律比畜产"⑦。《唐律疏议·户婚》称：

---

① 陈寅恪：《元白诗笺证稿》，三联书店2001年版，第53—54页。
② 例如，士大夫的"暧昧"事件频频遭到台谏官的弹劾，"内则言事官，外则按察官，多发人闺门暧昧，年岁深远，累经赦宥之事"(《长编》卷一六三，仁宗庆历八年二月甲寅条)。地方官若放荡淫狎，也会遭到惩罚。《名公书判清明集》中有不少这类案例，参见是书卷二《知县淫秽贪酷且与对移》等。
③ [美]刘子健著、赵冬梅译：《中国转向内在——两宋之际的文化内向》，江苏人民出版社2002年版，第2页。
④ 唐代贱民分为官贱与私贱两类，官贱有奴婢、官户、杂户、工乐户、太常音声人五种，私贱有奴婢及部曲两种。参见戴炎辉：《中国法制史》，台北：三民书局股份有限公司1966年版，第46页。
⑤ 《唐律疏议》卷一七《贼盗》，第334页。
⑥ 《唐律疏议》卷四《名例》，第88页。
⑦ 《唐律疏议》卷一七《贼盗》，第132页。

"奴婢既同资财,即合由主处分。"① 买卖奴婢不仅合法,而且与买卖牛马同列,规定:"买奴婢、牛马驼骡驴等,依令并市券。"② 唐代"官私奴婢地位最低,唐律根本不承认他们有独立的人格"③,更遑论其人身权益。

宋代法律对于奴婢身份地位的界定与唐代有较大差异。④ 宋代奴婢在较多方面视同良人,早在窦仪等人编修《宋刑统》时既已提出:"奴婢诸条,虽不同良人,应冲支证,亦同良人例。"⑤ 自宋初以来,朝廷屡下诏书明令不许买卖奴婢,如开宝四年(971)诏:"应广南诸郡民家有收买到男女为奴婢,转将佣雇,以输其利者,今后并令放免,敢不如旨者,决杖配流。"淳化二年(991)诏:"陕西沿边诸郡先岁饥,贫民以男女卖与戎人,宜遣使者与本道转运使,分以官财物赎还其父母。"至道二年(996)诏:"江南、两浙、福建州军,贫人负富人息钱无以偿,没入男女为奴婢者,限诏到并令检勘,还其父母,敢隐匿者,治罪。"咸平元年(998)诏:"川陕路理逋欠官物,不得估其家奴婢价以偿。"天禧三年(1019)诏:"自今掠卖人口入契丹界者,首领并处死,诱致者同罪,未过界者,决杖黥配。"⑥ 对于掠卖奴婢,"宋朝法律一直是禁止"的⑦。在宋代,

---

① 《唐律疏议》卷一四《户婚》,第270页。
② 《唐律疏议》卷二六《杂律》,第501页。
③ 刘俊文:《唐律疏议笺解》,中华书局1996年版,第38页。
④ 前揭王曾瑜:《宋朝的奴婢、人力、女使和金朝奴隶制》,杨际平:《宋金时期奴婢制度的变化》(张国刚主编:《中国社会历史评论》第四卷,商务印书馆2002年版,第57—64页)以及戴建国:《"主仆名分"与宋代奴婢的法律地位——唐宋变革时期阶级结构研究之一》(《历史研究》2004年第4期)等文都对此问题作过深入研究,可参。
⑤ (宋)窦仪等撰、吴翊如点校:《宋刑统》卷六《名例律·杂条》,中华书局1984年版,第105页。
⑥ 以上引文见《文献通考》卷一〇《户口考二》,第120—121页。
⑦ 前揭《宋朝的奴婢、人力、女使和金朝奴隶制》,第201页。

"略人之法，最为严重"，"略人为奴婢者，绞"①。《庆元条法事类》还规定："诸与人力、女使、佃客称主者，谓同居应有财分者。称女使者，乳母同。"②可见，宋代下层女性的社会地位比唐代有较大提高。与此相应，宋代法律对于不同阶层之间性越轨的规制也与唐律有所不同，从中可见对下层女性的人身权益较为重视。

(二)关于"以下犯上"的法律规制

不同阶层之间性越轨法律的规范包括"以下犯上"与"以上犯下"两种。

表3　唐宋有关"以下犯上"的法律条文简表

朝代	条文内容	出处
唐	部曲、杂户、官户而奸良人者，并加良人相奸罪一等。诸奴奸良人者，徒两年半，强者，流，折伤者，绞。部曲及奴奸主及主之期亲，若期亲之妻者绞，妇女减一等；强者，斩。即奸主之缌麻以上亲及缌麻以上亲之妻者，流，强者，绞。	《唐律疏议》卷二六《杂律》
北宋	(与唐律内容相同。此略) 准户令……杂户、官户、部曲奸良人者，所生男女各听为良。其部曲及奴奸主缌麻以上亲之妻者，若奴奸良人者，所生男女各合没官。	《宋刑统》二六《杂律·诸色犯奸》
南宋	诸人力奸主，品官之家，绞。未成，配千里。强者，斩。未成，配广南。民庶之家，加凡人三等，配五百里。未成，配临州。强者，绞。未成，配三千里。 诸旧人力奸主者，品官之家，加凡奸二等。民庶之家，加一等。即佃客奸主，各加二等。 以上妇女……各以凡论。	《庆元条法事类》卷八〇《杂门·诸色犯奸》

---

① (清)徐松辑：《宋会要辑稿》食货六九之六九，中华书局缩印本1957年版，第6364页。
② 《庆元条法事类》卷八〇《杂门·诸色犯奸》，第614页。

表3可见，在维护尊卑贵贱等级秩序的唐宋社会中，对于"以下犯上"的性越轨行为，惩罚十分严厉。所不同者在于，唐律中的部曲、杂户、官户，在宋初编修《宋刑统》时依然沿用；而在《庆元条法事类》中，"以下犯上"则改变为"人力"、"佃客"以及"旧人力"奸主的类型，这种称谓的变化体现了从唐到宋人身依附关系的转变。唐代的"官户"、"杂户"属于贱民中的"官贱"，"部曲"属于"私贱"，其与主人的关系属于终身隶属关系；"佃客"一词没有在《唐律疏议》中出现。宋代的"人力"、"佃客"是租佃契约制之下的雇佣劳动者，与主人的人身依附关系较为松散，从制度上说仅是一种契约关系，契约期满，依附即自然结束。"旧人力"的称谓突出反映了这一点。而且，从惩罚力度来看，法律对于"旧人力"奸主的判罚轻于对"人力"和"佃客"，原因就在于"旧人力"已经脱离了同主人的隶属关系。

(三) 关于"以上犯下"的法律规制

唐律中，主人强奸自己的家贱不会受到任何惩罚，唐律甚至暗示主人强奸家贱是合法的，律疏明确规定"奸已家部曲妻及客女各不坐"。由于奴婢贱人被视为主人的财产，侵犯他人奴婢仅仅被视同为对他人财产的侵犯，因而唐律同时规定："奸官私奴婢者，杖九十"，"奸他人部曲妻、杂户、官户妇女者，杖一百"。[①]

《宋刑统》对唐律的上述规定没有变动。但在《庆元条法事类》中，对于"以上犯下"的性越轨法律进行了重新界定，增加了若干条文。如，旧主与原女使犯奸者，"各以凡论"，从法律上保证了同主人解除契约关系的下层女子，免受原主人的侵犯；对奸欲雇

---

① 《唐律疏议》卷二六《杂律》，第493页。

女性的判罚，法律同于"凡人"；而且，"奸欲雇、欲贩妇女者，止坐男子"，这些都反映出宋代性越轨法律对于下层女子的人身权益较为重视，它与宋代下层女性法律地位的提高是相一致的。

表4 唐宋有关"以上犯下"的法律条文简表

时代	条文内容	出处
唐	【疏】议曰：……良人奸官私婢者，杖九十。奸他人部曲妻，杂户、官户妇女者，杖一百。 【疏】议曰："奸他人部曲妻"，明奸己家部曲妻及客女各不坐。	《唐律疏议》卷二六《杂律》
北宋	（与唐律内容相同。此略）	《宋刑统》二六《杂律·诸色犯奸》
南宋	旧主与女使奸者，各以凡论。诸受人欲雇者，若受人欲贩者相犯及奸，并同凡人。奸欲雇、欲贩妇女者，止坐男子。	《庆元条法事类》卷八〇《杂门·诸色犯奸》

与此同时，在南宋司法实践中，往往涉及一些同主人脱离雇佣关系的女子状告原主人的案件，虽然地方官在判决此类案件时，大多会袒护"旧主"，但并非理所当然，而是必须找出对旧主有利的理由。如《名公书判清明集》卷七《辨明是非》一案中，韩知丞旧婢周兰姐声称自己怀孕而出，嫁给董三二，其子董三八实为韩知丞之子，但始终不被韩知丞所认，韩知丞死后，董三八想要归宗，并想继承财产，但法官却判定周兰姐、董三八妄词，各勘杖八十，其理由是韩知丞乃"通经名士，晚登科第，可见洞明理义、饱阅世故"①，不可能不认自己的亲生儿子；并称周兰姐若果真怀孕而出，生产之后就该及时相认，云云。这一案件，反映出在执行法律时，宋代地方官的评判标准倾向于士人官绅阶层，为维护士绅的声望与

---

① 《名公书判清明集》卷七《辨明是非》，第239—241页。

尊严，地方官员往往会选择牺牲下层女性权益的做法，这种人情因素破坏了法律的权威性，同时也使得下层女性人身权益很难落到实处，体现出法律应然与社会实然的差距。但是，宋代下层女性毕竟敢于状告旧主人，司法官员也不得不找出理由来平息诉讼，这或多或少反映出宋代下层女性的人身权益有所上升。

四、余论

通过以上对唐宋有关性越轨的主要法律条文与司法实践的比照与分析，可以看到宋代女性人身权益比唐代有一定程度的伸张。进而一步，法律应然与社会实然之间的关系如何，宋代性越轨法律是在什么样的文化背景下产生与实施的，是否真正有利于维护女性的人身权益，本文的最后，笔者拟简要检讨这一问题。

其一，《庆元条法事类》确实为我们提供了相对唐代而言宋代女性人身权益有所伸张的法律条文，然而，司法实践的情况却很复杂。一方面，儒家的恤刑宽仁精神，使得宋代司法官员在审理性越轨的案件时，一般都会从轻量刑。同时，敦亲睦族，大兴教化，厚风俗，美人伦，成为宋代士大夫审理司法案件时的基本职责。真德秀甚至将道德教化上升到"为政之本"的高度，提出"为政之本，风化是先"①。这种风气，也使得宋代司法官员在处理"暧昧"案件时，往往以道德说教为主，而以刑罚惩戒为辅。加上宋代社会对士大夫的优待，司法官员在处理士人犯奸的案例时，往往会偏袒士人。这些都使得女性的人身权益在社会实然中很难得到合理的维

---

① 《名公书判清明集》卷一《咨目呈两通判及职曹官》，第1页。

护。另一方面，尽管在宋代司法审判的过程中，往往出现法意与人情相背离的情况，但司法官员在审理案件及作出判决的过程中，仍然必须以法律为依据，人情只能参酌而不能左右法律。因此，法律条文本身是否有利于维护女性人身权益，这一点至关重要。正是从这个意义上，我们认为宋代女性人身权益比唐代而言有一定程度的伸张。

其二，诚如前辈学者所论，中国古代法制以儒家思想与家族主义为宗旨，家族既是伦常主义的中心，又是个人生活的归属，重视家族主义是中国古代法制的共同特色。[1] 家族内部成员或具有血缘关系，或存在尊卑名分，因而家族内部的性越轨，属于违礼乱伦之行为，凡亲属相奸，罪行必然重于常人，这一点在唐宋法律中是一致的。与此同时，尊尊、亲亲、长长、名分、等级等思想贯彻在法律中，如唐律规定"诸奸缌麻以上亲，及缌麻以上亲之妻，若妻前夫之女，及同母异父姊妹者，徒三年，强者流两千里。折伤者，绞。妾减一等"，"余条奸妾，准此"[2]。家庭内部同性成员之间因身份高低不同而惩处轻重有差，使得法律在维护女性权益方面不可能有真正意义上的公正。《庆元条法事类》同样为尊者、长者讳，明文规定："诸同籍若本宗异居缌麻以上尊长与人和奸，不许告、捕。"[3] 由此造成的后果之一是尊长可以肆意妄为，卑幼却不得告发。这对于维护女性，尤其是家庭中儿媳等辈分较低女性的人身权益极为不利。《名公书判清明集》中，执法者在处理公公侵犯儿媳的案例时，几乎无一例外地牺牲儿媳利益，袒护尊长权威，儿子一旦上告，还

---

[1] 参见陈顾远：《中国法制史》，商务印书馆1959年版，第52—74页。
[2] 《唐律疏议》卷二六《杂律》，第493页。
[3] 《庆元条法事类》卷八〇《杂门·诸色犯奸》，第612页。

要受到惩罚。① 这不能不说是等级制度与家族主义统摄下的法律与性别制度的不合理，在这样的社会中，女性无法从整体上逃脱劣势的处境，她们的人身权益不可能得到真正的维护。

（原载《中国史研究》2006年第1期，
中国人民大学报刊复印资料《宋辽金元史》
2006年第2期转载）

---

① 参见《名公书判清明集》卷一〇《妻背夫悖舅断罪听离》、《妇以恶名加其舅以图免罪》、《子妾以奸事诬父》、《既有暧昧之讼合勒听离》等，第379、378—389页。

女性、身体、权利
——基于《名公书判清明集》的考察

近年来，宋代妇女史的研究取得了很大进展①，涉及的面相当丰富，但对于具有生命本质意义的"身体"课题却较少关注，本文试图以女性身体为研究视角，以《名公书判清明集》（以下简称《清明集》）②为基本史料，从宋代法律、判官（亦即士人）、社会、家庭等对有关女性身体案件的态度及处理，看宋代女性的生活状态。

一、相关概念、资料的界定与简析

在当代学术话语中，"身体"范畴具有多义性，不同的学科、学者各有不同的界定。如周与沉指出，身体范畴"有多维的面相，除生理性肉体与心理性情感、意识外，还牵涉社会族群与历史文化的复杂网络"③。黄俊杰认为，中国身体观研究具有三方面的视野：作

---

① 笔者对近30年来中国内地的宋代妇女史研究作过简要梳理，详参拙文《宋代妇女史研究三十年》，载冯天瑜主编：《中国特色社会主义文化建设研究》，武汉大学出版社2008年版，第402—412页。
② （宋）佚名编，中国社会科学院历史研究所宋辽金元史研究室点校，中华书局1987年版。
③ 周与沉：《身体：思想与修行——以中国经典为中心的跨文化关照》，中国社会科学出版社2005年版，第17页。

为思维方法的身体、作为精神修养的身体和作为政治权力展现场所的身体。①杨儒宾提出，先秦儒学身体观有四个面相：意识的身体、形躯的身体、自然气化的身体和社会文化的身体。②美国社会学家约翰·奥尼尔（John O'Neill）在生理身体与交往身体的框架下，将身体区分为五种：世界身体、社会身体、政治身体、消费身体和医学身体。③法国思想家米歇尔·福柯（Michel Foucault）则将"身体"开掘为一个批判现代理性话语的思想主题，他的一系列著作诸如《规训与惩罚》等④，深入阐释了围绕在身体周围的政治权力是如何干预、规范身体的，确立起一套福柯的研究范式。与上述学者及其研究不尽相同，本文所关注的"身体"主要是物质性的躯体，但它同时也是复杂的社会文化的建构物。宋代女性的身体如何被认识与规范，女性对自己的身体是否有或者有什么样的权利，从根本上说都取决于社会制度与文化。

本文之所以选取《清明集》作为基本史料，是因为作为一部源自基层社会生活的诉讼判决书和官府公文的资料汇集，该书7门内容中，官吏、户婚、人伦、惩恶4门皆有直接涉及女性身体的案例，尤以户婚、人伦与惩恶门最为集中，有的案例内容相当详尽，是研究宋代尤其是南宋女性生活的珍贵史料。⑤而且，《清明集》所收书判一般都包括双方诉讼事由、官府查证情况、法官判决结果三个部

---

① 参见黄俊杰：《中国思想史中"身体观"研究的新视野》，《现代哲学》2002 年 3 期。
② 参见杨儒宾：《儒家身体观》，台北："中央研究院"中国文哲研究所1996 年版。
③ 参见[美] 约翰·奥尼尔著、张旭春译：《身体形态——现代社会的五种身体》（Five Bodies: The Human Shape of Modern Society, 1985），春风文艺出版社1999 年版。
④ 参见[美] 米歇尔·福柯著，刘北成、杨远婴译：《规训与惩罚》（Surveiller et Punir, 1975），三联书店2007 年版。
⑤ 有关《清明集》内容及价值的介绍，参见陈智超：《宋史研究的珍贵史料——明刻本〈名公书判清明集〉介绍》，《名公书判清明集》附录七，中华书局1987 年版；并可参宋代官箴研究会编：《宋代社会与法律——〈名公书判清明集〉讨论》序，台北：东大图书公司2001 年版。

分。多数书判都援引有关法律条文，有的还援引礼制经典或民间习俗，加上判案官员的说教训诫，这些都为我们探讨宋代从法律到习俗、从官员到平民、从社会到家庭是如何认识和规范女性身体的，提供了颇具价值的资料。

《清明集》中有关女性身体的资料包括直接案件与间接涉及两种。前者即以女性身体为诉讼内容的案件，共计16例，性质大略可分为三类：其一，"暧昧"类，包括婚外情与"新台之事"两类，前者属两相情愿，或称通奸，如卷十二《惩恶门》"吏奸"条；后者指翁媳之间的不正当关系，多数情况下出于公公逼迫儿媳，名为"暧昧"，实属强奸，如卷十《人伦门》"子妾以奸事诬父"条。其二，强奸类（含诱奸、逼奸），如卷十二《惩恶门》"逼奸"条。其三，殴打类，如卷十三《惩恶门》"卖卦人打刀镊妇"条。其中，"暧昧"案为数最多，尤其是在公公胁迫儿媳的案件被归为"暧昧"的情况下。间接涉及女性身体的案件共约9起，除了卷一《官吏门》的两起分别用于儆饬县官、表彰孝女外，其余多属争业案。为了争夺土地、房屋等产业，亲属、邻里之间不惜以"暧昧"奸情作为口实，攻击或诬告对方，如卷六《户婚门》"争田业"案中，闾丘氏与孙氏两家争田诉讼，时间长达淳熙至宝祐（1174—1253）七八十年，先后四代人卷入其中。闾丘氏第四代闾丘辅之为了把自己父亲当年卖给孙氏的田产说成是孙氏的巧取强占，竟然诬称自己的曾祖母与孙氏的家长有私情。① "争业以奸事盖其妻"案中，孙斗南与孙达善堂兄弟之间争夺园地，孙斗南不惜诬告达善与自己的妻子王氏有"奸滥之情"。② 儆饬县官之案即卷一《官吏门》"县官无忌惮"

---

① 《清明集》卷六《户婚门》"争田业"条，第177—180页。
② 《清明集》卷六《户婚门》"争业以奸事盖其妻"条，第180—181页。

条，从性质上看属于殴打类，打人者李大秀棒打于千四夫妻，致使于妻陈氏怀抱的幼女遭棒击身死。表彰孝女一事发生在嘉定年间（1208—1224），真德秀在泉州任上，"进士吕洙女良子割股救父，随即痊愈"，真德秀为之"立懿孝坊"，并"自为之记"①。

二、身体案件所反映的妇女权利与地位

以上无论是直接诉讼的案件还是间接涉及的事例，都从不同侧面反映了宋代女性的身体处在什么样的社会规范与实际状态之中。

（一）女性的诉讼权利与能力

宋代法律上并不排斥女性作为"状首人"即原告，但有身份的限制，"非单独无子孙孤孀、辄以妇女出名"者②，官府是不受理的。妇女的诉讼一般由其父兄或子孙代理，无亲属者，才由妇女本人出面。妻妾等卑幼对夫舅等尊长也有一定的刑事告诉权，但限于三类案件：一、夫、妻、妾相殴，若丈夫殴伤妻妾、妻殴伤夫妾和妾殴伤妻等，夫妻妾亲自告诉，官府予以处理③；二、财物被侵夺④；三、谋逆等重罪⑤。此外的其他案件，若以妻妾等卑幼告夫舅等尊长者，

---

① 《清明集》卷一《官吏门》"劝谕事件于后"条，第9页。
② 《黄氏日抄·词诉约束》，《名公书判清明集》附录五。
③ 参见（宋）窦仪等撰、吴翊如点校：《宋刑统》卷二二《斗讼律》"夫妻妾媵相殴并杀"条，中华书局1984年版，第345—346页。
④ 《宋刑统》卷二四《斗讼律》"告周亲以下"条："谓周亲以下、缌麻以上，或侵夺财物，或殴打其身之类，得自理诉。非缘侵犯，不得别告余事。"第368页。
⑤ 《宋刑统》卷二四《斗讼律》"告周亲以下"条："若告谋反、逆叛者，各不坐。"第367页。

纵然属实，也会因违反容隐律而判徒刑二年。①

女性有一定的诉讼权利，但其自行发案的能力受到质疑，《清明集》中多例判词都显示出这一点。如"叔教其嫂不愿立嗣意在吞并"一案中，李学文妻张氏诉亡夫在世时所立继子李学礼是其亲堂弟，"昭穆不顺"，但继而又反悔改词，称其夫"自亲弟下不愿更与之立"。胡颖判定："阿张，一愚妇耳，无所识，此必是李学礼志在吞并乃兄之家业，遂教其母以入词。"②如果说此案中张氏态度的反复可能出于外界干扰的话，"阿沈高五二争租米"案中沈氏因未收到租米而出面诉讼则应是沈氏自身的要求，但在判案官吴革看来，那也属"妇人女子，必有教唆"③。在判决建阳县拘没周德田业入学一案中，判官李昂英则令周德出嫁之妾张氏不得有异议，"如阿张更被掌揽唆教有词，则当迳追阿张后夫章师德"④。显而易见，在士人官员的眼里，女子的法律常识是受到贬抑的。

妇人女子不仅"奔走讼庭，殊非美事"⑤，为社会所侧目；其日常认知与处世能力也被认为是有限的。有关女子不明事道、不通情理的记载，在《清明集》中屡屡出现。如，卷七"探阄立嗣"条称："妇人女子，安识理法"⑥；卷八"子随母嫁而归宗"条载"妇人何所知识"⑦；而在卷七"欺凌孤幼"案中，被迫"削发为尼，弃屋为寺"，以绝其小叔子"并吞之计"的寡妇陆氏，则属不知晓"楚

---

① 《宋刑统》卷二四《斗讼律》"告周亲以下"条："诸告周亲尊长、外祖父母、夫、夫之祖父母，虽得实，徒二年。"第367页。
② 《清明集》卷八《户婚门》，第246页。
③ 《清明集》卷七《户婚门》，第239页。
④ 《清明集》卷八《户婚门》，第258页。
⑤ 《清明集》卷五《户婚门》"争田合作三等定夺"条，第144页。
⑥ 《清明集》卷七《户婚门》，第205页。
⑦ 《清明集》卷八《户婚门》，第275页。

人亡弓，楚人得之"道理的"不义"之人①。

至于本文所讨论的有关女性身体的案件，由于性质特殊，更是很少能够听到女性的声音。据笔者粗计，11例"暧昧"案的发案人中，6例是丈夫（或前夫），2例是其他亲属，仅有3例是当事妇女。

（二）对女性"犯奸"的界定与处理

此所谓"犯奸"主要包括两类：强奸与"暧昧"，后者又包括婚外情与"新台之事"。

"犯奸"无论是在宋代法律或礼教、家规、民风民俗中，都属于"天下之大恶"②，但对"犯奸"的界定，用于男、女两性的标准是迥然相异的。作为妻子，需严格遵守一夫一妻制，不可与丈夫以外的男子有身体接触，否则就可能犯淫逸之罪，"在法，妻有七出之状，而罪莫大于淫佚"③。而作为丈夫，娶妻之外，可以纳妾、蓄婢、通女使、养别宅妇，甚至招娼宿妓，法律上都是不禁止的，所禁者只是与未婚民女或有夫之妇发生不正当的性关系。法律还单方面赋予丈夫捕捉奸妻的权力，"奸从夫捕"是《清明集》告奸案的判词中最常引用的条法。④此法出自《庆元条法事类》卷八十《杂门·诸色犯奸》，"诸妻犯奸从夫捕"⑤，妻子犯奸，若丈夫不告诉，法律便不追究妻子的责任。这种规定，能够在一定程度上防止社会他人对夫妻之间情感的干预，但从根本上反映出法律对于夫权

---

① 《清明集》卷七《户婚门》，第229页。
② 《清明集》卷一〇《人伦门》"子妾以奸妻事诬父"条，第388页。
③ 《清明集》卷一〇《人伦门》"夫欲弃其妻诬以暧昧之事"，第380页。
④ 参见《清明集》卷六《户婚门》"争业以奸事盖其妻"条，第181页；卷一〇《人伦门》"夫欲弃其妻诬以暧昧之事"，第380页；卷一二《惩恶门》"道士奸从夫捕"，第446页；卷一二《惩恶门》"因奸射射"条，第448页；等。
⑤ （宋）谢深甫等纂修、戴建国点校：《庆元条法事类》，中国珍稀法律典籍续编，黑龙江人民出版社2002年版，第1册第612页。

的维护——在妻子犯奸的案例中，告发与否以及因此离婚与否的主动权取决于丈夫。与之相应，无论是法律条文还是实践生活中，都看不到妻子告发丈夫奸情的记载。法律还对杀伤奸妻的丈夫网开一面，《庆元条法事类》卷八十《杂门·诸色犯奸》明文规定："诸妻犯奸从夫捕……犯奸者夫及其同籍之人，因执捕而杀伤奸人并听。"

不仅如此，在对"犯奸"案进行审理时，从判案官员到社会舆论都往往归咎于女子。

女子若出面告奸，那多半是在诬告，是想逃脱自己的某项罪名或谋取某种私利，其结果不仅不会让实施不轨的疑犯受到制裁，反而可能使自己遭受惩罚，《清明集》卷十《人伦门》"妇以恶名加其舅以图免罪"案即是一例。此案中，蒋八告儿媳张氏不孝，张氏反指蒋八"有河上之要"，法官胡颖的看法是"蒋八墓木已栱，血气既衰，岂复有不肖之念？阿张乃一过犯妇人，若果见要于其舅，亦决非能以礼自守而不受侵凌者，此不过欲侥幸以免罪，故以恶名加之耳"，认为所谓"河上之要"不过是阿张为脱不孝之罪而编造的遁词，其判决结果是"阿张决十五，押下，射充军妻"①。

奸案的发生，则多半是由于女子的不检点。"弟妇与伯成奸且弃逐其男女盗卖其田业"案中，翁甫判定杨自成的遗孀邵氏与堂兄"成奸"，责任正在邵氏，"使阿邵卓有妇德，痛死怜生，耕故夫田，祭死者以养其孤，岂不义声昭著，虽有强暴之男，孰得而侵凌之哉！"②判案官们对女性道德的贬抑，与其对士大夫道德的推崇，形成了鲜明的对照。后者如"辨明是非"一案，叶岩峰指斥周兰姐、董三八母子要求归宗认亲系"妄词"，一个重要理由就是已故被

---

① 《清明集》卷一〇《人伦门》，第388页
② 同上，第389页。

告韩知丞乃"通经名士,晚登科第,可见洞明理义、饱阅世故",不可能有私生子且拒之门外。

即使女子是犯奸案中明白无误的受害者,也仍可能受到官府的惩处。"兵士失妻推司受财不尽情根捉"案中,婺州"营妇阿叶,中夜为强有力者挟面匿之","其夫张震讼之于州",最后的结果是藏匿知情人蒋估"徒二年,刺配邻州",受害人阿叶亦被"徒二年",并"籍为官妓,押下浦江县拘管,毋令东西"。① 明明是被掠受害人的阿叶,却被判了如此重刑!

这种受害女子反被刑责的情况,在对所谓"新台之事"、"河上之要"这类案件的处理中更为常见。宋代在法律上就不允许晚辈状告尊长,《宋刑统》卷二十四《斗讼律》"告周亲以下"条:"诸告周亲尊长、外祖父母、夫、夫之祖父母,虽得实,徒两年。其告事重者,减所告罪一等。即诬告重者,加所诬罪三等。"在处理以长凌幼的"暧昧"案时,判案官的基本立场是强调"孝"道、维护尊长,其结果则必然是在绝大多数情况下,原本被侵害的位卑一方反而遭受惩罚。前引"妇以恶名加其舅以图免罪"案中,蒋八的儿媳张氏被"决十五,押下,射充军妻",所受惩罚不可谓不重,原因就在于胡颖判定张氏不孝。在胡法官看来,蒋八年事已高,不会有不良企图;若真有其事,也必定是张氏不能以礼自守;更为重要的是,即使其事属实,"为人子妇"的张氏也应当为尊长讳,"妇之于舅姑,犹子之事父母,孝子扬父母之美,不扬父母之恶。使蒋八果有河上之要,阿张拒之则可,彰彰然以告之于人,则非为尊长讳之义矣"。蒋八对张氏究竟有无"河上之要",作为法官的胡颖并不关心,在他看来,孝敬与否才是最高原则,张氏为躲避公爹骚扰而与

---

① 《清明集》卷一二《惩恶门》,第449—450页。

丈夫蒋九"出处别居",是为不孝,张氏因此被充为配军之妻,丈夫蒋九也被"杖六十",并受到警告,"如蒋八再有词,定当坐以不孝之罪"①。在这类以上凌下的"暧昧"案中,即便出面诉讼人是儿子,也不能解决问题,反而可能使夫妻二人都受到惩罚。"子妄以奸妻事诬父"一案便是如此。黄十向官府控告其父黄乙奸污其妻李氏,胡颖的判词称:"父有不慈,子不可以不孝。黄十为黄乙之子,纵始果有新台之事,在黄十亦只当为父隐恶,遣逐其妻足矣,岂可播扬于外?"胡颖认为,对不为父隐的儿子,"决脊黥配,要不为过",但念黄十"愚蠢无知",遂"从轻杖一百,编管邻州";对本是受害者的李氏,则判为"悖慢舅姑,亦不可恕,杖六十"。②结合前案"妇以恶名加其舅以图免罪",胡颖的逻辑是,公公若对儿媳非礼,儿媳只需"拒之";若被公公奸淫了,儿媳只能隐忍,不能告诉任何人,即使对自己的丈夫也不要透露;做儿子的,即便知道父亲对自己的妻子犯有"天下大恶",也应当"为父隐恶",并要"遣逐其妻",否则即是"天理人伦,灭绝尽矣"。③在这样的司法环境下,连丈夫保护妻子的权利都不能保证,更遑论处于卑弱地位的儿媳的权利了。这使得儿媳在通常情况下不会主动发案控告家翁,也使得法律在这方面的惩戒作用几乎为零。在"家天下"的中国古代父权社会,长幼有序的"孝道"是至高无上的。

(三)女性与其他关乎身体的案件

主要有殴打类与"割股疗亲"类。

在暴力殴打事件中,女性明显处于弱势。《清明集》卷一"县官

---

① 《清明集》卷一〇《人伦门》,第387—388页。
② 同上,第388页。
③ 同上。

无忌惮"案中,李大秀棒打于千四夫妻,竟将于妻怀抱的幼女活活打死。对于这样的恶性案件,初判官萧主簿竟徇私舞弊,"更不体究",复审时上级官府"行下究验,而主簿乃敢以假和状申缴","其无忌惮如此"。① 卷八"嫂讼其叔用意立继夺业"案中,瓯宁县范遇为夺业、争立继,"乘其兄子敬之死,突入其室,将嫂拖打,赶散工作人,不许入殓,勒取钱三百贯,米数百石"②,情节相当恶劣。卷十三"卖卦人打刀镊妇"案中,以缴面为生的张姓女子被卖卦男子王震寻衅殴伤,打人者王震仅被"决竹篦十二"。③

对于夫妻双方之间的殴斗,法律有明确的处罚规定,但夫妻同罪不同罚。《唐律疏议》卷二十二"殴伤妻妾"条称:"诸殴伤妻者,减凡人二等;死者,以凡人论。殴妾折伤以上,减妻二等。"反之,若妻子殴打丈夫,要加重处罚:"诸妻殴夫,徒一年;若殴伤重者,加凡斗伤三等。"唐律的这些规定为宋律全盘接受④,从中可见刑罚在性别之间的不平等,对妻子处刑重于对丈夫。妻子的地位如此,媵妾的地位更在其下,女使与婢则"同于资财"⑤,"律比畜产"⑥,"合由主处分"⑦,休想被殴上告的权利。不但如此,夫之父母与妻子互犯,所处刑罚也是对舅姑轻于对妻子。《宋刑统·斗讼律》:"诸妻妾詈夫之祖父母、父母者,徒三年。殴者绞,伤者皆斩。过失杀者,徒三年,伤者徒二年半";而舅姑"殴子孙之妇令废疾者,杖一百,笃疾者加一等,死者徒三年,故杀者流二千里;妾

---

① 《清明集》卷一《官吏门》,第20页。
② 《清明集》卷八《户婚门》,第261页。
③ 《清明集》卷一三《惩恶门》,第530页。
④ 参见《宋刑统》卷二二《斗讼律》"夫妻妾媵相殴并杀"相关条文,第345—346页。
⑤ (唐)长孙无忌等撰、刘俊文点校:《唐律疏议》卷四《名例》,中华书局1983年版,第88页。
⑥ 《唐律疏议》卷一七《贼盗》,第132页。
⑦ 《唐律疏议》卷一四《户婚》,第270页。

各减二等。过失杀者，各勿论"①。法律不但维护夫权，而且维护以夫权为基础的家长权。

割股疗亲是"孝"文化的一种病态衍生物，这种极端做法本不符合儒家主张的"全身为孝"理念②，但在宋代被官府视为卓异孝行，得到旌表。女子的割股疗亲也因此被比附为士人的忠义为国，一些孝女孝妇为此不惜挥刀自残，换取孝节美名。《清明集》卷一"劝谕事件于后"中的泉州晋江吕良子便是这样一例。③这件事情广为流传，《宋史·列女传》中也有记载，称吕仲洙"得疾濒殆，女焚香祝天，请以身代，刲股为粥以进"，"守真德秀嘉之，表其居曰'懿孝'"④。恰恰是在割股疗亲这一"巫术"中"最富有情感"，但也是"最野蛮的部分"⑤，女性身体的价值得到充分的肯定，具有了与男子同等崇高的意义。

具有讽刺意味的是，除了"割股疗亲"，女子身体与男子（不包括士人大夫们）"一视同仁"的另一场合是官府行刑时。《清明集》中的断案及行刑可见，女性犯罪时所处的刑罚，基本比照男性，在适用的强度上并无明显减轻和变通，全书所有案例中仅有2例涉及对妇女的优恤，但优恤的原因也并非是其性别，而是一例出于"念系宗女，特与免断"⑥，一例则因事主冯氏"年老，免断，监钱"⑦。倒是男子因有士人身份而享受优免者，卷十"夫欲弃其妻诬以暧昧之事"一案中，江滨臾欲弃其妻虞氏，"事出无名，遂诬以闺门暧昧

---

① 《宋刑统》卷二二《斗讼律》"夫妻妾媵相殴并杀"条，第349—350页。
② 《礼记注疏》卷四八《祭义》："父母全而生之，子全而归之，可谓孝矣。不亏其体，不辱其身，可谓全矣。"《十三经注疏》，中华书局1990年版。
③ 《清明集》卷一《官吏门》，第9页。
④ 《宋史》卷四六〇《列女传》，中华书局校点本1985年版，第13491页。
⑤ 漆浩：《医、巫与气功——神秘的中国养生治病术》，人民体育出版社1990年版，第57页。
⑥ 《清明集》卷一二《惩恶门》"告奸而未有实迹各从轻断"条，第441—442页。
⑦ 《清明集》卷九《户婚门》"鼓诱寡妇盗卖夫家业"条，第305页。

之私，而加以天下之大恶"，继而"又谓妻盗搬房奁器皿"，企图以"盗与奸俱有"的罪名出妻。经官府查证，虞氏的罪名皆不成立，江滨叟是在"设心揣虑"、"撰造事端"。法官胡颖虽然认定江滨叟实为诬陷，但还是准其与妻离婚，只是对江"勘杖八十"，但又因其身为士人，仅只"押下州学引试，别呈"。①卷十二"贡士奸污"案也是如此，贡士王桂诱奸邻居何十四家的存养妇彭氏之女，至彭女怀孕，何家因对方是贡士，所以"吐刚而不敢发"，王桂则"恃强而不伏认"，彭氏的父亲出面诉讼，法官范应铃判决"王桂系犯私罪徒"，但因其贡士身份，"且从轻典，送学夏楚二十，仍令屏出院"，②从轻量刑。

三、余论

如上所述，作为一部诉讼判词的资料汇编，《清明集》能够反映宋代尤其是南宋后期法律、士人、社会对女性身体的看法，不过，这种看法也并非铁板一块的。尽管判案官都是士人"名公"，判案时都引经据法、参酌人情，并在长与幼、男与女的对决中皆以长、以男为尊。但是，所作出的判决，仍依人而异，存在着一定的差别。比较而言，胡颖特别强调"孝"道，较不体恤女性。③在"妇以恶名加其舅以图免罪"案中，胡颖的判案原则是"妇之于舅姑，犹子之事父母。孝子扬父母之美，不扬父母之恶。使蒋八果有河上之要，

---

① 《清明集》卷一〇《人伦门》，第380—381页。
② 《清明集》卷一二《惩恶门》，第444—445页。
③ 美国学者伊沛霞已注意到这一点，氏著《内闱——宋代的婚姻和妇女生活》指出：胡颖"看起来一点也不同情指控他人乱伦的人"，他所经手的一些案例"表明儿媳要想制止公公的无理要求是多么困难"。胡志宏译，江苏人民出版社2004年版，第222页。

阿张拒之则可，彰彰然以告之于人，则非为尊长讳之义矣。"判"阿张决十五，押下，射充军妻"。胡颖没有为女子设身处地地想一想：身居夫家、地位卑弱的儿媳，面对尊为一家之长的公公，哪里是说"拒之"就能轻易拒得了的。胡颖的礼教倾向明显影响到他对案件的审理，这对于受到侵害的儿媳来说显然是不利的。在"子妄以奸妻事诬父"案中，胡颖重申了他的原则："父有不慈，子不可以不孝。黄十为黄乙之子，纵使果有新台之事，在黄十亦只当为父隐，遣逐其妻足矣，岂可播扬于外。"认为儿子告父亲，是"天理人伦，灭绝尽矣。"判责黄十杖一百、其妻杖六十。在"既有暧昧之讼合勒听离"案中，胡颖很清楚黄氏所诉公公非礼之事属实，但仍强调"此等丑恶之事，只当委曲掩覆，亦不宜扬播"，判决结果则是不顾黄氏"夫妇虽欲偕老"，强令其离婚，对公公李起宗却"免根究"。① 与胡颖相比，范应铃、蔡杭等人对女性较富同情心。在"因奸射射"案中，寺僧妙成与陶岑交讼，殃及黄渐妻朱氏，初判朱氏"押下军寨射射"，黄渐不服而上诉。范应铃认为"非夫人词，而断以奸罪，非夫愿离，而强之他从，殊与法意不合"，并指出"若事之暧昧，奸不因夫告而坐罪，不由夫愿而从离，开告讦之门，成罗织之狱，则今之妇人，其不免于射者过半矣"。加上考虑到"阿朱有子，甫免襁褓，使之分离，遽绝天亲"，最终杖责初判官吏，将朱氏"付元夫交领"，使黄渐夫妻得以保全。② 在"将已嫁之女背后再嫁"案中，胡千三调戏儿媳吴氏，吴父暗将女儿领回家另嫁他人，事发后，作为法官的蔡杭指出："胡千三戏谑子妇，虽未成奸，然举措悖理甚矣，阿吴固难再归其家"，"阿吴若归胡千三之家，固必有

---

① 《清明集》卷一〇《人伦门》。
② 《清明集》卷一二《惩恶门》，第448—449页。

投水自缢之祸";判决吴氏"再行改嫁",对胡千三则加以警饬,"如再有词,仰本县送狱勘正其悖理之罪,重作施行,以为为舅而举措谬乱者之戒。"①蔡杭不仅能体谅吴氏的处境,而且实践了南宋增立的惩治犯奸未遂的法律②,在一定程度上维护了女性的人身权益。

无论是有幸或是不幸,女性的权利正是在这因人而异的司法空间中游走、伸缩。

《清明集》里有关女性身体的众多案例,也清楚地告诉我们,无论是在法律条文中或是司法实践上,女性并不真正拥有自己的身体。在诉讼过程中,即便告诉人是女子自身,也很少能够听到女子的声音,很少能够看到女子作为主体的活动,这固然有判词文体限制的缘故,但从深层上说,还是由于女子并未掌握自己的身体权。作为女人,她的身体权随着其身份的改变而转移,最初属于象征家族权威的父亲;出嫁时转移到夫族,属于丈夫;夫死后则属于夫族的继承人——儿子。通常情况下,主宰女人身体权为时最长的是夫家,女人一旦嫁入夫家,便"生为夫家人,死为夫家鬼",生老病死,娘家不得干预,即使疑为非正常死亡的情况下,也无可奈何。《清明集》中的"姊妄诉妹身死不明而其夫愿免检验"案即是一例,周五十娘暴死,其姊周卸八娘要求验尸,其夫不愿,争执到官,翁甫认定:"以法意人情论之,妇人在家从父,既嫁从夫,夫死从子,于姊妹初无相涉也。"称周卸八娘系"妄诉",判决"周五十娘骨殖,合听夫吴曾三,从便葬殡,周卸八娘不得干预"。③"法意人

---

① 《清明集》卷九《户婚门》,第343页。
② 《庆元条法事类》明确规定了对犯奸未遂者的惩罚,卷八〇《杂门·诸色犯奸》:"诸奸未成者,减已成罪一等。诱谋者,杖八十。妇女非和同者,止坐男子。""诸奸同居以上缌麻亲及缌麻以上亲之妻者,虽未成,男子勒出别居。""被夫同居亲强奸,虽未成,而妻愿离者,亦听。"第611页。
③ 《清明集》卷一三《惩恶门》,第501页。

情"对妇人女子的疏离,对夫权父权的维护,由此可见一斑。

一言以蔽之:宋代女性并非自己身体的真正主人,女性的身体受到以父权——夫权为主导的宋代法律、观念以及乡例、民俗的规范、训练和宰制。

(原载邓小南等主编《宋史研究论文集》,

云南大学出版社2009年)

宋代人物研究

作为教育家的范仲淹

提起范仲淹,人们就会想起传诵千古的名篇《岳阳楼记》,延袤百余里的"范公堤"和轰动一时的"庆历新政",但关于他兴学育才的功绩却未受到应有的重视,到今天几乎已湮没无闻。然而,历史本身是最好的证人,散见于宋代正史、文集、方志中有关范仲淹锐意兴学、热心育人事迹的生动记载,以无声的语言说明范仲淹不仅是著名的政治家、军事家和文学家,而且堪称优秀的教育家。

本文试作引玉之砖,从范仲淹的教育思想和教育活动来论证他作为教育家在历史上应有的地位。讹误之处,请史学前辈批评指正。

一、范仲淹的教育思想

范仲淹所处的时代,是北宋王朝由盛到衰的转折时期。宋仁宗时,北宋开国80年来政治、经济方面的一系列变化,使得北宋王朝日益陷入积弱积贫的困境,出现了严重的政治危机。面对当时"官壅于下,民困于外,'夷狄'骄盛,'寇盗'横炽"的局面[①],范仲淹

[①] (宋)范仲淹著,李勇先、王蓉贵校点:《范仲淹全集》之《政府奏议》(以下简作《政府奏议》)卷上《答手诏条陈十事》,四川大学出版社2002年版,第542页。

深感忧虑，主张实行改革来摆脱危机，提出"天下之理，有所穷塞，则思变通之道，既能变通，则成长久之业"①。

要改革，应当从哪里入手？范仲淹把造成当前政治危机的主要原因归结为吏治的腐败。他说，近年朝廷随便授了不少的官，"才与不才，一涂并进"，结果是"能政者十无二三，谬政者十有七八"②。如今内忧外患严重，人民一天比一天穷困，都想起来造反，如果再用不才之吏管理地方，赋役不均匀、刑罚不公正、苛敛无节制、疲乏不赈恤，那就会导致大乱，成为宋王朝之深忧。范仲淹大声疾呼："王者得贤杰而天下治，失贤杰而天下乱。"③基于这种思想，他把吏治改革作为自己各项改革措施的中心内容。他所主持的"庆历新政"，重点就是整顿吏治。《答手诏条陈十事》是他的施政大纲，其中"明黜陟"、"抑侥幸"、"精贡举"、"择长官"、"均公田"等项，都是针对腐朽的官僚制度提出来的。在整个新政期间，他"以天下为己任，裁削幸滥，考核官吏，日夜谋虑兴致太平"④。

根据上述政治主张，范仲淹十分注重教育的作用，把教育当作实现其改革理想的工具。他认为，要根除官不得人之弊，除了裁汰冗员、限制恩荫、严格考绩之外，还应提高官员素质，其途径就是"兴学校，本行实"⑤，提出了兴办学校教育的主张。

范仲淹认为，学校教育的根本目的在于培养经邦济世的统治人才，使"代不乏人"；指出"国家之患，莫大于乏人"。⑥如果没有正直奉公的人才，即使有再好的政治制度，也不可能真正得到施

---

① 《政府奏议》卷上《答手诏条陈十事》，第529页。
② 《政府奏议》卷上《奏乞择臣僚令举知州通判》，第544页。
③ 《范仲淹全集》卷五《选贤任能论》，第153页。
④ 《宋史》卷三一四《范仲淹传》，中华书局校点本1985年版，第10275页。
⑤ （元）马端临：《文献通考》卷四六《学校七》，中华书局影印本2006年版。
⑥ 《范仲淹全集》卷七《邠州建学记》，第195页。

行。为什么会乏人呢？只因"教有所未格，器有所未就而然耶"。他认为："善国者，莫先育材，育材之方，莫先劝学。"①强调要想实现天下之治，"必先崇学校，立师资，聚群材，陈正道，使其服礼乐之文，游名教之地，精治人之术，蕴致君之方"，在造就了这样一批人才后，再用他们充任各级官吏，便可以使"济济多士，咸有一德，列于朝，则有制礼作乐之盛，布于外，则有移风易俗之善"。②在他看来，三代之所以成为盛世，就是由于这样做的结果。他说："庠序者，俊乂所由出焉。三王有天下各数百年，并用此道，以长养人才。材不乏而天下治，天下治而王室安，斯明著之效矣。"③

范仲淹认识到，国家所需的各类人才，并非天生的，而是主要通过学校教育造就的。天圣六年（1028）他在给母校南京应天府书院撰写《题名记》时，高度赞扬书院建立20年来培养了大量人才，有"通《易》之神明，得《诗》之风化，洞《春秋》褒贬之法，达《礼》《乐》制作之情，善言二帝三王之书，博涉九流百家之说"者；也有"廊庙其器，有忧天下之心，进可为卿大夫者，天人其学，能乐古人之道，退可为乡先生者"。④书院学生朱从道，刻苦恭谨，成长很快，范仲淹专门为他作文，说："子未预于教也，弗学而志穷，如玉之未攻，如泉之在蒙，昧焉而弗见其宝，汩焉而莫朝于宗。子既预于教也，克学而神悟，如金之在铸，如骥之方御，跃焉可成乎美器，腾焉可致乎夷路者也。"指出："朱生振迹于盛德之下，发名于善教之始。"⑤充分肯定后天教育在人才成长中的决定性作用。

---

① 《范仲淹全集》卷九《上时相议制举书》，第237页。
② 《范仲淹全集》卷一八《代人奏乞王洙充南京讲书状》，第429页。
③ 《范仲淹全集》卷七《邠州建学记》，第195页。
④ 《范仲淹全集》卷七《南京书院题名记》，第192页。
⑤ 《范仲淹全集》卷六《南京府学生朱从道名述》，第175页。

如何才能切实发挥学校教育的作用？针对当时"科举日益重，学校日益轻"，科举考试排斥学校教育的情况，范仲淹提出了自己的改革主张。他批评只考试不教育是不问耕种只求收获，说："当太平之朝不能教育，俟何时而教育哉？乃于选用之际，患才之难，亦由不务耕而求获矣。"①主张改革科举制度，使之与学校教育相结合。他说："专以辞赋取进士，以墨义取诸科士"，势必造成"士皆舍大方而趋小道，虽济济盈庭，求有才有识者，十无一二"。改革的办法在于"教以经济之业，取以经济之才"，考进士要"先策论而后诗赋"，取诸科士在"墨义之外，更通经旨"。②注重考察士人留心治乱、提出从政主张的能力。除了改革进士、明经诸科"常举"以外，范仲淹还主张恢复制举，希望以此得到"修经济之业，以教化为心，趋圣人之门，成王佐之器"的人才。③但他不赞成御试策题的繁冗琐碎，认为制科考试也应与学校教育相配合，学校教育的内容既是"经籍之大义"、"王霸之要略"，制科考试就应当"先之以六经，次之以正史，该之以方略，济之以时务"。如果"访以不急之务，杂以非圣之书，辨二十八将之功勋，陈七十二贤之德行"，考些偏题怪题，"伺其所未至，误其所常习，不以教育为意，而以去留为功"，就会使"天下贤俊，莫知所守"，违背了朝廷劝学育才的本意。④

学校教育的内容是什么？在这一点上，范仲淹与历代儒家学者一样，主张以《诗》、《书》、《礼》、《乐》、《易》、《春秋》等儒家经典为基本教材。认为："劝学之要，莫若宗经。宗经则道大，道

---

① 《范仲淹全集》卷八《上执政书》，第 212 页。
② 《政府奏议》卷上《答手诏条陈十事》，第 529 页。
③ 《范仲淹全集》卷九《上时相议制举书》，第 238 页。
④ 同上。

大则才大，才大则功大……俊哲之人，入乎六经，则能服法度之言，察安危之畿，陈得失之鉴，析是非之辨，明天下之制，尽万物之情。使斯人之徒辅成王道，复何求哉？"①这种主张仍是儒家的传统说法，但在当时尚辞赋之学、重声律浮华的情况下，他提出以学习经义为主要科目，要求学生精通经术，为当时的统治服务，这是具有针砭时弊的意义的。范仲淹认为教育内容除了经义以外，还应传授一定的基本技能，如算数、医药、军事等。他曾就医学、武学教授问题，专门给朝廷上书，提议医学"讲说《素问》、《难经》等文字"②，武学"讲说兵马，讨论胜策"③。

鉴于当时辽、夏的威胁，范仲淹对军事教育特别重视，曾建议"于忠孝之门，搜智勇之器堪将材者，密授兵略"；于臣僚之中，选素有才识者，"赐孙吴之书"，以此作为"育将才之道"。④

在《答手诏条陈十事》中，范仲淹还专门谈到师资问题。指出"今诸道学校，如得明师，尚可教人六经，传治国治人之道"，因此"请诸州郡有学校处，奏举通经有道之士，专于教授，务在兴行"。⑤在自己的办学活动中，他多次聘请和推荐当时的著名学者胡瑗、孙复、李觏等人到中央或地方学校任教，把加强师资当作一项重要任务。

二、范仲淹的教育活动

范仲淹出身于普通官宦家庭，其父范墉一直充任低级官员，靠

---

① 《范仲淹全集》卷九《上时相议制举书》，第239页。
② 《政府奏议》卷下《奏乞在京诸道医学教授生徒》，第642页。
③ 《政府奏议》卷上《奏乞指挥国子监保明武学生令经略部署司讲说兵书》，第552页。
④ 《范仲淹全集》卷八《上执政书》，第212页。
⑤ 《政府奏议》卷上《答手诏条陈十事》，第524页。

微薄的薪俸为生，家境较贫寒。父亲早逝后，母亲再醮，年仅 2 岁的范仲淹随母亲来到淄州长山。20 岁那年，他到长山礼泉寺读书，"日作粥一器，分为四块，早暮取二块，断齑数茎，入少盐以啖之，如此者三年"①。大中祥符四年（1011），范仲淹闻悉自己的家世后，"乃感泣辞母"②，外出求学，来到了应天府书院（在今河南商丘）。书院的前身是五代著名学者戚同文创办的睢阳学舍。同文为人"纯质尚信义"，终身都把"人生以行义为贵"奉为立身处世的准则，"人有丧者力拯济之，宗族间里贫乏者周给之，冬月多解衣裘与寒者。不积财，不营居室"③。他的这种志操和作风，对学生以及后世都有很大影响。大中祥符二年，应天府民曹诚扩建睢阳学舍，"博延生徒，讲习甚盛"④，得到真宗嘉奖，赐额"应天府书院"。这里学风淳正，学生大多笃学好义。范仲淹在这种环境中学习了 5 年。5 年的耳濡目染，使他不仅增长了学识，而且基本奠定了一生为人处世的准则。他在这里矢志苦读，"五年未尝解衣就枕，夜或昏怠，辄以水沃面。往往馇粥不充，日昃始食"⑤。学成的当年，范仲淹应试及第，从此开始了他的仕宦生涯。范仲淹从亲身经历中深感学校的重要，如果没有应天府书院的教育，像他这样的孤寒子弟，是很难通过科举进入仕途的，当然更无从施展自己的政治抱负。因此他始终不渝地把兴学当作自己的重要职责。终其一生，无论是在政事纷繁的年代，还是戎马倥偬的岁月；无论是担任中央宰相，还是地方守令；无论是身处闹市通衢，还是穷乡僻壤，他都不遗余力地举办教育事业。

---

① 《范仲淹全集》后附《年谱》，第 865 页。
② 《宋史》卷三一四《范仲淹传》，第 10267 页。
③ 《宋史》卷四五七《戚同文传》，第 13418 页。
④ 《文献通考》卷四六《学校七》。
⑤ 《范仲淹全集》后附《年谱》，第 866 页。

范仲淹的教育活动，包括南京掌学、各地建学、庆历兴学和培育人才四个方面。

天圣五年（1027）范仲淹为母亲守丧住在南京应天府，应晏殊之邀掌管府学。他经常住在府学中，"观书肄业，敦劝徒众，讲习艺文"①。他是一位严师，在学校中执行严格的学习纪律，"夜课诸生读书，寝食皆立时刻，往往潜至斋舍诃之。见有先寝者诘之，其人绐云：'适疲倦，暂就枕耳。'仲淹问：'未寝之时观何书？'其人亦妄对，仲淹即取书问之，其人不能对，乃罚之"。他更能以身作则，每次"出题使诸生作赋，必先自为之，欲知其难易及所当用意，亦使学者准以为法"。②由于他教学有方，深受学生敬爱，慕名求学者项背相望。在前后约两年的时间中，范仲淹亲手培养了大批人才，后世称赞说："宋人以文学有声名于场屋朝廷者，多其所教也。"③

在各地建学，是范仲淹教学活动最主要的一个方面。自入仕以后，范仲淹先后在广德军、泰州、睦州、苏州、饶州、润州、延州、邠州、杭州等十多处担任地方官吏，足迹所涉，教泽广被。大中祥符八年范仲淹进士及第，授广德军司理参军。"司理参军"是掌管讼狱、审理案件的司法官，办学本不属其职权范围。但范仲淹到任不久，就在治所北面建立州学。这是他举办地方学校的开始。过去，广德人不知学，范仲淹修建校舍，咨访鸿儒，"得名士三人为之师，于是郡人之擢进士第者，相继于时"。④天圣年间（1023—1032），范仲淹到兴化担任县令。在仅仅一年的时间内，他一方面主持修复大型捍海堤，同时在南津里沧浪亭旁修了学宫。自此以后，

---

① 《范仲淹全集》后附《年谱》，第870页。
② （宋）司马光撰，邓广铭、张希清点校：《涑水记闻》卷一〇，中华书局1989年版，第182页。
③ 同上。
④ （宋）汪藻：《浮溪集》附拾遗卷一八《范文正公祠堂记》，丛书集成初编本。

兴化县"学重于天下，而士得师矣"①，读书风气日益浓厚。景祐元年（1034）春，范仲淹出守睦州，前后不到半年，他就修葺了州学，"建堂宇斋庑"；并在州城东面富春山下修建严子陵祠堂，准备设立书院。不久，范仲淹回到阔别多年的故乡苏州。这里既是经济饶裕的"国家粮仓"，又是文化发达的"礼乐之乡"，而这些成就的取得，其中都有范仲淹的一份心血。在农业生产方面，范仲淹主持过疏导太湖水；在文化教育上，他办过府学，建过书院。苏州府学在范仲淹到任后不久便开始修建。当时，他在卧龙街的南头买了一块地，准备修建住宅。这地方"高木清流，交荫环酾"②，景致十分秀美。有位阴阳先生对范仲淹说，这是块风水宝地，如果在这里修家宅，将来必定子孙兴旺，卿相不断。范仲淹听了高兴地说："吾家有其贵，孰若天下之士，咸教育于此，贵将无已焉？"③慨然献地建学，被当地人民誉为"义举"。苏学规模相当可观，"广殿在左，公堂在右，前有泮池，旁有斋室"④。在今天的苏州中学校园内，当年的大成殿、泮池等大型建筑物仍保存完好，从中可依稀想见北宋苏学之宏伟。最初，这里的学生只有20多人，范仲淹聘请名儒胡瑗来州学担任教授，吸引了大量生徒。胡瑗教学，学规严密，一些学生不能完全遵守，范仲淹便让其子纯佑入学，为同学们做个表率。纯佑当时不过十来岁，是数百学生中年龄最小的，他在学校尊师好学，"尽行其规，诸生随之，遂不敢犯"⑤。此后，苏学越办越好，一直名冠东南。后人评论说："天下郡县学莫盛于宋，然其始亦由于

---

① （清）咸丰《兴化县志》卷四，咸丰二年刻本。
② （宋）朱长文：《乐圃余稿》卷六《苏州学记》，台湾商务印书馆影印文渊阁四库全书本。
③ 《范仲淹全集》后附《年谱》，第880页。
④ 《乐圃余稿》卷六《苏州学记》。
⑤ 《宋史》卷三一四《范纯佑传》，第10276页。

吴中，盖范文正以宅建学，延胡安定为师，文教自此兴焉。"①

景祐三年，范仲淹来到饶州（今属江西），一到那里便着手迁建州学，亲自选择校址。州城东南有一座奇峰拔地而起，山上林木葱茂，山下湖泊环绕，湖光山色十分幽雅。仲淹对这儿赞不绝口，将奇峰题名为"文笔峰"，把湖泊取名为"砚池"，准备在此建州学。可惜他离去得太快，没来得及建立。庆历兴学时，当地在范仲淹所指定的基址上建立了州学，"学既建而生徒日盛，牓牓有登第者，多巍科异等"。当地人将发轫之功归于范仲淹，专门为他设立了祠堂，"朝夕瞻敬"，用以"不忘公之指择"。②离开饶州后，范仲淹到了润州（治今江苏镇江）。这里的州学是太平兴国八年（983）柳开任知州时建立的，规模不大，而且时兴时废。范仲淹来了以后，便进行整顿，扩建学舍，"拓而新之"③；并搜罗人才，加强师资，使润学面貌大为改观，光是任课教师就有 30 多人，可见具有较大规模。

康定元年（1040），由于西北战事紧急，范仲淹被调往陕西，担任经略安抚副使，兼知延州（治今陕西延安）。当时，延州的局势十分危急，自从年初宋军在延州附近山川口大败于西夏后，延州以北 36 个寨堡被夏军荡平，东西 400 里屏障一扫而光，延州成了一座孤垒。即使是在如此艰难险恶的处境中，范仲淹也未曾辍其教育活动。他一面日夜谋虑对付西夏的战略方针，修固边城、精练士卒、招抚属羌；一面兴学育才。他在州城东南兴建了嘉岭书院；在军队中培养了像狄青、种世衡那样智勇双全的将领，训练出一批勇敢善战的士兵，运用这支劲旅迅速扭转了宋朝被动挨打的局面。

"庆历新政"失败后，范仲淹黜知邠州（治今陕西彬县），但他

---

① （清）道光《苏州府志》卷二四，道光四年（1824）刻本。
② 《范仲淹全集》附《遗迹集录》之陈贻范《州学基》，第 1570 页。
③ （清）乾隆《江南通志》卷八八，乾隆元年（1739）刻本。

仍心忧天下，大力兴学。刚到任三天，他便去拜谒孔庙，视察当地士人在那里学习的情况。他见庙宇太狭窄，"群士无所安"①，便在州城东南角精心选择了一块高爽之地，开始修造学舍。翌年，范仲淹引疾知邓州（今属河南）。他在这里修建了花洲书院，并亲自在院内的春风堂讲学，阐述治国大略。著名的《岳阳楼记》就是在花洲书院诞生的。皇祐初年，范仲淹在杭州做知州。这时，他已是年逾花甲的老人了，而且重病缠身，但仍没有放松办学事业。他给朝廷上书，再三强调学校教育的重要，要求扩建杭州州学。离开杭州后不到半年，范仲淹就因病在徐州逝世了。可以说，直到生命的最后岁月，范仲淹的兴学之志都未曾稍懈。经过30多年不倦的努力，从街衢洞达的饶州、润州，到荒翳僻远的邠州、延州，都有范仲淹办的学校。这些学校在传播文化、培养人才、促进当地文教事业发展等方面，有着很大的作用。

庆历兴学，是庆历新政的一项重要内容。庆历四年（1044）出任参知政事的范仲淹应诏条陈十事，其中明确提出了"复古兴学校，取士本行实"的主张②，要求兴办学校，改革科举。仁宗下诏大臣们讨论，宋祁、欧阳修、王洙、张方平等人一致赞同。他们一起上奏说："今教不本于学校，士不察于乡里，则不能核名实；有司束以声病，学者专于记诵，则不足尽人材……择其便于今者，莫若使士皆土著，而教之于学校，然后州县察其履行，则学者修饬矣。"在他们看来："先策论，则文辞者皆留心于治乱矣；简程式，则宏博者得以驰骋矣；问大义，则执经者不专于记诵矣。"主张："其州郡弥封誊录、进士诸科帖经之类，皆苛细而无益，一切罢之……如此，

---

① 《范仲淹全集》卷七《邠州建学记》，第195页。
② 《文献通考》卷三一《选举四》。

养士有本，取才不遗，为治之本也。"① 于是，仁宗下诏："诸路州府军监除旧有学外，余并各令立学。"② 规定士人必须先受相当教育，"在学三百日"后才能参加考试③；考试时，"先策，次论，次诗赋，通考为去取，而罢帖经、墨义，士通经术愿对大义者，试十道"④。诏令还对州县学校的学生名额、管理、校舍、教授及学生入学资格等作了具体规定。一时之间，各地纷纷奉诏建学，"于是州郡不置学者鲜矣"⑤。地方学校如雨后春笋般涌现，仅江西一地，庆历年间兴办的学校就有吉安府学、抚州府学、饶州府学、赣州府学、虔州府学、庐陵县学、崇仁县学、南丰县学、贵溪县学、德化县学、瑞昌县学、大庚县学、上犹县学、安远县学等，⑥另外还有不少书院。据统计，宋代江西各州县都建有学校，共有州县学81所，其中有56所是庆历以后陆续兴办起来的。⑦陕西地处西北边陲，是西夏兵锋所向之地，但也办起了凤翔府学、汉中府学、同州州学、宁羌州学、褒城县学、略阳县学等不少学校。⑧面对这种盛况，欧阳修兴奋地说："宋兴盖八十有四年，而天下之学，始克大立，岂非盛美之事！"⑨除州县立学外，中央学校也得到了改进。国子监生员由原有的五六十人增加到300人；石介、孙复等名儒都应聘在太学教授，

---

① （宋）李焘撰，上海师大古籍所、华东师大古籍所点校：《续资治通鉴长编》卷一四七，庆历四年三月甲戌条，中华书局2004年版，第3565页。
② 《宋会要辑稿》崇儒二之二，中华书局影印本1957年版。
③ 《文献通考》卷三一《选举四》。
④ 同上。
⑤ 《宋会要辑稿》崇儒二之二。
⑥ 参见（清）光绪《江西通志》卷一七、一八，光绪七年（1881）刻本。
⑦ 参见许怀林：《试论宋代江西经济文化的大发展》，邓广铭主编：《宋史研究论文集》，上海古籍出版社1982年版，第664页。
⑧ 参见（清）雍正《陕西通志》卷二七。
⑨ （宋）欧阳修：《欧阳文忠全集》卷三九《吉州学记》，四部丛刊本。

太学一度"下湖学取（胡）瑗之法以为太学法"①，实行分斋教授，讲求实学。

经范仲淹的积极倡导，庆历兴学取得了显著成效。不久，随着庆历新政的失败，兴学浪潮逐渐减退。州县兴学之诏虽未撤销，但不再认真执行了；改革科举的办法，则被认为"先朝所定也，宜一切如故。前所更定，令悉罢"而全部复旧了。②但是，庆历兴学毕竟把北宋的文教事业向前推进了一大步，而且，浪潮既经涌起，就不可能退回到原地，它的余波一直荡漾不息，到熙宁年间（1068—1077），又汇集成更高的洪涛。

以多种方式培育人才，是范仲淹的教育活动中较有特色的一个方面。作为一个经验丰富的教育家、才识渊博的学者，范仲淹很善于发现人才。"察泰山孙氏于贫窭中"就是一个典型例证。③孙氏指孙复，因他后来住在泰山，所以被称为泰山孙氏。早年，孙复不过是晋州平阳的一介穷秀才，尽管他聪敏好学，但因家境贫寒，无法完成学业。为了奉养老母，他被迫"仆仆道路"④，四处索游求食。范仲淹在南京掌学期间，孙复先后两次来到这里。范仲淹十分同情他的处境，赠给他钱财，与他亲切交谈。范仲淹发现孙复谈吐不俗，很有培养前途，便把他留在府学，一方面补给他一个学职，每月发给3000钱的薪俸，使他不必再为生活奔波，能够安心读书，一方面热情指导他攻读《春秋》。从此，孙复白天在府学做事，晚上便听范仲淹讲经释义，常常通宵达旦地苦读。范仲淹调离南京后，孙复也离开府学，到泰山南边设馆教学，著书立说。他著有《春秋

---

① 《文献通考》卷四二《学校三》。
② 《宋史》卷一五五《选举一》，第3613页。
③ 《范仲淹全集》后附（元）李祁《文正书院记》，第1191页。
④ 《宋史》卷四三二《孙明复传》，第12833页。

尊王发微》12篇，阐发集权理论，成为当时著名的专长《春秋》的儒学大师。他的学生很多，山东"自（石）介以下皆以先生事复"①。数年后，朝廷听说泰山下有孙复先生以《春秋》教授学生，闻名遐迩，召至太学，才知道他就是当年索游的孙秀才。范仲淹十分感慨地说："贫之为累亦大矣！倘因循索米至老，则虽人才有如孙明复者，犹将汩没而不见也。"②以后，范仲淹多次聘请孙复到地方学校教学，并推荐他担任国子监直讲，充分发挥其才能。

范仲淹不仅善于发现人才，而且循循善诱。他对于学生的性格和才能了如指掌，能针对各人的特点，因材施教。富弼志向远大，但比较谨慎，范仲淹便教导他博通经史，增广见闻，并鼓励他大胆地应试制举，为国家干一番事业。富弼后来成为北宋中叶的一位名臣，在庆历改革中起过重要作用。范仲淹去世后，富弼撰写祭文说："某昔初冠，识公海陵。顾我誉我，谓必有成……始未闻道，公实告之；未知学文，公实教之；肇复制举，我惮大科，公实激之；既举而仕，政则未谕，公实饬之……"③深深感念范仲淹对自己的激励和培养。张载年轻时爱谈论兵事，曾上书给当时的边帅范仲淹，述说自己想建立武功的志愿。那年，张载不过刚满20岁，范仲淹仍热情地接待了他。范仲淹了解到张载的真正才能不在武功，而在学术，于是诚恳地对他说："儒者自有名教可乐，何事于兵！"④授给他《中庸》之书，劝他钻研学问。张载深受感动，从此致力于研读经籍，走上了研究哲学的道路。再如狄青，他作战十分勇敢，"每临敌，被发面铜具，出入贼中，皆披靡，无敢当者"⑤。但因出身微

---

① 《宋史》卷四三二《孙明复传》，第12833页。
② （宋）魏泰撰、李裕民点校：《东轩笔录》卷一四，中华书局1983年版，第139页。
③ 《范仲淹全集》后附富弼祭文，第1236页。
④ 《宋史》卷四二七《张载传》，第12723页。
⑤ 《续资治通鉴长编》卷一二九，康定元年十一月丁卯，第3056页。

贱,没有读过书。范仲淹便赠给他《春秋》、《汉书》等,教他认真读书,告诉他:"熟此,可以断大事。将不知古今,乃匹夫之勇。"①此后,"青折节读书,悉通秦汉以来将帅兵术,由是益知名"②。

作为一个内行,一个知音,范仲淹能够识贤不谬。他先后向中央推荐了数以百计的各类人才,根据其特点,分别推荐他们担任不同的职务,使之得以人尽其才。他们之中著名的有政治家富弼、张方平,军事家狄青、种世衡,教育家胡瑗、孙复,文学家欧阳修、苏舜钦,思想家李觏,理财家许元,都是出类拔萃的人才,各有所建树。如富弼、张方平的治国功绩蜚声政界;狄青、种世衡抗击西夏之功彪炳史册;胡瑗倡导的"苏湖教法"影响深远;欧阳修、苏舜钦的诗词文赋脍炙人口;许元创立的"额斛"、"代发"法③,相对减轻了农民的负担;李觏提出的"无君"、"均田"论④,是古代思想史上的一份宝贵遗产。

三、范仲淹教育活动的影响

范仲淹的教育活动之所以能够取得成效,固然是由于他个人的主观努力,同时也要看到,北宋前期国家统一,社会环境相对安

---

① 《范仲淹全集》后附《言行》,第 1412 页。
② 《续资治通鉴长编》卷一二九,康定元年十一月丁卯,第 3057 页。
③ "额斛"即发运司准许欠收地区将应纳实物折成货币;"代发"即发运司用所辖仓库的库存供应京师,再利用代纳的货币,到丰产区收购实物补填库存。此法后被王安石继承,发展为用以限制大商贾的均输法。参见漆侠:《王安石变法》,上海人民出版社 1979 年版,第 155 页。
④ 李觏强调君主是为民而立的,君若"不能爱民",就要"灭之";认识到"吾民之饥"是因为"土非其有",提出"平土之法"。参见(宋)李觏:《直讲李先生文集》,四部丛刊初编本。

定，经济繁荣，印刷术发达等都为他的兴学活动提供了有利的社会条件。特别值得注意的是，唐中叶以来生产关系的调整对北宋时期文教事业的发展起了重要的推动作用。生产关系的调整导致了阶级关系的变化，在地主阶级内部，代表部曲田客制的世族门阀衰亡了，所谓"自五季以来，取士不问家世，婚姻不问阀阅"[①]；取而代之的是封建租佃制的代表——庄田地主。随着经济地位的上升，庄田地主的入仕要求日益迫切。为了满足庄田地主送子弟读书应举，进入政府的需要，北宋的科举制度不断扩大，乃至"及第不拘人数……有一榜尽赐及第者，亦有随意唱至一甲三百名方止者，放进士至五甲而止"[②]。学校教育也受到统治者的重视，"乘舆尝幸国庠，亲临讲席。"[③]各级学校招生对象显著扩大，如国子学，唐代招收文武官三品以上子孙，宋代扩大为七品以上；太学，唐代招收五品以上子孙，宋代扩大为八品以下及庶人之俊异者（俊士）；四门学，唐代招收七品以上子孙及俊士，宋代则"以士庶子弟为生员"。[④]宋代地方学校招生对象更广，只要有"举人二人委保，是本乡人或寄居已久，无不孝不悌逾滥之行，及不曾犯刑责，或曾经罚赎而情理不重者"皆可入学[⑤]，对出身根本不作限制。为了保障办学经费和学生日常生活需要，宋政府专门拨出一批学田。仅仁宗景祐年间（1034—1038）赐给州县的学田就有近30处，约140顷。范仲淹正是凭借这样的社会条件，顺应社会发展的客观要求，从而成功地开展其教育活动的。而他的办学活动又反过来对当时的社会发展产生了积极的影响。这类影响主要表现为推动了教育事业的发展，

---

① （宋）郑樵：《通志》卷二五《氏族略》，中华书局1987年影印本。
② （明）谢肇淛：《五杂俎》卷一四《事部二》，上海书店出版社2001年标点本，第287页。
③ 《乐圃余稿》卷六《苏州学记》。
④ 《文献通考》卷四二《学校三》。
⑤ 《宋会要辑稿》崇儒二之二。

促进了讲学之家的兴起，有利于士风的转变。

经范仲淹的积极提倡和亲自动手，北宋各地普遍兴建了学校，所谓"四方万里之外莫不皆有学"①。不少人以范仲淹为榜样，热心办学，蔚然成风。如滕宗谅"所莅州喜建学"，其中又以湖学成绩最大，"学者倾江淮间"。② 范仲淹的教育活动还直接影响了宋代后来的两次兴学运动，特别是王安石主持的熙宁、元丰（1068—1085）兴学，其中不少措施就是继承、发展范仲淹的办法而来的。熙丰兴学的首要内容是改革科举制度，创立"三舍法"。三舍法即将太学分成外舍、内舍、上舍三部分，外舍生成绩优良的升内舍；内舍生优良的升上舍；上舍生学行卓异者可直接补官。这种办法把培育人才和选拔人才统一于学校，它实际上是把范仲淹改革教育和科举的一些措施制度化。王安石还整顿了州县之学，重建了武学、律学和医学。武学学习诸子兵法，医学学习《素问》、《难经》、《脉经》等，把范仲淹提出的设想变为现实。与庆历兴学相比，熙丰兴学要深刻得多，但后者终归是在前者的基础上发展的，范仲淹的奠基之功不可掩没。

对于北宋讲学之风的兴起，范仲淹也起了首开风气的作用。导北宋一代学术之先河的，以胡瑗、孙复为首。胡瑗早先在苏州私人教授经学，范仲淹到苏州后，聘请他担任苏学教授，以后，滕宗谅又邀请他教授湖学。在这期间，胡瑗创立了分斋教授法，设立经义斋和治事斋，经义斋以学习六经经义为主，治事斋又分为治民、讲武、堰水和算历等科，学生各因其才，分别入斋。"经义则选择其心性疏通有器局可任大事者，使之讲明六经；治事则一人各治一事，

---

① 《欧阳文忠全集》卷三九《吉州学记》。
② 《宋史》卷三〇三《滕宗谅传》，第10038页。

又兼摄一事，如治民以安其生，讲武以御其寇，堰水以利田，算历以明数是也。"①这就是著名的"苏湖教法"。它改变了过去教育内容空疏的流弊，成为很多学校改进教学的楷模。胡瑗从事学校教育20 余年，先后教授的学生多至 1700 多人。他们绝大多数是有用人才，"其出而筮仕，往往取高第；及为政，多适于世用，若老于吏事者，由讲习有素也"②。从胡瑗时起，宋代讲学之风日盛。在胡瑗 20 多年的教学生涯中，范仲淹一直与他保持着密切关系，除聘请他教授苏学外，又推荐他做秘书省校书郎，并在太学中推行"苏湖教法"；二人之间经常书信往返讨论学术和教育问题。胡瑗能成为卓有声名的教育家，是与范仲淹对他的大力支持、帮助分不开的。

  范仲淹在教育方面的积极影响，最受时人推崇的，莫过于促进了士风的转变。朱熹说："至范文正公方厉廉耻，振作士气。祖宗以来，名相如李文靖、王文正诸公，只恁地善亦不得，至范文正时便大厉名节，振作士气，故振作士大夫之功为多"③。唐末以来，"士大夫忠义之气，至于五季，变化殆尽"④，到北宋时，这种状况才有所转变。其中，范仲淹所起的作用确实不可低估。他不仅博学多才，而且崇尚节操，并能兴学育才，率先垂范，因此成为士大夫的楷模。尤其是他那种"不以物喜，不以己悲"，处处以天下国家为己任的精神，在士大夫中产生了深远的影响。宋代太学生"以范公之学为学，穷不挫其志，达不变其操"，从而使得"士品淳而文风振"。⑤宋代的太学生干政事件令人瞩目，北宋末年太学生邓肃率先

---

① （清）黄宗羲撰，全祖望补修，陈金生、梁运华点校：《宋元学案·安定学案》，中华书局 1986 年版，第 24 页。
② 《文献通考》卷四六《学校七》。
③ （宋）黎靖德编、王星贤点校：《朱子语类》卷一二九，中华书局 1986 年版，第 3086 页。
④ 《宋史》卷四四六《忠义传》序，第 13149 页。
⑤ （清）咸丰《兴化县志》卷四，咸丰二年（1852）刻本。

上诗 10 首，指责花石纲扰民，太学生论陈时政遂成风气。仅陈东一人就曾先后 7 次冒死上书，并领导了大规模请愿运动，恳请抗金，怒斥佞臣误国。人称宋代士大夫："其未仕也，必如文正刻苦自厉，以六经为师，文章论说一本仁义而后可；其既仕也，必如文正有是非无利害，与上官往复论辩，不以官职轻人性命而后可；其仕而通显也，必如文正至诚许国，终始不渝，天下闻风、夷狄委命而后可。"①这段话虽不无夸大溢美之词，但多少反映了范仲淹对转变士风所起的积极作用。

马克思主义认为，支配着物质生产资料的阶级，同时也支配着精神生产资料。封建社会中，教育被用作地主阶级统治农民的手段。范仲淹是地主阶级的教育家，他办教育是以维护封建统治为鹄的的，这就决定了其教育活动和教育思想具有很大的阶级局限性。他虽办了不少学校，但能受教育的毕竟只是小部分人。然而，学校教育终究有助于社会文化的进步，范仲淹的教育活动是值得肯定的，他所提出的教育思想，是我国古代教育史上的一份宝贵财富，其中不少东西对于我们今天仍有着借鉴作用。

（原载《宋史论集》，中州书画社 1983 年版）

---

① （宋）吴潜：《重修吴学记》，引自（宋）郑虎臣编：《吴都文粹》卷一，台湾商务印书馆影印文渊阁四库全书本。

从战将到庸夫的符彦卿

北宋乾德元年（963），一个阳光和煦的冬日。重镇大名府（治今河北大名东北）郊外。

从东南方向驰来一行人马，扬起团团尘土，为首的是朝廷新任命的永济（治今山东冠县）知县周渭。

早已领着一群人在路旁等候迎接的天雄军节度使符彦卿赶紧迎上前去，向来人彬彬有礼地作了一个揖。

新知县却根本不把顶头上司放在眼里，仍然高高端坐在马背上，只是轻轻拱了拱手作为回礼，然后策马向城里奔去。

符彦卿的脸色一下子变得十分难看。但他什么也没说，只是转身赶回城去。

这符彦卿究竟是什么人？周渭为什么对他如此傲慢？符彦卿又为什么忍气吞声？

事情还得从头说起。

一、将门虎子　两朝国戚

符彦卿，字冠侯，陈州宛丘（治今河南淮阳）人。

符彦卿的祖上，据说是战国时期鲁国国君的后代。南宋人郑樵写过一部《通志》，其中的《氏族略》说，楚考烈王十四年（249）楚灭鲁国，鲁顷公的孙子公雅做了秦国符县（治今四川合江县）的县令，后来便以地名为姓氏，姓作"符"。还有一种说法是公雅在秦国掌管符玺，其"符"姓是以职官为姓氏而来的。不管怎么说，符氏是鲁顷公的后裔，这一点大概是没有疑问的。

符彦卿家的这一支，在符姓家族中大约是没有什么地位的，到了唐末五代时期，他父亲这辈才逐渐发迹。他的父亲符存审，原名存，《五代史》说他"少微贱"①，唐朝末年投奔了晋王、沙陀人李克用的军队后，得到赏识，做了义儿军使，被李克用赐姓为"李"。在后来相当长一段时间里，符氏父子都以李姓为行世，史籍中写作"李存审"、"李彦卿"之类。到了后唐明宗天成二年（927），彦卿上书请求恢复旧姓，得到明宗李亶许可，符氏族人才又改回符姓。

五代十国，是继唐朝以后中国历史上的一个大的分裂时期。中原地区在短短53年中先后兴亡了五个朝代：后梁、后唐、后晋、后汉、后周。五代中期的三个朝代——后唐、后晋、后汉，皇帝都是沙陀族人，因而被称为"沙陀三王朝"。这三个王朝与后梁一样，政治黑暗，经济凋敝，没有什么值得称道的地方。

符存审、符彦卿父子崭露头角，正是在这一时期。

兵燹四起的五代，武夫是最有地位的，也最容易攫取权力。不过，符存审并没有什么政治野心，他无意问鼎中原，只是凭借一身武勇博取将相功名。"存审为将，有机略，大小百余战，未尝败衄"，数十年间，他"履锋冒刃，出死入生"，②官至宣武军节度

---

① 《新五代史》卷二五《符存审传》，中华书局校点本1974年版，第265页。
② 同上。

使、蕃汉马步军都总管兼中书令,是后唐闻名一时的勇武战将。

将门出虎子,符存审的四个儿子彦超、彦饶、彦图、彦卿,个个能征善战。长子彦超,后唐明宗时官至安远军节度使,不慎被盗贼诱杀,赠官太尉。次子彦饶,后唐时亦以节度使镇守一方,但未得善终,后晋天福年间因谋反被擒杀,削夺官爵。三子彦图,曾在著名的晋梁胡柳陂之战中大显身手,也是一员战将。

四弟兄中,声名最大,福寿也最高的是小弟彦卿。

符彦卿颇有乃父遗风,自幼喜好舞剑弄刀,13岁时就以能骑善射闻名乡间。由于父亲的缘故,符彦卿自少年时就开始扈从唐庄宗李存勖,"出入卧内"①。稍长,做了亲从指挥使,后迁为散员指挥使。

彦卿从小练得一身好武艺,他的箭法,不敢说是百步穿杨吧,但也是矢无虚发的。他曾经和一伙人在遂城(治今河北徐水县西)盐台淀射猎,仅仅一天下来,就射得獐、狼、狐、野猪、野兔共达42只,在场的人没有谁不赞叹他箭法之神。

打起仗来,符彦卿也是"勇略有谋,善用兵"②,在军队中享有盛名,因排行老四,人们都称他"符第四"③。

平日里,身为大将的符彦卿又能体恤士卒,"前后赏赐巨万,悉分给帐下"④,部下都乐意为他效命。

这样的将领,何愁不能建功立业!

由于屡建战功,符彦卿的官爵与日俱升。他先后做过团练使、刺史、节度使,兼过同平章政事、侍中、中书令,拜过太保、太傅、太尉、太师,封过祁国公、魏国公、淮阳王、卫王、魏王,其

---

① 《宋史》卷二五一《符彦卿传》,第8840页。
② 同上。
③ 同上。
④ 同上。

名位之盛，如日中天。

不仅如此，符彦卿还是后周的国丈、北宋的皇亲。他的几个女儿，一个嫁给柴荣，显德元年（954）被册为皇后，谥号宣懿。此女过世不久，符彦卿的另一个女儿、宣懿皇后的妹妹，显德六年又被周世宗柴荣立为皇后，入宋以后，她迁居西宫，人称周太后，直至淳化四年（993）去世。符彦卿的第六个女儿，两位周后的妹妹，在显德年间嫁给周世宗的亲信大将赵光义（原名匡义，后改是名），也就是后来的宋太宗。北宋代周，这位皇弟之妻先后进封楚国夫人、越国夫人，死后不久，光义即帝位，她被追册为皇后，谥号懿德。

史书上常说符氏"一门二后"①，指的是宣懿皇后和懿德皇后。其实，准确地说，符氏是"一门三后"，还有一位是没有谥号的周太后。

符彦卿是后唐、后晋、后汉、后周四代的名将。

符彦卿是后周、北宋两朝三位皇后的父亲。

符彦卿的显赫，可以说是无可匹敌的了。

二、骁勇战将　威震华夷

虽为皇亲国戚，符彦卿的功名，却主要是靠他自己打出来的。

少年时代就以勇武闻名的符彦卿，在入宋以前的大半生中，戎马倥偬，浴血沙场数十百次，虽打过愚忠的保主之仗，做过契丹手下的败军之将，但更多的则是如曲阳之战、铁丘之战以及阳城之战一类足以令符彦卿引以为豪的辉煌战绩。

---

① 《宋史》卷二五一《符彦卿传》，第8840页。

说他愚忠保主，指的是后唐末年他为唐庄宗卖命的事。后唐庄宗李存勖，是一个狂妄的武夫，经常自吹"于十指上得天下"①，也就是靠武力取得天下。他的生平嗜好是三件事：打仗、狩猎和唱戏。庄宗在位，朝政紊乱，百姓冻馁，天下人人皆怨，都恨透了这个腐败透顶的政权。

同光四年（926），魏州（治今河北大名东北）爆发兵变，伶人出身的将领郭从谦领着乱兵攻破皇城，唐庄宗的"近臣宿将皆释甲潜遁"②，庄宗众叛亲离，成了孤家寡人。只有身为散员都指挥使的符彦卿不肯离去，护着庄宗拼命抵抗，接连射杀变兵十多人。庄宗被流矢射死，符彦卿才"痛哭而去"。③

符彦卿不问世事清浊，只知忠心保主，不值得称赞。但他临危不惧，以寡击众，的确是个勇武之人。

曲阳之战发生在后唐明宗天成三年。是时，义武军节度使王都勾结契丹秃馁，举兵叛乱。唐明宗派招讨使王晏球率师讨伐，符彦卿以龙武都虞侯、吉州刺史的身份从行。彦卿先在嘉山（治今河北曲阳东）大破王都，继而两军会战于曲阳。唐军先发制人，王晏球全盘指挥，符彦卿领左军出击，另一大将高行周以右军攻敌，王都与秃馁溃不成军，仓皇逃窜，"自曲阳至定州，横尸弃甲六十余里"④。

曲阳之捷得力于王晏球用兵有谋略，然符彦卿勇猛善战，亦是功不可没。

曲阳之战后不久，符彦卿授官耀州（治今陕西耀县）团练使，又改庆州（治今甘肃庆阳）刺史、易州（治今河北易县）刺史。

---

① 《资治通鉴》卷二七二，后唐庄宗同光元年十二月甲申，中华书局校点本1956年版，第8901页。
② 《资治通鉴》卷二七五，明宗天成元年四月丁亥，第8975页。
③ 同上。
④ 《新五代史》卷四六《王晏球传》，第510页。

后晋代唐，符彦卿先后改镇同州（治今陕西大荔）、郎延（治今陕西延安市）。

后晋出帝开运元年（944），发生了铁丘之战。

后晋是历史上臭名昭著的"儿皇帝"石敬瑭建立的。石敬瑭割让燕云十六州，认比自己小11岁的契丹国主耶律德光做老子，自己当儿子，换取了"大晋皇帝"的位置，演出了中国历史上最令人恶心的一幕丑剧。石敬瑭在位7年，始终对契丹低头服小，言必称耶律德光为"父皇帝"，自称臣、称"儿皇帝"。石敬瑭的这一套，很不得人心，即使在统治集团内部，也有不少人反对。天福七年（942）石敬瑭死后，事情就起了变化。新继位的晋出帝、石敬瑭的侄儿石重贵在大臣的支持下，不向契丹称臣。耶律德光大为恼怒，从开运元年起，多次兴师问罪，南攻中原。后晋军民奋起抗辽，于是有了铁丘之战。

当时，契丹军南下至黄河北岸，河阳（治今河南孟县东南）节度使符彦卿率所部拒敌于澶渊（治今河南濮阳），与之同战的还有晋将高行周。高行周部出师不利，被契丹军团团围困于澶渊附近铁丘之间。敌骑气焰甚高，晋军诸将怯战，"莫敢当其锋"①。独有符彦卿无所畏惧，率领数百骑兵出击。辽军见势不妙慌忙引兵北遁，铁丘之围化险为夷。

嗣后，符彦卿以河阳节度使为青州（治今山东青州市）行营副都部署，协助都部署、大将李守贞讨平了梦想做"石敬瑭第二"而起兵反叛的晋将杨光远。彦卿因功受封为祁国公，移镇许州（治今河南许昌）。

开运二年的春天，契丹再次南下。耶律德光率领8万骑兵，自

————————
① 《宋史》卷二五一《符彦卿传》，中华书局校点本1985年版，第8840页。

古北口浩浩荡荡南下。晋军统帅、都招讨使杜威畏敌如虎,尚未与辽兵交锋就慌忙撤退。辽兵一路追击。三月初二日,晋军退至阳城(治今河北安国县东南)附近白团卫村,插鹿角为营寨,准备扼守。契丹追兵将晋军层层包围住,并切断晋军粮道。

当天晚上,"东北风大起,破屋折树"[①]。晋军早已疲乏,在营寨中掘井取水又不得,各处掘井都是刚挖见水,井壁就崩塌了,士兵们只好把井泥捧起来,用巾帛裹着绞出一点点泥水来打湿嘴唇,结果是"人马俱渴"[②],困顿不堪。

黎明时分,风势更甚。晋军地处下风,形势十分不利。耶律德光洋洋得意,坐在大车上号召部下:"晋军就只有这么些人马,把他们全部消灭掉,就可以南下直取大梁(晋都,今河南开封)了!"德光命令骑兵下马拔鹿角,执短兵器冲杀晋军营寨,又命令士卒顺着风向放火扬尘,壮大声势。

生死存亡迫在眉睫,杜威却迟迟不见动静,晋军士兵都愤怒地叫喊道:"都招讨使为什么还不下令出兵,让我们白白等死!"诸将领也都纷纷要求出战,但杜威仍然要死不活地说:"等风小一些,再慢慢看吧!"

符彦卿本是血性汉子,见晋军受蹙,早就按捺不住了,无奈自己只是马步军左右厢都排阵使,须受杜威节制,不能轻动。但是,事到如今,他也顾不得许多了。他慷慨激昂地对身边的大将张彦泽、皇甫遇等人说:"与其像这样束手就擒,不如杀出去以身殉国!"说罢,他跃身上马,率领精骑杀出行寨西门。

这时,风势更猛了,飞沙走石,天地间一片昏暗,犹如黑夜。符彦卿和张彦泽、皇甫遇等以万余骑兵拦腰横击契丹,又"率步卒

[①] 《资治通鉴》卷二八四,开运二年三月癸亥,第9267页。
[②] 同上。

并进"①，晋军喊杀之声，惊天动地。契丹军措手不及，纷纷败退。号称"铁鹞子"的精锐骑兵先已下马，在拔晋军行寨的鹿角，现在被晋军一冲，连马也来不及上。丢下马匹、兵器就逃。契丹军兵败如山倒。耶律德光在大车上逃了十多里地，见追兵追近，慌忙丢了大车，骑上一匹骆驼，狼狈不堪地逃回幽州（治今北京）。

这一仗，符彦卿声名大振，成了使契丹闻风丧胆的英雄。据说，契丹人自阳城之败后，"尤畏彦卿"，甚至遇到马匹生病、不食不饮的时候，就用这样的方法来"驱鬼"治病——"必唾而咒曰：'此中岂有符王邪？'"②后来，耶律德光灭晋，晋出帝一家被押送到契丹本土，德光的母亲见人群中没有符彦卿，还向身边的人打听："彦卿在什么地方？"有人告诉她说："已经让他回徐州了。"德光的母亲深感不安，连声埋怨："把此人留在中原，真是太失策了！"

阳城之战后，符彦卿改官武宁军节度使、同平章事。开运三年，耶律德光第三次南下。杜威卖国求荣，以大军降于契丹，张彦泽等晋将也相继投降。符彦卿先已奉诏屯兵澶渊，以待契丹，继而张彦泽引辽兵攻取汴州（治今河南开封）。后晋亡国。符彦卿不得已做了契丹的臣民。

契丹人对阳城之败仍然如鲠在喉，耶律德光见到符彦卿，劈面便质问这事。

符彦卿十分泰然："我是后晋的大将，打起仗来不能贪生怕死。今天落到这个地步，是死是活，听天由命罢了。"

彦卿既不畏死，奈何以死惧之？再说，耶律德光也是一代英雄，内心很欣赏彦卿直话直说的硬汉性格。他笑了一笑，放了彦

---

① 《辽史》卷四《太宗纪下》，中华书局校点本 1974 年版，第 56 页。
② 《宋史》卷二五一《符彦卿传》，第 8840 页。

卿，未加怪罪。不久，耶律德光遣符彦卿归镇徐州。

阳城之战，是符彦卿生平战绩中最光辉的一页。

阳城之战，又是符彦卿的战绩由盛而衰的转折点。

在这以后，符彦卿再也没能在战场上建立功名。

周太祖显德元年春，后汉的残余政权北汉与契丹合兵，进犯后周。周世宗柴荣毅然亲征，符彦卿以天雄军节度使奉命"引兵自磁州固镇出北汉军后"①。柴荣军与北汉、契丹联军在高平（今属山西）以南遭遇，爆发了一场激战，这就是历史上著名的"高平之战"。在后周军队大获全胜的高平大捷中，符彦卿因是"出北汉军后"，未能赶上参战，他的内心自然是很遗憾的。

符彦卿没有想到，他更大的遗憾还在后面。

这就是忻口之败。

事情的经过是这样的：

显德元年三月世宗亲征，本意只在挫败敌人的凶焰，使之不敢再犯周境。但是，后周的军队"既入北汉境，其民争以食物迎周师，泣诉（北汉主）刘氏赋役之重，愿供军须（需），助攻（北汉都城）晋阳，北汉州县继有降者"②。世宗得知，便想趁势灭掉北汉。他派使者征询各路将领的意见，符彦卿及诸将都说粮草不足，还是先班师回朝，征北汉的事以后再说。世宗不听，执意进兵。他命符彦卿为河东行营都部署兼知太原行府事，领步骑2万自潞州（治今山西长治）出发，又命王彦超等将自阴地关（今山西灵石县西南汾河东岸南关）入，与彦卿合军而进，攻取北汉。

兵发之初，后周军屡有小胜：四月，北汉盂县（治今属山西）、

---

① 《资治通鉴》卷二九一，太祖显德元年三月，第9503页。
② 同上，第9505页。

汾州（治今山西汾阳）、宪州（治今山西静乐县西南娄烦）、岚州（治今山西岚县北岚城）、沁州（治今山西沁源）、忻州（治今山西忻县）纷纷告降，石州（治今山西离石）亦被攻克，石州刺史被周军执杀。符彦卿兵临晋阳城下。五月，周世宗也抵达了晋阳。周兵军威颇盛，"旗帜环城四十里"①。

周兵固晋阳，契丹出兵援汉，数千骑屯于忻、代（治今山西代县）之间。周世宗遣符彦卿等率领步骑万余前往拒敌。彦卿进入忻州城，契丹退保忻州石岭关南面的忻口寨。彦卿在忻州陈兵以待，大将史彦超为前锋领2000骑兵与契丹战于忻州。史彦超勇武过人，但犯了轻敌冒进的兵家大忌，远离大军，陷入契丹的埋伏圈。史彦超败殁，周兵死伤甚众。

形势急转直下，符彦卿只能退兵晋阳。这时，晋阳围城的部队也因连日大雨，士卒疲病，久而无功。周军被迫班师。

这是符彦卿生平的最后一战。

谁能料想，一代名将的一生战史，竟打上一个失败的句号。

三、失意消沉　庸碌混世

北宋代周，作为国戚的符彦卿仍是高官显位不稍减；作为战将的符彦卿却一扫昔日"全军十万拥雄师"的英姿②，沦为庸碌混世的昏聩老朽。

当大宋的军队征荆南、平后蜀、灭南唐的时候，符彦卿却在悠

---

① 《资治通鉴》卷二九二，显德元年五月丙子，第9514页。
② （清）厉鹗撰辑：《宋诗纪事》卷二，"符彦卿"条，知汴州所作。上海古籍出版社1981年标点本，第31页。

游僧寺，玩赏名园。

当大宋的官兵在战场上流血牺牲的时候，符彦卿却在居室里与宾客谈笑风生。

是他服老认输，不愿再去冲杀拼搏了吗？

既是。也不是。

说它是，是因为符彦卿的本性中不乏放纵恣睢的一面；

说它不是，是因为符彦卿的颓放主要是时势使然，是宋太祖对武臣猜忌和防范的结果。

唐末以降，短短的 53 年中，中原换了五个朝代，皇帝改了八家姓氏。寿命最长的后梁立国 16 年，最短的后汉不过 3 年；在位最久的梁末帝当皇帝 10 年，最短的周恭帝仅仅 6 个月。武人只要兵强马壮，谁都可以抢个皇帝当当。"兵骄则逐帅，帅强则叛上"的结果[1]，使王朝更替倏忽不定，皇帝像走马灯似的换来换去。

建隆元年（960），当时身为后周禁军统帅的赵匡胤，也正是凭借手中的兵权，上演了一出"陈桥兵变，黄袍加身"的闹剧，夺取后周的天下，建立起赵宋王朝。

靠兵变上台的宋太祖，怎能不担心他的部下也可能步他的后尘！

宋太祖要让赵家的江山坐得牢靠，就势必要削夺武将的兵权。首当其冲的任务，是削弱唐末祸乱之源藩镇的势力。

以"勇略有谋，善用兵"著称的天雄军节度使、守太尉、加中书令、魏王符彦卿，[2] 显然是在劫难逃了。

宋太祖对符彦卿与对石守信等其他元勋宿将一样，采取的也是"杯酒释兵权"的办法，在官爵名位、恩遇礼数上毫不吝啬，一时

---

[1] 《新五代史》卷六〇《职方考三》，第 713 页。
[2] 《宋史》卷二五一《符彦卿传》，第 8840 页。

加守太师,一时赐裘衣、玉带、名马。但在厚待的同时,对符彦卿的权力严加限制,逐步削弱,直至完全剥夺。

宋初大举用兵南方,很需要符彦卿这样的将才,但是这位前朝国丈、本朝姻亲老将的地位太高了,显然不好驾驭,太祖无意让他领兵参战。

《续资治通鉴长编》卷四记载了这么一段材料:乾德元年(963)二月,天雄军节度使符彦卿自地方来汴京(北宋都城,今河南开封)晋见,宋太祖准备让他掌管军权,遭到心腹大臣、枢密使赵普的反对。赵普以为"彦卿名位已盛,不可复委以兵柄"①。君臣之间有一段精彩的对话:

赵普说:"只希望陛下再仔细考虑一下利害关系,以后不要后悔。"

宋太祖说:"卿苦苦怀疑彦卿,这是为什么呢?朕待彦卿优厚,彦卿难道会背弃朕吗?"

"陛下何以能背弃周世宗呢?"赵普一语,令太祖哑口无言。

太祖是否真有过让符彦卿典兵的打算,这里姑且不论;上面那段对话倒是正好说明了符彦卿入宋后之所以未能掌兵柄,原因正是宋太祖的猜忌和防范。

防范符彦卿的另一个办法,是派文人朝官前往其管内任县级长史,进行监督。这也是宋初强化中央集权普遍采用的一项措施。

乾德元年六月,朝廷专门挑选了一批精明强干的人到大名府(即天雄军)任职:大理正奚屿知馆陶县(今属河北),监察御史王祐知魏县(今属河北),杨应梦知永济县,屯田员外郎于继徽知临清县(今属山东)。这些知县的本官品级并不高,但却是代表中央行使

---

① (宋)李焘撰,上海师大古籍所、华东师大古籍所点校:《续资治通鉴长编》卷四,乾德元年二月丙戌,中华书局2004年版,第102页。

权力的朝廷命官，因此地方节帅也不得不让他们三分。本文开头记叙的永济知县周渭见符彦卿那一幕，就是在这种背景下出现的。

周渭本是个文人，诗写得不错。他受命做永济知县时，本官不过是右赞善大夫，品级很低。但他见到官品比他高得多的符彦卿时，却连马都没有下，见面伊始便在心理上给了符彦卿沉重的一击。符彦卿十分恼火，却也无可奈何。小小芝麻官敢与一方节帅分庭抗礼，就是因为有强大的后盾——中央王朝。

符彦卿的权力进一步削弱了。

开宝二年（969），符彦卿被人诬告谋反。这本是子虚乌有的事，宋太祖心里未必不明白。但有了这个口实，他马上就把符彦卿调离腹地重镇大名，徙至偏远的凤翔（今属陕西），改命王祜知大名府。太祖交代王祜"密访其事"[①]，而且以赵普所居宰相的位置为诱饵，暗示王祜坐实彦卿谋反的罪名。王祜是个正派人，查无此事，便为彦卿申辩，愿以自己百口之家作担保。太祖怏怏不乐，但也不便发作，于是把王祜发到襄州（治今湖北襄樊）去做知州，并且借口符彦卿病重，让他去洛阳（今属河南）休养。

符彦卿的权力有名无实了。

太祖觉得这还不够。开宝二年十二月，符彦卿遭到御史弹劾，并且"请下留台鞫问"，罪名是"假满百日，受俸如故"。[②] 其实，对符彦卿这类姻亲宿将来说，多拿几日俸禄，实在是区区小事。如此小题大做，当然是"醉翁之意不在酒"了。借此机会，太祖干脆罢掉了符彦卿的节度使之名。

符彦卿的权力完全丧失了。

[①]（宋）叶梦得撰，宇文绍奕考异、侯忠义点校：《石林燕语》卷七，中华书局1984年版，第102页。
[②]《续资治通鉴长编》卷一〇，开宝二年十二月，第237页。

符彦卿明白，太祖是对自己不放心了。他其实并没有当天子偌大的胃口，于是他终日里与宾客谈笑，"不及世务，不伐战功"①，在闲居洛阳的七八年中，每逢春暖花开之际，便总是骑上一匹小马，带着二三家僮，到寺庙园林四下闲逛，优游自娱。

符彦卿的颓放，也是其本性使然。

从本质上说，符彦卿是个胸无大志的武夫，骨子里颇有专恣不法、昏聩无察的一面。比如说吧，他酷爱鹰犬，部下犯了过错，只要能献上名鹰名犬，即使是盛怒之下，他也会宽赦不问。他不理政务，坐镇大名府十多年，政事都交给手下的牙校刘思遇去处理。刘思遇是个贪婪狡黠的小人，正经事不干，只知道变着法子聚敛财富，官府的收入都成了他刘家的私产，地方政务搞得百孔千疮。对此，符彦卿却置若罔闻。

五代乱世，战争频仍，符彦卿能有用武之地，热衷于建立武功，因而充分展示了他的英雄气概。入宋以后，形势大变，既然当朝圣上号召武将交出兵权，多置良田美宅、歌儿舞女，"日饮酒相欢，以终其天年"②，臣下又何苦不去及时行乐、惹得人主猜疑呢！符彦卿心灰意懒，本性中浑噩放荡的一面充分暴露，并且得到强化，这位昔日骁勇战将沦为道地的老朽庸夫。

开宝八年（975）六月二十日，前凤翔节度使、太师、兼中书令、魏王符彦卿去世，终年78岁。

（原载朱雷等主编《外戚传》，

河南人民出版社1992年）

---

① 《宋史》卷二五一《符彦卿传》，第8840页。
② 《续资治通鉴长编》卷二，建隆二年七月，第50页。

附录

史林耆英、师道楷模
——李涵先生的治学和育人

一、蹉跎岁月

李涵先生（1922—2008），武汉大学历史系教授，国内著名的宋辽金元史专家，中国宋史研究会前理事，中国蒙古史研究会前理事。原名缪希相，祖籍江苏江阴，1921年旧历正月初二生于北京，青少年时代先后就读于北京女一中、贝满女中、四川自贡蜀光中学和燕京大学。① 自燕京大学始，李先生便选择了历史学作为自己的终生追求，在陈寅恪、聂崇岐、翁独健等先生的指导下学习。她修习了聂先生开设的历代官制史课程，在聂先生亲自指导下写作本科毕业论文，并在翁先生讲授的蒙古史课堂上，第一次接触到神奇的蒙古国历史，由此萌发出对宋史、辽金蒙元史研究的浓厚兴趣。李先生后来的学术方向和治学方法，就奠基于这一时期。

也是在燕大读书期间，追求进步的李先生积极投身于学生民主运动，1948年9月进入华北解放区，在正定华北大学学习。为防止国民党政府对留在"国统区"的家人的迫害，她改名换姓，从此以"李涵"一名行之于世。

---

① 参见李涵等著：《缪秋杰与民国盐务》，中国科学技术出版社1990年版。

新中国成立后，李涵老师服从组织安排，先是进入文化部，担任文物局业务秘书、秘书科科长等职，做业务管理工作；后调到武汉大学，从事历史学教学与研究，才算最终实现了自己的宿愿。

武汉大学历史系的李剑农先生，是李涵师最早的工作导师。李剑老在认真阅读了李涵师的大学毕业论文后十分赞赏，欣然决定让李师做他的科研助手，准备整理《宋会要辑稿》。另一位前辈学者——唐长孺先生也很欣赏李师的学术资质，加上对辽金元史有共同兴趣，因而常与李师一起纵论民族史话。李师的《蒙古前期的断事官、必阇赤、中书省和燕京行省》一文即是在唐先生鼓励下写作的，文章完稿后，唐先生力邀李师把该文放在他当时任主编的《武汉大学学报》上发表。这篇文章，也就成为李师研究蒙元史最早的作品。可惜，好景不长，接踵而来的先是李剑老因眼疾失明，继之是大大小小、各式各样的政治运动，不仅《宋会要辑稿》的整理工作被迫搁浅，民族问题的研究几成"禁区"，其他教学、研究工作也都受到严重干扰，李师的一些研究论著亦或多或少地受到"极左"风气的影响，打上了那个时代的烙印。

"文革"十年，本应是李师学术上积累日深、最可出成果的时期，她却和其他教师一样，被发配到"五七干校"，远离书本，终日劳作，心头充满了惆怅与无奈，聊以自慰的是丈夫能平安地活着，女儿在一天天长大。

"文革"结束后，随着科学春天的到来，历史学也进入到最好的发展时期，李涵师以空前的热情投身于教学与研究。她为武大历史系本科生开设宋元明清通史课、宋辽金元史专题课，招收宋元史方向研究生，撰写了《范仲淹传》、《金元之际汉地七万户》、《金初汉地枢密院试析》、《也论郝经》等一批学术论著，奠定了其在宋史、辽金元史研究领域的学术地位。

1989年夏，李师从教学第一线离休，年近68岁。

离休后，李师一方面继续学术研究，同时整理旧作，撰写回忆性文稿；另一方面，一如既往地在学业上、生活上指导与关心自己的学生，甚至扩展到学生的学生。

离休的李师，仍然活跃在教学、科研的领域。

二、学问人生

李涵师的学术研究，集中在两大方面，一是宋史研究，二是辽金蒙元史研究。宋史方面，除了继续早年未竟的范仲淹研究之外，主要从事北宋政治制度研究，从职官设置、政治人物、政治事件等多个角度入手，探讨北宋政治制度的变迁，重点探讨北宋加强君主专制集权以来所表现出的君权与相权的矛盾与冲突及其影响。辽金蒙元史方面，集中探讨政治制度与民族关系。相比之下，李师最关心的问题还是少数民族的政治制度变迁及其与汉民族的关系。李师认为，我国是一个统一的多民族国家，经历了许多民族长期杂居、互相融合的过程，辽、金、元是其中重要阶段。当契丹、女真、蒙古等少数民族入主中原时，既要保持原有的旧俗，又不能不适应汉族较先进社会的新形势，他们的政治制度因之逐渐变化。一方面，他们在本民族原有习俗基础上建立了早期中央机构，另一方面，他们对所征服的汉地采用汉法，建立起另一套行政系统。以后，随着统治重心南移到汉族地区，其中央政府也随之改革为汉官制度，本民族旧制与汉制并存的"双轨制"终为以汉制为主的"单轨制"所取代。李师感兴趣的问题是，在这种带有规律性的变迁中，作为统治民族的女真、蒙古族是如何与当地的汉族（这里的汉族是广义的，包括已经汉化的其他少数民族）武装合作,如何依靠汉族文士为之出谋划策、进行统治的。李师的论文大都是围绕这些问题展开的。

李师治学的最主要特点,亦即主要的学术贡献,可集中概括为两个字:创新。李师发表论著不以数量为意,而是追求高质量。这种高质量,首先表现为但凡下笔必要有自己的心得,或发前人之所未发,或对前人的研究加以深化,决不蹈袭前人。从研究选题到论证过程,李师往往能够另辟蹊径,从某些不为他人重视的独特角度切入,选择一些看似平常的资料,通过由表及里、逻辑严密、抽丝剥茧般层层深入的论证,得出令人信服的结论。从早期的论文《蒙古前期的断事官、必阇赤、中书省和燕京行省》,到晚年的著作《范仲淹传》以及《试论宋朝的检正与都司》、《论章献刘皇后擅政与寇准之死》等诸篇论文,无一不是如此。

《蒙古前期的断事官、必阇赤、中书省和燕京行省》是李师最早的一篇论文,发表于1963年。该文选择蒙古早期的几个重要职官（机构）,探讨蒙古国家为统治汉地而在机构上发生了哪些变化。文章对断事官、必阇赤的源流、变迁、地位和作用作了深入探讨,指出蒙古国早期中央政务机构的首脑是大断事官（蒙语称"札鲁忽赤"）,主要由汉族或汉化的契丹、女真等族知识分子担任的必阇赤（即中书省）是协助大断事官处理国家事务的班子,它们共同构成了蒙古帝国的中枢机构,在促进蒙古统治者接受汉文化、蒙古国家走向大一统方面发挥了作用。李师指出,蒙古国早期的中书省与后来元朝中央集权制下的中书省性质完全不同,还澄清了中央大断事官和三行省大断事官的区别和联系,并提出了札鲁忽赤不属于怯薛执事官系统等独特的见解。[①]这篇文章以其见解独到、考论严密、分

---

① 李涵:《蒙古前期的断事官、必阇赤、中书省和燕京行省》,《武汉大学学报》（社会科学版）1963年第3期。

析深刻而被公认为是蒙古国家中央官制研究的经典之作,为后来的研究者经常引用,并在20世纪80年代国内的蒙元史研究重新恢复后,被收入南京大学元史研究室精选的第一部《元史论集》。

围绕辽金元时期的政治制度与民族关系问题,李师还撰写了《金初汉地枢密院试析》、《金元之际汉地七万户》、《也论郝经》以及辽金的奚族等一系列文章。《金初汉地枢密院试析》旨在探讨女真军队进入汉地以后至金熙宗全面改革中央官制前,金朝建立的汉地统治机构的情况[①];《金元之际汉地七万户》探讨蒙古统治者与汉族地主武装结合的过程,揭示了汉人世侯产生的原因、条件及其在帮助蒙古贵族治理汉地中所起的作用[②]。虽然,对于因资料缺乏而一直未能落实的最后一个万户究竟是不是李瓊的问题,学术界有不同意见,李师自己也认为可以继续探讨;但本文从七万户入手解剖蒙古政治变迁与蒙汉民族关系,其新颖的视角、开创性的工作得到学术界的公认。《也论郝经》一文之所以聚焦郝经,是认为郝经代表了少数民族政权中的汉族地主知识分子,包括汉化了的契丹、女真知识分子。[③]郝经对蒙古政权以及他自身的民族认同,不是依据种族,而是依据文化,他所提出的"能用士而能行中国之道则中国之主"的思想,在中州士大夫中很有代表性,对于加深对我国统一多民族国家形成、发展史的认识很有意义。正是有了像郝经以及元好问、耶律楚材等这样一批各民族出身的地主阶级知识分子的广泛支持,忽必烈才能成为元王朝的大一统皇帝。奚族是古代北方重要民族之一,活跃于唐、五代,契丹耶律阿保机兴起后,逐步征服奚族各部,分设若干节度进行统治;入金以后,完颜阿骨打设置都统司、

---

① 李涵:《金初汉地枢密院试析》,《辽金史论集》(第四辑),书目文献出版社1989年版。
② 唐长孺、李涵:《金元之际汉地七万户》,《文史》(第十一辑),中华书局1981年版。
③ 李涵:《也论郝经》,《元史论丛》(第三辑),中华书局1985年版。

处置司统领奚人，并将之分徙各地；元代以后，在历史舞台上活动近千年的奚族已不见踪影。李师注意到，对于这样一个重要的民族，以往的研究多局限于某个时期、某些问题的论述，而对于奚族的来源与发展，特别是在辽、金两代，奚族如何通过民族迁徙与杂居，导致其原有氏族部落组织逐渐破坏的历程，以及奚族与契丹、女真、汉族等如何互相影响、逐步融合等重要问题，研究很不充分。李师遂以《略论奚族在辽代的发展》和《金代奚族的演变》二文①，对上述问题进行了全面、系统的深入探讨，作出了令人信服的阐释。

宋代的相权是学术界十分关注的一个问题，李师对此亦饶有兴趣。与他人不同的是，李师的研究并不重复宰执制度本身，而是或对宰相属官加以诠释，或从相关人物侧面切入，发人所未发。例如，1987年写的《试论宋朝的检正与都司》一文，即是对以往不为人重视的宰相属官检正官和尚书左右司进行细致的研究，旨在通过宰相属官的变化看相权的扩大。研究认为，熙宁三年（1070）设置中书检正官，一律以朝官充当，提高了对其资历的要求，同时又提高了对检正的礼遇，而且规定检正官位在中书五房官之上，并要求精选有学识有能力的一流人才充任，这些意味着宰属的地位有明显提高。元丰改制后，中书检正官的职能为号称"都司"的尚书省左右司和新设的中书门下省检正官所取代，二者有权参与机要，因而往往得以干预当时的政事，在王安石变法期间起到了加强宰相推行政令的权力、促进新法实施的作用。文章指出，宋代宰属制度发展的趋势是宰属地位不断提高，权力不断增大，其中熙丰间检正、都

---

① 李涵、沈学明：《略论奚族在辽代的发展》，《宋辽金史论丛》（第一辑），中华书局1985年版；李涵、张星久：《金代奚族的演变》，《武汉大学学报》，（社会科学版）1986年第6期。

司的相继设立是一个重要的分水岭，从此奠定了以后宰属制度的格局和基础。李师得出结论道，宰属制度的变化本身既是宋朝宰相权力增长的结果，同时又为相权的扩大提供了组织上的便利条件，二者互为因果，南宋不断出现权相，原因固然是多方面的，但宰属制度的变化也是因素之一。①

从人物活动看政治变迁，是李师研究的一大特色。李师对宋元时的不少人物作过研究，如范仲淹、章献刘皇后、寇准、曾布、王安石、李纲、杨么、岳飞、耶律楚材、郝经等，除对范仲淹的研究是从全方位展开之外，其他多着眼于通过人物来考察政治变迁。其中如《论章献刘皇后擅政与寇准之死》与《从寇准的遭际看北宋前期君权与相权的矛盾》二文②，堪称姊妹篇，主题都是以北宋名臣寇准为例，探讨宋代宰臣与女主、皇帝的关系及其对宋代政治的消极影响。李师指出，宋朝皇帝大权独揽，不许宰相有所作为，寇准这样的耿介忠直之臣屡遭猜忌，乍升乍降，只有像王旦那种谨小慎微之人才能久居相位，由此造成因循苟且、守旧无为的一代政风，宰执无从发挥辅佐作用，政府不能有效行使职权，终成积重难返之势。李师从人物活动入手研究政治制度，表现出独特的学术眼光、学术品位，不仅别具新意，而且也使制度史的研究变得新鲜活泼，充满生机。

即便是对于范仲淹这样一个妇孺皆知的"公众人物"，李师的研究也有不同于他人的创获，能见人所未见。

李师的范仲淹研究始于大学时代，在聂崇岐先生指导下进行，1947年完成了题为《范仲淹传》的毕业论文。限于时间与篇幅，这

---

① 参见李涵：《试论宋朝的检正与都司》，《刘子健颂寿纪念宋史研究论集》，东京：日本同朋社1989年版。
② 李涵：《论章献刘皇后擅政与寇准之死》，《纪念陈寅恪先生诞辰百年学术论文集》，北京大学出版社1989年版；李涵：《从寇准的遭际看北宋前期君权与相权的矛盾》，《国际宋史研讨会论文选集》，河南大学出版社1992年版。

篇论文只能对研究论题进行提纲挈领的阐述，成为日后进一步深入研究的基础。20世纪70年代末史学开始繁荣之时，李师重新拾起范仲淹课题，着手展开系统的研究。1983年，李师主撰的《范仲淹》作为"历史小丛书"中的一种，由中华书局出版；不久，《论范仲淹在御夏战争中的贡献》一文发表[①]。1991年初，中州古籍出版社正式出版了凝结李师多年心血的成果——《范仲淹传》。关于范仲淹的研究，并非一个新鲜论题，范氏其人更是早已家喻户晓。李师的过人之处就在于对这看似普通的选题，也能做出自己的新意。对于范仲淹在御夏战争中的活动及其评价，即是其中主要的创新之一。《范仲淹传》中有整整一章的篇幅铺陈这方面的观点。该章围绕"御夏战略的争论"展开讨论，对范仲淹的主守策与韩琦的主攻策，孰是孰非进行了详而不烦、全面深入的分析，指出：就宋夏双方军队的实力和地理形势来看，西夏利于速战速决，而宋朝不可能在军事上求得速胜，只能利用持久战，从经济上把夏国拖垮，然后迫使其就范。从而摒弃了那种对范仲淹主守是"区区过慎"的传统批评[②]，得出评价说：范仲淹以防御为主的战略方针是冷静的、符合客观实际的方针，说明其具有实事求是的思想作风、高瞻远瞩通观全局的眼光，是个合格的帅才。宋朝在采取范氏主守战略后，实现了宋夏间的和局，对此应当怎样看待？今人常有微词，或曰仲淹居边，战绩平平，或曰增岁币，得失参半，不足称道。李师不袭旧说，根据评价历史人物"不能脱离他凭借的客观条件"这一原则，对仲淹在御夏战争中的贡献进行了合乎实际的肯定。对范仲淹主持的庆历新政，李师也有自己的研究视角。以往的研究多集中在对新政的背

[①] 李涵：《论范仲淹在御夏战争中的贡献》，《宋史研究论文集》（第二辑），河南人民出版社1984年版。
[②] 参见（宋）魏泰撰、李裕民点校：《东轩笔录》卷七，中华书局1983年版。

景、措施及失败原因的探讨上，李师则对范仲淹何以能够入居宰辅从而实施新政的问题进行挖掘。李师吸取了刘子健先生的观点，特别强调言官在其中所起的作用；又，程应镠先生主张写历史人物不能视为孤立的个人，而应写其与同时代人物的关系，①李师完全赞同这一原则，但在具体应用时又有自己的做法，即紧紧围绕着重要的政治事件写范仲淹的社会交往，诸如欧阳修、余靖、蔡襄等先后以言官奏罢宰相吕夷简、枢密使夏竦、参知政事王举正，将范仲淹推举到枢府，最终推举入中书，从而揭示出北宋中叶言官在政治生活中的重要作用，同时也说明了范仲淹不是作为个人，而是代表整个庄田地主中的改革群体来实践其政治主张的。在阐述新政的方案与实施过程时，李师的研究也与以往的不同，重在强调改革派对地方吏治的重视。像这类旧论题出新意，化平凡为神奇的创见，在《范仲淹传》中随处可见。

尽管李师以学术创新作为自己治学的出发点，但她并不刻意追求标新立异，而是主张求真、求实，有几分材料说几分话。惟其如此，李师的绝大多数论著才能经得住时间的考验，不断为后学开启前进之路。

至于李师的研究，善于贯通比较，由此及彼，前后左右加以比较、考量，从而得出超越一时一事局限的科学结论；善于以小见大，从对具体问题的分析反映大场景的面貌，凡此种种，都是李师治学值得重视的特点。

由于各种原因，诸如工作性质的变动、政治运动的干扰，以及作为妻子、母亲须当兼顾家庭、子女，李师真正能全力投入学术研究的时间并不充裕，但李师能够坚持下来，并对学术发展做出富有创见的贡献，是殊为不易的。

---

① 参见程应镠：《范仲淹新传》自序，上海人民出版社1986年版。

三、教书育人

从 1954 年到武大执教，至 1989 年在武大离休，李涵师在历史教学的园地中辛勤耕耘了 35 年。

在李师看来，教书育人、培养学生是比自己读书写作更为重要也更有价值的事业。

我们几个研究生，多数是从本科阶段就直接受教于李师的，直到今日仍有机会得到老师的耳提面命。20 年来，我们受老师多方教诲与指引，人生所得岂能是区区一篇短文可以彰明的！这里只能就我们感受最深的略谈一二，真正是挂一漏万，聊表寸心而已。

我们感觉到，与其他老先生相比，李师培养学生的做法，有一些是大致相同的，但又明显地有着自己的特点，我们体会最深的至少有以下三个方面。

第一个方面是特别重视学生的志趣和悟性，采取多种方法开启悟性，发挥学生的主观能动作用。

李师认为，从事史学研究，首先要耐得住清贫、寂寞，不受外界的纷呈诱惑。在她为大三学生开设的宋辽金元史专题课上，第一堂课就送给同学们两句话"板凳宁坐十年冷，文章不教一字空"。李师招收研究生，不仅考查考生的业务，而且通过面试、交谈、向其他同学了解等方式，重点考察考生的动机和品质，对以考研作为择业"跳板"的不取，对通过读研为自己"贴金"的也不取，只关注那些有志于史学研究者。她说自己招收研究生的时间不多，不能无谓地浪费精力。她还自谦地说，自己记性不好，唯一长处就是有些悟性。悟性，也就是学术资质、学术前途，是李师十分看重的一点。她认为，为人师者就应当善于发现与开启学生的悟性，发挥学生的主观能动作用。在这方面，李师采用了不少独特的做法。

做法之一，让学生自我磨炼，反对"手把手"、"抱着走"，授之以"渔"而非"鱼"。

李师认为，最好的教学方法是能够激发学生主动精神的方法，教学生不是教他们现成的结论，而是得出结论的过程，引导他们一起来实践这种过程。李师这种"Do it by yourself"的主张，在指导我们写论文时表现得最为集中。在论文选题确定后，李师首先要求我们写出详细大纲，包括篇章布局、主要论点以及拟采用的史料，并对史料取舍的理由加以说明；大纲审阅通过后，开始动手写作文稿，其间可以向老师请教任何问题，但交稿只能是在我们自己认为已经完备之后。李师批阅文稿时，除了对少数错别字、标点符号顺手改正以外，很少直接替我们改作，而是做上记号，然后在面谈中把问题一一指出，让我们自己思考，提出修改方案。李师常说，科研能力只有在实践中才能提高，论文必须多写多练才能得心应手。她自己的论著就是反复锤炼，方公之于世的。《范仲淹传》就是一个典型，该书的写作经过了长期的积累、磨炼，从燕大时的毕业论文到 80 年代的单篇论文，从写作历史读物，到出版专门著作，前后经历数十年，用"数易其稿"远不能概括其艰辛、认真。李师要求学生也是这样，不仅每门学位课程都要写作一篇课程论文，而且在入学的第二年必须完成一篇学年论文，作为毕业论文的准备。无论对研究生还是本科生，凡经李师指导的论文，每篇都要反复修改，不断完善，甚至不惜推倒重来。有的本科生毕业论文多次不能过关，学生当时不理解，难免感到委屈，甚至埋怨、焦急流泪，但日后回想起来十分感念，写信给李师说这段磨炼不仅练了论文写作，也练了心性、作风，是人生难忘的一课。

做法之二，带领学生参加学术会议，外出参观考察，学习书本以外的知识，开阔眼界，增长阅历。

在校听名师讲课与外出参加学术会议，在培养学生科研能力上有着各自不可取代的重要作用。李师十分重视借用校内外的学术资源来提高教学质量，只要有机会，就要安排我们外出考察，参加高水平的学术会议，以此打破学校相对封闭的环境，使我们增长见识，丰富阅历，接受更宽泛的学术熏陶。

中国宋史研究会是全国第一个断代史学会，每两年召开一次全国性学术会议，在李师的带领下，我们八二级研究生在3年的学习阶段，一次不落地参加了其间两届宋史研讨会，先是入学当年的郑州会议，再是第三学年的杭州会议；八六级研究生则先后参加了赤峰辽金史年会和石家庄宋史会议，惹得周围的同学们羡慕不已。每次参加会议，李师都要求我们必须提交学术论文，参与学术讨论。正是在这些会议上，我们得以了解学术前沿，领略学界风采，聆听前辈指教，并与同辈学人建立起学术友谊。所有这些，对于我们青年学子能尽快进入学术领域无疑有莫大的帮助。

但在当时，有的同学对参加全国性学术会议的意义认识得并不那么清楚。杭州会议期间，有两位研究生不听讨论私自出游西湖，李师知道后进行了严厉批评。李师并不是单纯反对游览河山，但她告诫我们，首先应当牢记参加学术会议的目的是什么，珍惜这难得的学习机会，也对自己的研究生形象负责。从那以后，这类事情再也没有发生过，而且，即使在多年以后，老师的这些教诲仍然犹如催征的号角，警醒在我们耳边。

为了让我们写作毕业论文能够掌握最新的研究动态、搜集尽可能丰富的资料，李师利用暑假亲自带领我们出外考察，北上北京、洛阳，南下南京、上海，每到一地，就带着我们熟悉当地的图书馆，查阅、复制在校内看不到的重要资料。炎炎烈日下，李师和我们一起在长途汽车上颠簸，在路边小店里用餐，而当时的李师，已是年逾花甲。先生如此不辞劳苦，只为让我们学生多一些收获。

第二个方面是强调创新、求实、严谨的学风，以自身的表率作用加以引导、教育，把学术规范的训练放在极其重要的位置。

有关学术规范的问题，20世纪90年代中期开始了一场大讨论，自今方兴未艾，以致有"90年代中国一大学案"之称。但在许多学界老前辈那里，做学问要讲究学术规范早已是其自觉遵守的准则，李师也不例外。例如，她写作《范仲淹传》，动笔之前就广泛搜罗同类研究有哪些重要的成果，尽可能找来成果原文原著，看前人解决了什么问题、是怎么解决的、解决得怎样、还有哪些问题没有解决、自己打算如何突破。不仅在国内广泛搜罗，海外、港台的也不放过。在80年代初期，资讯交流远不如今日便利，李师托亲朋好友设法四处搜寻，能找来读的都读了，之后才开始自己的写作。李师通过指导我们写作论文，从学术、道德、操作等多个层面训练我们的学术规范，并把这种训练当作一项基本训练。所谓学术层面的训练，是要求我们重视在学术领域进行调查研究，充分掌握学术研究的前史、现状和发展趋向，把论文的创见与学术价值放在首位；道德层面的训练，是告诫我们严守学术道德，凡是引用他人论著必须注明出处，若是参考、吸取他人观点，虽非原文引用，也要以"参考文献"形式说明，不得"贪他人之功为己有"；操作层面的训练，则是教会我们作注的方法、格式，以及引用史料必须反复核对原文。李师对我们文章中的引文，不时抽查，个别舛误尚允许校订改正，错误多了就退回去重新做。如此反复训练，使我们习惯成为自然，但凡引用资料，不核对几遍是不放心出手的。

第三个方面是重视基础知识、基本训练。

李师教我们研治宋史的基础知识分为四类：目录学、版本学等入门的工具，各种基本史籍、史料，中国史的基本构架，治史的基本理论与方法。

版本学、目录学、年代学等，是史学研究的基本工具，李师告诉我们，20世纪50年代，邓广铭先生就把职官制度、历史地理、年代学和目录学形象地比喻为"四把钥匙"①，掌握这四把钥匙，才能具备研究历史的最基本技能，得其门而入。研究生阶段的第一个学期，李师就为我们安排了这方面的课程，她请图书馆系的老师为我们讲授古籍版本与目录的课程，并把我们带到校图书馆线装书库，请资深馆员现场指导。陈垣先生的《校勘学释例》、《二十二史朔闰表》等更是我们的必读书。

对基本史料、史籍的熟悉，对史料运用方法的掌握，也是研究生伊始的必修课。整整一个学年，李师为我们开设了"宋辽金元史料学"、"史籍阅读与指导"两门学位课程，史料学课程择要讲解宋辽金元基本史籍和考古发现，要求我们掌握这些基本史料的史源、内容、价值及使用中应当注意的问题；史籍阅读与指导课程则以自学为主，每周一次向老师汇报读书心得。李师要求我们前两年至少通读一部基本史籍，或《长编》，或《要录》，或《金史》，同时根据我们各自的研究方向选择阅读其他正史、政书。她还特别提醒我们注意宋金元文集、笔记对于研究宋金元经济史、社会史、文化史的价值，分析陈寅恪先生"以诗证史"的意义，指导我们结合史籍的阅读认真领会。为了让学生尽早掌握史料解读与分析的基本功，李师在为大三学生开设的专题课上就开始训练学生，让学生阅读原始资料，在课堂上断句、标点、翻译，并概括史料的内容，从学生中发现苗子，加以个别辅导、培养。史料的取舍也是史学研究的一

---

① 邓先生的"四把钥匙"的说法，可参见刘浦江：《邓广铭与二十世纪的宋代史学》，《历史研究》1999年第5期。

项基本功，李师认为，史料的搜罗要尽可能广泛，对史料的鉴别、比勘、考证要尽可能充分，但史料的运用则应作合理、精当的取舍，不赞成材料的堆砌，主张精选有代表性的关键材料来说明问题，从而撰写出有创见、有新意而又言简意赅的论著。

在对学生进行治史的基本训练方面，除了前述学术规范的训练、史料搜集与分析的训练等等之外，李师还格外重视文笔、文风的训练，认为史笔是史才的重要组成部分，与史识、史德一样，不可或缺。李师喜欢语言简洁、文笔生动的论著，她自己的《范仲淹传》就在这方面作了成功的尝试。该书篇幅不大但内涵相当丰富，文笔十分精练，人物形象饱满感人。李师要求我们，文字必须反复锤炼，尽量简洁，能用两句话说清楚的问题绝不用三句话，一个多余的字都不要，我们的文稿从十数页精简到数页是常有的事。还有的同学原来爱用半文半白的语言，在李师的指导下也得到更新，大家都以文风朴实、简练为追求。

为了加深我们对学科知识的基本了解、提高我们的教学实践能力，李师为我们开设了专题课，她是主讲，我们每人也有一个专题的任务，自己找资料备课，与老师讨论讲稿，然后在课上和大家交流，在这个过程中得到锻炼和提高。李师还指导我们处理好广博与专深的关系，强调在纵横比较中把握宋辽金元的历史。为此，她以本系为依托，指定我们修习唐长孺、吴于廑、石泉等先生讲授的魏晋南北朝史、隋唐五代史、世界通史导言、历史地理概论等课程，拓展知识的深度与广度。有的同学毕业后从事政治学或社会学的研究，成为该学科的学术骨干，追根溯源，还得益于研究生阶段的严格训练、宽厚基础。

为使学术薪火代有传人，老师为我们耗费了无穷心血。

李师对学生的影响，不仅是所教的知识，而且还有她的思想精神、行为方式。李师生性耿直,疾恶如仇,为人坦诚,喜欢雪中送炭,不愿锦上添花,为此自己没有少吃亏,但也因此得到别人的信任,交了不少好朋友。她曾冒着风险为中学老师翟宗沛先生的政治冤案平反四处奔走,使之终得昭雪;她曾在被打成"右派"家属的沈祖棻先生备遭歧视之时登门探望,不计他人的议论……她的正直、率真,她淡泊名利、反对趋炎附势的人生态度,昭示着我们做对社会负责、于他人有益的人;她严谨自律的人格为我们的价值定位树立起一杆标尺;她对事业的执著则激励我们对学问的追求。老师对学生的影响既是潜移默化,又是昭彰可鉴的。

作为严师的李师,同时又像慈爱的母亲,把学生当作自己的子女,不仅在学业上,而且在思想上、工作上、生活上全面关心学生的成长。这方面的事例,渗透到日常生活的方方面面,实难以文字概括。我们找工作,李师帮忙联系,大力推荐;我们走上教师岗位,李师教我们备课、板书直至讲台上的仪表;我们在婚恋、家庭上遇到麻烦,李师帮我们疏理、沟通;有同学病了,李师四处寻医问药,甚至亲自带学生上医院看医生;李师的家,对不少同学来说就是自己的家,他(她)们在这个家里自由自在地读书写作、饮食起居;对于那些有志于学但家庭贫困的青年学生,李师拿出自己有限的工资予以无偿资助,不在意他们是谁的学生,有时甚至不问他们的姓名,像这样的事情远不止一两次。2005年石泉先生仙逝,李师按照她与石先生的共同心愿,发起设立"石泉、李涵史学奖励基金",用自己多年的积蓄专门奖助品学兼优的困难学生……在学生身上,李师倾注了几乎全部的精力。

李师直接培养的研究生并不多,只有八二、八六级两届5人,但受教于李师的却不少,包括历史系的很多本科生,特别是直接在李师指导下写作毕业论文的本科生。如今,他们当中有高校教师、科研人员、国家机关干部，等等，不少人成为所在单位的骨干或领导，他们在努力继承老师的治学与为人，诚所谓"后浪推前浪"。

老师的人格力量、治学态度、学术精神，正在新的一代身上得到延续和张扬。

(原载《武汉大学学报》[人文版] 2002年第2期，
收入本文集时个别地方有修改)

在哈佛读书

1996—1997学年度，我作为访问学者在哈佛大学作了为期一年的访问研究。

一年的时间不长，感到新鲜的事情不少，其中印象最深、感觉最好的，是在哈佛读书的滋味。

先说说哈佛大学的图书馆。哈佛大学有大大小小共100多个图书馆，馆中的藏书非常丰富，再活三辈子都读不完。每个馆都有自己的收藏特色，这从它们各自所属的机构或者名字就可以看得出来，前者如费正清东亚研究中心资料库、哈佛燕京图书馆、法学院图书馆、商学院图书馆等；后者如档案馆、音乐馆、微缩胶卷部、地图中心等。我最常去的首推哈佛燕京图书馆。该馆已有半个多世纪的历史，至1997年止，藏书已超过88万册，其中中文藏书约49万册，日文24万册，韩文9万册，越、满、蒙、藏文2万册，西文4万册。另有期刊1.4万册（其中有不少中文期刊）；报纸649种；微缩胶卷5万多卷，单片1万多张。近年来，又开始收藏电子出版物，其中一套由台湾"中央研究院"历史语言研究所制作的《二十五史全文资料库》光盘，在馆内的电脑上可以自由地检索。该馆有不少独具特色的收藏，仅中文部分就有方志3800多种，7万多卷；族谱125种，1310卷（册）；丛书1500多种。还有12—19世纪的稀见书籍；云南纳西族象形文字资料；广东岭南大学（原广东基督教学院）托管的1884—1952年的档案；私家收藏，包括国民党元老胡汉民的全部家信（与我同时在哈佛大学研访的南京大学历史系的陈红民，正好在做胡汉民研究，他因此而成为"同年"中资料收获最多的一位）；"文化大革命"的档案，包括多种传单、大小字报和群众组织出版物。难怪这座号称"西方大学中最大的东亚研究图书馆"同时又享有"东亚研究资料宝库"的声誉。

再看看哈佛图书馆的借阅方式。只要有哈佛大学的ID卡（相当于我们的学生证、工作证之类），就可以自由出入各个图书馆借阅各种图书。查找目录，可以使用馆内的电脑系统，或是翻阅传统的目录书、目录卡，或者干脆直接到书架上去浏览，看中了就取下来放在一边，如此再三，估计自己可能搬不动了的时候，便尽数抱到流通台去登记借阅。在这里，借书是不限数量的。记得刚去馆里的第一天，当我向一位馆员询问我可以借多少册书时，他回答说："只要你拿得动，你可以把整座图书馆都搬回家去。"当时，我真是高兴极了，也惊讶极了。借回家的书若是想要续借，只需给图书馆打一个电话或是发一封电子邮件，一步路都不用跑。

还书也相当方便，各图书馆大门前都有一个貌似邮筒的设备，要还的书只需从它"嘴"里塞进去就好了，不用办任何手续，不论什么时间都行，而且不必担心不保险，因为它的"肚皮"封得很严实，只有掌钥匙的馆员才能打开。

如果喜欢待在馆里看书，可以在书架空档之间设置的小书桌中找一张自己专用，把自己所需要的书都挪到桌边的架上，配套的台灯、靠椅一应俱全，也没有人会来打扰。中餐、晚饭都很方便解决，可以到流动餐车上买着吃，也可以自己带或是现做，在哈佛燕京图书馆，馆里公共活动室内有盥洗池、冰箱、电炉、电烤箱、微波炉，以及做饭用的锅、勺、刀、叉，一概免费使用。只要愿意，在图书馆里可以从早上9点开门一直待到晚上9点闭馆。

图书馆不仅收藏、流通图书，而且经常开办多种有关读书的活动。例如，1997年的2月中旬，哈佛大学地图中心就举办过一个"集市"（他们称之为"Map Bazaar"），校内及附近的地图爱好者把自己收藏的各种地图带到中心来，中心的工作人员和有关专家帮他们鉴别，为他们提供咨询服务。那一天，平时静谧的地图中心充满了热烈的气氛。

图书馆之外，哈佛大学校区内可读书的地方还有很多。林林总总的书店就是一个绝好的去处。在不到5平方公里的哈佛广场区域内就有30多家书店，最有名的之一是一家位于广场中心地段的书报店——"Nini's Corner"，在那里，可以读到数百种当天发行的各种文字的报刊，包括中文的《侨报》、《世界日报》，等等。广场拐角处不远，还有一家很特别的书店，名为"革命书店"，橱窗里摆放着许多国家的革命党、革命军的出版物，如《非洲人民报》、《秘鲁革命指南》之类，店里甚至还有曾几何时中国老百姓人手一册的小红书——《毛主席语录》出售。在任何一家书店，你都可以放心大胆地待在里面看个够，最后什么都不买也没有关系，通常店主还会友好地和你说"再见"，感谢你的光临。

在我迄今为止的读书生活中，在哈佛的那些日子真的很好。

（原载《中国典籍与文化》1998年第2期）

作者主要著述列表

一、著作类

1.《中国翰林制度研究》（独著），武汉大学出版社1996年版。

2.《宋代两湖平原地理研究》（独著），湖北人民出版社2001年版。

3.《经济开发与环境变迁研究：宋元明清时期的江汉平原》（合著），武汉大学出版社（武汉大学学术丛书）2008年版。

4.《中国俸禄制度史》（合著），武汉大学出版社1996年版。

5.《缪秋杰与民国盐务》（参撰），中国科技出版社1990年版。

6.《中国十奸臣外传》（主编并参撰），荆楚书社1988年版。

7.《外戚传》（参撰），河南人民出版社1992年版（其中《符彦卿》篇收入本文集）。

8.《中国历代才女》（参编），河南人民出版社1996年版。

9.《国家级规划教材〈中国历史文献导读〉》（参撰），高等教育出版社2007年版。

10.《青年读书辞典》（参编），湖北人民出版社1993年版。

11.《中国军事史辞典》（参编），湖北人民出版社1993年版。

12.《中国典章制度大辞典》（参编），中州古籍出版社1998年版。

二、论文类

1.《论北宋的冗官及其与积弱积贫的关系》,《学习与研究》1982 年第 4 期（收入本文集）。

2.《简论唐代的翰林学士》,《争鸣》1985 年第 2 期（收入本文集）。

3.《宋翰林学士人员结构考述》,《武汉大学学报》（社科版）1988 年第 6 期（收入本文集）。

4.《翰林学士与宋代政治初探》,《宋史研究论文集》（邓广铭等主编），河北教育出版社 1989 年版（收入本文集时略有删节）。

5.《两宋外制官考述》,《中日宋史研讨会中方论文选编》（邓广铭等主编），河北大学出版社 1991 年版（收入本文集）。

6.《宋代两制概说》,《秘书之友》1989 年第 4 期。

7.《〈宋史·职官志〉正误》,《宋史研究通讯》1989 年第 1 期。

8.《宋朝诏令文书主要制度》,《档案管理》1999 年第 3 期。

9.《唐宋时期诏令文书的主要类型》,《文史杂志》2000 年第 2 期。

10.《宋代中枢秘书制度研究述评》,《宋代制度史研究百年》（包伟民主编），商务印书馆 2004 年版（收入本文集）。

11.《辽代的翰林院与翰林学士》,《学习与探索》2000 年第 1 期（收入本文集时略有修改）。

12.《金代翰林与政治》,《北方文物》1994 年第 4 期；人大复印资料 K23《宋辽金元明清史》1995 年 1 期转载（收入本文集）。

13.《古代翰林制度及其对封建文化的影响》,《光明日报》（史林版）1999 年 2 月 12 日。

14.《简论中国古代翰林制度及其与封建政治的关系》,《社会科学辑刊》1999 年第 6 期。

15.《辽金俸禄制度研究》,（台北）《大陆杂志》1997 年第 5 期（收入本文集）。

16.《元枢密院制度述略》,《蒙古史研究》(中国蒙古史学会编),内蒙古大学出版社1989年版。

17.《〈入蜀记〉所见南宋湖北人文地理》,《江汉论坛》1998年第2期。

18.《宋代江汉平原城镇的发展及其地理初探》,《武汉大学学报》(哲社版)1998年第6期(收入本文集)。

19.《北宋主户与客户的地理分布——以今湖北地区为例》,《湖北大学学报》(哲社版)1998年第6期;人大复印资料K23《宋辽金元史》1999年1期转载(收入本文集)。

20.《唐五代至北宋江陵长江堤防考》,《中国历史地理论丛》1999年第2期(收入本文集时略有修改)。

21.《〈吴船录〉对湖北历史地理研究的价值》,《江汉考古》1999年第2期。

22.《宋代荆江堤防的历史考察》,《中国史研究》1999年第4期(收入本文集时略有删节)。

23.《宋代的鄂州南草市——江汉平原市镇的个案分析》,《江汉论坛》1999年第12期(收入本文集)。

24.《宋代的沙头市与南草市》,《宋史研究论文集》(漆侠等主编),宁夏人民出版社1999年版。

25.《南宋江汉平原"百里荒"考辨》,《中国社会经济史研究》1999年第3期;人大复印资料K23《宋辽金元史》2000年1期转载(收入本文集)。

26.《宋代洞庭湖平原市镇的发展及其地理考察》,《求索》2000年第1期。

27.《湖北省旱涝灾害的特点与发生规律分析》,《湖北省2001年重大自然灾害白皮书》(本书编委会编),2001年5月。

28.《北宋湘西"寨"的兴替及其与区域开发的关系》,《漆侠先生纪念文集》(本书编委会编),河北大学出版社2002年版。

29.《宋代江汉平原水陆交通的发展及其对经济开发的影响》,《武汉大学学报》(人文版)2003年第3期;人大复印资料F7《经济史》2003年5

期转载。

30.《宋元江汉平原的洪涝灾害及其成因、影响初探》,《湖北省社会主义学院学报》2005 年第 3 期。

31.《宋代江夏地区制瓷业的兴衰及其原因探析——以考古资料为中心》,《江汉考古》2005 年第 3 期。

32.《宋元时期江汉—洞庭平原聚落的变迁及其环境因素》,《长江流域资源与环境》2005 年第 6 期;人大复印资料 K9《地理》2006 年 2 期转载(收入本文集时略有修改)。

33.《宋代鄂州城市布局研究》,[韩国]《中国史研究》第 40 辑,2006 年 2 月(收入本文集时略有删节)。

34.《宋诗所见江汉平原农村日常生活》,《石泉先生九十诞辰纪念文集》(武汉大学历史地理研究所编),湖北人民出版社 2007 年版(收入本文集)。

35.《南宋时期的湖北人文地理》,《国家人文地理》2008 年第 12 期。

36.《开放全盛的宋元四百年》,《湖北外事》1992 年第 2 期。

37.《明代对外来经济文化的引进》,《湖北外事》1992 年第 4 期。

38.《宋代后妃参政述评》,《江汉论坛》1994 年第 4 期(收入本文集)。

39.《宋代"才女"现象初探》,《国际宋史研讨会论文集》(漆侠等主编),河北大学出版社 2002 年版。

40.《宋人墓志中的女性形象解读》,(台北)《东吴历史学报》第 11 期,2004 年 6 月(收入本文集)。

41.《从唐宋性越轨法律看女性人身权益的演变》,《中国史研究》2006 年第 1 期;人大复印资料 K23《宋辽金元史》2006 年 2 期转载(收入本文集)。

42.《墓志所见金代士族女性形象——以〈遗山集〉墓志为重点》,《10—13 世纪中国文化的碰撞与融合》(张希清等主编),上海人民出版社 2006 年版(收入本文集)。

43.《宋仁宗郭皇后被废案探议》,《史学集刊》2008 年第 1 期。

44.《宋代女性自杀原因初探》,《兰州大学学报》(社科版) 2008 年第 5 期。

45.《女性、身体、权利:基于〈名公书判清明集〉的考察》,《宋史研究论文集》(邓小南等主编),云南大学出版社 2009 年版。

46.《宋代妇女史研究三十年》,《中国特色社会主义文化建设研究》(冯天瑜主编),武汉大学出版社 2008 年版。

47.《范仲淹兴学育才二三事》,《历史知识》1983 年第 2 期。

48.《作为教育家的范仲淹》,《宋史论集》,中州书画社 1983 年版(收入本文集)。

49.《王安石性格解读》,《抚州师专学报》2001 年第 2 期。

50.《宋人谥号初探》,《史学月刊》2003 年第 7 期。

51.《也谈宋代书院与同时代的欧洲大学》,《湖北大学学报》(哲社版) 2004 年第 2 期。

52.《〈范仲淹传〉评介》,《中国史研究动态》1991 年第 7 期。

53.《唐宋妇女史研究的突破与深化:评邓小南主编〈唐宋妇女与社会〉》,《妇女研究论丛》2004 年第 4 期。

54.《拨云见日,激浊扬清:王曾瑜〈岳飞新传〉评介》,《纪念岳飞诞辰 900 周年暨宋学国际学术研讨会论文集》(龚延明等主编),中华书局 2004 年版。

55.《宋代的海外贸易》(译文),《中国史研究动态》1984 年第 3 期。

56.《美国东亚研究的资料宝库——哈佛燕京图书馆》,《宋史研究通讯》1998 年第 1 期。

57.《在哈佛读书》,《中国典籍与文化》1998 年第 2 期(收入本文集)。

58.《史林耆英、师道楷模》,《武汉大学学报》(人文版) 2002 年第 2 期(收入本文集时略有修改)。

后 记

像历史学这样的基础之基础的学科，这两年的日子似乎好过了许多，学院借助学校"基础学科振兴计划"，竟有能力为教授们各出一部论文集。欣喜之余，又颇感汗颜，因为将自己这些年的成果整理一通，自觉不够结集出版的高度，不过或许可以给同仁们撰述相关前史时提供一点方便罢了。

记得第一次正式发表宋辽金史研究的论文是在大学四年级时的1982年初，缘于大二课堂上受李涵老师讲授宋辽金史的吸引，我喜欢上了这段历史并尝试写作了《略论北宋冗官与积贫积弱的关系》一文，有幸为北京的一家刊物《学习与研究》刊发。现在看来，这篇习作相当拙稚，但因属"处女作"且文辞似较后来者还要讲究一些，所以收入了本论稿。自那以后，陆陆续续发表过几十篇文章，虽没有什么得意之作，但它们多少有自己的心得，提出或解决了一些问题。其中有的得到学界肯定，自认也还过得去，如《两宋外制官考述》；也有的算不上严格的论文，但自己比较喜欢，如《符彦卿传》，这次都放到了这本《宋辽金史论稿》中。收录的文章基本保持原貌，除个别文字有所修改之外，这次所做的主要工作是将引文、注释按学院的统一要求进行了重新编排与校订。青年教师陈曦博士与研究生柳雨春、陆溪、陈军、胡志远、李洪珊、张相江帮我核对了多数资料，马燕为我扫描、录入部分原稿，因了他们的协助，《宋辽金史论稿》才得以成型。至于长期以来学校与学院图书馆、资料室工作人员以及国内外学界师长同道的多方帮助，更是一言难以道尽，谨在此一并致以诚挚的谢意！

2009年2月1日于武昌茶港寓所